民法典人格权编
条文理解与司法适用

MINFADIAN RENGEQUANBIAN
TIAOWEN LIJIE YU SIFA SHIYONG

中国审判理论研究会民事审判理论专业委员会 编著

法律出版社
LAW PRESS·CHINA

“民法典条文理解与司法适用”系列
编 写 人 员

曹守晔　申惠文　何　建　孙　莹　丁　慧
杨　帆　周　杲

（以下按姓氏笔画为序）
王　凡　王　康　王　琪　王晓利　王黎明
邓建中　龙云丽　冯建生　朱攀峰　任容庆
刘玉妹　刘史丹　刘安宁　刘茜倩　刘福春
刘耀东　汤　敏　孙东雅　杜爱霞　李　蓓
李　璐　李林启　李春斌　李遵礼　杨　波
杨俊芳　肖明明　吴晓倩　宋建宝　张　钱
张　焱　张祎慧　张建银　张玲玲　陈　丹
陈延忠　金　励　赵莎莎　荣振华　胡　恒
侯国跃　顾利军　徐海勇　高晓丹　唐晶晶
黄文旭　曹文召　曹夏梦　常亚楠　崔　丹
梁静姮　覃　丹　廖　钰　潘　俊　潘　静
魏　岚

体现中国时代特色的民事百科全书

编纂民法典是我国社会主义法治建设的一座里程碑，是我国国家治理体系和治理能力现代化进程中的一件大事。这部具有中国特色、中国风格、中国气派的民法典，将为人类法治文明进步贡献中国智慧、提供中国方案。

科学立法、民主立法、依法立法的生动实践

以习近平同志为核心的党中央高度重视民法典编纂工作，作出了一系列重要指示、提出了一系列重要要求，为民法典编纂指明了方向。2014年10月，党的十八届四中全会决定提出了编纂民法典的任务。在民法典编纂过程中，习近平总书记多次主持召开会议、听取汇报，就做好民法典编纂、审议和修改工作作出重要指示。民法典编纂工作在以习近平同志为核心的党中央坚强领导下和习近平新时代中国特色社会主义思想的科学指引下扎实推进。比如，习近平总书记在党的十九大报告中强调“保护人民人身权、财产权、人格权”，把人格权与人身权、财产权并列，强调了人格权的重要地位，这为民法典草案确立人格权单独成编的体例结构等提供了基本遵循。

遵循立法规律，充分体现科学立法。民法典编纂采取“提取公因式”的立法技术，从同类规范和制度中提出一般规则，形成民法典总则编；将相关民事法律按其内容的同一性编纂成六个分编，然后整合为民法典草案。编纂工作注重规则的逻辑性、体系性和法律本身的规律，既协调好总则与分则的关系，又协调好民法典与其他法律的关系，从而形成逻辑缜密的有机整体。尊重立法的历史延续性，以民法通则和现行民事单行法为基础，设计民法典草案的结构和具体法律制度。既立足本国国情，又吸收世界各国民法

典编纂的成功经验,同时将社会主义核心价值观融入其中。

人民广泛参与,充分体现民主立法。在民法典编纂过程中,广大专家学者、人民群众广泛参与、建言献策。参与面之广,举办的各类座谈会、研讨会、论坛之多,收到的修改建议内容之丰富,为我国立法史上所罕见。在审议过程中,立法机关通过召开不同形式的座谈会、论证会,在互联网上公开征询意见等多种方式,多次听取收集方方面面的意见和建议,反复斟酌和修改草案,充分反映广大人民群众的要求,努力使民法典成为中国智慧的集中体现。

依法推进编纂,充分体现依法立法。宪法和立法法都规定,全国人民代表大会制定和修改刑事、民事、国家机构的和其他的基本法律。在编纂过程中,先行制定的民法总则提交十二届全国人大五次会议审议表决通过。2018 年 8 月,十三届全国人大常委会第五次会议对民法典各分编草案进行初次审议。之后,全国人大常委会对各分编草案进行拆分审议,各编历次草案都依法进行论证、向社会公开征求意见。民法典编纂体现了党的领导、人民当家作主、依法治国的有机统一,是科学立法、民主立法、依法立法的生动实践。

立足中国实际、回应时代需求

民法典对经济社会生活影响广泛,彰显一个民族的精神特质。民法典是时代精神的体现,具有鲜明时代特征。我国民法典的编纂,体现了我国对实际问题和时代需求的有效回应。

体现以人民为中心的发展思想。注重保障民生是民法典编纂的一个鲜明特点。比如,民法典编纂注重有效调整平等民事主体之间的法律关系,促进社会公平正义。又如,民法典草案中人格权独立成编,落实"公民的人格尊严不受侵犯"的宪法要求,体现了我国对公民人格权的庄严确认与严格保护。人格权编不仅规定并保护公民的生命权、健康权、名誉权、肖像权、姓名权、名称权等人格权,还重点规定了隐私权和个人信息保护等,要求机关、企业、学校等单位采取合理措施,防止和制止利用职权、从属关系等侵犯人格权。

反映网络时代特点。人类社会已经进入互联网时代，互联网的普及应用催生出多项前所未有的权利类型，如网络虚拟财产权、信息财产权等。在网络环境下，信息传播、权利保护具有特殊性。对此，民法典总则编作出积极回应，明确自然人的个人信息受法律保护，规定任何组织和个人应当依法取得他人信息并确保信息安全，不得非法收集、使用、加工、传输个人信息，不得非法买卖、提供或者公开个人信息。

回应技术发展需求。生物技术、人工器官制造技术、干细胞研究、克隆技术和组织工程学等的发展，在给人类造福的同时，也对生命权、健康权等人格权提出新的挑战。基于此，民法典人格权编规定，为研制新药、医疗器械或者发展新的预防和治疗方法，需要进行临床试验的，应当依法经相关主管部门批准并经伦理委员会审查同意，向受试者或者受试者的监护人告知试验目的、用途和可能产生的风险等详细情况，并经其书面同意；从事与人体基因、人体胚胎等有关的医学和科研活动，应当遵守法律、行政法规和国家有关规定，不得危害人体健康，不得违背伦理道德，不得损害公共利益。

融入生态文明理念。民法典围绕统筹推进“五位一体”总体布局，顺应人民在生态方面日益增长的需要，确立了绿色原则。比如，物权编对物权的客体、权能、属性、用益物权、相邻关系以及征收征用等制度进行完善，在保护民事主体财产权利的同时，对不动产的权利人设置必要的维护环境、保护生态的义务。合同编规定，当事人在合同履行中根据交易习惯负有节约资源、减少污染的义务，在合同终止后负有旧物回收义务。在侵权责任编规定违法损害生态环境的惩罚性赔偿。

健全风险治理机制。现代社会是风险社会。民法典针对如何应对各种可能的自然风险和人为风险，在原有制度基础上作出新安排。比如，为防控风险，规定“物业服务企业或者其他管理人应当执行政府依法实施的应急处置措施和其他管理措施，积极配合开展相关工作”，并要求业主依法予以配合。对于自然风险，民法典延续不可抗力规则，规定因不可抗力不能履行民事义务的，不承担民事责任，法律另有规定的，依照其规定。对于人为风险，民法典强调安全保障义务，强化合同附随义务，通过停止侵害、排除妨害等制度发挥事前预防功能，通过侵权责任与社会保险、社会救济相衔接形成对受害人的综合补偿机制。

编纂民法典意义重大而深远

编纂一部我们自己的民法典，是几代中国人的夙愿。如今，体现中国特色、时代特色的民法典终于迎来问世时刻。我国民法典的编纂，具有重大而深远的历史意义。

充分体现我们党全心全意为人民服务的根本宗旨。保障人民根本权益，是社会主义法治建设的出发点和落脚点，也是我们党坚守初心使命、坚持执政为民的内在要求。民法典保证人民依法享有广泛的权利和自由、承担应尽的义务。比如，总则编以专章形式，尽可能对民事主体享有的各种权利进行详细列举，并留有发展空间；物权编加强对建筑物业主权利的保护，增加规定居住权；合同编强化对债权实现的保护力度；人格权独立成编；等等，这些制度安排充分体现了以人民为中心的发展思想，有助于满足人民日益增长的美好生活需要。

为坚持和完善中国特色社会主义制度提供法治保障。民法典被称为“社会生活的百科全书”，是市场经济的基本法、人民生活的基本行为准则，是民事司法的基本依据，因此被视为法治现代化的重要标志，是国家治理现代化的重要保障。一方面，民法典全面规范民事关系，涉及经济和社会生活的方方面面，是民事领域的基础性、综合性法律，在国家治理体系中居于重要位置。另一方面，民法典实现了民事法律关系领域国家治理的制度化、规范化、程序化。民法典的颁行是国家治理现代化的重要步骤，为坚持和完善中国特色社会主义制度奠定更加坚实的法治基础。

促进社会主义市场经济健康发展。完善市场经济法律制度，是保障社会主义市场经济持续健康发展的现实需要。民法典的颁布，将进一步完善我国民商事活动的基本规则，为民商事活动提供基本遵循，有效健全经济秩序、维护交易安全。民法典的编纂坚持立足我国国情，适应中国特色社会主义进入新时代和我国社会主要矛盾发生转化的实际，必将发挥促进社会主义市场经济健康发展的积极作用。

推进法治国家、法治政府、法治社会一体建设。民法典调整作为民事主体的自然人、法人和非法人组织之间的人身关系和财产关系，有利于增强全民法治观念，加快建设法治社会。民法典规定：“民事主体按照自己的意愿依法行使民事权利，不受干涉。”民法典各分编通过具体规范来确认和保障民事主体的各项具体民事权利，要求公权力依法行使，尊重和保护民事主体的合法权益。这就能够间接发挥规范权力行使的重要功能，有效推进法治国家、法治政府、法治社会一体建设。

促进德治与法治相得益彰。民法典把社会主义核心价值观融入法律条文中，弘扬中华民族传统美德，强化法律规则的道德约束和道德规范的法律支撑。比如，总则编确立的平等、自愿、公平、诚实信用、公序良俗和绿色原则，就是社会主义核心价值观在民法基本原则层面的转化和表达。又如，婚姻家庭编和继承编适当扩大扶养人范围，将“树立优良家风”作为处理夫妻关系和家庭关系的基本原则等，都为我国民事法律制度注入强大的道德力量。

中国法学会党组成员、专职副会长兼秘书长
中国法学会民法典编纂项目领导小组组长 **张鸣起**

2020 年 5 月 20 日

学好民法典　用好民法典

2020年5月28日，在庄严的人民大会堂，十三届全国人大三次会议审议通过了《中华人民共和国民法典》，习近平主席当日签发第四十五号令，公布自2021年1月1日起施行。这是继19世纪《法国民法典》和20世纪《德国民法典》之后能够引领21世纪新潮流的中国人民自己的民法典！

编纂民法典，是以习近平同志为核心的党中央顺应实践发展要求和人民群众期待，在十八届四中全会作出的重大决策部署，是坚持和完善中国特色社会主义法治体系、实现国家治理体系和治理能力现代化的重大举措，是为统筹推进“五位一体”总体布局和协调推进“四个全面”战略布局，实现中华民族伟大复兴提供坚强法治保障的重要法治基础工程。民法的发达程度是一个国家文明进步的重要标志。民法典在广泛借鉴境外民法典立法例的基础上，凝聚全党全国各族人民的智慧和心血，体现人民意志，尊重人民意愿，坚持人民立场，融会人民感情；把握时代脉搏，顺应时代大势，紧扣时代主题，引领时代潮流。民法典凝聚了几代法学家和法律实务界的集体智慧，进一步完善了中国特色社会主义法律体系，在中国法治建设进程中具有里程碑的意义。

中国审判理论研究会民事审判理论专业委员会以全国法院10多万民事审判法官为依托，深入挖掘占全国法院一审审结案件总数90%的一审民事案件所蕴含的立法需求，充分发挥最先感知民事审判反映出来的民生民情民意的独特优势，全面总结2015年以来全国民事法律实施情况并提出民法典编纂的书面报告。中国审判理论研究会民事审判理论专业委员会自2015年以来每年年会主题确定为民法典编纂与民事审判，深入研究民事法律制度理论，积极参与民法典编纂工作，牵头论证人格权独立成编的可行性、必要性并拟出人格权编条文建议，为科学编纂民法典作出了一定贡献。

民法典在中国特色社会主义法律体系中具有重要地位，是一部固根本、稳预期、利长远的基础性法律。习近平总书记在主持中共中央政治局5月29日就“切实实施民法典”举行第二十次集体学习时强调，民法典系统整合了中华人民共和国成立70多年来长期实践形成的民事法律规范，汲取了中华民族5000多年来的优秀法律文化，借鉴了人类法治文明建设有益成果，是一部体现我国社会主义性质、符合人民利益和愿望、顺应时代发展要求的民法典，是一部体现对生命健康、财产安全、交易便利、生活幸福、人格尊严等各方面权利平等保护的民法典，是一部具有鲜明中国特色、实践特色、时代特色的民法典。各级党和国家机关要带头宣传、推进、保障民法典实施，加强检查和监督，确保民法典得到全面有效执行。各级领导干部要做学习、遵守、维护民法典的表率，提高运用民法典维护人民权益、化解矛盾纠纷、促进社会和谐稳定能力和水平。

编纂出民法典是中华人民共和国成立70余年来几代人的梦想。然而，立法本身并不是我们的目的，立法的目的在于应用，在于实施。切实实施好民法典是坚持以人民为中心、保障人民权益实现和发展的必然要求，是发展社会主义市场经济、巩固社会主义基本经济制度的必然要求，是提高我们党治国理政水平的必然要求。民法典要实施好，就必须让民法典走到群众身边、走进群众心里，走到法官、检察官、公务员、律师、仲裁员、公证员手里。民法典要实施好，就要广泛开展民法典普法工作，把民法典纳入国民教育体系，加强对青少年的民法典教育。民法典要实施好，必须认真学习民法典，准确理解民法典，准确理解民法典的精神实质和微言大义，准确理解民法典的每一个条文，融会贯通，学以致用，正确适用具体制度和每一个条款。民法典要实施好，各级司法机关要秉持公正司法，提高民事审判水平和效率。

最高人民法院院长周强指出：“贯彻实施好民法典，必须吃透民法典精神，正确理解民法典的核心要义和重要制度，正确适用民法典的规定，保障人民权益。民法典立足中国国情，在实现好、维护好、发展好人民权益方面有许多创新。其中，人格权独立成编，全面加强对包括自然人隐私权和个人信息在内的人格权保护，彰显了民法典的人民立场和人文关怀；物权编创设了居住权制度；合同编新增了保理合同、物业服务合同、合伙合同等典型合同；婚姻家庭编确立了夫妻共债共签原则，限缩了无效婚姻范围，对协议离婚规定了一个月的冷静期;继承编增加了打印遗嘱、录像遗嘱等新形式遗嘱类型,并取消了公证遗嘱的优先效力,等等。这些新的内容反映着新时代人民权益的特点,体现着新时代社会生活的实践和发展。要引导广大法官深入学习领会民法典的创新之处,将民法典新理念、新原则、新概念、新条款贯彻到审判执行工作的各个环节,提高运用民法典维护人民权益、化解矛盾纠纷、促进社会和谐稳定的能力和水平。"

天下之事不难于立法,而难于法之必行。民法典颁布施行,开启了法治中国建设的新里程。民法典共7编1260条、10万多字,是我国法律体系中条文最多、体量最大、编章结构最复杂、法律适用难度最大的一部法律。中国法学会及其所属各个研究会肩负着民法典宣传普及职责,全国各级人民法院肩负着民法典贯彻实施的历史使命和法定职责,应当成为民法实施体系的中流砥柱。为此,必须吃透立法精神、领会规则实质、把握条文主旨,正确理解民法典立法宗旨、条文含义,释疑解惑,明确司法适用,认真做好贯彻实施民法典、解释民法典、适用民法典的知识储备和理论准备。

工欲善其事,必先利其器。遵照习近平总书记"要加强解读""要发挥法律解释的作用,及时明确法律规定含义和适用法律依据,保持民法典稳定性和适应性相统一"的要求,中国法学会审判理论研究会民事审判理论专业委员会精心编写的"民法典条文理解与司法适用"丛书(总则编、物权编、合同编、人格权编、婚姻家庭编、继承编、侵权责任编七个分册),就是贯彻落实最高人民法院和中国法学会关于认真学习宣传贯彻实施民法典要求的理论利器和应用工具。这个利器和工具,是由我牵头,有申惠文、何建、孙莹、丁慧、杨帆、周杲等一批民法理论基础扎实、民事实践经验丰富的专家参加,认真把脉民法典的关节点、创新点,精心打造的。毋庸置疑,其中凝聚着民法研究的理论成果和全国法院法官的经验智慧。

"民法典条文理解与司法适用"丛书认真贯彻习近平总书记关于切实实施民法典的重要讲话精神,始终坚持以习近平新时代中国特色社会主义思想为指导,全面贯彻党的十九大和十九届二中、三中、四中全会精神,增强"四个意识"、坚定"四个自信"、做到"两个维护",坚持以人民为中心的政治立场,大力弘扬社会主义核心价值观,坚持新发展理念。该书聚焦民法典的核心要义和重点问题,重点阐释民法典关于民事活动平等、自愿、公平、诚信等基本原则，重点阐释民法典关于坚持主体平等、保护财产权利、便利交易流转、维护人格尊严、促进家庭和谐、追究侵权责任等基本要求，从条文主旨、条文理解、司法适用、司法案例等方面进行逐条解读，全方位阐释民法典新规定、新概念、新精神，重点关注民事审判实践中的问题，具有较强的现实指导意义。

民法典的基本精神在于平等自愿、自由自治、公平诚信、绿色文明，核心要义在于维护基本制度、保护民事权益、限制国家公权、弘扬核心价值。当前，各级立法机关、行政机关和司法机关，都在按照中央安排部署认真学习民法典、宣传民法典，提高适用民法典的能力和水平。唯有学好民法典、用好民法典，才能够充分发挥民法典在完善中国特色社会主义法律体系、推进国家治理体系和治理能力现代化中的重要作用。让我们同心协力，将民法典学习好、理解好、适用好、落实好，确保民法典落地有声，全面施行，让民法的阳光普照神州大地。

期望本丛书的出版发行，为民法典的正确理解和准确适用提供指引。

中国法学会审判理论研究会常务理事
民事审判理论专业委员会常务副主任　曹守晔

2020 年 6 月 19 日

法律法规、司法解释缩略语表

全　　称	简　　称
《中华人民共和国宪法》	《宪法》
《中华人民共和国民法典》	《民法典》
《中华人民共和国民法典》第一编“总则”	《民法典》“总则编”
《中华人民共和国民法典》第二编“物权”	《民法典》“物权编”
《中华人民共和国民法典》第三编“合同”	《民法典》“合同编”
《中华人民共和国民法典》第四编“人格权”	《民法典》“人格权编”
《中华人民共和国民法典》第五编“婚姻家庭”	《民法典》“婚姻家庭编”
《中华人民共和国民法典》第六编“继承”	《民法典》“继承编”
《中华人民共和国民法典》第七编“侵权责任”	《民法典》“侵权责任编”
《中华人民共和国民法通则》	《民法通则》
《中华人民共和国民法总则》	《民法总则》
《中华人民共和国物权法》	《物权法》
《中华人民共和国合同法》	《合同法》
《中华人民共和国侵权责任法》	《侵权责任法》
《中华人民共和国婚姻法》	《婚姻法》
《中华人民共和国继承法》	《继承法》
《中华人民共和国担保法》	《担保法》
《中华人民共和国道路交通安全法》	《道路交通安全法》
《中华人民共和国民事诉讼法》	《民事诉讼法》
《中华人民共和国妇女权益保障法》	《妇女权益保障法》
《中华人民共和国母婴保健法》	《母婴保健法》
《中华人民共和国母婴保健法实施办法》	《母婴保健法实施办法》

续表

全　称	简　称
《中华人民共和国传染病防治法》	《传染病防治法》
《中华人民共和国人民法院组织法》	《人民法院组织法》
《中华人民共和国商标法》	《商标法》
《中华人民共和国著作权法》	《著作权法》
《中华人民共和国英雄烈士保护法》	《英雄烈士保护法》
《中华人民共和国消费者权益保护法》	《消费者权益保护法》
《中华人民共和国旅游法》	《旅游法》
《中华人民共和国商业银行法》	《商业银行法》
《中华人民共和国人民警察法》	《人民警察法》
《中华人民共和国网络安全法》	《网络安全法》
《中华人民共和国广告法》	《广告法》
《中华人民共和国电子商务法》	《电子商务法》
《中华人民共和国精神卫生法》	《精神卫生法》
《中华人民共和国律师法》	《律师法》
《中华人民共和国居民身份证法》	《居民身份证法》
《中华人民共和国慈善法》	《慈善法》
《中华人民共和国国家勋章和国家荣誉称号法》	《国家勋章和国家荣誉称号法》
《中华人民共和国行政复议法》	《行政复议法》
《中华人民共和国行政诉讼法》	《行政诉讼法》
《中华人民共和国基本医疗卫生与健康促进法》	《基本医疗卫生与健康促进法》
《中华人民共和国著作权法实施条例》	《著作权法实施条例》
《中华人民共和国人类遗传资源管理条例》	《人类遗传资源管理条例》
《中华人民共和国户口登记条例》	《户口登记条例》
《中华人民共和国企业法人登记管理条例》	《企业法人登记管理条例》
《关于〈中华人民共和国民法通则〉第99条第1款、〈中华人民共和国婚姻法〉第22条的解释》	《姓名权立法解释》
《最高人民法院关于贯彻执行〈中华人民共和国民法通则〉若干问题的意见(试行)》	《民通意见》

续表

全　称	简　称
《最高人民法院关于适用〈中华人民共和国合同法〉若干问题的解释(一)》	《合同法解释(一)》
《最高人民法院关于适用〈中华人民共和国民事诉讼法〉的解释》	《民事诉讼法解释》
《最高人民法院关于适用〈中华人民共和国民事诉讼法〉审判监督程序若干问题的解释》	《民事诉讼法审判监督程序解释》
《最高人民法院关于民事诉讼证据的若干规定》	《民事诉讼证据规定》
《最高人民法院关于审理名誉权案件若干问题的解释》	《名誉权解释》
《最高人民法院关于审理名誉权案件若干问题的解答》	《名誉权解答》
《最高人民法院关于审理人身损害赔偿案件适用法律若干问题的解释》	《人身损害赔偿解释》
《最高人民法院关于确定民事侵权精神损害赔偿责任若干问题的解释》	《精神损害赔偿解释》
《最高人民法院、最高人民检察院关于办理侵犯公民个人信息刑事案件适用法律若干问题的解释》	《公民个人信息解释》
《最高人民法院关于审理旅游纠纷案件适用法律若干问题的规定》	《旅游纠纷司法解释》
《最高人民法院关于审理利用信息网络侵害人身权益民事纠纷案件适用法律若干问题的规定》	《信息网络侵权规定》
《最高人民法院关于审理不正当竞争民事案件应用法律若干问题的解释》	《不正当竞争民事案件解释》
《最高人民法院关于审理商标授权确权行政案件若干问题的规定》	《商标授权确权行政案件规定》
《最高人民法院关于审理商标授权确权行政案件若干问题的意见》	《商标授权确权行政案件意见》
《最高人民法院关于审理专利纠纷案件适用法律的若干规定》	《专利权纠纷案件规定》

目录

第四编　人格权

第四编　人格权

绪　　论

编纂《民法典》“人格权编”，加强民法对人格权的保护，充分体现了以人民为中心的发展思想，全面贯彻了习近平新时代中国特色社会主义思想和以人为本的科学发展观，顺应了人民群众对美好生活的向往。这是我国宪法人格权的具体化，是人格尊严民法保护的升级和强化，是我国民事法律制度的发展和创新，有利于进一步加强人格权的司法保护，有利于更好弘扬社会主义核心价值观，是社会主义制度自信和文化自信的重要体现，在世界民法典立法史上具有重大创新意义。

人格权编的核心要义，在于确认人格权益、保护人身自由、维护人格尊严，彰显民法典的人民立场和人文关怀。人格权独立成编安排，[①]以保护民事权利为出发点和落脚点，切实回应人民的法治需求，维护人格的独立和平等，增进人民福祉，让民法典成为新时代保护人格权的权利法典。

民法调整的是人身关系和财产关系，是“物”法和“人”法的合体，本质上是服务于人的全面发展。保护人格权、维护人格尊严，是我国法治建设的重要任务，是我国民法所追求的自由、平等、公正、文明等价值中的最高目标。在民法典各分编中单独设立“人格权编”，突出保护人民群众的人身权、健康权、名誉权、隐私权等重要权利，充分体现了民法典编纂的时代特色，不但是我国民事立法的一次重大创新，[②]而且蕴含着对人民权利的充分尊重和保护，彰显了保护人格尊严、促进人的全面发展的人文关怀，也为世界各国的人格权保护问题提供中国民法方案、贡献中国民法智慧。

---

① 人格权以人的尊严、人的自由、人的平等、人的安全为价值基础。在民法典编纂过程中，尽管学界对人格权的内容规定于何处存在争议，但一致认为人格权是非常重要的，民法典应当加以规定。《民法典》通过明确列举人格权的类型、边界，兼顾人格权益的保护和行为人的自由。人格司法保护的历史，也是人格利益不断类型化、条理化的过程。人格权规定于《民法典》“总则编”还是“侵权责任编”，还是独立成编，只是一个立法技术的选择问题、利弊衡量问题。

② 中国学术界迄今没有研究自卫权或者研究美国公民自卫权的博士论文、硕士论文和专题研究论文。主张单独制定人格权编的学者和人格权编草案起草人，也没有在任何正式的或者非正式的场合，对规定自卫权作过任何解释和说明。参见梁慧星：《民法典人格权编草案（二审稿）评论》，据 2019 年 5 月 28 日在北京航空航天大学法学院的讲座录音整理。

【立法依据】

政治依据。党的十九大报告作出了我国社会主要矛盾转化的科学判断,明确要求"完善以宪法为核心的中国特色社会主义法律体系",明确提出"保护人民人身权、财产权、人格权",体现了中国共产党不忘初心牢记使命,为中国人民谋幸福,为中华民族谋复兴,体现了以人民为中心的发展思想,不断促进人的全面发展。

宪法依据。《民法典》是根据宪法制定的。我国《宪法》第33条第3款规定:"国家尊重和保障人权。"第37条第1款规定:"中华人民共和国公民的人身自由不受侵犯。"第38条规定,"中华人民共和国公民的人格尊严不受侵犯",法律面前人人平等,①这也是建立民法人格权法律制度的过硬的法律依据。立法机关在《民法通则》等现行有关法律法规和《精神损害赔偿解释》等司法解释基础上,对各种具体人格权作了较为详细的规定。

民法实践依据。我国民法和民事司法实践都已经确定并接受了人格权与人格的概念。民法上的人格是指主体资格,一般与民事权利能力相对应;而民法上的人格权则是民事主体所享有的民事权利。我国自《民法通则》颁布以来,司法实务就区分了人格与人格权的概念。依据《民法通则》,与人格相对应的概念是民事权利能力,规定在主体制度中;而人格权则属于民事权利。

《民法总则》继承了这一立法传统,在第2章"自然人"认可自然人终生具有一律平等的民事权利能力,在第5章"民事权利"规定了自然人的人身自由、人格尊严受法律保护,并列举了自然人享有的9项人格权,将其作为基本的民事权利加以规定。《民法典》"总则编"第109条规定:"自然人的人身自由、人格尊严受法律保护。"第110条规定:"自然人享有生命权、身体权、健康权、姓名权、肖像权、名誉权、荣誉权、隐私权、婚姻自主权等权利。法人、非法人组织享有名称权、名誉权和荣誉权。"第111条规定:"自然人的个人信息受法律保护。任何组织或者个人需要获取他人个人信息的,应当依法取得并确保信息安全,不得非法收集、使用、加工、传输他人个人信息,不得非法买卖、提供或者公开他人个人信息。"

《民法典》"人格权编"在现行有关法律法规和司法解释的基础上,对各种具体的人格权作了较为详细的规定,为人格权的司法保护提供了明确充分的民事法律依据。"人格权编"是民法典分编中唯一新起草的一编。民法典各分编

---

① 参见《宪法》。1872年,福泽谕吉在其《劝学篇》中写道:"天不生人上之人,也不生人下之人。"提倡人人生而平等、自由,是现代文明的核心价值观念,我们社会主义制度本身就是为追求和捍卫人的自由和平等而建立的。我国《民法典》以"弘扬社会主义核心价值观"为旨趣,抓住了自由、平等,特别是人格权抓住了人权、公正,无疑抓住了现代法治文明的核心价值。

草案于2018年8月27日初次提请第十三届全国人大常委会第五次会议审议，其中包括“人格权编”等6编，共1034条。[①] 其中最大亮点，是初审草案将人格权共6章45条单独作为一编，位列“物权编”“合同编”之后。

民法是根据宪法制定的，民法强化人格权的保护，实际上也是全面落实宪法保障人权、维护人格尊严的精神。从立法上看，民法人格权的立法也是对宪法的人权保护条款的落实和具体化；从司法上看，《民法典》“人格权编”在其具体适用中，无论是制定司法解释、司法政策，还是司法裁决，都应当贯彻和体现宪法相应的基本权利条款的价值和精神。

【法治创新】

人格权单独成编入典，是我国以民法典为中心的民事法治体系顺应时代需求而进行的重大创新，是全面落实依法治国，全面保障个人人格尊严、保障人民美好生活的重要举措。美好生活一定是体面的生活、有尊严的生活。为此，《民法典》推陈出新，借鉴的同时克服了《德国民法典》五编制没有规定人格权、“重物轻人”的法律体系缺陷，没有沿袭已有法、德、日、荷兰等国民法立法例。人格权独立成编有利于弘扬社会主义核心价值观，有利于实现人民对美好生活的向往，充分彰显了民法典编纂的中国特色。

《民法典》“人格权编”独立一编规定人格权，与时俱进，没有拘泥于传统民法主体资格理论只将其作为民事主体部分内容，从中国现阶段人格权保护现状和人民群众对美好生活法治化的期待出发，从人格权保护中的问题出发，强化人格权的民法保护，立法上加重人格权的民法分量，这一做法符合我国自《民法通则》以来的民事司法实践，[②]与《民法通则》《民法总则》的立法精神也是一脉相承的。

民法人格权不同于人权。人权主要是宪法上的概念，作为宪法上的权利，其约束的义务主体主要是国家公权力机构。而人格权则主要是民法上的概念。民法上的人格权，是民事主体对其特定的人格利益享有的权利，关系到每个自然人的人格

---

① 民法典各分编草案于2018年8月27日首次提请第十三届全国人大常委会第五次会议审议。受委员长会议委托，全国人大常委会法制工作委员会主任沈春耀介绍了民法典各分编编纂工作情况。在确定哪些内容纳入民法典各分编时，应当遵循以下原则：一是内容具有基础性，是民事法律制度的基本规则；二是内容具有普遍性，是社会生活普遍适用的通用规则；三是内容具有稳定性，是经过实践证明切实有效、可以长期适用的惯常规则；四是内容具有平等自愿性，是民事主体在民事活动中依法可采用、可约定的规则。对于涉及特定群体、领域的内容，原则上由民事特别法规定，对于还处于发展变化中、经验还不成熟、拿不准的内容，暂不纳入。

② 最高人民法院2008年发布的《民事案件案由规定》开篇列出11类“人格权纠纷”：生命权、健康权、身体权、姓名权、肖像权、名誉权、荣誉权、隐私权、婚姻自主权、人身自由权、一般人格权纠纷等，体现了最高司法机关制定司法政策的前瞻性和科学性。2018年，增加“平等就业权纠纷”“性骚扰损害责任纠纷”。

尊严,是民事主体最基本的权利。本编约束的义务主体,首先是私法关系的当事人,不得侵犯他人人格权。本编调整因人格权的享有和保护产生的民事关系。民法典分编草案的说明中也指出,“人格权编”这一部分,主要是从民事法律规范的角度规定自然人和其他民事主体人格权的内容、边界和保护方式,不涉及公民政治、社会等方面权利。这表明“人格权编”调整的是平等民事主体之间的民事权益关系。从本编的内容来看,其规定的各项人格权也并没有涉及公法上的权利义务问题,彰显了人格权的私权属性。其次是行使公权力机关组织,人格权作为民事权利本身也有限制其行使公权的作用,因为本编确定了人格权的内容、边界,在人格权范围以内公权就必须止步不得入内,不得非法限制人身自由、非法拘押,不得侵犯公民的人格权。

【基本内容】

本编总结了《民法通则》实施以来确认人格权、保护人格权的丰富经验,结合时代发展的需要,对民事主体享有的人格权作了比较详细的宣示性规定。与《民法典》“总则编”的一般性规定相衔接,又与“侵权责任编”等其他分编相关内容相照应,并留出了与未成年人、妇女、老年人、消费者权益保障法以及未来的个人信息保护法、数据安全法等法律的接口,形成了人格权法相对完整的法律规范体系。如果说“人格权编”是人格权宣言书——可以构成请求权的法律基础,那么涉及人格权的“侵权责任编”则是赋予法官的达摩克利斯之剑,而且“人格权编”还自带护卫剑——人格权保护请求权。

本编下设6章,内容包括51个条文(第989~1039条),规定了人格权保护的一般规则,详细规定了生命权、身体权、健康权、姓名权、名称权、肖像权、名誉权、荣誉权、隐私权、个人信息保护等权益。为保障信息数据安全,促进数据开发利用,保护公民、组织的数据信息合法权益,立法机关正在起草数据安全法。草案规定了支持促进数据安全与发展的措施,建立健全国家数据安全管理制度,落实开展数据活动的组织、个人的主体责任等。这将有利于保护民事主体的信息安全和个人隐私权。本编总分结构分明。第1章“一般规定”实际是“人格权编”的总则,第2章至第6章相当于分则。前者规定的是人格权的一般性规则,后者规定的是典型人格权的具体规则,实现了本编一般规则与分类规则之间体系完整、结构合理,在内外衔接协调方面虽非完美,甚至起初还会遇到找法识别的困难,[①]但总体上是可以运用司法智慧加以克服和补救的。

---

① 王泽鉴先生认为,人格权法是侵权责任法的补助性规定,“民法典于最后一编规定侵权责任,隔离合同与侵权责任两个民事责任制度,尤其是侵权责任编与人格权编的规范关联。此种体系构成欠缺外部逻辑性与内在法律原则的一贯性,造成理解的困难及法律适用上的问题”。

第一章　一般规定

本章作为本编的总则，主要规定了本编的调整范围、人格权的类型、人格权受法律保护原则、人格权请求权、责任竞合情况下精神损害赔偿请求权、人格权保护令、媒体侵权责任以及本编法律适用等问题。

第九百八十九条　本编调整因人格权的享有和保护产生的民事关系。

【条文主旨】

本条是关于人格权编调整范围的规定。

【条文理解】

所谓人格权，是指人对自身最基本的权利，对其特定的人格利益最重要的权利，事关人格尊严和人身自由，属于专属性的人身权，限制转让，禁止转让。限制转让者，构成人格要素之人体器官等，禁止转让者，譬如生命权、婚姻自主权、性自主权、构成民事主体资格之人格等。具体来说，人格权是民事主体享有的生命权、身体权、健康权、姓名权、名称权、肖像权、名誉权、荣誉权、隐私权和个人信息保护等权利和自然人享有的基于人身自由、人格尊严产生的其他人格权益。

自然人的人格权因出生而当然享有，因死亡而当然消灭，因此人格权不发生继承问题；人格权生而平等，不容歧视，不得侵犯。而别的专属性权利，如人寿保险的保险金请求权、人身损害赔偿请求权，虽然不能转让，但是可以继承，因为主体消灭，权利并不消灭。除人格权之外的民事权利，包括其他专属性权利，权利人可以放弃权利。例如，继承权虽不能转让，但可以放弃。唯有人格权，不仅不得转让（可以合法商业化利用的只是少数）、不得继承，也不得放弃。

所谓民事关系，一般是指平等主体之间的人身关系、财产关系。例如，基于民事法律行为产生的财物归属和利用关系、合同关系、婚姻关系、损害赔偿关系，基于事故产生的保险赔偿关系，以及自然人基于出生享有人格权益与任何组织任何个人负有不得侵犯义务之关系，基于自然人死亡而产生的继承关系等。本条所谓民事关系，是指人格权的享有与侵权保护关系，前者具体体现为生命权、身体权、健康权等，后者具体体现为人格权保护请求权和人格权侵权请求权。人格权保护请求权与物权请求权类似，原则上不适用诉讼时效（本编第995条），人格权保护请求权基础在本编，而人格权侵权请求权基础在“侵权责任编”。

这一条没有写调整人格权关系，因为人格权是人对自身的权利，就其内部而言不是人与人之间关系的权利。①

民法上的人格，是作为法律主体以自己的名义享有权利并承担义务的资格。民事主体对于自己的人格享有神圣不可侵犯的权利，这是一项绝对权、对世权，任何单位任何组织任何个人都负有到此为止、不得侵犯的义务，譬如不得侮辱他人人格、贬损他人人格等。国家公权力机关如有关行政机关、司法机关等不仅行使一般职权负有谦抑义务，而且还负有依法保护人格权之公法职责，负有依法维护公民人身自由和人格尊严之职责。因此，人格、人格权就其外部而言，也存在人与人之间的关系，存在具有权利义务内容的社会关系。

《民法典》“总则编”第2条规定，民法调整人身关系和财产关系。这里的人身关系是指婚姻家庭关系，亦即身份关系、亲属关系。人身权包括身份权和人格权。身份权是身份关系上的权利；人格权主要是自然人对自身享有的生命权、身体权、健康权等权利，法人和非法人的人格权主要指名称权、荣誉权等。

本条规定：“本编调整因人格权的享有和保护产生的民事关系。”这里的民事关系，一是指自身拥有、自身享有的不得放弃、转让和继承的民事绝对权利关系——对世权关系，二是指他人侵权的侵权责任关系——属于人格侵权的关系。因侵害人格权而产生的人格权请求权民事关系由本编调整，本编没有规定的，适用“侵权责任编”。

【司法适用】

《民法典》“人格权编”保持了人格权益的开放性，兼有裁判规范和行为规范的双重性，实现了预防与救济的结合；规定了人格权保护请求权、诉前禁令、违约的精神损害赔偿、人格利益许可利用、预防性骚扰、隐私权和个人信息保护等内容。

司法实践中容易造成法律适用困惑的，是人格权受到侵害时的法律适用寻找问题。“人格权受到侵害的，受害人有权依照本法和其他法律的规定请求行为人

---

① 我国《民法典各分编（草案）》中“本编调整因人格权产生的民事关系”的表述最终被修改，《瑞士民法典》第29条规定，人格受法律保护。最初草案为“人格关系受法律保护”，后来进行修改把“关系”两个字删掉。与本编第991条“民事主体的人格权受法律保护”意思相同。

承担民事责任。”（第 995 条）这显然是《民法典》与外部法律适用的选择问题。人民法院适用法律的问题至少有两个：首先，是民法典优先，还是其他法律优先？我们认为，其他法律对人格权保护有特别规定的，如残疾人、妇女、未成年人、消费者权益保护法以及劳动法、劳动合同法等，首先适用，在这个意义上是选择适用；其他法律对人格权保护没有特别规定的，适用民法，其他法律对人格权保护虽然有规定但不够全面的，适用其他法律和民法，在这个意义上是双重适用。其次，对于保护人格权依据本编第 995 条规定提出的停止侵害、排除妨碍、消除危险、消除影响、恢复名誉、赔礼道歉请求权，不适用诉讼时效的规定。人民法院对人格权保护请求权不适用诉讼时效的时间起点，应当是《民法典》施行之日，适用对象应当是自《民法典》施行之日起，人民法院新受理的和正在审理尚未作出生效裁决的人格侵权纠纷案件。但是，如果适用《民法总则》第 196 条，则应自《民法总则》施行之日起可以适用。

新旧法律需要结合起来适用的情况，例如，2018 年修订的《妇女权益保障法》第 40 条规定：“禁止对妇女实施性骚扰。受害妇女有权向单位和有关机关投诉。”这个条文没有明确它的构成要件和责任，不方便法院裁判适用。“人格权编”第 1010 条规定：“违背他人意愿，以言语、文字、图像、肢体行为等方式对他人实施性骚扰的，受害人有权依法请求行为人承担民事责任。机关、企业、学校等单位应当采取合理的预防、受理投诉、调查处置等措施，防止和制止利用职权、从属关系等实施性骚扰。”这个法律条文内容合理，对规制性骚扰行为基本上是适当的，补充了以前的立法不足。

需要与“总则编”“侵权责任编”结合起来适用的，如“人格权编”第 996 条的适用。“人格权编”规定人格权请求权与“合同编”规定的违约责任请求权，是选择关系，还是并用关系？“人格权编”规定的人格权与“合同编”规定的合同法规则，本无关系，但是在合同当事人一方违约损害他人利益时，违约责任中的损害赔偿责任是否包括精神损害赔偿，不无疑问。根据《合同法》第 122 条关于“因当事人一方的违约行为，侵害对方人身、财产权益的，受损害方有权选择依照本法要求其承担违约责任或者依照其他法律要求其承担侵权责任”的规定，《合同法解释（一）》作出了请求权竞合条件下在程序上选择其一的解释，对于当事人的请求权是否只能选择其一加以保护，则没有在司法解释中加以限制而是留出了探索空间。[①]《精神损害赔偿解释》第 4 条涉及违约与侵权的竞合，鉴于合同法规定的违约责任不包括精神损害赔偿，因此本条要求必须是受害人"以侵权为由"起诉，才能请求赔偿精神损害。关于违约损害赔偿，国外有因违反合同而被法院判决赔偿精神损害的判例，但一般限于以提供安宁的享受或解除痛苦和烦恼等期待精神利益为目的的合同，如旅游度假服务合同、摄影录像服务合同等。国内对美容整形服务合同未能达到预期目的并造成不良后果的，也有判决违约方赔偿精神损害的案例，譬如洗印照片被丢失的案例；如因债务人一方违约而使合同目的落空，债权人可以向人民法院起诉要求赔偿精神损失，但以合同不能继续履行为限。《精神损害赔偿解释》未采纳违反合同也应承担精神损害赔偿责任的观点，而将精神损害赔偿的范围限制在上述侵权案件类型中。如果请求违约责任则不可以再请求精神损害赔偿，如果违约行为造成了对方当事人的精神损害，则须依照民事责任竞合的规则，提起侵权诉讼，方可得到精神损害赔偿的救济。精神损害赔偿救济的是人格利益以及身份利益的损害，如果违约行为造成了债权人的人格利益或者身份利益的损害，当然可以主张精神损害赔偿。实践表明，这种二选一的思路不利于人格权的保护。《民法典》"人格权编"第 996 条规定："因当事人一方的违约行为，损害对方人格权并造成严重精神损害，受损害方选择请求其承担违约责任的，不影响受损害方请求精神损害赔偿。"[②]这一条对于《民法典》"总则编"第 186 条而言属于优先适用的裁判规则，简化了诉讼关系，总结了司法实践，有利于更全面地保护债权人的民事权益。

民法典内部法律适用的选择。一是总则编与分则编裁判案件的适用。人格权请求权与侵权请求权是两种不同的权利保护请求权，需要认真识别，准确适用。对于人格侵权，本编第 991 条规定："民事主体的人格权受法律保护，任何组织或者个人不得侵害。"而《民法典》"总则编"第 3 条规定："民事主体的人身权利、财产权利以及其他合法权益受法律保护，任何组织或者个人不得侵犯。"《民法典》"总则编"第 120 条规定了侵权请求权，即"民事权益受到侵害的，被侵权人有权请求侵权人承担侵权责任"。人格权请求权与侵权请求权不同，而与物权请求权相类似，都是民事权利本身包含的保护请求权，而侵权请求权是新生的权利。"人格权编"第 995 条在"总则编"与分则编具有相同或者基本相同规定的，优先适用分

① 王泽鉴先生的《民法思维：请求权基础理论体系》认为，请求权基础是一个法律条文。如果原告的请求权有两个法律条文可以作为请求权基础，则原告必须（只能）选择其中一个条文，作为本案请求权基础。

② 源于《合同法》第 122 条，与《民法典》"总则编"第 186 条比较似乎冲突，可以作例外理解。

则编。二是"人格权编"与"侵权责任编"裁判案件的适用。侵害人格权的侵权责任案件,先适用"人格权编",判断是否构成侵权,受害人应不应该受保护;再适用"侵权责任编",决定加害人应不应该承担责任,加害人应当承担什么样的侵权责任。

人格体现人性尊严和人格自由,体现生命尊严和体面生活,名誉则为人的第二生命。言论自由则具有追求真理、促进民主、自我实现的价值。本编第999条、第1025条分别规定了媒体执行职务的合理权限和免责情形,同时为防止其滥用权力,第999条要求其"合理使用",第1025条又赋予其合理核实义务。以往人民法院审理媒体侵权苦于无法可依,本编填补了这个法律漏洞,明确了媒体侵权合理审查义务的确定因素,为法院提供了明确的裁判规范。行为人实施正常新闻报道、舆论监督,对特定的民事主体及其某些行为进行批评、发表评论或从事正当监督时,必须依据一定的客观事实,出于真诚的态度报道真实、揭露真相,对于丰富多彩的社会生活和纷繁复杂的社会现象能够透过现象抓住本质、穿过云雾接近真理,而不得不加思考不问真假地捕空穴来风、捉杯弓蛇影、闭门造车,拿通稿署名沽名钓誉做应景文章。且行为人对该事实包括信息来源负有合理核实的义务,以确保事实的客观真实性、准确性,防止和减少片面性、虚假性和荒诞性。行为人若未尽到合理核实的义务,则可能构成名誉侵权,应当依法承担民事责任。

【司法案例】

案例一

张某雯与乌鲁木齐甲妇幼医院医疗损害赔偿纠纷案[①]

诉讼结论:医方过错为次要责任,医院承担40%的赔偿责任。

基本案情

张某雯与乌鲁木齐甲妇幼医院(以下简称甲医院)医疗损害赔偿纠纷一案,不服新疆维吾尔自治区高级人民法院(2012)新审一民提字第145号民事判决,向检察机关申诉。最高人民检察院以高检民抗(2014)6号民事抗诉书向最高人民法院提出抗诉。最高人民法院依法组成合议庭,公开开庭审理了本案。法院查明:本案医疗事故技术鉴定书中的"八、分析意见"明确载明"(二)早产儿体重仅为1000克,心、脑、肺各器官发育不成熟,是导致患儿脑瘫的原因。……(四)医方的违规行为及诊疗中存在的不足与患儿脑瘫无因果关系"。乙鉴定所经鉴定分析认为,"医方存在过错与鉴定人目前脑瘫存在间接因果关系,医方过错加重了疾病发

① 最高人民法院(2014)民抗字第25号。

展的可能，在疾病发展过程中起辅助作用，因此，患方疾病因素为主要责任，医方过错为次要责任”。

法院认为，本案需要解决的关键问题是：原审判决关于“张某雯对甲医院医疗过错程度、张某雯伤残等级及甲医院病历客观性、完整性、规范性重新鉴定的申请不符合重新鉴定的法定情形”的认定是否缺乏证据证明，适用法律是否错误。

张某雯的法定代理人史某芝认为甲医院的行为构成医疗事故，遂先向乌鲁木齐市天山区卫生局投诉，经天山区卫生局委托，乌鲁木齐市医学会对甲医院的医疗行为进行医疗事故技术鉴定。经专家组认真阅读医患提供的资料，听取医患双方的陈述、答辩，提问相关问题，并对患者进行了现场查体，通过分析，确定本病例不属于医疗事故。后张某雯诉至法院，请求甲医院进行赔偿。在诉讼过程中，根据张某雯的申请，天山区人民法院委托乙鉴定所对甲医院的医疗行为是否存在过错及伤残等级进行鉴定。该鉴定部门具备相应的鉴定资质，鉴定程序符合法律规定，鉴定人员亦根据法院的要求，出庭对双方当事人的质询意见进行了答复。在张某雯的法定代理人史某芝提出甲医院提供的病历不具有真实性，并提出申请要求对062236号住院病历的真实性、客观性进行鉴定的情况下，天山区人民法院另委托新疆丙司法鉴定所对上述内容进行鉴定。在新疆丙司法鉴定所经鉴定认为张某雯的病历中部分不具有客观性的情况下，天山区人民法院再次委托乙鉴定所对病历中违反《病历书写规范》的部分是否影响医疗过错的鉴定结论进行补充鉴定。应当说，天山区人民法院的上述做法，完全符合《民事诉讼证据规定》第27条中“对有缺陷的鉴定结论，可以通过补充鉴定、重新质证或者补充质证等方法解决的，不予重新鉴定”的规定，并无不妥。

原审在本案不构成医疗事故的前提下，采纳了上述甲医院的医疗行为存在过错的鉴定结论，酌情判令由甲医院承担40%的赔偿责任，属于对法律赋予的自由裁量权的合理行使，亦充分考虑了本案张某雯的具体情况，保护了张某雯的利益，适用法律并无不当，应予维持。检察机关上述“重新鉴定”的抗诉意见，不符合本案的实际情况，亦不利于张某雯实际利益的维护，法院不予支持。根据《民事诉讼证据规定》第4条第8项“因医疗行为引起的侵权诉讼，由医疗机构就医疗行为与损害结果之间不存在因果关系及不存在医疗过错承担举证责任”之规定，原审判决在史某芝提供了其在甲医院就医的证明、就医中诊疗情况的证明及张某雯的脑瘫鉴定结论，并指出乙鉴定所的鉴定结论依据不足后的情形下，仍作出“张某雯虽申请再审称原判认定部分事实错误，否定了由于宫内缺氧而导致申请再审人患脑瘫的事实，但其并未提出相关证据证明，故其该项申请再审理由因无事实依据，不能成立”的认定不妥，检察机关对此抗诉有其道理。但综观本案，原审法院对甲医院有无过错等，已经委托乙鉴定所作出了鉴定结论，且采纳了乙鉴定所的甲医院有过错的鉴定结论，判令甲医院承担了相应的责任。故原审法院虽对举证责任的认定不妥，但客观上并未损害张某雯的利益。根据《民事诉讼法审判监督程序解释》第37条之规定，法院对原审法院上述举证责任的错误认定予以纠正，判决结果予以维持。综上，原审判决认定事实清楚，适用法律、阐述理由方面虽有瑕疵，但裁判结果正确，应予维持。依照《民事诉讼法》第207条第1款、《民事诉讼法审判监督程序解释》第37条之规定，终审判决维持新疆维吾尔自治区高级人民法院(2012)新审一民提字第145号民事判决。

案例二

李某与被申诉人长沙市妇幼保健院医疗损害赔偿纠纷案①

诉讼结论：被告赔偿财产损害的同时，承担精神损害赔偿责任。

基本案情

2007年12月20日，李某向法院提起诉讼称，李某因怀孕于2006年上半年多次到长沙市妇幼保健院进行检查，由于长沙市妇幼保健院医生工作粗心大意、不负责任，检查完全流于形式，胎儿多个器官发育缺陷无一被发现，使李某丧失了选择优生优育的权利，它不仅造成婴儿终身痛苦，还给李某家庭带来沉重的精神和经济负担，故请求：(1)判令长沙市妇幼保健院承担产前检查漏诊、误诊责任，支付患儿畸形矫治手术费180,000元，并赔偿精神损失费20,000元；(2)由长沙市妇幼保健院承担本案全部诉讼费用。李某于2009年8月16日增加诉讼请求，要求长沙市妇幼保健院支付残疾赔偿金182,820元(18,282元×20年×50%)。李某以其"优生优育选择权"受到侵害为由提起侵权之诉，本案审理的法律关系应为医疗损害赔偿法律关系。本案的主要争议焦点为，长沙市妇幼保健院的医疗行为主要是产前检查行为是否存在过错，给李某造成损害后果。对此，根据(2009)临鉴字第762号司法医学鉴定意见书，被鉴定人潘某胎儿时(母体宫内)，长沙市妇幼保健院在B超检查时未检出左肾缺如，存在过错。长沙市妇幼保健院的医疗过错行为直接导致了该院未能及时探察和发现胎儿肾脏的发育状况并将该情况及时告知李某、提出终止妊娠的医学意见，进而导致李某亦未能及时进行适时、理性的决定和选择，最终导致李某不得不接受残疾婴儿的出生。因此，李某以被申诉人长沙市妇幼保健院为被告，向某法院提起医疗损害赔偿诉讼。依照《民法通则》第106条，《母婴保健法》第17条、第18条和《母婴保健法实施办法》第4条和《人身

---

① 最高人民法院(2016)最高法民再263号民事判决书。

损害赔偿解释》第18条,《精神损害赔偿解释》第9条第3项、第10条之规定,法院判决:(1)长沙市妇幼保健院应于本判决生效后三日内赔偿李某经济损失135,212元;(2)长沙市妇幼保健院应于本判决生效后三日内赔偿李某精神损害抚慰金20,000元;(3)驳回李某的其他诉讼请求。一审案件受理费800元,鉴定费2300元,由长沙市妇幼保健院负担。对此,双方均不服一审判决,向湖南省长沙市中级人民法院提出上诉。该院经审理后驳回上诉,维持原判。双方均不服二审判决,向湖南省高级人民法院申请再审,该院经审理判决维持二审判决。李某不服湖南省高级人民法院(2014)湘高法民再终字第115号民事判决,向检察机关申诉。最高人民检察院作出高检民监(2015)220号民事抗诉书,向最高人民法院提出抗诉。最高人民法院提审后,依法组成合议庭,公开开庭审理了本案。

法院认为,本案系医疗损害赔偿纠纷。长沙市妇幼保健院的医疗过错行为侵害的是作为生育主体的李某对母婴保健的知情选择权、给李某造成情感压力和精神痛苦,长沙市妇幼保健院对此应通过支付精神损害抚慰金的方式对李某进行利益填补和精神抚慰。至于精神损害抚慰金的数额,结合长沙市妇幼保健院医疗行为的过错程度和李某所承载的精神伤害程度,考虑长沙市的经济发展水平,酌情认定20,000元。同时,李某因婴儿的出生不得不承担其比一般正常婴儿多出的费用,包括财务与劳力之付出。对此,长沙市妇幼保健院亦应根据其过错程度承担相应的民事赔偿责任。因长沙市妇幼保健院的过错在于未发现胎儿的左肾缺失,对于胎儿的先天性心脏畸形(法乐氏四联征)和先天性脊柱侧弯畸形,产前检查未予发现并不存在过错。因此,长沙市妇幼保健院仅就李某因潘某的左肾缺如而可能增加的额外抚养费用进行经济补偿,该费用仅限于潘某因残疾相对于一个非残障的正常人而言需要付出的额外生存成本,对此可参照人身损害赔偿中残疾赔偿金的标准进行计算为138,212元(13,821.20元×20年×50%)。对于潘某因先天性心脏畸形(法乐氏四联征)和先天性脊柱侧弯畸形所需的手术费用,李某要求长沙市妇幼保健院赔偿,缺乏事实依据,不予支持。长沙市妇幼保健院对司法鉴定书中关于认定其提供的医疗服务存有过错的结论提出异议,但其未能就此提交合法有效的证据加以证实,不予采信。长沙市妇幼保健院要求进行医疗事故技术鉴定,因其医疗过错行为并未直接导致患者的人身损害,不属于医疗事故范围。确切地说,本案应属于医院违反产前诊断义务而导致的侵权责任,即是因其他医疗行为引起的损害赔偿纠纷,长沙市妇幼保健院以医疗事故抗辩的理由不能成立,不予采纳。

案例三

田某某与杨某生命权纠纷案①

诉讼结论：驳回田某某的诉讼请求。

基本案情

段某某有心脏病史，2007 年做过心脏搭桥手术。2017 年 5 月 2 日 9 时 24 分许，段某某与杨某先后进入金水区天骄华庭 2 期小区 5 号楼 1 单元电梯内，因段某某在电梯内吸烟，杨某进行劝阻，二人发生言语争执。段某某与杨某走出电梯后，仍有言语争执，双方被物业工作人员劝阻后，杨某离开，段某某同物业工作人员进入物业公司办公室，后段某某心脏病发作猝死。根据金水区天骄华庭小区监控视频显示内容，事件发生过程中，段某某情绪较为激动，并随着时间的推移情绪激动程度不断升级；杨某在整个过程中，情绪相对比较冷静、克制；二人只有语言交流，无拉扯行为，无肢体冲突。经核算，三段监控视频中显示出杨某与段某某接触时长不足 5 分钟。

法院认为，杨某劝阻段某某在电梯内吸烟的行为未超出必要限度，属于正当劝阻行为。在劝阻段某某吸烟的过程中，杨某保持理性，平和劝阻，其与段某某之间也没有发生肢体冲突和拉扯行为，也没有证据证明杨某对段某某进行过呵斥或有其他不当行为。杨某没有侵害段某某生命权的故意或过失，其劝阻段某某吸烟行为本身不会造成段某某死亡的结果。段某某自身患有心脏疾病，在未能控制自身情绪的情况下，发作心脏疾病不幸死亡。虽然从时间上看，杨某劝阻段某某吸烟行为与段某某死亡的后果是先后发生的，但两者之间并不存在法律上的因果关系。因此，杨某不应承担侵权责任。《侵权责任法》第 24 条规定："受害人和行为人对损害的发生都没有过错的，可以根据实际情况，由双方分担损失。"适用《侵权责任法》第 24 条的前提是行为与损害结果之间有法律上的因果关系，且受害人和行为人对损害的发生都没有过错。而本案中杨某劝阻吸烟行为与段某某死亡结果之间并无法律上的因果关系。保护生态环境、维护社会公共利益及公序良俗是民法的基本原则，弘扬社会主义核心价值观是民法的立法宗旨，司法裁判对保护生态环境、维护社会公共利益的行为应当依法予以支持和鼓励，以弘扬社会主义核心价值观。根据郑州市有关规定，市区各类公共交通工具、电梯间等公共场所禁止吸烟，公民有权制止在禁止吸烟的公共场所的吸烟者吸烟。该规定的目的是减少烟雾对环境和身体的侵害，保护公共环境，保障公民身体健康，促进文明、卫

---

① 河南省郑州市中级人民法院（2017）豫 01 民终 14848 号民事判决书。

生城市建设,鼓励公民自觉制止不当吸烟行为,维护社会公共利益。

总之,本案中杨某对段某某在电梯内吸烟予以劝阻合法正当,是自觉维护社会公共秩序和公共利益的行为。如果判令杨某分担损失,让正当行使劝阻吸烟权利的公民承担补偿责任,将会挫伤公民依法维护社会公共利益的积极性,既是对社会公共利益的损害,也与民法的立法宗旨相悖,不利于促进社会文明,不利于引导公众共同创造良好的公共环境。故驳回原告提出的偿命赔偿诉讼请求。

第九百九十条　人格权是民事主体享有的生命权、身体权、健康权、姓名权、名称权、肖像权、名誉权、荣誉权、隐私权等权利。

除前款规定的人格权外,自然人享有基于人身自由、人格尊严产生的其他人格权益。

【条文主旨】

本条是关于人格权类型的规定。

【条文理解】

本条所谓民事主体,主要是指自然人,①其第1款列举了生命权等9种类型的人格权,其中的名称权、名誉权、荣誉权可以为法人和非法人组织所享有。本条形式上是人格权定义,实际上是对具体人格权的列举。从第1款的“……隐私权等权利”和第2款的规定来看,我国民法中的人格权并不是封闭性的犹如物权法定一样的人格权法定,而是以人身自由、人格尊严为价值基础,以我国宪法规定为根据的开放性民事权利。第2款如同德国民法中的“一般人格权”一样,实质上都是人格保护的一般条款。与之前我国最高人民法院发布的民事案由规定的一般人格侵权,具有异曲同工之妙,可彰显法律之适应力,提高其胜任力。

本条所谓人格尊严,构成人格权的伦理基础。人格尊严系人之所以为人,以人为本,以人为目的,而非以人为手段的价值理念。

生命权,是指以自然人的生命安全利益为内容的人格权,其以生命安全和生命维持为客体,以维护人的生命活动延续为基本内容。② 本章第1002条规定:“自然人享有生命权。自然人的生命安全和生命尊严受法律保护。任何组织或者个人不得侵害他人的生命权。”

---

① 《民法典》中的“民事主体”,是指平等主体的自然人、法人和非法人组织。参见中国审判理论研究会民商事专业委员会编著:《〈民法总则〉条文理解与司法适用》,法律出版社2017年版,第5页。

② 王胜明主编:《中华人民共和国侵权责任法释义》,法律出版社2010年版,第24页。

身体权是自然人维护其身体的完整性,并对其身体组织或器官享有优先支配权的具体人格权。“人格权编”第2章第1003条规定:自然人享有身体权。自然人的身体完整和行动自由受法律保护。任何组织或者个人不得侵害他人的身体权。身体权体现的利益是公民身体组织的完整性。《德国民法典》第823条规定这三个人格权的先后顺序是生命权、身体权、健康权。我国《民法通则》第98条只笼统规定了“生命健康权”,最高人民法院司法解释则规定的是生命权、健康权、身体权。通常认为这三个人格权中最重要的是生命权,因为没有生命,其他两个权利也不可能存在。其次是健康权,因为侵害健康权会造成人的重大损失。而身体权显然不如生命权和健康权重要,因此放到最后的位置。人格权编草案颠倒了健康权和身体权的顺序,采纳了德国法的排列顺序,把身体权移到健康权的前边。其意义是,在当今社会生活中,身体权的地位越来越重要,这主要体现在它的支配性质。随着医学科学技术的发展,自然人身体的组成部分可以捐赠给他人,以救助他人,挽救生命。健康权维护的是身体组织和器官免于不法侵害的利益。身体权则是维护身体组成部分的完整性的权利,不仅有权维护自己身体的完整性,而且更重要的是可以支配自己身体的组成部分救助他人。

健康权,是指自然人以其机体生理机能正常运作和功能完善发挥,以其维持人体生命活动的利益为内容,不遭受他人侵害,并依法享有从国家和社会获得基本医疗卫生服务的民事权利。健康是生命之本,天有三宝日月星,人有三宝精气神。身心健康是能力的前提、事业的本钱,古人讲修身、齐家、治国、平天下,修身是第一步。本章第1004条规定:“自然人享有健康权。自然人的身心健康受法律保护。任何组织或者个人不得侵害他人的健康权。”健康权体现的利益是公民机体身心功能的完善性。健康权在公法意义上则是国家义务。国家和社会尊重、保护公民的健康权。国家实施健康中国战略,普及健康生活,优化健康服务,完善健康保障,建设健康环境,发展健康产业,提升公民全生命周期健康水平。①

姓名权,是指公民决定使用和依照规定改变自己姓名的权利。本章第1012条规定:“自然人享有姓名权,有权依法决定、使用、变更或者许可他人使用自己的姓名,但是不得违背公序良俗。”第1013条规定:“法人、非法人组织享有名称权,

---

① 宪法意义上的健康权,指的是国家以宪法为基础,通过积极的作为与消极的不作为,保障公民所享有的保持其躯体生理机能正常、精神状态饱满,并在此基础上参与社会、适应社会的能力。健康权被确定为宪法基本权利是其基本人权属性的必然要求。1925年就把健康规定为一种宪法权利加以保障的智利,是公认的最早将健康权入宪的国家。世界各国将健康权作为一项基本权利明文入宪法的,一般通过确定的表达及明示的条款,确认其宪法基本权利的地位,并作为公民享有此项权利以请求国家履行保障义务、对抗国家公权力及他人不法侵害的依据。

有权依法决定、使用、变更、转让或者许可他人使用自己的名称。”什么叫姓名？人的姓名与动植物的名称，并无实质区别，是一种区别技术。人类采用命名这种区别技术，区别客观事物，也同样用命名的方法区别人类自身。

名誉权，是指公民和法人就其自身属性和价值所获得的社会评价，享有的保有和维护的人格权。本章第 1024 条规定：“民事主体享有名誉权。任何组织或者个人不得以侮辱、诽谤等方式侵害他人的名誉权。名誉是对民事主体的品德、声望、才能、信用等的社会评价。”

荣誉权，是指民事主体对其获得的荣誉及其利益所享有的保持支配的身份权。本章第 1031 条规定：“民事主体享有荣誉权。任何组织或者个人不得非法剥夺他人的荣誉称号，不得诋毁、贬损他人的荣誉。”获得的荣誉称号应当记载而没有记载的，民事主体可以请求记载；获得的荣誉称号记载错误的，民事主体可以请求更正。

肖像权，是指自然人在自己的肖像上体现的精神利益和物质利益所享有的人格权。第 4 章第 1018 条规定：“自然人享有肖像权，有权依法制作、使用、公开或者许可他人使用自己的肖像。肖像是通过影像、雕塑、绘画等方式在一定载体上所反映的特定自然人可以被识别的外部形象。”①

隐私权，是指自然人享有的对其个人的、与公共利益、群体利益无关的个人信息、私人活动和私有领域进行支配的人格权。本章第 1032 条规定：“自然人享有隐私权。任何组织或者个人不得以刺探、侵扰、泄露、公开等方式侵害他人的隐私权。隐私是自然人的私人生活安宁和不愿为他人知晓的私密空间、私密活动、私密信息。”譬如国家保护公民个人健康信息，确保公民个人健康信息安全。任何组织或者个人不得非法收集、使用、加工、传输公民个人健康信息，不得非法买卖、提供或者公开公民个人健康信息。医疗卫生机构、医疗卫生人员应当关心爱护、平等对待患者，尊重患者人格尊严，保护患者隐私。

《民法典》“总则编”第 110 条第 1 款规定了自然人享有的 9 种人格权，第 2 款规定了法人和非法人组织享有的 3 种人格权，减去重复的合并为 10 种，第 109 条规定了一般人格权（作为兜底条款）。《民法典》“人格权编”规定了 9 种人格权，列举的类型没有增加人格权，少了一种婚姻自主权。《民法典》“侵权责任编”第 1177 条规定的“自助权”，公法上属于宪法性权利，私法上既是民事权利，也是危急危难情形下人格权的自力救济。至于个人信息，《民法总则》没有将其规定为权

① 第 1021、1022 条许可他人使用肖像，有学者认为，以肖像来牟利是商业合同问题，本质都是金钱债权债务，和人格权保护毫无关联，完全不是人格权保护。

利,《民法典》"人格权编"也只是在第6章笼统称为"个人信息保护",可见,在法律层面,个人信息是作为一项法益予以保护的,随着理论界和实务界对个人信息予以保护的呼声日益高涨,在未来的立法中,国家将会制定专门的《个人信息保护法》。

民事权利内容非常丰富,多种多样,立法当中以列举的方式难以穷尽,而且随着社会经济文化的发展,还会不断地有新的民事权益被纳入进来,例如,伴随人工智能的发展,个人声音的利用方式也越来越多样化,声音作为一种人格利益的保护也会越来越重要。因此《民法典》"人格权编"没有也不可能把所有的人格权都列举出来,没有列举的不代表就一定不是人格权,因此这里边用了一个"等权利",以保持人格权的开放性,增强其适应力。

正确理解本条第2款中的"其他人格权益",必须把握其产生的基础在于人身自由、人格尊严。自然人享有基于人身自由、人格尊严产生的其他人格权益,譬如婚姻自主权。婚姻自主权,是指自然人享有的结婚、离婚自由不受他人干涉的权利,再如死者名誉、胎儿人格利益等。[①] 危难危急时的自助救济也是自然人享有的基于人身自由、人格尊严产生的其他人格权益,民法予以认可揆情度理是明智之举。环境人格权虽有呼声,但司法实践缺乏,理论研究不足。自由、名誉、自助、自救、自治、贞操、环境等其他人格利益,乃人格权的具体化,均属"其他人格权益"。

新冠肺炎疫情与人民群众的生命、身体、健康利益攸关,人民群众对于此类公共卫生事件的信息知情权,除了应当在刑事法律和行政管理法领域加以规范外,不排除在民事法律领域出现直接涉及人格权的知情权。一是公民接受医疗卫生服务,对病情、诊疗方案、医疗风险、医疗费用等事项依法享有知情同意的权利。二是传染病暴发、流行时,公民对传染病疫情信息依法享有及时、准确知情防疫避疫的权利。根据我国《传染病防治法》第38条的规定,国家建立传染病疫情信息公布制度。国务院卫生行政部门定期公布全国传染病疫情信息。省、自治区、直辖市人民政府卫生行政部门定期公布本行政区域的传染病疫情信息。传染病暴发、流行时,国务院卫生行政部门负责向社会公布传染病疫情信息,并可以授权省、自治区、直辖市人民政府卫生行政部门向社会公布本行政区域的传染病疫情信息。健康知情权,印证了人格权在现行大陆法系的体系中,表现为公法与私法的"两栖性"。

为落实宪法关于国家发展医疗卫生事业,保护人民健康的规定,引领医药卫生事业改革和发展大局,推动和保障健康中国战略的实施,我国《基本医疗卫生与

---

① 王胜明主编:《中华人民共和国侵权责任法释义》,法律出版社2010年版,第24页。

健康促进法》[①]首次在法律层面上直接提出健康是人的基本权益，以及国家实施健康中国战略，明确公民依法享有基本健康权益，规定国家和社会依法实现、保护和尊重公民的健康权，为实现全方位全周期维护人民健康提供法治基础。该法在落实人权和保障健康权的基础上，明确了健康权保障的基本原则，明晰了健康权的核心内容与基本医疗和卫生保健内容，最终完成了健康权实现的核心价值取向。在第 2 章“公民的健康权利与义务”中，提出公民依法享有健康权，国家和社会依法实现、保护和尊重公民的健康权；同时也明确了公民相应的义务，提出“公民有依法参加基本医疗保险的权利和义务”。国际上对健康权保障比较完善的国家基本都颁布了卫生健康法的基准法。

虽然“总则编”第 5 章“民事权利”第 109 条明确规定“自然人的人身自由、人格尊严受法律保护”，但在《民法典》“人格权编”中并没有展开规定，一是因为民法调整范围决定，涉及政治、社会的内容，不宜在此规定；二是因为民法规范性质决定，民法规范更多的是引导性、倡导性、任意性规范。人身自由即行动自由，自然人有权维护自己的身体完整和行动自由，“法无禁止即可行”，不受非法拘禁等方式剥夺、限制行动自由之侵害。

“总则编”第 130 条规定：“民事主体按照自己的意愿依法行使民事权利，不受干涉。”这一条规定的是民事权利的自我决定权，体现了意思自治原则，民法典人格权编草案曾经写了自我决定权，但因为与《民法总则》第 130 条相重复被删掉，民事权利的自我决定权是抽象的权利，包括人格权的人身自由权。

人身自由是具体的权利，包括身体自由和意志自由，其中身体自由是支配行动自由的权利。“人格权编”第 990 条第 2 款把人身自由规定为抽象的权利，一般性的权利，同时规定在生命权、身体权、健康权一章第 1011 条：“以非法拘禁等方式剥夺、限制他人的行动自由，或者非法搜查他人身体的，受害人有权依法请求行为人承担民事责任。”[②]显然，这是把人身自由规定为一种具体的人格权，由于人身自由不便单独写成一章，故将其放到身体权的范围里规定。

人格权是“人格权编”中的核心概念。《人格权编（草案）》（三审稿）对人格权的定义予以界定，增加一款规定：人格权是民事主体享有的生命权、身体权、健康

---

① 《基本医疗卫生与健康促进法》，2019 年 12 月 28 日由第十三届全国人大常委会第十五次会议表决通过，于 2020 年 6 月 1 日实施。该法分为总则、基本医疗卫生服务、医疗卫生机构、医疗卫生人员、药品供应保障、健康促进、资金保障、监督管理、法律责任、附则，共 10 章 110 条。

② 《人格权编（草案）》（三审稿）本条为：“（自然人的人身自由不受侵犯。任何组织或者个人）以非法拘禁等方式剥夺、限制他人的行动自由，或者非法搜查他人身体的，受害人有权（可以）依法请求行为人承担民事责任。”（第一个括弧内的文字为删除部分，第二个为被替代文字。）

权、姓名权、名称权、肖像权、名誉权、荣誉权、隐私权等权利。

随着社会的发展，人格利益的利用现象日益广泛，某些人格权尤其是标表性的人格权本身具有一定的可利用价值。例如，个人的姓名、肖像、声音以及法人的名称等，具有一定的经济价值，可以成为经济利用的对象。尤其是在现代信息社会，个人信息不仅强调保护，而且强调利用。侵害这些人格权，不仅造成受害人精神损害，还可能造成受害人财产损害，我国《侵权责任法》第20条已经对此作出了规定。

从我国立法来看，《民法通则》第100条关于未经本人同意不得以营利为目的使用公民的肖像的规定，实际上已经承认了肖像权的利用，第99条规定了企业法人、个体工商户、个人合伙可转让其名称的权利。《民法典》"人格权编"沿袭了这一立法经验，对人格利益的经济利用规则作出了规定，为人格利益的商业利用提供了法律依据。本章第993条规定："民事主体可以将自己的姓名、名称、肖像等许可他人使用，但是依照法律规定或者根据其性质不得许可的除外。"第1022条规定了肖像许可使用的期限，肖像许可使用合同的解除，该条实际上是赋予了在未约定许可使用期限的情形下，肖像权人任意解除肖像权许可使用合同的权利，这实际上也体现了当人格权和财产权发生冲突时应当向人格权保护倾斜的精神。同时，第1023条第1款规定："对姓名等的许可使用，参照适用肖像许可使用的有关规定。"这就意味着关于肖像权许可使用的规则不是仅仅使用肖像，而实际上为人格权的许可使用确定了一般性规则，从而弥补了我国现行立法在这方面规定的不足。

【司法适用】

姓名权，是一项人格权，是内涵丰富的民事权利，不得盗用、假冒。否则，不仅应当承担财产损害赔偿责任，还应当承担精神损害赔偿责任。譬如齐某苓与陈某琪姓名权纠纷一案中，山东省高级人民法院在审理中认为，这个案件存在适用法律方面的疑难问题，因此依照《人民法院组织法》第33条的规定，报请最高人民法院解释。最高人民法院经研究，作出了批复。① 山东省高级人民法院遂根据《民法通则》第120条"公民的姓名权、肖像权、名誉权、荣誉权受到侵害的，有权要求停

---

① 《最高人民法院关于以侵犯姓名权的手段侵犯宪法保护的公民受教育的基本权利是否应承担民事责任的批复》："山东省高级人民法院：你院〔1999〕鲁民终字第258号《关于齐玉苓与陈晓琪、陈克政、山东省济宁市商业学校、山东省滕州市第八中学、山东省滕州市教育委员会姓名权纠纷一案的请示》收悉。经研究，我们认为，根据本案事实，陈晓琪等以侵犯姓名权的手段，侵犯了齐玉苓依据宪法规定所享有的受教育的基本权利，并造成了具体的损害后果，应承担相应的民事责任。"该批复已经被清理停止适用。

止侵害，恢复名誉，消除影响，赔礼道歉，并可以要求赔偿损失”之规定，认定陈某琪等侵犯了齐某苓的姓名权，判决其承担相应的民事责任，判决被告停止对原告齐某苓姓名权的侵害、赔礼道歉、支付原告齐某苓支付的律师代理费、赔偿原告齐某苓的精神损失。在《侵权责任法》问世之前，山东法院当时适用《民法通则》是无疑正确的，但直接适用《宪法》则不具有判例效力。此类侵犯姓名权冒名上学纠纷案件，在《民法典》实施以后，适用《民法典》“人格权编”“侵权责任编”即可，裁判文书不宜直接引用《宪法》规定。

姓名权，特别是外国人的名字在中国，能否构成商标法中的“在先权利”，司法实践中素有争议。譬如乔丹体育股份有限公司（以下简称乔丹公司）申请注册“乔丹”商标，美国迈克尔·杰弗里·乔丹以侵害姓名权为由在法定期限内向当时的商标评审委员会提出撤销该商标。乔丹公司被驳回异议后，向北京一中院提起姓名权侵权之诉、向北京高院上诉，该两院均认为乔丹公司申请注册“乔丹”商标的行为未侵犯乔丹的姓名权。最高人民法院经提审，认定乔丹公司申请“乔丹”商标的行为侵犯乔丹的姓名权。① 2017 年 1 月 10 日公布的《商标授权确权行政案件规定》将“乔丹”案中所明确的“姓名权可以构成商标法规定的在先权利”的裁判规则完全吸收，其第 20 条规定：“当事人主张诉争商标损害其姓名权，如果相关公众认为该商标标志指代了该自然人，容易认为标记有该商标的商品系经过该自然人许可或者与该自然人存在特定联系的，人民法院应当认定该商标损害了该自然人的姓名权。当事人以其笔名、艺名、译名等特定名称主张姓名权，该特定名称具有一定的知名度，与该自然人建立了稳定的对应关系，相关公众以其指代该自然人的，人民法院予以支持。”

具有社会影响的知名人士生前的姓名，在其死亡之后，可以成为商标法意义上的“在先权利”继续存在。譬如新冠疫情发生之初的“吹哨人”李文亮，对于相关企业注册“李文亮”商标的申请，国家知识产权局于 2020 年 2 月驳回，理由没有使用商标法意义上的“在先权利”，因为没有人提出异议，而是以“李文亮是武汉市中心医院眼科医生，因接诊感染新冠肺炎不幸去世，将其姓名作为商标使用或者注册，易造成重大社会不良影响”。②

对身份权参照适用人格权保护。自然人因婚姻家庭关系产生的身份权利，与

---

① 最高人民法院于 2019 年 12 月 24 日发布的第 22 批指导性案例 113 号。

② 据新京报 2020 年 2 月 28 日报道，企查查数据显示，2 月 7 日，长沙市福荼堂电子商务有限公司分别申请“文亮”与“李文亮”商标共 4 个，类别为方便食品、医药、医疗器械，状态均为等待审查；2 月 13 日、15 日，东莞特雷斯智能科技有限公司共申请注册商标“李文亮”5 个，类别分别为医疗器械、服装鞋帽、医药、广告销售、方便食品，状态同样为等待审查。

人格权在保护上具有一定相似性。因此,对这些身份权利的保护,除了适用“婚姻家庭编”的规定外,还应当参照适用人格权保护的相关规定。

《民法典》“人格权编”关于人格权许可利用规则的规定,为司法实务提供了裁判依据。在“人格权编”中对人格权的许可利用规则作出规定,体现该问题与人格尊严的关联性。我国关于人格权许可利用的司法案例丰富,本章第993条总结了司法案例中裁判立场,是对司法实践经验的总结,是对中国司法智慧的尊重,对法院处理有关人格权许可使用合同纠纷提供了法律依据。

“人格权编”与“合同编”的适用关系。“人格权编”对于人格权益利用的内容作了原则性规定,没有在“合同编”中规定,“合同编”主要是财产权的流转与使用规则,原则上不适用于人格权的许可利用。

公开权的法律适用。[①] “人格权编”第993条规定:“民事主体可以将自己的姓名、名称、肖像等许可他人使用,但是依照法律规定或者根据其性质不得许可的除外。”人格商品化权、商事人格权,属于抽象人格权,也称为公开权。例如,肖像权、姓名权、名称权等,有的一经商业化使用就会产生经济效益财产利益。这种财产利益被他人侵害后,商标中涉及肖像、姓名、名称的,既是对商标权的侵害,也是对人格权的侵害。因此用网红、球星、影星名字注册商标,也是有风险的。

公开的个人信息与隐私权的法律适用。隐私权与个人信息既有联系,也有区别。联系在于部分个人信息属于隐私信息,因而受隐私权保护,有的隐私具有时效性,过期无效,超过一定期间不再具有隐私性,从而成为一般个人信息。区别在于:一是保护方式上,个人信息既可以消极防御,也可以积极利用,而隐私主要是防御;二是价值形式上,隐私权主要是精神性权利,财产价值除了能够构成技术诀窍、商业秘密以外,财产价值不突出,个人信息即包括财产价值,也包括精神价值;三是表现形式上,隐私主要是私密信息、私密活动、私密空间,隐私注重隐形隐匿隐藏,不具有公开性,而个人信息除了隐私信息,一般以数字、文字、图标等形式表现,可以公开和利用。

《民法典》没有将“个人信息”上升为“个人信息权”,主要是考虑既要加强保护个人信息,也要加强数据有序共享,发展数字经济。数据需要私法调整是肯定的,民法虽然是最基本的民事法律,但也不能无所不包。毋庸置疑,涉及个人信息保护方面,民法有其自身保护力度和范围的局限。因此公法如刑法、行政法要保护个人信息。尽管如此,我们认为:一是民法保护私益的同时也保护公益。民法

① 人格法益的商业利用,美国称为公开权或者形象权,欧洲称为人格权的商业化利用,商事人格权或“形象代言人权利”。德国法通过案例的方式,将对人格利益的利用纳入人格权的保护。

不宜轻易放弃这块领地，也就是说，对个人信息权的保护，对数据归属和数据权益的保护，对于优化经济治理基础数据库、平衡信息私权和数据分享，也要有民法的发挥空间，因为其具有无可替代的作用。二是对于具有人格要素、人格内容的信息，特别是具有隐私内容的个人信息，无论作为权利还是作为法益，都不宜轻易当成互惠的“公共品”进入市场商业分享用于营利，都应当受到民法保护。欧洲数据保护委员会主席安德里亚·耶利内克在2020年3月表示，“数据保护规则”（如GDPR）并不妨碍为对抗新冠肺炎大流行而采取措施，但是，即使在这种特殊情况下，数据控制者也必须确保对数据主体的个人数据的保护。因此，应当考虑多种因素以确保合法处理个人数据。民法固然要促进数字经济发展，规范数据有序共享，但对于个人信息私益的民法保护只能加强不宜削弱，两者不可偏废。所以，在《民法典》“总则编”已经作出明确规定之后，《民法典》分编特别是“人格权编”作出具体规定，有利于发挥民法对个人信息的保护作用，同时还应该尽快制定与民法配套的《个人信息保护法》。

【司法案例】

案例一

张某福、张某凯诉朱某彪生命权纠纷案①

诉讼结论：朱某彪非因法定职责、法定义务或约定义务，为保护国家、社会公共利益或者他人的人身、财产安全，实施阻止不法侵害者逃逸的行为，属于见义勇为，不承担侵权责任。

基本案情

原告张某福、张某凯诉称，2017年1月9日，被告朱某彪驾驶奥迪小轿车追赶骑摩托车的张某焕。后张某焕弃车在前面跑，被告朱某彪也下车在后面继续追赶，最终导致张某焕在迁曹线90公里495米处（滦南路段）撞上火车身亡。朱某彪在追赶过程中散布和传递了张某焕撞死人的失实信息；在张某焕用语言表示自杀并撞车实施自杀行为后，朱某彪仍然追赶，超过了必要限度；追赶过程中，朱某彪手持木凳、木棍，对张某焕的生命造成了威胁，并数次谩骂张某焕，对张某焕的死亡存在主观故意和明显过错，对张某焕死亡应承担赔偿责任。

被告朱某彪辩称，被告追赶交通肇事逃逸者张某焕的行为属于见义勇为行为，主观上无过错，客观上不具有违法性，该行为与张某焕死亡结果之间不存在因果关系，对张某焕的意外死亡不承担侵权责任。

---

① 最高人民法院指导性案例98号。

法院经审理查明:2017 年 1 月 9 日上午 11 时许,张某焕由南向北驾驶两轮摩托车行驶至古柳线青坨鹏盛水产门口,与张某来无证驾驶同方向行驶的无牌照两轮摩托车追尾相撞,张某焕跌倒、张某来倒地受伤、摩托车受损,后张某焕起身驾驶摩托车驶离现场。此事故经曹妃甸交警部门认定:张某焕负主要责任,张某来负次要责任。

事发当时,被告朱某彪驾车经过肇事现场,发现肇事逃逸行为即驾车追赶。追赶过程中,朱某彪多次向柳赞边防派出所、曹妃甸公安局 110 指挥中心等公安部门电话报警。报警内容主要是:柳赞镇一道档北两辆摩托车相撞,有人受伤,另一方骑摩托车逃逸,报警人正在跟随逃逸人,请出警。朱某彪驾车追赶张某焕过程中不时喊"这个人把人怼了逃跑呢"等内容。张某焕驾驶摩托车行至滦南县胡各庄镇西梁各庄村内时,弃车从南门进入该村村民郑某深家,并从郑某深家过道屋拿走菜刀一把,从北门走出。朱某彪见张某焕拿刀,即从郑某深家中拿起一个木凳,继续追赶。后郑某深赶上朱某彪,将木凳讨回,朱某彪则拿一木棍继续追赶。追赶过程中,有朱某彪喊"你怼死人了往哪跑! 警察马上就来了",张某焕称"一会儿我就把自己砍了",朱某彪说"你把刀扔了我就不追你了"之类的对话。

走出西梁各庄村后,张某焕跑上滦海公路,有向过往车辆冲撞的行为。在被李某波驾驶的面包车撞倒后,张某焕随即又站起来,在路上行走一段后,转向铁路方向的开阔地跑去。在此过程中,曹妃甸区交通局路政执法大队副大队长郑某亮等人加入,与朱某彪一起继续追赶,并警告路上车辆,小心慢行,这个人想往车上撞。

张某焕走到迁曹铁路时,翻过护栏,沿路堑而行,朱某彪亦翻过护栏继续跟随。朱某彪边追赶边劝阻张某焕说:被撞到的那个人没事儿,你也有家人,知道了会惦记你的,你自首就中了。2017 年 1 月 9 日 11 时 56 分,张某焕自行走向两铁轨中间,51618 次火车机车上的视频显示,朱某彪挥动上衣,向驶来的列车示警。2017 年 1 月 9 日 12 时 02 分,张某焕被由北向南行驶的 51618 次火车撞倒,后经检查被确认死亡。

在朱某彪跟随张某焕的整个过程中,两人始终保持一定的距离,未曾有过身体接触。朱某彪有劝张某焕投案的语言,也有责骂张某焕的言辞。

另查明,张某来在与张某焕发生交通事故受伤后,当日先后被送到曹妃甸区医院、唐山市工人医院救治,于当日回家休养,至今未进行伤情鉴定。张某焕死亡后其第一顺序法定继承人有二人,即其父张某福、其子张某凯。

2017 年 10 月 11 日,大秦铁路股份有限公司大秦车务段滦南站作为甲方,与原告张某凯作为乙方,双方签订《铁路交通事故处理协议》,协议内容:2017 年 1 月 9 日 12 时 02 分,51618 次列车运行在曹北站至滦南站之间 90 公里 495 处,将擅自进入铁路线路的张某焕撞死，构成一般B类事故；死者张某焕负事故全部责任；铁路方在无过错情况下，赔偿原告张某凯4万元。

法院认为，本案焦点问题是被告朱某彪行为是否具有违法性；被告朱某彪对张某焕的死亡是否具有过错；被告朱某彪的行为与张某焕的死亡结果之间是否具备法律上的因果关系。

首先，案涉道路交通事故发生后张某来受伤倒地昏迷，张某焕驾驶摩托车逃离。被告朱某彪作为现场目击人，及时向公安机关电话报警，并驱车、徒步追赶张某焕，敦促其投案，其行为本身不具有违法性。同时，根据《道路交通安全法》第70条规定，交通肇事发生后，车辆驾驶人应当立即停车、保护现场、抢救伤者，张某焕肇事逃逸的行为违法。被告朱某彪作为普通公民，挺身而出，制止正在发生的违法犯罪行为，属于见义勇为，应予以支持和鼓励。

其次，从被告朱某彪的行为过程看，其并没有侵害张某焕生命权的故意和过失。根据被告朱某彪的手机视频和机车行驶影像记录，双方始终未发生身体接触。在张某焕持刀声称自杀意图阻止他人追赶的情况下，朱某彪拿起木凳、木棍属于自我保护的行为。在张某焕声称撞车自杀，意图阻止他人追赶的情况下，朱某彪和路政人员进行了劝阻并提醒来往车辆。考虑到交通事故事发突然，当时张某来处于倒地昏迷状态，在此情况下被告朱某彪未能准确判断张某来伤情，在追赶过程中有时喊话传递的信息不准确或语言不文明，但不构成民事侵权责任过错，也不影响追赶行为的性质。在张某焕为逃避追赶，跨越铁路围栏、进入火车运行区间之后，被告朱某彪及时予以高声劝阻提醒，同时挥衣向火车司机示警，仍未能阻止张某焕死亡结果的发生。故该结果与朱某彪的追赶行为之间不具有法律上的因果关系。综上，原告张某福、张某凯一审中提出的诉讼请求理据不足，法院不予支持，驳回原告张某福、张某凯的诉讼请求。

案例二

刘某伟诉徐某胜健康权纠纷案①

诉讼结论：民事主体自身合法权益受到不法侵害，情况紧急，对侵权人的人身进行必要的限制或对侵权人的财产进行扣留或毁损，并及时通知有关部门介入的

---

① 沈阳市中级人民法院（2017）辽01民终7052号民事判决书。我国现行民事立法上对私力救济的规定仅有《民法通则》《侵权责任法》中正当防卫与紧急避险这两种私力救济方式。我国《民法典》出台以前，法律没有对自助行为作出规定，但在现实生活中自助行为被大量实施，却常常得不到法律保护。本案根据民事过错责任原则，结合民法自助行为原理的实践与思考进行判决对民事立法和司法公正意义重大。

行为，应认定为自助行为。但采取自助措施不当造成损害的，应当承担相应的损害赔偿责任。徐某胜承担本案损害30%的次要赔偿责任。

基本案情

2017年1月10日晚，刘某伟与同事聚餐并饮酒，晚10点左右与两名同事一同乘坐徐某胜的出租车，在先将另外两名同事分别送到指定地点后，自己再回家，途中曾经返回去锁其自己的轿车。刘某伟认为计价器有问题是因为此次打车价格比以往其从单位到家打车的价格高。徐某胜看到刘某伟走路摇晃。徐某胜在刘某伟拒付车费后报警。沈阳市公安局公交分局于洪治安派出所出具沈公交(治)受案字(2017)86号受案登记表，载明：刘某伟到沈大路西湖街交通岗往东100米左右，乘车后拒绝付车费，乘客下车后要直接离开，司机对其进行阻拦，阻拦过程中发生拉扯，导致乘客右脚踝受伤，经公安医院验伤，结果为右内外脚踝骨折。2017年1月10日至20日，刘某伟在沈阳市骨科医院住院治疗，住院10天，住院期间为二级护理。出院后，沈阳市骨科医院出具医嘱，全休一个月。刘某伟起诉请求：判令徐某胜赔偿刘某伟损失暂计46,080.42元(其中，医疗费43,242.42元、交通费229元、护理费1609元、伙食补助费1000元)，诉讼费由徐某胜承担。

一审法院于2017年6月5日作出(2017)辽0114民初4261号民事判决：(1)徐某胜于判决生效之日起10日内向刘某伟支付赔偿款41,643.81元；(2)驳回刘某伟的其他诉讼请求。宣判后，徐某胜上诉称：本案因刘某伟拒付车费而起，是由刘某伟的过错行为引发的徐某胜的自助行为，徐某胜的自助行为未超过必要限度，不应承担赔偿责任。一审法院确认的经济损失数额错误，医保支付部分应从医疗费总额中刨除；不应支持护理费的请求；应以辽宁省居民服务业工资标准计算误工费；交通费票据不具有真实性，不应采信。刘某伟辩称，其作为乘客认为计价器有问题可以拒付车费，也可以报警，车费票据及工资收入均真实。

沈阳市中级人民法院于2017年9月21日作出(2017)辽01民终7052号民事判决，改判为徐某胜于本判决生效之日起10日内向刘某伟支付赔偿款15,616.43元。

二审法院认为，阻却违法性的事由属于免责事由，即某一行为属于民事侵权行为，但并不必然导致承担民事责任，如《民法通则》《侵权责任法》均有规定的正当防卫与紧急避险行为。侵权法理论上的阻却违法性的事由包括正当防卫、紧急避险及自助行为等。自助行为虽未在法律条文中规定，但作为阻却违法性事由的情形之一，其与正当防卫行为具有类似性，如两者均是在紧迫情势之下的行为；两者的前提都是存在不法侵害的不当行为；两者都是积极的行为；正当防卫是为了国家、公共利益、本人等的合法权利，自助行为是为了维护自身的合法权利等。在自己的合法权益受到不法侵害，因情势紧迫来不及请求国家有关部门介入，如不采取措施以后就难以维护自己的合法权益的情况下，权利人应当可以采取合理的自助措施，但应及时请求相关部门予以处置，采取措施不当或者超过必要限度造成损害，则应承担侵权责任，此即为自助行为。自助行为应当具有存在不当行为的前提要件；为了维护自己合法权益的目的要件；情势紧急，不采取措施，以后就难以维护自己合法权益的时机要件，以及行为方式应与想要保护的权益相当，不能超过必要限度的方式要件。

本案中，刘某伟饮酒后携同事二人在夜间共同乘坐徐某胜驾驶的出租车，徐某胜将其他二人先送到各自地点后，继续将刘某伟送到指定地点，途中又曾返回到刘某伟轿车的停放地。刘某伟因认为徐某胜的计价器可能存在问题而拒付乘车费用，并欲离开，徐某胜报警，并拉扯刘某伟阻止其离开，刘某伟倒地，右脚踝骨折受伤。

本案的不当行为。刘某伟认为计价器存在问题，其系以平常从单位到家的乘车价格为判断标准。刘某伟本次乘车存在将其他两名同事先分别送到指定地点、后途中又返回其轿车停放地锁车、再返回来的事实，故刘某伟以平常乘车价格为标准，认为计价器存在问题，不具有合理怀疑的事实基础，其该项主观认为不存在合理性、合法性，且无证据证明，故刘某伟在本案发生的起因上具有完全过错，即刘某伟在本案中先行存在不当行为。

本案的行为性质。徐某胜实施阻拦拉扯的行为，目的是保护其提供服务后收取服务费的合法权益，并不具有伤害刘某伟的主观故意。刘某伟接受服务后不付费即欲离开，如果徐某胜不欲阻拦，则以后就难以实现其收取服务费的合法权益，徐某胜阻止刘某伟离开系其收取服务费用的必然行为，徐某胜采取阻止刘某伟离开手段的同时，亦向公安机关报了警，请求处置。从徐某胜行为的前提要件、目的要件、时机要件、方式要件等分析，其行为系属自助行为性质。自助行为作为一种紧急情况下临时私力救济措施，可以使权利人快速有效地保护自己的合法权利，避免因公力救济的滞后导致无法实现权利或难以实现权利的后果，规制维权，扶正祛邪，抑恶扬善，及时修复秩序、维护社会公平正义。

本案的侵权责任。自助行为超过必要限度，造成不当行为人重大损害的，应当承担侵权责任。作为通常一般人应当知晓，人的身体健康权益要明显超过轻微的财产权益。本案中，徐某胜作为完全行为能力人，应当能够辨别乘客作为饮酒之人是否存在意识不完全认知及行走站立不稳的情况。徐某胜陈述其看到刘某伟行走时打晃，即徐某胜对刘某伟系饮酒且行走站立不稳的情况是明知的。徐某胜作为具有辨别意识的完全行为能力人应当能够预见，在冬夜路滑地硬之时，其对饮酒行走站立不稳的乘客进行拉扯的行为，可能造成该乘客摔倒受伤的后果。但徐某胜疏忽大意，未能尽到必要的注意义务，将饮酒之后行走站立不稳的乘客拉扯倒地致受伤。徐某胜自助行为的注意义务不足，超出了必要的限度，其为了维护几十元微小的财产权益，最终造成刘某伟骨折的人身损害的重大后果，应承担相应的侵权责任。

本案的具体赔偿责任。刘某伟认为计价器存在问题，应当请求有关部门处理，合法维权，而不应采取擅自离开的非理性行为，且刘某伟对本案计价器的怀疑无事实基础，不具有合理性。在刘某伟未支付乘车费用，并欲离开之时，徐某胜对其拉扯，刘某伟有挣脱意识与动作。刘某伟自身拒付乘车服务费的无理性及在受到对方阻止离开时的不合理抗拒挣脱行为系造成其摔倒受伤的起因及主要原因，徐某胜自助行为过限系造成刘某伟受伤的次要原因。自助行为与正当防卫行为具有类似性，正当防卫在超过必要的限度，造成不应有的损害时，正当防卫人应当承担适当的责任。依据类推适用的法律方法，自助行为在超过必要的限度时，亦应当承担相应的适当责任。综上，根据本案双方当事人的具体行为及过错情况，本院认为刘某伟承担本案70%的主要责任，徐某胜承担本案30%的次要赔偿责任为妥。

关于徐某胜提出的赔偿数额问题。(1)医疗费。刘某伟医疗费中医疗保险承担的部分系刘某伟缴纳医疗保险费用等而享有的医疗保险待遇，刘某伟为享有医疗保险待遇而缴纳医疗保险费用等行为并非为减少侵权人的赔偿责任而为，社会保险管理机构与刘某伟之间就医疗保险承担的医疗费部分的权利义务关系系另一法律关系，故一审法院依据刘某伟提供的医疗费票据认定的医疗费数额，并无不当。(2)护理费。刘某伟因本案受伤住院接受治疗，住院病历记载其住院期间为二级护理，徐某胜主张并非二级护理无事实依据，不予支持。(3)误工费。刘某伟一审中提供了收入证明，徐某胜并未提供反证予以反驳，且刘某伟主张的收入标准低于我省在岗职工的平均工资收入标准，具有合理性与真实性，故一审法院对该收入证明予以采信，并无不当。(4)交通费。结合刘某伟的病情、治疗过程等情况，一审法院对交通费的数额予以相应认定，并无不妥。综上，一审法院认定刘某伟的损失共计52,054.76元，并无不当。徐某胜赔偿刘某伟的经济损失应为15,616.43元(52,054.76元×30%)。

案例三

迈克尔·杰弗里·乔丹与国家工商行政管理总局商标评审委员会、乔丹体育股份有限公司“乔丹”商标争议行政纠纷案①

诉讼结论：申请注册商标，侵犯他人在先姓名权，即使该商标的宣传、使用、获奖、被保护等情况形成了“市场秩序”，主张该注册商标合法有效的，人民法院不予支持。

基本案情

再审申请人迈克尔·杰弗里·乔丹（以下简称迈克尔·乔丹）与被申请人国家工商行政管理总局商标评审委员会（以下简称商标评审委员会）、一审第三人乔丹体育股份有限公司（以下简称乔丹公司）商标争议行政纠纷案中，涉及乔丹公司的第6020569号“乔丹”商标（涉案商标），核定使用在国际分类第28类的体育活动器械、游泳池（娱乐用）、旱冰鞋、圣诞树装饰品（灯饰和糖果除外）。再审申请人主张该商标含有其英文姓名的中文译名“乔丹”，属于2001年修正的《商标法》第31条规定的“损害他人现有的在先权利”的情形，故向商标评审委员会提出撤销申请。

商标评审委员会认为，涉案商标“乔丹”与“Michael Jordan”及其中文译名“迈克尔·乔丹”存在一定区别，并且“乔丹”为英美普通姓氏，难以认定这一姓氏与迈克尔·乔丹之间存在当然的对应关系，故裁定维持涉案商标。再审申请人不服，向北京市第一中级人民法院提起行政诉讼。

北京市第一中级人民法院于2015年4月1日作出（2014）一中行（知）初字第9163号行政判决，驳回迈克尔·乔丹的诉讼请求。迈克尔·乔丹不服一审判决，提起上诉。北京市高级人民法院于2015年8月17日作出（2015）高行（知）终字第1915号行政判决，驳回迈克尔·乔丹上诉，维持原判。迈克尔·乔丹仍不服，向最高人民法院申请再审。最高人民法院提审后，于2016年12月7日作出（2016）最高法行再27号行政判决：（1）撤销北京市第一中级人民法院（2014）一中行（知）初字第9163号行政判决；（2）撤销北京市高级人民法院（2015）高行（知）终字第1915号行政判决；（3）撤销国家工商行政管理总局商标评审委员会商评字〔2014〕第052058号关于第6020569号“乔丹”商标争议裁定；（4）国家工商行政管理总局商标评审委员会对第6020569号“乔丹”商标重新作出裁定。

最高人民法院认为，本案争议焦点为争议商标的注册是否损害了再审申请人

① 最高人民法院指导案例113号。

就“乔丹”主张的姓名权，违反2001年修正的《商标法》第31条关于“申请商标注册不得损害他人现有的在先权利”的规定。1. 姓名权是自然人对其姓名享有的人身权，姓名权可以构成商标法规定的在先权利。外国自然人外文姓名的中文译名符合条件的，可以依法主张作为特定名称按照姓名权的有关规定予以保护。2. 外国自然人就特定名称主张姓名权保护的，该特定名称应当符合以下三项条件：(1)该特定名称在我国具有一定的知名度，为相关公众所知悉；(2)相关公众使用该特定名称指代该自然人；(3)该特定名称已经与该自然人之间建立了稳定的对应关系。3. 使用是姓名权人享有的权利内容之一，并非姓名权人主张保护其姓名权的法定前提条件。特定名称按照姓名权受法律保护的，即使自然人并未主动使用，也不影响姓名权人按照商标法关于在先权利的规定主张权利。判决主要认定如下：

一、关于再审申请人主张保护姓名权的法律依据

《商标法》第31条规定，“申请商标注册不得损害他人现有的在先权利”。对于商标法已有特别规定的在先权利，应当根据商标法的特别规定予以保护。对于商标法虽无特别规定，但根据民法通则、侵权责任法和其他法律的规定应予保护，并且在争议商标申请日之前已由民事主体依法享有的民事权利或者民事权益，应当根据该概括性规定给予保护。《民法通则》第99条第1款、《侵权责任法》第2条第2款均明确规定，自然人依法享有姓名权。故姓名权可以构成《商标法》第31条规定的“在先权利”。争议商标的注册损害他人在先姓名权的，应当认定该争议商标的注册违反《商标法》第31条的规定。

姓名被用于指代、称呼、区分特定的自然人，姓名权是自然人对其姓名享有的重要人身权。随着我国社会主义市场经济不断发展，具有一定知名度的自然人将其姓名进行商业化利用，通过合同等方式为特定商品、服务代言并获得经济利益的现象已经日益普遍。在适用《商标法》第31条的规定对他人的在先姓名权予以保护时，不仅涉及对自然人人格尊严的保护，而且涉及对自然人姓名，尤其是知名人物姓名所蕴含的经济利益的保护。未经许可擅自将他人享有在先姓名权的姓名注册为商标，容易导致相关公众误认为标记有该商标的商品或者服务与该自然人存在代言、许可等特定联系的，应当认定该商标的注册损害他人的在先姓名权，违反《商标法》第31条的规定。

二、关于再审申请人主张的姓名权所保护的具体内容

自然人依据《商标法》第31条的规定，就特定名称主张姓名权保护时，应当满足必要的条件。

第一，该特定名称应具有一定知名度、为相关公众所知悉，并用于指代该自然

人。《不正当竞争民事案件解释》第6条第2款是针对“擅自使用他人的姓名，引人误认为是他人的商品”的不正当竞争行为的认定作出的司法解释，该不正当竞争行为本质上也是损害他人姓名权的侵权行为。认定该行为时所涉及的“引人误认为是他人的商品”，与本案中认定争议商标的注册是否容易导致相关公众误认为存在代言、许可等特定联系是密切相关的。因此，在本案中可参照适用上述司法解释的规定，确定自然人姓名权保护的条件。

第二，该特定名称应与该自然人之间已建立稳定的对应关系。在解决本案涉及的在先姓名权与注册商标权的权利冲突时，应合理确定在先姓名权的保护标准，平衡在先姓名权人与商标权人的利益。既不能由于争议商标标志中使用或包含有仅为部分人所知悉或临时性使用的自然人“姓名”，即认定争议商标的注册损害该自然人的姓名权；也不能如商标评审委员会所主张的那样，以自然人主张的“姓名”与该自然人形成“唯一”对应为前提，对自然人主张姓名权的保护提出过苛的标准。自然人所主张的特定名称与该自然人已经建立稳定的对应关系时，即使该对应关系达不到“唯一”的程度，也可以依法获得姓名权的保护。综上，在适用《商标法》第31条关于“不得损害他人现有的在先权利”的规定时，自然人就特定名称主张姓名权保护的，该特定名称应当符合以下三项条件：一是该特定名称在我国具有一定的知名度、为相关公众所知悉；二是相关公众使用该特定名称指代该自然人；三是该特定名称已经与该自然人之间建立了稳定的对应关系。

在判断外国人能否就其外文姓名的部分中文译名主张姓名权保护时，需要考虑我国相关公众对外国人的称谓习惯。中文译名符合前述三项条件的，可以依法主张姓名权的保护。本案现有证据足以证明“乔丹”在我国具有较高的知名度、为相关公众所知悉，我国相关公众通常以“乔丹”指代再审申请人，并且“乔丹”已经与再审申请人之间形成了稳定的对应关系，故再审申请人就“乔丹”享有姓名权。

三、关于再审申请人及其授权的耐克公司是否主动使用“乔丹”，其是否主动使用的事实对于再审申请人在本案中主张的姓名权有何影响

首先，根据《民法通则》第99条第1款的规定，“使用”是姓名权人享有的权利内容之一，并非其承担的义务，更不是姓名权人“禁止他人干涉、盗用、假冒”，主张保护其姓名权的法定前提条件。

其次，在适用《商标法》第31条的规定保护他人在先姓名权时，相关公众是否容易误认为标记有争议商标的商品或者服务与该自然人存在代言、许可等特定联系，是认定争议商标的注册是否损害该自然人姓名权的重要因素。因此，在符合前述有关姓名权保护的三项条件的情况下，自然人有权根据《商标法》第31条的规定，就其并未主动使用的特定名称获得姓名权的保护。

最后，对于在我国具有一定知名度的外国人，其本人或者利害关系人可能并未在我国境内主动使用其姓名；或者由于便于称呼、语言习惯、文化差异等原因，我国相关公众、新闻媒体所熟悉和使用的“姓名”与其主动使用的姓名并不完全相同。例如，在本案中，我国相关公众、新闻媒体普遍以“乔丹”指代再审申请人，而再审申请人、耐克公司则主要使用“迈克尔·乔丹”。但无论是“迈克尔·乔丹”还是“乔丹”，在相关公众中均具有较高的知名度，均被相关公众普遍用于指代再审申请人，且再审申请人并未提出异议或者反对。故商标评审委员会、乔丹公司关于再审申请人、耐克公司未主动使用“乔丹”，再审申请人对“乔丹”不享有姓名权的主张，不予支持。

四、关于乔丹公司对于争议商标的注册是否存在明显的主观恶意

本案中，乔丹公司申请注册争议商标时是否存在主观恶意，是认定争议商标的注册是否损害再审申请人姓名权的重要考量因素。本案证据足以证明乔丹公司是在明知再审申请人及其姓名“乔丹”具有较高知名度的情况下，并未与再审申请人协商、谈判以获得其许可或授权，而是擅自注册了包括争议商标在内的大量与再审申请人密切相关的商标，放任相关公众误认为标记有争议商标的商品与再审申请人存在特定联系的损害结果，使乔丹公司无须付出过多成本，即可实现由再审申请人为其“代言”等效果。乔丹公司的行为有违《民法通则》第 4 条规定的诚实信用原则，其对于争议商标的注册具有明显的主观恶意。

五、关于乔丹公司的经营状况，以及乔丹公司对其企业名称、有关商标的宣传、使用、获奖、被保护等情况，对本案具有何种影响

乔丹公司的经营状况，以及乔丹公司对其企业名称、有关商标的宣传、使用、获奖、被保护等情况，均不足以使争议商标的注册具有合法性。终审法院认为，第一，从权利的性质以及损害在先姓名权的构成要件来看，姓名被用于指代、称呼、区分特定的自然人，姓名权是自然人对其姓名享有的人身权。而商标的主要作用在于区分商品或者服务来源，属于财产权，与姓名权是性质不同的权利。在认定争议商标的注册是否损害他人在先姓名权时，关键在于是否容易导致相关公众误认为标记有争议商标的商品或者服务与姓名权人之间存在代言、许可等特定联系，其构成要件与侵害商标权的认定不同。因此，即使乔丹公司经过多年的经营、宣传和使用，使乔丹公司及其“乔丹”商标在特定商品类别上具有较高知名度，相关公众能够认识到标记有“乔丹”商标的商品来源于乔丹公司，也不足以据此认定相关公众不容易误认为标记有“乔丹”商标的商品与再审申请人之间存在代言、许可等特定联系。第二，乔丹公司恶意申请注册争议商标，损害再审申请人的在先姓名权，明显有悖于诚实信用原则。商标评审委员会、乔丹公司主张的市场秩序

或者商业成功并不完全是乔丹公司诚信经营的合法成果,而是一定程度上建立在相关公众误认的基础之上。维护此种市场秩序或者商业成功,不仅不利于保护姓名权人的合法权益,而且不利于保障消费者的利益,更不利于净化商标注册和使用环境。

案例四

厦门甲公司与被上诉人乙公司名誉权侵权纠纷案①

诉讼结论:甲公司主张乙公司侵犯其名誉权,并要求赔偿各项损失,缺乏事实和法律依据,不能成立。

基本案情

乙公司是日本国企业法人丙株式会社在中国上海投资设立的外商独资公司。2003年1月起,甲公司作为非独占性经销商为丙株式会社在中国分销洋马品牌发动机等产品,双方签订《出口分销协议》。自2007年3月13日起,甲公司与丙株式会社之间的上述业务经会议纪要确认,变更为甲公司与乙公司之间进行,协议内容、业务性质均未发生实质性变化。2007年3月20日,甲公司与乙公司签订《零配件协议》《零配件索赔程序》,约定乙公司授予甲公司在中国区域内向其已经分销洋马发动机的服务商和国内OEM厂家非独占分销零配件等。协议期限为签署后3年,经双方同意续订,协议延续3年。2008年3月1日,乙公司与甲公司签订《出口分销协议》,约定乙公司授予甲公司在所规定的销售区域内规定地域内分销产品的非独占权利,分销产品包括柴油发动机以及柴油发电机组、泵及其备件和附件等。2008年8月21日,甲公司与乙公司签订《服务协议》,约定甲公司从事洋马工业用发动机及其关联产品在中国的销售与服务业务,甲公司必须在中国的南方地区实施洋马工业用发动机及其关联产品的工作现场服务。上诉人厦门甲公司因不满一审判决提出上诉。

法院认为,法人名誉权属于《侵权责任法》第2条明示予以保护的民事权益。根据该法第6条规定,行为人因过错侵害他人民事权益,应当承担侵权责任。根据《名誉权解答》第7条的规定,是否构成侵害名誉权的责任,应当根据受害人确有名誉被损害的事实、行为人行为违法、违法行为与损害后果之间有因果关系、行为人主观上有过错这四个构成要件来认定。综合上诉人甲公司因与被上诉人乙公司名誉权侵权纠纷一案双方当事人的诉辩主张和本案事实,本案二审争议的焦点问题为:(1)乙公司是否实施了侵犯甲公司名誉权的行为;(2)甲公司的名誉是

---

① 最高人民法院(2017)最高法民终362号民事判决书。

否受到损害;(3)如乙公司侵犯名誉权责任成立,甲公司的损失数额应如何确定。

一、乙公司是否实施了侵犯甲公司名誉权的行为

法人名誉权是对以法人商业信誉和商品声誉为核心的法人全部活动的社会评价。侵害法人名誉权,必须具有捏造、散布有损他人商业信誉和商品声誉的虚假事实的行为,包括对经营主体的经济实力、履约能力及态度、产品质量、服务质量、经营状况、销售状况等经济能力的贬损、误导以及其他施加不当影响的行为。本案中,甲公司主张乙公司实施侵害名誉权的行为表现为以下两方面:一是乙公司向甲公司原经销网络成员发送联络函告知解除甲公司经销权;二是乙公司长期散布甲公司在信誉及履约能力等方面存在问题的不实信息。

关于乙公司发送联络函的行为是否侵害甲公司的名誉权。本院认为,尽管上海市高级人民法院于2013年5月20日作出的(2013)沪高民二(商)终字第9号民事判决认定乙公司解除《出口分销协议》属于擅自解约行为,但案涉《联络函》发送时间为2009年5月,而从该判决查明事实看,双方在该时点的确就《出口分销协议》的履行发生纠纷,故乙公司在案涉联络函中关于双方就上述合同履行发生纠纷以及其已向甲公司表示如不能协商解决将解除合同的表述,与客观事实并不相悖。该联络函中并没有《出口分销协议》解除系甲公司违约所致的表述,亦没有作出其他有损甲公司商业信誉和商品声誉的虚假陈述和误导性陈述。因此,原审认定乙公司发送联络函的行为不构成侵害名誉权并无不当。至于甲公司主张原审认定"乙公司发现甲公司欠付大量货款"与事实不符,原审据此得出乙公司发出的联络函客观陈述了其与甲公司存在分销合同纠纷的错误结论一节,由于原审查明的上述事实亦系(2013)沪高民二(商)终字第9号民事判决认定的事实,而甲公司在该案中并未提起上诉和申请再审,足以说明其对上述事实是认可的,故该主张不能成立。

关于乙公司是否存在散布有关甲公司不实信息的行为。本院认为,甲公司主张乙公司散布有关甲公司不实信息的主要证据为调研问卷以及电话采访录音,但上述证据均不足以证明其主张。首先,从电话采访录音受访者的谈话内容来看,均没有关于乙公司实施侵害名誉权行为的明确陈述。其次,调研问卷系甲公司单方设计制作,其发送的多份问卷仅有王氏维修部等4家单位对中断与甲公司之间业务合作的原因选择"B. 乙公司告知甲公司信誉及履约能力等方面有严重问题,被解除洋马产品经销权",并且在乙公司向原审法院提交的声明中,王氏维修部等4家单位均又明确否认乙公司存在调研问卷中所称的侵害名誉权行为。现甲公司仅以4份声明使用相同的文本格式等为由主张原审遗漏认定乙公司在本案中伪造4份声明内容的事实,缺乏证据证明,本院不予支持。综上,原审对甲公司关于

乙公司长期散布有关甲公司不实信息的主张未予支持并无不妥。至于甲公司上诉主张原审遗漏认定乙公司在另案中利用同样手段控制经销商出具虚假说明一事,因与本案无涉,法院不予认定。

二、甲公司的名誉是否受到损害

法人名誉权是否受到损害,应当以法人商品信誉和商业信誉的社会评价是否受到贬损作为判断依据,而非依据被侵权人的主观感受。如能够证明存在侵害法人商业信誉和商品声誉的行为,并且该侵权行为为第三人所知悉,就可以推定法人名誉权受损害的事实客观存在。此时侵权人如主张法人名誉权损害事实不存在的,应承担相应的举证责任。本案中,甲公司提交的证据并不足以证明乙公司对其实施了侵害名誉权的行为,因此,也就不存在因侵权行为而导致其社会评价受到贬损的问题。同时,甲公司所提交的证据本身亦不足以证明其社会评价因为乙公司的行为受到贬损。甲公司主张其原经销网络多数成员拒绝回复调研问卷或者接听电话,并婉拒了甲公司董事长的拜访要求,且至今都没有联系甲公司,这与甲公司名誉被侵害前在行业内所享有良好的口碑、号召力和领导力相比较,社会评价明显降低。法院认为,从甲公司提供的调研问卷反馈意见来看,6 家单位均明确表示可以马上恢复与甲公司的合作,且从甲公司提供的电子邮件回复内容来看,客户并未拒绝甲公司来访,而是因为公司内部事务安排需重新协调时间。并且,即使甲公司原经销网络成员未选择与其继续合作,也不能仅据此就得出甲公司社会评价已受到贬损的结论。因为甲公司原经销网络成员是否选择与其继续合作,与甲公司是否仍享有洋马产品代理权等诸多因素有关,涉及其原经销网络成员自身的商业选择问题,而对因解除洋马产品代理权造成甲公司市场开发成本以及可得利益损失,甲公司已经在另案中获得赔偿。综上,原审认定甲公司名誉未受损害并无不当,甲公司此项上诉理由亦不能成立。

因为乙公司并未实施侵犯甲公司名誉权的行为,且本案也不存在甲公司名誉受损的事实,故二审对于咨询报告能否采信等涉及损失数额应如何确定的问题,不再评述。

综上所述,甲公司的上诉请求不能成立,应予驳回;一审判决认定事实清楚,适用法律正确,应予维持。依照《民事诉讼法》第 170 条第 1 款第 1 项规定,判决驳回上诉,维持原判。

案例五

天津甲旅行社诉天津乙国际旅行社擅自使用他人企业名称纠纷[①]

诉讼结论：被告立即停止使用他人名称包括简称的侵害行为，赔偿损失。

法院认为：(1)对于企业长期、广泛对外使用，具有一定市场知名度、为相关公众所知悉，已实际具有商号作用的企业名称简称，可以视为企业名称予以保护；(2)擅自将他人已实际具有商号作用的企业名称简称作为商业活动中互联网竞价排名关键词，使相关公众产生混淆误认的，属于不正当竞争行为。依照《民法通则》第120条规定，天津乙国际旅行社应当承担停止侵害、消除影响、赔偿损失的法律责任。

第九百九十一条　民事主体的人格权受法律保护，任何组织或者个人不得侵害。

【条文主旨】

本条是关于民事主体的人格权受法律保护的规定。

【条文理解】

人格权是民事主体作为资格主体应有的基本权利。每个人的生存、发展均以享有人格权为前提。人格权是民事主体参与各项社会活动的基础，是实现人格尊严、人格独立的重要条件。生命权、健康权、身体权、姓名权、肖像权、名誉权、隐私权等人格权是自然人安身立命的基础，名称权、名誉权、荣誉权等权利亦是法人或非法人组织从事民事活动的保障。我国《宪法》《民法通则》《民法总则》对人格权的保护都予以高度重视。1986年《民法通则》对自然人及法人的人格权作了具体规定，《民法通则》中规定了生命健康权、姓名权、肖像权、名誉权等7种人身权利；2009年《侵权责任法》进一步明确人格权的范围，增加了隐私权的规定；2017年《民法总则》在前述立法的基础上，进一步完善了对人格权范围的规定。从我国数次民事立法来看，人格权所保护的领域不断扩大，但是法律并未明确规定人格权概念，而是使用了"人格尊严""生命健康权"此类表述代替。《民法典》确立人格权独立成编，并在《民法总则》的基础上，对人格权的范围予以细化，明确规定人格

---

① 最高人民法院指导案例29号。

权范围包括一般人格权和 8 项具体人格权，大大加强了对人格权的保护。

人格权以人格尊严为价值基础，是人格尊严价值的彰显，是以维护和实现人格尊严为目的的权利。[①] 古典哲学家黑格尔指出，现代法的精髓在于“做一个人，并尊重他人为人”。[②] 人格权是民事主体作为“人”的物质与精神基础，只有得到法律的确认和保护，民事活动才会得到保障，民众才会安心，商品交换、市场经济才会健康发展。如果允许他人肆意侵害，必将使社会陷入混乱的生存状态之中，甚至让人随时处于死亡的恐惧之下。人格权得不到保障，财产权的存续也将失去意义。正因如此，当今世界各国均加强了人格权保护，人格权神圣也被人们普遍认可。

人格权的主体是人格权法律关系中享有权利、承担义务的主体。权利主体有权在法律允许的范围内对抗任何组织和个人，以保护其人格权不受侵犯。起初，人格权仅属自然人的“特权”，其权利主体仅限于自然人。随着社会历史的演变，人们在各种社会组织中展现和发展的人格，也要得到法律的承认和保护。于是，出于立法政策判断妥当性的考虑，立法者通过立法技术上的安排，对社会组织的人格权予以承认。本条中，就字面解释，人格权的权利主体是“民事主体”，根据《民法典》“总则编”的相关规定，它包括：自然人、法人和非法人组织，其肯定了法人和非法人组织的权利主体地位，更加彰显了民事主体的人格和地位，对民事权利的保护也将更加完备。

人格权是绝对权，具有对世性和排他性。人格权的义务主体是权利人以外的任何人。本条规定“任何组织或者个人不得侵害”他人人格权，属于禁止性规定，体现了人格权的对世性特征。权利主体在不违反法律及侵犯第三人权利的情形下，可向权利人以外的任何组织或者个人主张权利，其他人均负有不得侵害的义务。同时，鉴于民法主要调整的是平等主体之间的人身关系和财产关系，任何组织或者个人一旦被纳入人格权法律关系之中，主体之间的性别、年龄、经济状况等差异将不复存在，取而代之的将是平等的民事主体地位。换言之，人格权主体之间的法律地位平等，任何主体不具有凌驾于法律之上的特权。另外，由于人格权的权利主体可以排除他人干涉，禁止任何人实施侵害其人格权的行为，人格权又属于绝对权，受到侵权责任法的保护。因此，在权利受到侵害后，权利人可以请求加害人承担停止侵害、消除影响、赔礼道歉等相应的民事责任。

本条中的“法律”，既包含《民法典》，也包含刑法、行政法，这些法律都是根据宪法制定的。从人权意义上来说，人格权是一种宪法性权利，由《宪法》予以保障。

---

① 王利明：《论人格权的定义》，载《华中科技大学学报》(社会科学版)2020 年第 1 期。

② 贺麟：《黑格尔哲学讲演录》，上海人民出版社 2011 年版，第 46 页。

但《宪法》囿于自身篇幅和立法位阶的限制，难以涵盖人格权所有具体内容，加之社会经济的发展，人格权的内涵和外延也在不断丰富拓展，《宪法》无法对其进行详细规定。特别是在我们国家，司法审判不可以直接引用《宪法》，因此，由民法予以规定，从而为宪法关于人格权的规定实施提供保障。

【司法适用】

《宪法》是人格权最重要的法律渊源。我国《宪法》第 38 条规定："中华人民共和国公民的人格尊严不受侵犯。禁止用任何方法对公民进行侮辱、诽谤和诬告陷害。"《民法通则》第 98 条规定："公民享有生命健康权。"第 99 条规定："公民享有姓名权，有权决定、使用和依照规定改变自己的姓名，禁止他人干涉、盗用、假冒。法人、个体工商户、个人合伙享有名称权。企业法人、个体工商户、个人合伙有权使用、依法转让自己的名称。"第 100 条规定："公民享有肖像权，未经本人同意，不得以营利为目的使用公民的肖像。"第 101 条规定："公民、法人享有名誉权，公民的人格尊严受法律保护，禁止用侮辱、诽谤等方式损害公民、法人的名誉。"第 102 条规定："公民、法人享有荣誉权，禁止非法剥夺公民、法人的荣誉称号。"第 103 条规定："公民享有婚姻自主权，禁止买卖、包办婚姻和其他干涉婚姻自由的行为。"《民法典》"总则编""人格权编"以及"侵权责任编"部分都对人格权的内容、范围以及保护措施予以细化和明确，力求给予人格权妥善全面的保护。《民法典》第 3 条规定："民事主体的人身权利、财产权利以及其他合法权益受法律保护，任何组织或者个人不得侵犯。"第 109 条规定："自然人的人身自由、人格尊严受法律保护。"这两条与本条是一般规定与特别规定的关系，涉及人格权保护案件时应优先适用本条。

本条在司法适用上与"侵权责任编"密切联系。侵权责任法作为救济法，主要规范侵权行为，侵害人格权案件主要适用"侵权责任编"的法律规范。人格权法作为权利法，解决的一个重要问题是哪些人格权利或利益受到法律保护，主要从正面对各项人格权利的内容和权能作出规定，为侵犯人格权责任的认定提供明确的标准。权利是救济的前提，权利为救济明确保护范围，只有对权利内容具有清晰的认识，才能对受害人所受损害采取精准救济，故而对人格权保护的最佳方式是让人格权法和侵权责任法相互配合、相得益彰。本条中的"法律"既包含"人格权编"本身，同时也包含"侵权责任编"等其他有关人格权保护的法律，二者相互衔接、相辅相成，裁判者在审判实务中要注重法条间的衔接与协调。

侵害人格权的民事责任属于一般侵权责任，应适用过错归责原则和一般侵权责任构成要件。在侵害人格权责任的构成要件上，判定侵权行为人的过错需要综合考量当事人的各种因素，平衡多方利益冲突。侵害他人人格权往往导致受害人的精神损害，因而其责任方式突出精神损害赔偿，此外还广泛适用下列责任方式：

(1)停止侵害。权利人在人格权受到或者即将受到损害时,请求行为人停止侵权行为。(2)消除危险、排除妨碍。在行为人实施的行为有可能损害权利人的人格利益或者有损害的危险之虞,权利人除了可以请求行为人停止侵害外,还可以要求行为人消除危险、排除妨害。(3)消除影响、恢复名誉。这一类责任方式通常适用于侵害名誉权、荣誉权案件中,旨在要求加害人消除不良的侵权后果并将权利人的名誉恢复至未受侵害时的状态。(4)精神损害赔偿。侵权行为使权利人受到严重精神损害的,权利人有权请求精神损害赔偿。(5)赔礼道歉。责令侵权人向受害人公开认错、表达歉意。

【司法案例】

案例一

普陀山佛教造像研究院、李某诉陈某明名誉权纠纷案①

诉讼结论:陈某明在新浪网上发表的题为《浙江美术馆展出的雷人佛造像》全文的侵权行为与普陀山佛教造像研究院、李某社会信誉降低的损害事实之间存在因果关系,因此构成对普陀山佛教造像研究院、李某的名誉权的侵害,应当承担相应的法律责任。

基本案情

2016 年 8 月 18 日至 9 月 25 日,由中国文化管理协会、浙江省文化厅和普陀山佛教协会联合主办,中国文物保护基金会佛教造像保护专项基金管理委员会、中共舟山市委统战部(舟山市民宗局)协办,浙江美术馆和普陀山佛教造像研究院共同承办的《汉风藏韵——中国古代金铜佛像艺术特展》(以下简称涉案展览),在浙江美术馆举办。本次展览共展出 118 件金铜佛像及佛教法器。2016 年 8 月 26 日,陈某明在新浪网上刊载了题为《浙江美术馆展出的雷人佛造像》(原题为:《是真到了西天,还是唐僧误入小雷音寺》)的文章。截至 2017 年 8 月 22 日庭审,涉案文章尚未删除。李某曾多次向国内文博机构捐赠佛像,在佛像收藏界具有一定知名度。普陀山佛教造像研究院、李某为涉案公证文件支付公证费 3000 元。普陀山佛教造像研究院、李某不满一审判决向本院提起上诉。

法院认为,公民、法人享有人格尊严受法律保护,禁止他人用侮辱、诽谤等方式损害公民、法人的名誉权利,同时公民、法人也依法享有依靠大众传媒或其他方式对社会公共议题进行监督和批评的权利。这种监督与批评显然会给相关人员社会评价带来负面影响,但司法不能简单因为这种负面影响而认定监督与批评构

① 浙江省高级人民法院(2017)浙民终 903 号民事判决书。

成名誉侵权。对于公众议题，如果只是具有学术色彩的批评行为，司法只能就行为的合法性进行裁断，而不宜对学术观点是否具有科学性作出评判。同时，对公众议题及他人的监督批评也应当遵循善意且合理的原则，若行为人恶意误导公众言论或采取不符合公序良俗的传播手段，导致他人名誉受损的后果，则应当认定构成名誉侵权。通过对文字所涉相关佛造像的实物观察，原审认为案涉文章用采取文字和图片进行对比的展出佛造像和古玩城佛造像具有一般公众可观察的显著不同，文章却利用图片与实物的差异，误导公众的观点。陈某明没有站在学术和个人观点角度，采用分析论证等科学合理的方式进行表达，具有主观上的恶意，超过了言论自由和舆论监督的合理边界，造成普陀山佛教造像研究院、李某社会评价降低的后果，构成侵权。

案例二

某某诉大连甲海洋生物有限公司
姓名权、肖像权纠纷案①

诉讼结论：甲公司侵犯了某某的姓名权、肖像权。

基本案情

甲公司将带有某某肖像和签名的配图放置在公司官方网站首页并在配图旁边标注“甲公司大连海参全球推广大使”，同时在其网站“资讯中心”板块项下“企业动态”板块中，有以“某某现身甲旗舰店成为甲公司海参推广大使”为题的图文并茂的文章，侵犯了某某的肖像权，甲不服一审、二审判决，向法院提起再审申请。

法院认为，某某是在国际和国内均享有一定知名度的足球运动员，其姓名和肖像具有较大的商业价值。甲公司作为商业行为主体，客观上利用了某某的影响力，主观上具有宣传、销售其商品或者服务的目的，具有营利属性，存在使用某某的姓名和肖像的行为。甲公司在活动现场赠给某某“大连甲公司海参推广大使”证书，是该公司对自身权利的处分。甲公司并未举证证明，接受上述证书即意味着受赠人同意该公司免费使用受赠人的姓名权和肖像权，或者涉案证书载明了上述内容且甲公司已充分告知某某。故某某为配合活动现场的安排，接受证书以及拍照的行为，并不等同于某某同意甲公司短期、长期或者永久对某某的姓名和肖像等人格权所附着的商品化利益进行使用。根据合同的相对性，乙公司与丙公司之间的法律关系对某某没有约束力。甲公司与某某之间没有任何书面合同，甲公司也从未向某某支付过报酬。二审法院认为甲公司侵犯某某的姓名权、肖像权并无不当。

---

①　最高人民法院(2017)最高法民申1757号民事裁定书。

第九百九十二条　人格权不得放弃、转让或者继承。

【条文主旨】

本条是关于人格权禁止性的规定。

【条文理解】

人格权作为民事主体赖以存续的基础性权利,具有人身专属性、固有性和支配性。人身专属性,是指人格权属于特定的权利主体,与权利主体相伴生、不可分离。固有性,是指人格权随民事主体的产生而当然产生,不需要民事主体实施某种行为取得,也不以某事实的发生为条件,更不会从他人处继受而来。质言之,人格权是与生俱来的权利,属于原始权利。支配性,是指民事主体在法律规定的范围内能够仅凭个人意志即可直接支配与其自身紧密相关的人格权益,而不必经过他人同意或借助他人辅助完成。为了保护权利主体能够享有和支配人格利益,实现人身自由和人格尊严,立法者赋予民事主体在一定程度上对人格利益享有自主决定的权利,如许可他人使用。但是,由于人格权的支配性涉及公序良俗和社会公共利益,其亦受到法律的相应限制。

人格权不得放弃。人格权与其他民事权利不同。一般来讲,民事权利是民事主体享有的利益或自由,是可以放弃的,但是,人格权是民事主体对其自身的权利,生命、健康、肖像、名誉、隐私等是民事主体不可或缺的人格要素。因而,生命权、健康权、肖像权、名誉权、隐私权等人格权客观存在、不可放弃。如果允许民事主体放弃人格权就会使民事主体资格无法存续,或违背公序良俗原则。现实生活中发生自然人自决放弃生命权(自杀)或健康权(自残)的行为,即使这些行为并未损害他人,却违背了法律的价值目标。本条体现了《民法典》对这些行为的否定性评价,即民事主体放弃人格权的行为无效,如当事人订立放弃健康权抵债的协议。

人格权不得转让。民事权利的转让意味着民事权利与民事主体的分离。由于人格权是民事主体固有的专属权利,其欠缺民事权利流转的基础,因而人格权不能与民事主体分离而转让给他人。换言之,生命权、健康权、肖像权、名誉权、隐私权等人格权是人格利益的权利表现,只能由民事主体自己享有。值得注意的是,民事主体虽不能转让人格权,但有一些可以依法许可他人使用。不过,此时民事主体享有的人格权并未丧失。尽管在现代社会,姓名、名称、肖像等人格标识越来越呈现商品化趋势,产生了巨大的财产价值,但这是人格商品化转化为财产利益,与直接转让人格权并不相同。

人格权不能继承。人格权与民事主体相生相灭，自然人死亡、法人或非法人组织消灭，其享有的人格权即灭失。人格权的客体是人格利益，表现为人身自由和人格尊严，而不是财产利益，其不能继承。死者姓名、肖像、名誉等人格利益遭到损害的，实质上是损害了死者近亲属的精神利益，其近亲属可诉至法院予以维护。

本条属于强制性法律规定，且未设置但书，具有封闭性，说明该条适用于所有类型的人格权，无一例外。

【司法适用】

《民法通则》第 99 条第 2 款中规定："企业法人、个体工商户、个人合伙有权使用、依法转让自己的名称。"由于《民法典》颁布后《民法通则》即废止，该条关于企业法人、个体工商户、个人合伙有权转让名称的规定即不再适用。需要注意的是，本条规定人格权不得转让与第 993 条规定人格权可以许可他人使用并不矛盾。转让是将人格权的全部人格利益永久性地让渡给他人，而许可使用是将人格权权益中的使用权有期限地让渡给他人。民事主体的姓名权、名称权、肖像权等人格权可以许可他人使用，但不得转让。

《民事诉讼法解释》第 69 条规定："对侵害死者遗体、遗骨以及姓名、肖像、名誉、荣誉、隐私等行为提起诉讼的，死者的近亲属为当事人。"《精神损害赔偿解释》第 7 条规定："自然人因侵权行为致死，或者自然人死亡后其人格或者遗体遭受侵害，死者的配偶、父母和子女向人民法院起诉请求赔偿精神损害的，列其配偶、父母和子女为原告；没有配偶、父母和子女的，可以由其他近亲属提起诉讼，列其他近亲属为原告。"《名誉权解答》第 5 条规定："死者名誉受到损害的，其近亲属有权向人民法院起诉。近亲属包括：配偶、父母、子女、兄弟姐妹、祖父母、外祖父母、孙子女、外孙子女。"以上规定实质上是对死者近亲属精神利益的保护。当死者人格遭受侵害时，如英雄烈士名誉被侮辱，因死者人格权已消灭，受损害的不是死者的人格权，而是死者近亲属的精神利益。

《著作权法》第 19 条规定："著作权属于公民的，公民死亡后，其本法第十条第一款第（五）项至第（十七）项规定的权利在本法规定的保护期内，依照继承法的规定转移。著作权属于法人或者其他组织的，法人或者其他组织变更、终止后，其本法第十条第一款第（五）项至第（十七）项规定的权利在本法规定的保护期内，由承受其权利义务的法人或者其他组织享有；没有承受其权利义务的法人或者其他组织的，由国家享有。"该条是对著作财产权继承的规定，而将著作人格权排除在了可继承的范围之外。《著作权法实施条例》第 15 条规定："作者死亡后，其著作权中的署名权、修改权和保护作品完整权由作者的继承人或者受遗赠人保护。

著作权无人继承又无人受遗赠的，其署名权、修改权和保护作品完整权由著作权行政管理部门保护。”该条是对作者死后其著作人格权的规定。作者死后，其著作人格权由作者的继承人或受遗赠人“保护”，而非由他们继承。著作人格权是作者决定作品内容、精神、表现形式等的权利，与作者意志密不可分，带有强烈的人身专属性，因此著作人格权专属于作者，不得继承。

【司法案例】

案例一

李某和、李某发等诉李某政、胡某凤等人格权纠纷案①

诉讼结论：人格权具有固有性和人身专属性，他人不得代为行使。民事主体消灭后，人格权随之消灭，不得继承。

基本案情

本案中，李某和、李某发、李某菊、李某明的父亲李某寿与李某政、李某的父亲系亲兄弟，胡某凤与李某政系夫妻。2017 年 6 月 19 日上午 9 时 30 分许，李某与李某和的儿子李某生因砌院墙一事发生纠纷，后李某生对李某进行了殴打，李某生因此被巢湖市公安局处以行政拘留 4 日的行政处罚。李某政得知此事后与其妻子胡某凤从江苏昆山赶回。当日 17 时许，李某政前往李某寿家门口，辱骂李某寿。李某政因此被巢湖市公安局处以行政拘留 3 日的行政处罚。2017 年 6 月 21 日，李某寿前往安徽医科大学附属巢湖医院住院治疗，被诊断为心律失常、心房颤动等，于 2017 年 7 月 5 日出院，住院 14 天，出院医嘱注意休息、避免受凉、劳累等。李某寿此次住院治疗共产生门诊医疗费用 20 元、住院医疗费用 5278.64 元，其中住院医疗费用新农合补偿 2825 元、个人支付 2453.64 元。2017 年 12 月 5 日，李某寿去世。2018 年 2 月，李某寿的子女即李某和、李某发、李某菊、李某明起诉至法院，要求判令李某政、胡某凤、李某向李某和、李某发、李某菊、李某明赔礼道歉、恢复名誉、消除影响，并要求李某政、胡某凤、李某共同向李某和、李某发、李某菊、李某明赔偿医疗费 4331.26 元、住院伙食补助费 870 元、护理费 1830 元、营养费 1000 元、交通费 800 元、精神抚慰金 80,000 元，共计 88,831.26 元。

法院认为，人格权是指民事主体所固有而由法律直接赋予民事主体所享有的各种人身权利。人格权是一种专属权，始终与民事主体相伴而客观存在，不得转让、抛弃、继承，他人不得代为行使。本案中，李某寿去世后人格权随之丧失，且从

---

① 安徽省合肥市中级人民法院（2018）皖 01 民终 5847 号民事判决书。

现有证据来看，李某寿的死亡与李某政的辱骂行为之间不具有因果关系，故李某和、李某发、李某菊、李某明不能代为行使李某寿的人格权，要求李某政、胡某凤、李某向李某和、李某发、李某菊、李某明赔礼道歉、恢复名誉、消除影响。

案例二

周某飞、周某斐等诉甲出版社等人格权纠纷案①

诉讼结论：肖像权作为人格权具有人身专属性和固有性，自然人死亡后，其人格权消失，不得由其近亲属继承。

基本案情：本案中，原告周某飞、周某斐、周某一、周某系鲁迅的孙子、孙女。被告黄某生系北京鲁迅博物馆副馆长。原告发现黄某生在甲出版社出版的《鲁迅像传》一书，在未征得原告同意的情况下，擅自使用鲁迅肖像照片共 114 张，并配以文字解说。该书出版后，通过新华书店及当当网等国内外知名实体和网络书店进行销售。原告认为，公民死亡后，其肖像权应依法保护，黄某生未经鲁迅近亲属同意，擅自使用鲁迅照片、以营利为目的出版《鲁迅像传》，侵犯了鲁迅的肖像权及其近亲属的民事权益。

法院认为，肖像权是自然人以自己的肖像上所体现的利益为内容的具体人格权，与自然人的名誉权、姓名权等一样，是自然人专有的民事权利。我国《民法通则》规定，自然人的民事权利能力始于出生，终于死亡，故死者不再是民事权利的主体。虽然最高人民法院于 1989 年对天津已故艺人荷花女名誉权案、1990 年对已故法师海灯名誉权案的复函中均表示死者的名誉权应依法保护，于 2000 年《关于周海婴诉绍兴越王珠宝金行侵犯鲁迅肖像权一案应否受理的答复意见》中亦表示公民死亡后，肖像权应依法保护，但在 1993 年《关于审理名誉权案件若干问题的解答》中未使用“死者名誉权”的概念而代之以“死者名誉”之表述，在 2001 年《精神损害赔偿解释》中亦明确规定死者近亲属因他人“侵害死者姓名、肖像、名誉、荣誉”遭受精神痛苦而享有诉权，以“名誉”“肖像”取代了“名誉权”“肖像权”的措辞。可见，现行法律、司法解释均已明确了死者不是肖像权的主体，死者的近亲属亦不能继承其肖像权益。本案肖像的主体鲁迅，于 1936 年 10 月去世至今近 80 年，现原告以其肖像权被侵犯为请求权基础主张损害赔偿缺乏法律依据。

---

① 上海市黄浦区人民法院(2014)黄浦民一(民)初字第 1245 号民事判决书。

第九百九十三条　民事主体可以将自己的姓名、名称、肖像等许可他人使用，但是依照法律规定或者根据其性质不得许可的除外。

【条文主旨】

本条是关于人格标识许可使用的一般性规定。

【条文理解】

人格权基于人的主体价值和人格尊严而产生，一般并不具有财产性。但是，部分人格权包含精神利益和财产利益，如姓名权、名称权、肖像权等。权利人将姓名、名称、肖像等人格标识自己利用或许可他人使用以获取财产利益的现象，学理上称为“人格权商品化”①。在现代社会，姓名、名称、肖像等人格标识本身具有一定的财产价值，这些人格标识既有专属性，也有财产性。其中，财产属性较强，可以从人格权中分离，通过许可他人使用的方式来利用，如将球星、歌后等明星的姓名、肖像用于商品上营销获利。而且，在市场经济和信息社会，这些人格权显示出重要的经济价值，随着商业广告、大众传媒的发展，姓名、名称、肖像等人格标识的商业利用越来越普遍，价值也越来越大。

当今世界为应对人格权商品化的趋势，各国立法和判例发展出两种保护模式，即德国模式和美国模式。德国模式指在人格权制度范围内解决人格权中财产利益的法律保护问题。德国民法认为人格权兼具精神利益和财产利益，二者不可分割，人格权的财产部分仍包括在人格权中，无法完全脱离人格权而单独存在，因此只能许可使用而不能自由转让。美国模式则认为应当从人格权中将其具有财产利益的部分分离出来，上升为公开权单独进行保护，公开权可以转让亦可继承。本条禁止人格权转让而认可部分人格权许可利用的立法选择，实际上采用的是德国的统一权利模式，这也是我国一贯的主张。总的来说，本条规定承继了《民法通则》第99条和第100条的立法理念，回应了新时代发展的趋势，既强调对人格权保护，也注重对人格权的利用，平衡了人格权保护和利用的关系。当然，并非所有的人格标识都可以许可他人使用，本条作了原则性的列举规定，同时规定不得许可的情形，为利用设置了界限，有助于彰显人格尊严，保障人的基本价值。

本质上讲，许可利用关系是合同关系，但鉴于人格标识具有人身属性，对其利用也具有特殊性，因而，目前“合同编”中典型合同部分难以容纳人格权许可利用合同，尤其是“合同编”的规定主要是财产权的流转与使用规则，不宜完全适用于

---

① 王利明：《论人格权商品化》，载《法律科学》2013年第4期。

人格权的许可使用。因此,有必要在“人格权编”中对人格权的许可利用规则作出特别规定,以体现该问题与人格尊严的价值关联性。在司法实践中,若“人格权编”作出了特别规定,理应优先适用其规定。例如,根据《民法典》第1022条、第1023条之规定,民事主体在未约定许可使用期限的情形下,享有任意解除许可使用合同的权利。

随着信息社会和市场经济的发展,人格领域的财产属性将进一步凸显,可利用的人格标识的类型和范围将会得到进一步扩大,立法和司法上应保持包容性和开放性。除了本条规定的姓名、名称、肖像人格标识可被许可使用外,《民法典》第1023条还规定有自然人的声音。依立法目的,本条文中“等”的含义可作扩张解释,还可以包括自然人的隐私、个人信息等,至于如何进行许可利用尚待司法实践的探索。立法机关并未将人格权许可利用范围严加限制,司法机关也应与时俱进,保持开放性。

本条但书规定“依照法律规定或者根据其性质不得许可的除外”,如何理解该但书值得关注。我们认为,人格尊严高于财产利益,为杜绝一味追求财产利益而损害人格尊严,禁止严重侵害人格权的行为,损害社会整体的道德感情,危害社会公共秩序,第993条后段作出了例外规定。这里的“法律规定”应当理解为民事特别法,为加强对特定群体的保护或管制,特别法若明确规定禁止部分人格标识的许可利用,理应适用特别法的规定。这类似“总则编”第128条的规定:“法律对未成年人、老年人、残疾人、妇女、消费者等的民事权利保护有特别规定的,依照其规定。”此外,国家机关基于国家利益、社会公共利益的需要,禁止特定人的姓名、名称、肖像的许可使用的应不得使用。“根据其性质不得许可的除外”的规定,意在禁止人格权中与人格尊严和人的基本价值密切相关的部分人格权的许可利用。如名誉、荣誉一般不能许可他人使用。有的人格权人身属性强,财产属性欠缺,如生命权、身体权、健康权等,这部分人格权根据其性质就不能许可他人利用。若依照法律规定或者根据其性质不得许可,民事主体仍为许可使用,将根据禁止违反法律行政法规强制性规定或公序良俗的规定,依法宣告许可无效。

【司法适用】

《民法通则》第99条规定:“公民享有姓名权,有权决定、使用和依照规定改变自己的姓名,禁止他人干涉、盗用、假冒。法人、个体工商户、个人合伙享有名称权。企业法人、个体工商户、个人合伙有权使用、依法转让自己的名称。”第100条规定:“公民享有肖像权,未经本人同意,不得以营利为目的使用公民的肖像。”

《民通意见》第139条规定:“以营利为目的,未经公民同意利用其肖像做广告、商标、装饰橱窗等,应当认定为侵犯公民肖像权的行为。”

《妇女权益保障法》第 42 条规定："妇女的名誉权、荣誉权、隐私权、肖像权等人格权受法律保护。禁止用侮辱、诽谤等方式损害妇女的人格尊严。禁止通过大众传播媒介或者其他方式贬低损害妇女人格。未经本人同意,不得以营利为目的,通过广告、商标、展览橱窗、报纸、期刊、图书、音像制品、电子出版物、网络等形式使用妇女肖像。"

《民法典》第 1022 条规定："当事人对肖像许可使用期限没有约定或者约定不明确的,任何一方当事人可以随时解除肖像许可使用合同,但是应当在合理期限之前通知对方。当事人对肖像许可使用期限有明确约定,肖像权人有正当理由的,可以解除肖像许可使用合同,但是应当在合理期限之前通知对方。因解除合同造成对方损失的,除不可归责于肖像权人的事由外,应当赔偿损失。"第 1023 条规定："对姓名等的许可使用,参照适用肖像许可使用的有关规定。对自然人声音的保护,参照适用肖像权保护的有关规定。"

本条与《民法典》第 1182 条相辅相成。本条是授权性规定,而第 1182 条是从消极方面规定侵害他人人身权益造成财产损失的损害赔偿范围。

【司法案例】

案例一

张某芝诉梧州甲公司肖像权侵权案[①]

诉讼结论:甲公司在未经张某芝本人同意的情况下,在其生产的三种产品上使用张某芝肖像的行为属于侵权行为。

基本案情

广西梧州乙保健品有限公司(以下简称乙公司)与张某芝及其经纪公司 TOGETHER AGAINLIMITED(以下简称经纪公司)共同签订了有关聘请张某芝担任乙公司美体瘦身系列产品形象代言人的广告合约一份(以下简称 2002 年合约)。该合同约定:(1)张某芝出任乙公司美体瘦身系列产品的形象代言人。具体为,出品商名称:索芙特瘦身产品系列之腹部苗条霜、纤脸滋润霜;出品商地址:广州市中山六路 218－222 捷泰广场十七楼。指定广告传播媒介:(a)经由中国境内(不包括香港特别行政区、澳门特别行政区和我国台湾地区)的电视频道(包括有线、无线及卫星频道),但不包括跨境的任何频道,传播并不超过 60 秒之唯一版本广告片;(b)于该产品之平面广告上使用张某芝之姓名或肖像,包括:包装、印刷品、宣传单、杂记、灯箱、报章、刊物、户外硬照广告。(2)乙公司拥有该广告(包括电视

① 江苏省高级人民法院(2006)苏民终字第 109 号民事判决书。

广告和平面广告）之合法使用期自2002年11月10日至2004年11月9日止。（3）经纪公司同意按照合约规定，提供张某芝为乙公司演出该广告，乙公司同意以现金支票方式支付经纪公司港币250万元，作为张某芝之酬金，及港币12万元，作为张某芝指定的化妆师及发型师三个工作日之酬金。（4）该广告片之平面广告及电视广告只限于合约期内作宣传该产品之用，不能用作其他用途。（5）除非得经纪公司同意下进行，否则乙公司不能转让本合约给本合约之外的第三者使用，乙公司对本合约之产品在合约期内拥有本合约订下之条款、演员肖像、姓名及相关版权之使用权。除上述内容外，该广告合约对其他事项也作了相应的约定。2003年，乙公司又与经纪公司、张某芝共同签订了有关聘请张某芝担任乙公司洁护肤系列产品形象代言人的广告合约一份（以下简称2003年合约）。该合约约定：（1）出品商名称为索芙特水白晶7效保湿系列（如索芙特水白晶雪莲保湿霜、芦荟保湿霜等）。（2）乙公司拥有该广告（包括电视广告和平面广告）之合法使用期自2003年8月1日至2005年7月31日止。（3）经纪公司同意按照合约规定，由张某芝为乙公司出演该广告，乙公司同意以现金支票方式支付经纪公司港币208万元，作为张某芝之酬金，及港币12万元，作为张某芝指定的化妆师及发型师三个工作日之酬金。该广告合约的其他内容与2002年合约的内容基本一致。2003年4月和2004年6月，张某芝的委托代理人在无锡市场上发现并购买了产品包装印有张某芝肖像的"索芙特瘦身沐浴露""索芙特082深层减肥香皂""索芙特瘦脸洗面奶"洁护肤产品。该三种产品的外包装上均标明出品商和生产厂为甲公司，"索芙特082深层减肥香皂""索芙特瘦脸洗面奶"两种产品还标有丙集团（香港）有限公司为出品商的字样。张某芝遂将甲公司和丙集团（香港）有限公司作为共同被告诉至江苏省无锡市中级人民法院。在审理中，又自愿撤回了对丙集团（香港）有限公司的起诉。

关于甲公司是否有权在讼争的三种产品的包装上使用张某芝肖像的问题。法院认为，首先，甲公司并非2002年合约的当事人，其以合同约定来对抗张某芝一方的侵权主张缺乏依据。其次，即便按照合约，2002年合约明确代言产品是"索芙特瘦身产品系列之腹部苗条霜、纤脸滋润霜"，讼争的三种产品并不在约定之列，该条款亦不存在解读歧义，故甲公司主张合约"之"字乃"如"字笔误的理由不能成立。2003年合约已明确代言产品为"索芙特水白晶7效保湿系列"，上诉人仅以肥皂和洗面奶属于洁护肤产品为由，主张"索芙特082深层减肥香皂""索芙特瘦脸洗面奶"属于2003年合约产品，亦不能成立。因此，甲公司行为已构成对张某芝肖像权的侵犯。至于赔偿数额的问题，江苏高院认为，生产销售单位聘请身为演艺明星的张某芝为产品代言，意在通过其影响力占领市场，获取利润。因此，甲公司在非张某芝代言的产品上使用其肖像，既损害了张某芝的精神利益，更损害其物质利益，原审法院参照有偿使用标准酌定100万元赔偿数额并无不当。

案例二

甲农业高科技股份有限公司、湖北乙农业科技有限公司姓名权纠纷、商业贿赂不正当竞争纠纷案[①]

诉讼结论：湖北乙公司未经许可商业性使用“袁隆平”字样，侵害了甲公司取得的在商业中独占“袁隆平”姓名的合法权益。

基本案情

甲公司与袁隆平院士为了更好地规范袁隆平姓名权的使用，双方于2014年11月14日重新签署了一份《袁隆平品牌权许可使用协议》，终止原双方所签订的所有关于姓名权许可使用事宜的一切协议。该许可使用协议约定的主要内容有：袁隆平许可甲公司在经营过程中独占使用袁隆平的姓名权及肖像权；许可的内容包括“袁隆平”“隆平”及相应的中英文名称，以及任何关于袁隆平肖像的图片、照片等；甲公司有权分许可或再许可其关联公司（或单位）在经营过程中合理使用袁隆平的姓名权及肖像权，除上述关联公司（或单位）外，未经袁隆平许可甲公司不得再授权其他第三人使用；袁隆平自己不得使用其姓名用于企业名称、商号字号及其他经营性活动，也不得再许可任何第三人使用其姓名及肖像用于经营性活动；许可期限自本协议签订之日起至甲公司依法不再存续时止；在农业、种业领域发生的第三人侵犯或非法使用袁隆平姓名权及肖像权的行为，甲公司有权单方实施维权。签订本协议，即可视为袁隆平已经授予了甲公司采取维护其姓名及肖像权行为的权利，必要的时候，袁隆平应另行向甲公司出具授权书。2014年11月25日、12月5日甲公司在证券交易所上市公司公告信息以及平面和网络媒体上发布了上述袁隆平品牌权许可使用协议的签订信息。

法院认为，甲公司取得对“袁隆平”姓名独占商业使用的合法权益。《民法通则》第99条第1款规定，公民享有姓名权，有权决定、使用和依照规定改变自己的姓名，禁止他人干涉、盗用、假冒。《侵权责任法》第2条第2款规定，本法所称民事权益，包括生命权、健康权、姓名权……人身、财产权益。据此，姓名权是自然人对其姓名享有的重要民事权利，姓名权中包含的财产性权益亦为法律所保护。本案中袁隆平院士因其在杂交水稻研究领域的成就和知名度，其姓名不仅仅具有人身属性，还蕴含财产性利益。袁隆平院士通过与甲公司签署《袁隆平品牌权许可

① 湖北省高级人民法院（2017）鄂民终第3252号民事判决书。

使用协议》，约定袁隆平院士许可甲公司在经营过程中独占使用其姓名权，许可的内容包括“袁隆平”“隆平”及相应的中英文名称，甚至袁隆平院士自己不得使用其姓名用于企业名称、商号字号及其他经营性活动，也不得再许可任何第三人使用其姓名用于经营性活动。前述许可使用行为系袁隆平院士通过协议方式让渡其姓名中的非人身属性权益，并将此部分权益进行商业化利用，为特定商品代言并获取相应经济利益，而甲公司通过支付相应对价，取得提升自身品牌形象、推销商品、扩大知名度的商业效果。甲公司获得的对“袁隆平”姓名独占商业使用的财产性权益，既体现了企业对科技人才的尊重，也体现了市场对“袁隆平”姓名商业价值的认可，并且独占姓名中的财产性权益能够为企业带来现实经济利益，此种民事权益的正当性和经济属性应当得到法律保护。

第九百九十四条　死者的姓名、肖像、名誉、荣誉、隐私、遗体等受到侵害的，其配偶、子女、父母有权依法请求行为人承担民事责任；死者没有配偶、子女且父母已经死亡的，其他近亲属有权依法请求行为人承担民事责任。

【条文主旨】

本条是关于死者人格利益保护的规定。

【条文理解】

《民法总则》出台前，我国法律层面未对死者人格利益的保护作出明确规定。党的十九大报告提出“保护人民人身权、财产权、人格权”，凸显了对人格权的重视。人格权是存在于民事主体人格上的权利，是民事主体对其特定的人格利益享有的权利。人格权关系到个人人格自由和人格尊严。《民法典》“总则编”第110条第1款规定自然人享有生命权、身体权、健康权、姓名权、肖像权、名誉权、荣誉权、隐私权、婚姻自主权等权利，但对于死者的人格利益如何保护，未作规定。尽管自然人的权利能力始于出生，终于死亡，人在死亡后其人格权仍以一定的范围继续存在，特别是死者的非财产上的人格利益，应受到保护。

死者的姓名、肖像、名誉、荣誉、隐私、遗体等人格利益具有多重价值，应当予以保护。一方面，这种价值表现为精神利益的价值，既是人格权的基础，也是人格利益的基础；另一方面，这种价值表现为死者人格利益的财产价值，也是死者人格利益的商业化利用的基础。[①] 在死者的人格利益中，姓名利益、肖像利益、隐私利

---

① 杨立新：《人格权法》，法律出版社2015年版，第90～91页。

益、名誉利益、荣誉利益以及身体利益的客体，都有转化为财产利益的可能。在人死亡后，人格权主体的财产利益和精神利益仍继续存在，其相应的权限移转至人格权主体的继承人，由继承人主张损害赔偿请求权。① 由于任何人可随时将死者的姓名、肖像、声音、隐私等资料作商业上的使用，获取利益，需要对死者人格利益予以充分保护。因此，本条规定了请求法律保护死者人格利益的主体是配偶、子女、父母，没有配偶、子女并且父母已经死亡的，其他近亲属也有权主张侵权行为人承担民事责任。

【司法适用】

随着司法实践的不断深入，死者人格利益应当受保护的问题早在“荷花女”案中就已经得到明确。最高人民法院曾在答复天津市高级人民法院《关于处理荷花女名誉权纠纷案的请示报告》（已经失效）中，认为吉某贞（艺名荷花女）死亡后，其名誉权应依法保护，其母陈秀琴亦有权向人民法院提起诉讼。②

关于请求权的主体，在侵权法律关系中，通常被侵权人有权请求行为人承担侵权责任，但在死者人格权益受到侵害的情形中，请求权的主体不再是死者本人，而是其近亲属。《精神损害赔偿解释》第 3 条规定，自然人死亡后，其近亲属因下列侵权行为遭受精神痛苦，向人民法院起诉请求赔偿精神损害的，人民法院应当依法予以受理：（一）以侮辱、诽谤、贬损、丑化或者违反社会公共利益、社会公德的其他方式，侵害死者姓名、肖像、名誉、荣誉；（二）非法披露、利用死者隐私，或者以违反社会公共利益、社会公德的其他方式侵害死者隐私；（三）非法利用、损害遗体、遗骨，或者以违反社会公共利益、社会公德的其他方式侵害遗体、遗骨。此外，《英雄烈士保护法》第 25 条第 1 款规定，对侵害英雄烈士的姓名、肖像、名誉、荣誉的行为，英雄烈士的近亲属可以依法向人民法院提起诉讼。《名誉权解答》认为，对于死者名誉受到损害的，其近亲属有权向人民法院起诉。近亲属包括：配偶、父母、子女、兄弟姐妹、祖父母、外祖父母、孙子女、外孙子女。《民事诉讼法解释》第 69 条规定，对侵害死者遗体、遗骨以及姓名、肖像、名誉、荣誉、隐私等行为提起诉讼的，死者的近亲属为当事人。“婚姻家庭编”第 1045 条规定了近亲属的范围，包括配偶、父母、子女、兄弟姐妹、祖父母、外祖父母、孙子女、外孙子女。

---

① 王泽鉴：《人格权法》，北京大学出版社 2013 年版，第 289 页。

② 《最高人民法院关于死亡人的名誉权应受法律保护的函》（〔1988〕民他字第 52 号）。天津市高级人民法院：你院津高法〔1988〕第 47 号关于处理荷花女名誉权纠纷案的请示报告收悉。经研究答复如下：一、吉文贞（艺名荷花女）死亡后，其名誉权应依法保护，其母陈秀琴亦有权向人民法院提起诉讼。二、《荷花女》一文中的插图无明显侵权情况，插图作者可不列为本案的诉讼当事人……（1989 年 4 月 12 日）

【司法案例】

案例一

宋某保诉洪某快名誉权、荣誉权纠纷案①

诉讼结论：洪某快发表的文章否认狼牙山五壮士英勇抗敌的事实和舍生取义的精神，对狼牙山五壮士的名誉和荣誉构成侵害，同时构成了对英雄人物的名誉、荣誉所融入的社会公共利益的侵害。

基本案情

洪某快发表的《小学课本〈狼牙山五壮士〉有多处不实》《“狼牙山五壮士”的细节分歧》两篇文章，其所描述的主要内容是对我国抗日战争史中的狼牙山五壮士英雄事迹的解构。案涉文章具有如下特征：对于狼牙山五壮士在狼牙山战斗中所表现的英勇抗敌的事迹和舍生取义的精神这一基本事实，案涉文章自始至终未作出正面评价。而是以考证“在何处跳崖”“跳崖是怎么跳的”“敌我双方战斗伤亡”“‘五壮士’是否拔了群众的萝卜”等细节为主要线索，通过援引不同时期的材料、相关当事者在不同时期的言论，甚至“文化大革命”时期红卫兵迫害宋某义的言论为主要证据，全然不考虑历史的变迁、各个材料所形成的时代背景以及各个材料的语境。在无充分证据的情况下，案涉文章多处作出似是而非的推测、质疑乃至评价。

法院认为，尽管案涉文章无明显侮辱性的语言，但洪某快采取的行为方式却是，通过强调与基本事实无关或者关联不大的细节，引导读者对“狼牙山五壮士”这一英雄人物群体英勇抗敌事迹和舍生取义精神产生质疑，从而否定基本事实的真实性，进而降低他们的英勇形象和精神价值。洪某快的行为方式符合以贬损、丑化的方式损害他人名誉和荣誉权益的特征。从案涉文章所引发的后果即可明知，它们不仅损害了宋某保之父宋某义的名誉及荣誉，而且伤害了宋某保的个人感情，在一定范围和程度上伤害了社会公众的民族和历史情感。我国现行法律保护公民言论的自由和进行科学研究的自由，同样也保护公民的人格尊严不受侵犯，保护公民享有的名誉、荣誉等权益。公民享有法律规定的权利，同时也必须履行法律规定的义务，包括公民在行使自由和权利的时候，不得损害国家的、社会的、集体的利益和其他公民的合法的自白和权利。因此，自由和权利的行使，并非没有边界，这个边界就是法律。具体到本案中，洪某快上诉所称的其行使言论自由和学术自由的权利，需要在法律范围内进行，洪某快应当采取适当的方式从事

① 北京市第二中级人民法院(2016)京02民终6271号民事判决书。

研究及发表言论，同时应当充分考虑可能造成的社会影响。洪某快撰写的案涉文章侵害了宋某义的名誉和荣誉，侵害了社会公共利益，违反了法律规定，洪某快的行为已经超出了法律允许的范围，不受法律保护。

案例二

赵某航诉北京百度公司名誉侵权纠纷案①

诉讼结论：百度公司应对侵权词条采取必要措施，否则侵害赵某航之父及家人的名誉权。

基本案情

原告赵某航与被告北京百度网讯科技有限公司（以下简称百度公司）名誉权纠纷一案，北京互联网法院于2019年1月28日立案后，依法适用普通程序，公开开庭进行了审理。

2013年6月20日，百度用户“俏女佳人”于百度百科网页“赵某”词条简介中使用“赵某是大文贼”，并删除了赵某的代表作中的歌剧剧本《红珊瑚》。该词条“提交”给“百度百科”，经其“编辑审核”很快即发布在百度网页上，且保留至2018年7月15日。2018年7月初，赵某航先后赴百度公司投诉部门、通过“百科”网页申诉渠道维权投诉，提出停止侵害、赔礼道歉、依法赔偿、提供撰写人信息等法律主张。7月16日百度公司将上述侵权字段删除后，于7月24日对赵某航前两次维权投诉给予了短信回复。赵某航认为“回复”规避法律义务、否认过失行为、推卸侵权责任、罔顾公民权益，于法无据、于情不通、于理相悖。赵某航于2018年8月6日将《我的第三次维权投诉》寄达“百度公司法务部”，要求其赔礼道歉、赔偿精神损失6元人民币。赵某航认为百度公司非但未给予任何答复，反而对其《百度用户协议》《百度百科用户协议》采取删除、曲解、规避等手法予以“修改”，一意孤行地扩张自己的非法权利，变本加厉地推卸应当履行的法律义务，得寸进尺地压缩公民的维权空间。鉴于百度公司上述侵权行为，根据《民法总则》第109条和《民事诉讼法》之相关规定，向法院提起诉讼，以维护赵某航父亲及家人的合法权益。

百度公司辩称：(1)赵某航是否有独立的诉权，存在疑问；(2)百度公司已经履行法定义务，不应承担法律责任。综上所述，百度公司不同意赵某航的诉讼请求，要求法院予以驳回。

根据当事人陈述和经审查确认的证据，法院认定事实如下：

---

① 北京互联网法院（2019）京0491民初2403号民事判决书。

词条“赵某”的编辑经过：赵某，生于1921年，逝于2004年。赵某航系赵某之长子。赵某航在本案中所主张的“赵某”百度词条，其义项为“（原海军装备政治部副主任、剧作家）”（以下简称案涉词条）。该词条于2011年11月8日由网名为“昕升”的百度用户创建，词条内容分为“简介”“著作”两部分，其中“著作”中包括“歌剧剧本《红珊瑚》”。本案诉讼中，赵某航表示其与家人并不认识网名为“昕升”的百度用户，但认可其创建的案涉词条内容。2013年1月30日，案涉词条被百度用户“俏女佳人”编辑，将“著作”中的“歌剧剧本《红珊瑚》”删除，修改原因为“原文错误需要修改。”。历史版本信息显示该次编辑的更正时间为2013年1月30日14时14分，更新时间为2013年1月30日14时39分。2013年6月20日，“俏女佳人”再次对案涉词条进行编辑，将“简介”末尾添加“赵某是大文贼”字句，修改原因为“赵某品质不好，应该揭露！”。历史版本信息显示该次编辑的更正时间为2013年6月20日19时41分，更新时间为19时43分。

赵某航通知百度百科的过程：2018年7月初，赵某航认为案涉词条简介被恶意添加侵犯赵某名誉权的字句，先后赴百度公司投诉部门、通过“百科”网页申诉渠道维权投诉，要求百度公司删除上述字句，并进行赔礼道歉、赔偿损失，同时披露“俏女佳人”身份。2018年7月16日百度公司删除了案涉词条中“俏女佳人”添加的字句以及修改原因，历史版本信息显示修改原因为“更正错误”。2018年7月24日，百度公司通过手机短信回复赵某航，告知其已履行“通知—删除”义务，不同意其他诉求。2018年8月，赵某航再次致信百度公司重申上述诉求。

《红珊瑚》作者情况：2019年3月7日，中国人民解放军海军政治工作部给法院出具书面材料，称赵某系该部原海军政治部文工团总团团长，经该部查证，赵某在任上述职务期间，由其组织、指导并执笔，赵某、钟某兵、林某梧、单某作词，胡某平、王某仁作曲，创作了歌剧剧本《红珊瑚》。赵某提供的中国音乐出版社出版的歌剧《红珊瑚》剧本、演出节目单以及《建国50周年新中国舞台影视艺术精品选》中，均记载赵某为歌剧《红珊瑚》的作者之一。百度公司在诉讼中对上述证据不持异议。2019年7月19日，本案第二次开庭时，案涉词条中“著作”仍未有“歌剧剧本《红珊瑚》”。赵某航表示其可以对此进行编辑，恢复原词条内容，但坚持要求百度公司进行恢复，百度公司对此表示同意。2019年8月6日，案涉词条中著作一栏被百度用户“23456_12”增加内容为“歌剧《红珊瑚》编剧”。

现行《百度百科用户协议》的更新时间为2018年1月26日。与原协议相比，增加了“免责声明”一项，内容为：

“1. 百度百科有权利但无义务对用户发表的内容（包括文字、图片、音频、视频等其他形式）进行审查，同时不对用户发表的内容的正确性进行保证。

“2. 用户在百度百科发表的内容仅表明其个人观点及立场，不代表百度观点和立场。用户为内容的发表者，需对所发表内容负责，因其发表内容引发的一切纠纷，由该内容的发表者承担全部法律及连带责任。百度百科不承担任何法律及连带责任。

“3. 百度公司对于本协议内容拥有最终解释权和修订权，一旦本协议发生变动，百度百科会直接在百度百科网站上公布修订后的协议内容，并视为百度百科已经通知用户。”

法院认为，自然人的名誉权等人格尊严受法律保护，禁止用侮辱、诽谤等方式损害自然人的名誉。网络用户、网络服务提供者利用网络侵害他人民事权益的，应当承担侵权责任。具体到本案而言，赵某航主张的侵权事实涉及其父死亡后的名誉侵权，因此法院首先需要确定赵某航是否有权提起本案诉讼，赵某的名誉是否受到损害。在上述两个问题均成立的前提下，需要对百度公司是否承担侵权责任以及承担责任的方式进行分析。

一、赵某航是否有权提起本案诉讼

首先，我国法律、司法解释明确赋予死者近亲属提起名誉权侵权诉讼的权利。《侵权责任法》规定，被侵权人死亡的，其近亲属有权请求侵权人承担侵权责任。《名誉权解答》亦规定，死者名誉受到损害的，其近亲属有权向人民法院起诉。

近亲属包括：配偶、父母、子女、兄弟姐妹、祖父母、外祖父母、孙子女、外孙子女。《精神损害赔偿解释》同样赋予死者近亲属就侵害死者名誉利益主张精神损害赔偿的权利。

其次，对死者进行负面的社会评价，不仅侵犯了死者的名誉，也影响到近亲属整体利益以及个人利益。因此，对于死者任一近亲属，均有权请求法院对死者人格权进行保护，也可以同时基于其近亲属身份追究侵犯其本人人格权的责任。

因此，赵某航有权提起本案诉讼，对百度公司认为赵某航无独立诉权的主张，法院不予支持。

二、赵某的名誉是否受到损害

百度百科是以百度用户创建、编辑的词条内容作为基础，向互联网用户提供知识的开放平台。

尽管案涉词条并非“赵某”亲友所创建，或者授意他人创建，但根据赵某航所述可知，词条创建时的内容获得赵某亲友的认可，互联网用户可以通过该词条了解赵某的生平及其代表作品，并形成对赵某的客观评价。赵某航提供的大量证据，可充分证实赵某系歌剧《红珊瑚》的作者之一。“俏女佳人”系某百度平台用户注册的虚拟名称，其通过编辑“赵某”词条，将原词条中的代表作品，歌剧《红珊瑚》删除。尽管“俏女佳人”并未直接发表否认赵某代表作的言论，但此种掩盖事实的行为，将影响互联网用户真实、全面地了解赵某的生平及其代表作品，并形成对赵某的客观评价，在一定程度上造成赵某的社会评价降低的后果。

赵某系我国老一辈文艺工作者，其生前创作了诸多文艺作品，尤其是歌剧《红珊瑚》，系新中国文艺作品中的精品，理应受到后人的尊敬。

“俏女佳人”在案涉词条中的“简介”末尾添加明显对赵某职业道德、人格加以侮辱、贬损的言论，基于百度百科的开放性，上述内容一经添加，将可以被赵某的亲友，以及不特定的互联网用户获悉，且从内容发布至被百度公司删除，历时五年之久，严重损害了赵某的名誉。

三、百度公司是否构成侵权

百度公司作为网络服务提供者，通过其开办的百度百科，为互联网用户上传、浏览各类信息提供开放的平台。该公司应当根据《侵权责任法》以及相关司法解释的相关规定，履行网络服务提供者的各项义务。

赵某航主张百度公司存在过错并构成侵权，主要认为该公司未能提供“俏女佳人”的实名注册信息，未对该用户实施的侵权行为进行及时、有效的干预。因此，对于百度公司是否构成侵权，应当从网络服务提供者的信息披露以及审核义务方面进行分析。

（一）关于提供“俏女佳人”的信息

《信息网络侵权规定》，人民法院可以根据原告的请求及案件的具体情况，责令网络服务提供者向人民法院提供能够确定涉嫌侵权的网络用户的姓名（名称）、联系方式、网络地址等信息。

本案中，百度公司已向法院披露“俏女佳人”的注册信息。

（二）关于对百科词条的审核义务

《侵权责任法》第36条规定，网络用户利用网络服务实施侵权行为的，被侵权人有权通知网络服务提供者采取删除、屏蔽、断开链接等必要措施。网络服务提供者接到通知后未及时采取必要措施的，对损害的扩大部分与该网络用户承担连带责任。网络服务提供者知道网络用户利用其网络服务侵害他人民事权益，未采取必要措施的，与该网络用户承担连带责任。

根据上述法律规定可推知，网络服务提供者对于注册网络用户实施的侵权行为，应当在被侵权人有效通知的情况下采取必要措施。但是，对于应当知道的侵权行为，网络服务提供者则要进行主动审核并采取措施，否则应当承担侵权责任。赵某航在发现案涉词条被“俏女佳人”添加侵权字句后通知了百度公司，百度公司经审核后进行了删除。

双方争议的核心焦点在于，在删除侵权字句之前，百度公司是否对本案侵权行为应当进行主动审核，即百度公司是否知道或者应当知道侵权行为，是否应当采取措施。《信息网络侵权规定》中，对于如何认定《侵权责任法》第36条中的“知道”列举了应当综合考虑的因素。

结合本案情况，应当根据上述司法解释的规定，从以下三方面分析百度公司的审核义务。

1. 百度公司应当具备的管理信息的能力，以及所提供服务的性质、方式及其引发侵权的可能性大小

正如百度公司对于百度百科的介绍，百度百科向用户提供的信息存储空间，用户可以免费自由访问并参与撰写和编辑，分享及奉献所知的知识，从而达到不断收集、丰富各类知识的目的。同时，在海量词条内容的基础上，借助百度公司搜索引擎功能，能够让互联网用户对其信息需求进行精准定位。此种服务方式在充分利用网络空间“互联互通”的优势，促进信息分享、交流互鉴，推动网络文化繁荣发展方面发挥了非常积极的作用，充分体现了平等、自由、开放的网络精神。客观上，在用户所创造、编辑词条过程中涉及的知识共享以及观点表达，存在引发侵权的风险。作为百度百科的管理者，百度公司应当具备预防上述风险发生的意识，并应当根据其能力采取必要、合理的措施加以规制。尤其是对于人物类词条的编辑，因涉及对人物的评价，加之人人可以编辑的运行机制，极易出现主观化、情绪化以及特殊针对性的表达。因此百度公司对于百度百科人物类词条编辑的监管力度无疑需要提升。

2. 百度公司采取预防侵权措施的技术可能性及其是否采取了相应的合理措施

根据百度公司的陈述，百度百科从发布之初，通过用户协议的形式公布内容发布规则，且协议内容不断更新、完善，以此作为预防侵权措施的手段之一。本案诉讼中，百度公司始终未向法院提供案涉词条被“俏女佳人”编辑时所适用的用户协议。作为百度百科的管理者，百度公司应当具备保存其历次更新用户协议的意识和能力。因此对于案涉词条被“俏女佳人”编辑时百度百科的内容发布规则，百度公司并未提供证据，应当承担举证不能的不利后果。

即便根据百度公司所能提供的最早版本的用户协议，即2015年7月经公证的《百度百科协议》进行对照，其中对于禁止发布含有侮辱、诽谤、虚假性的内容均进行了提示，亦不能说明百度公司采取了预防侵权的合理措施，分析如下：其一，百度公司称，案涉词条被“俏女佳人”编辑时并不需要审核通过，但无法提供当时的编审规则。基于本院对百度公司存证责任的分析，百度公司应当对其主张承担

举证不能的不利后果。其二,根据人物类词条编辑存在的风险分析,以及百度公司应当具备的防范意识以及管理能力,百度公司应当对该类词条的编辑内容是否侵犯名誉权等人格权进行审核。

反观本案中“俏女佳人”对案涉词条进行的两次编辑,均未提供任何参考资料,且在添加侵权字句时修改原因为“赵某品质不好,应该揭露!”,没有任何客观依据,百度百科完全可以对不当编辑进行阻却,但是两次编辑均短时间获得通过,说明百度公司并未通过有效措施对不当编辑行为加以预防和控制。

以上分析足以说明,百度公司在应当知悉网络用户利用其网络服务侵害他人民事权益之时,未采取必要措施,未尽到网络服务提供者的管理义务。百度公司应当向赵某航承担民事侵权责任。

百度公司应承担的民事责任:百度公司未有效制止侵权行为的发生,该侵权行为给赵某航造成了较为严重的精神损害,因此百度公司应当赔偿赵某航精神损害抚慰金,并向其公开赔礼道歉。关于赔偿数额,赵某航主张的金额仅为象征性赔偿,法院予以尊重并支持。

侵权人承担赔礼道歉、消除影响或者恢复名誉等责任形式的,应当与侵权的具体方式和所造成的影响范围相当。由于本案纠纷主要因案涉词条的编辑行为所引起,公开消除影响的范围也应当限定于案涉词条本身。

为达到合理范围消除影响的目的,赔礼道歉应当以声明的形式,在百度百科中案涉词条页面的显著位置予以刊登,声明内容需经过法院审核。对于刊登声明的时间,由法院综合考虑侵权行为的严重程度以及达到消除影响、慰藉受害人的效果进行确定。百度公司拒不履行的,法院将在媒体上公布判决书主要内容,由此产生的费用由百度公司承担。

法院指出:随着互联网产品与技术的不断创新与升级,以百度百科为代表的网络百科,已经逐步成长并发展成为媒体舆论、互联网用户乃至整个社会重视和依赖的信息获取渠道之一,呈现出社会公共利益的属性。这种与社会公共利益紧密结合的属性,继而对互联网内容建设提出更高的要求。因此,本案中看似一个网络百科的词条被篡改,但其结果不单是对特定受害人名誉权的损害,更影响到网络百科的真实性、客观性、权威性,影响到互联网用户的利益,影响到社会公共利益。因此,百度公司为了降低运营风险而扩充免责内容的做法并不足取。百度公司在保持、促进网络百科知识共享、人人协作、获取便捷的同时,有责任充分运用日新月异的互联网技术提高审核系统的逻辑判断、运算能力,辅之以增强对词条创建、编辑的人工审核力度,营造风清气朗的网络空间,让网络百科类产品真正服务于社会,服务于互联网发展。

综上所述,依照《民法总则》第 109 条、第 110 条第 1 款;《侵权责任法》第 15 条第 6 项、第 7 项、第 8 项,第 18 条,第 22 条,第 36 条;《信息网络侵权规定》第 4 条、第 9 条、第 16 条、第 17 条;《名誉权解答》第 5 条、第 7 条、第 10 条、第 11 条;《精神损害赔偿解释》第 3 条第 1 项、第 8 条第 2 款;《民事诉讼法》第 64 条第 1 款;《民事诉讼法解释》第 90 条之规定,判决如下:

(1)本判决生效之日起 7 日内,被告北京百度网讯科技有限公司在百度百科"赵某(原海军装备政治部副主任、剧作家)"词条页面的显著位置公开发布赔礼道歉公告,向原告赵某航赔礼道歉,消除影响;该公告须连续刊登 7 日,公告内容需经法院审核;逾期不执行,法院将在相关媒体上刊登本判决书的主要内容,所需费用由被告北京百度网讯科技有限公司承担。(2)本判决生效之日起 7 日内,被告北京百度网讯科技有限公司赔偿原告赵某航精神损害抚慰金 6 元。案件受理费 300 元,由被告北京百度网讯科技有限公司负担(于本判决生效之日起 7 日内交纳)。

第九百九十五条　人格权受到侵害的,受害人有权依照本法和其他法律的规定请求行为人承担民事责任。受害人的停止侵害、排除妨碍、消除危险、消除影响、恢复名誉、赔礼道歉请求权,不适用诉讼时效的规定。

【条文主旨】

本条是关于人格权请求权的规定。

【条文理解】

人格权是人身权的重要内容,涉及姓名权、肖像权、名誉权、荣誉权、隐私权等方面。人格尊严不受侵犯,是自然人作为人的基本条件之一,也是社会文明进步的一个基本标志。本条丰富了人格权请求权的内容,从整体上完善了人格权的民法保护机制,确立了"并轨制"的人格权请求权和侵权请求权的保护方法,使人格权请求权的行使不以过错和造成实际损害为前提,只要有侵害,就应当认为具备了请求权的行使要件。

法谚云:"有权利必有救济。"民事法律关系是由民事权利、民事义务和民事责任构成,而民事责任是权利和义务实现的法律保障。通过承担民事责任,使被侵害的民事权利得以恢复和得到赔偿,从而保护民事主体的民事权利,同时,也能起到对违反民事义务的行为予以制裁的作用。《民法通则》第 120 条规定,公民的姓名权、肖像权、名誉权、荣誉权受到侵害的,有权要求停止侵害,恢复名誉,消除影响,赔礼道歉,并可以要求赔偿损失。

"总则编"第 179 条规定,承担民事责任的方式主要有:(1)停止侵害;(2)排除妨碍;(3)消除危险;(4)返还财产;(5)恢复原状;(6)修理、重作、更换;(7)继续履行;(8)赔偿损失;(9)支付违约金;(10)消除影响、恢复名誉;(11)赔礼道歉。法律规定惩罚性赔偿的,依照其规定。本条规定的承担民事责任的方式,可以单独适用,也可以合并适用。"侵权责任编"第 1167 条规定,侵权行为危及他人人身、财产安全的,被侵权人有权请求侵权人承担停止侵害、排除妨碍、消除危险等侵权责任。因此,当受害人在名誉权、隐私权等人格权受到侵害时,既可以单独采用消除影响、恢复名誉、赔礼道歉的责任方式,也可以并用消除影响、恢复名誉和损害赔偿的责任方式。如果一种方式不足以救济权利人,就应当同时适用其他方式。

"总则编"第 196 条规定,"下列请求权不适用诉讼时效的规定:(一)请求停止侵害、排除妨碍、消除危险;(二)不动产物权和登记的动产物权的权利人请求返还财产;(三)请求支付抚养费、赡养费或者扶养费;(四)依法不适用诉讼时效的其他请求权"。通常认为,停止侵害、排除妨碍和消除危险是所有权和其他物权的功能,其目的是解决对物权权能的障碍、发挥物的效用,恢复权利人对权利客体的支配为目的。[①] 然而,人格权是一种绝对权,相对于人格权请求权而言,人格权系以人格为内容的权利,主要以体现人的尊严价值的精神利益为其保护客体,[②]除了可以请求停止侵害和排除妨碍等,还可以要求赔礼道歉,人格权请求权救济措施和人格权的绝对性决定了其不能够适用诉讼时效制度。含有停止侵害、排除妨碍、消除危险内容的请求权当然不适用诉讼时效,而消除影响、恢复名誉、赔礼道歉主要是适用于侵害名誉权等情形,人民法院根据受害人的请求,责令行为人在一定范围内采取适当方式消除对受害人名誉的不利影响,以使其名誉得到恢复的一种责任方式。因此,本条第 2 款所规定的请求权内容不适用诉讼时效。

【司法适用】

需要注意的是,本条属于不完全性法条,难以作为裁判的规范基础。受害人请求人民法院予以民法保护时,不能单独根据此条文要求行为人承担民事责任,根据本条第 1 款的规定,必须结合《民法典》其他条文,比如"侵权责任编"的条文或其他法律的规定才能请求行为人承担民事责任。比如,《消费者权益保护法》第

---

① 李适时主编:《中华人民共和国民法总则释义》,法律出版社 2017 年版,第 623 页。

② 刘力、何建:《人格权损害赔偿制度的司法运用与完善——以"周星驰肖像权、姓名权"纠纷案为例》,载《法律适用》2020 年第 4 期。

50条规定，经营者侵害消费者的人格尊严、侵犯消费者人身自由或者侵害消费者个人信息依法得到保护的权利的，应当停止侵害、恢复名誉、消除影响、赔礼道歉，并赔偿损失。再如，《侵权责任法》第2条规定了包括人格权的民事权益。《民法典》生效之后，则要结合其第109条、第110条、第196条的规定予以适用。根据《立法法》的规定，本条具有溯及既往的效力，即适用于除已审结终审以外所有的人格侵权案。

像停止侵害、排除妨碍、消除危险的请求，实质上是针对所有权请求权，但由于人格权具有绝对权的性质，应该具有和物权一样的排他性的权利，[①]当人格权受到侵害时，可请求停止侵害、赔礼道歉等。通常前述请求权的适用是以侵权行为、妨害或危险行为正在进行或持续状态为行使前提，被侵权人有权随时提起请求，并不存在诉讼时效届满的可能性。一方面，如果对人格权请求权适用诉讼时效，不利于对自然人人格尊严的全面保护；另一方面，还可以在侵权损害赔偿请求权不能保护人格权的时候发挥作用。

受害人可以根据自己所遭受损害的实际情况，请求侵权人承担其中一种侵权责任方式，也可以请求侵权人承担多种侵权责任方式。而停止侵害、排除妨碍措施的适用，是将已经发生的或正在发生的侵权行为予以制止，防止损害的继续扩大，而在权利人合法权益受到现实威胁的危险状态时，即适用消除危险的责任形式。在人格权受到侵害时，关键是要把握关于现实侵害和现实威胁的界定等问题，对具体情形进行细致分析才能得出结论。在判定由侵权人承担停止侵害、排除妨碍、消除危险等民事责任时产生的费用当然应由侵害行为、妨害、危险的造成者即侵权人来承担。

【司法案例】

周某驰诉某建材科技有限公司等肖像权、姓名权纠纷案[②]

诉讼结论：周某驰要求被告某建材公司立即停止侵害的主张，依据不足，法院不予支持。

基本案情

2017年1月，根据影迷反映，某建材公司在其官网最醒目位置发布涉及周某驰与该公司产品有关的建材广告，还在某创业网站也发布类似广告，并在周某驰

① ［日］五十岚清：《人格权法》，铃木贤、葛敏译，北京大学出版社2009年版，第207页。

② 上海市第一中级人民法院（2017）沪01民初1211号民事判决书。

的照片旁边注明了他的身份及代表作等个人信息。随后,周某驰向某建材公司发出律师函,要求停止侵害、恢复名誉、消除影响、赔礼道歉等。同年9月,周某驰朋友又在某铁路公司所辖车站发现,某杂志的广告页上刊有某建材公司的上述广告。后周某驰以某建材科技有限公司侵犯其肖像权、姓名权为由起诉至上海市第一中级人民法院。

法院认为,某建材公司未获得周某驰肖像权或姓名权的使用许可,其以营利为目的,在网站、杂志的宣传广告上使用周某驰的肖像和姓名(艺名),且突出显示,构成对周某驰肖像权和姓名权的侵犯。其未经周某驰同意使用周某驰肖像和姓名的行为已经侵犯了周某驰的肖像权和姓名权,依法应承担相应的侵权责任。承担侵权责任的方式主要有:(1)停止侵害;(2)排除妨碍;(3)消除危险;(4)返还财产;(5)恢复原状;(6)赔偿损失;(7)赔礼道歉;(8)消除影响、恢复名誉。以上承担侵权责任的方式,既可以单独适用,也可以合并适用。自然人的姓名权、肖像权、名誉权、荣誉权受到侵害的,有权要求停止侵害,恢复名誉,消除影响,赔礼道歉,并可以要求赔偿损失。侵害他人人身权益,造成他人严重精神损害的,被侵权人可以请求精神损害赔偿。关于立即停止侵害。鉴于某建材公司庭审中提出在收到周某驰的律师函之后,已经停止了侵权行为,周某驰亦认可在本案诉讼之时,未发现某建材公司仍存在侵权行为。本案现没有证据证实某建材公司仍继续在网站和杂志上实施侵犯周某驰肖像权和姓名权的行为,周某驰要求某建材公司立即停止侵害的主张,依据不足,法院不予支持。

第九百九十六条　因当事人一方的违约行为,损害对方人格权并造成严重精神损害,受损害方选择请求其承担违约责任的,不影响受损害方请求精神损害赔偿。

【条文主旨】

本条是关于责任竞合情况下精神损害赔偿请求权的规定。

【条文理解】

本条确立了因违约行为造成合同一方当事人人格权被侵害,当事人在主张违约责任的同时,还可以请求赔偿精神损害,即违约责任和精神损害赔偿责任相聚合,请求权并行。这种立法思路是对《合同法》第122条的补充和完善。

《合同法》第122条规定:“因当事人一方的违约行为,侵害对方人身、财产权益的,受损害方有权选择依照本法要求其承担违约责任或者依照其他法律要求其承担侵权责任。"该条规定了违约责任与侵权责任的竞合,为避免违约责任与损害赔偿责任两个请求权重叠,避免债务人承担双重责任,限制债权人选择其中一个请求权行使,即选择违约责任请求权,则不能请求侵害赔偿,反之亦然。《民法典》"总则编"第 186 条规定:"因当事人一方的违约行为,损害对方人身权益、财产权益的,受损害方有权选择请求其承担违约责任或者侵权责任。"但是,从债的发生原因看,合同、侵权、无因管理、不当得利等均产生债权债务关系,侵权损害则包括财产损害和非财产损害。客观上,任何权益遭受损害,都可能发生财产损害和非财产损害。而传统观念认为,因侵害财产权利造成财产所有人精神损害,原则上该所有人只能就其财产损害请求赔偿,不得就精神损害请求赔偿。

本条突破了传统认识,不同于"合同编"的规定,确定了违约责任与精神损害赔偿责任可以聚合,即从权利人的角度,责任聚合表现为合同纠纷违约责任请求权和侵权纠纷精神损害赔偿请求权的聚合,当事人对这两种以不同的给付为内容的请求权,既可以同时主张,也可以先后主张。从诉讼经济的角度,在一个案件中同时提出两种诉讼请求,有利于降低诉讼成本、提高诉讼效率。

【司法适用】

本条与"总则编"在法律适用上,本条是特别规则,"总则编"第 186 条是一般规则。受损害方选择请求对方承担违约责任的,同时或者之后请求精神损害赔偿的,适用本条规定;受损害方选择请求对方承担财产损害赔偿和人格权侵权责任的,适用"侵权责任编"第 1182 条、第 1183 条第 2 款和"总则编"第 186 条的规定。

精神损害赔偿主要针对非财产权益,即人身权益,是指不直接具有财产的内容,与人身主体不可分离的权利和利益。从文义上看,本条的适用严格限定在违约责任与精神损害赔偿责任请求权聚合的情形,受损害方可以在诉讼中同时主张违约责任和精神损害赔偿责任。需要注意的是,本条适用的精神损害必须是因违约行为而致人格权遭受到侵害引起的,人格权包括生命权、健康权、姓名权、名誉权、肖像权、隐私权等。比如,《旅游法》第 70 条规定,旅行社不履行包价旅游合同义务或者履行合同义务不符合约定的,应当依法承担继续履行、采取补救措施或者赔偿损失等违约责任;造成旅游者人身损害、财产损失的,应当依法承担赔偿责任。如果精神损害不是因违约行为引起的,则不适用本条的规定。

关于请求权的主体。特别需要指出的是,合同当事人包括自然人、法人和非法人组织,而本条规定对方人格权的"对方",是否包括法人和非法人组织?毫无疑问,法人也具有人格权,譬如名誉权,但是法人或非法人组织人格权受到侵害是否可以主张精神损害赔偿,理论上确实存有争议,认识不一。从我国法律体系上解释,本条精神损害赔偿请求权的主体应当进行限缩,仅指自然人。"侵权责任编”第1183条规定,侵害自然人人身权益造成严重精神损害的,被侵权人有权请求精神损害赔偿。因故意或者重大过失侵害自然人具有人身意义的特定物造成严重精神损害的,被侵权人有权请求精神损害赔偿。此处使用的是自然人,而《精神损害赔偿解释》第5条规定,法人或者其他组织以人格权利遭受侵害为由,向人民法院起诉请求赔偿精神损害的,人民法院不予受理。《名誉权解答》第10条规定,公民、法人因名誉权受到侵害要求赔偿的,侵权人应赔偿侵权行为造成的经济损失;公民并提出精神损害赔偿要求的,人民法院可根据侵权人的过错程度、侵权行为的具体情节、给受害人造成精神损害的后果等情况酌定。该解答也未赋予法人精神损害赔偿请求权。从上述几部司法解释可以看出,最高人民法院未支持法人的精神损害赔偿请求权。当然,不支持法人的精神损害赔偿请求,并不意味着不重视法人的人格权的保护,只是不以精神损害赔偿的方式保护。

关于“严重精神损害”的要求。由于精神损害是一种无形损害,本质上不可计量,但从国家的经济文化发展水平和社会的一般价值观念出发,可以从司法裁判的角度对精神损害程度、后果和加害行为的可归责性及其道德上的可谴责性作出主观评价。可以说,本条规定与“侵权责任编”第1183条、《消费者权益保护法》第51条、《精神损害赔偿解释》第8条的规定相一致,精神损害赔偿必须是造成严重后果始可得到支持。

【司法案例】

焦某军诉甲公司、乙旅行社旅游侵权纠纷案[①]

诉讼结论:对于精神抚慰金,综合考虑残疾等级、侵权情节、处理经过等因素,酌定为30,000元。

基本案情

焦某军、甲公司之间形成旅游合同关系后,甲公司未经焦某军同意将旅游业务转让给乙旅行社,该转让行为属于共同侵权行为。法律规定承担连带责任的,被侵权人有权请求部分或者全部连带责任人承担责任。现焦某军在旅游期间发生了交通事故,身体受到损害,并选择以侵权之诉作为其请求权基础,要求甲公司与乙旅行社承担连带赔偿责任,符合法律规定,法院予以支持。

《旅游纠纷司法解释》第7条规定,旅游经营者、旅游辅助服务者未尽到安全保障义务,造成旅游者人身损害、财产损失,旅游者请求旅游经营者、旅游辅助服务者承担责任的,人民法院应予支持;第10条规定,旅游经营者擅自将其旅游业

---

① 南京市中级人民法院(2012)宁民终字第6号民事判决书。

务转让给其他旅游经营者,旅游者在旅游过程中遭受损害,请求与其签订旅游合同的旅游经营者和实际提供旅游服务的旅游经营者承担连带责任的,人民法院应予支持。

法院认为,焦某军与甲公司签订出境旅游合同,双方形成旅游服务合同关系,甲公司所提供的服务应当符合保障旅游者人身、财产安全的要求。甲公司未经旅游者同意擅自将旅游业务转让给他人系违约行为,其所负有的安全保障义务不发生转移的效力。乙旅行社作为实际提供旅游服务的旅游经营者,所提供的食宿、交通运输等服务亦应当符合保障旅游者人身、财产安全的要求,同时应受甲公司与焦某军签订的旅游服务合同的约束;泰方车队属于受乙旅行社委托,协助乙旅行社履行旅游合同义务的旅游辅助服务者,与旅游者之间并未直接形成旅游服务合同关系,其为旅游者提供的交通服务是乙旅行社履行旅游服务合同义务的延续,应认定为是代表乙旅行社的行为。泰方车队在代表乙旅行社为旅游者提供交通服务的过程中未能安全驾驶造成车辆侧翻,致焦某军的身体受到损害,乙旅行社应承担相应民事赔偿责任,甲公司作为旅游服务合同的相对方,未经旅游者同意擅自将旅游业务转让给乙旅行社,依照上述司法解释的规定,其对旅游者在旅游过程中遭受的损害,应当与乙旅行社承担连带赔偿责任。

《合同法》第122条规定,因当事人一方的违约行为,侵害对方人身、财产权益的,受损害方有权依照本法要求其承担违约责任或者依照其他法律要求其承担侵权责任。《旅游纠纷司法解释》第3条规定,因旅游经营者方面的同一原因造成旅游者人身损害、财产损失,旅游者选择要求旅游经营者承担违约责任或者侵权责任的,人民法院应当根据当事人选择的案由进行审理。焦某军、甲公司之间形成旅游合同关系后,甲公司未经焦某军同意将旅游业务转让给乙旅行社,该转让行为属于共同侵权行为。法律规定承担连带责任的,被侵权人有权请求部分或者全部连带责任人承担责任。现焦某军在旅游期间发生了交通事故,身体受到损害,并选择以侵权之诉作为其请求权基础,要求甲公司与乙旅行社承担连带赔偿责任,符合法律规定,法院予以支持。

精神损害赔偿的主要功能是填补和抚慰受害人的精神损害,根据《精神损害赔偿解释》相关规定,是否判令侵权人承担精神损害抚慰金以及如何确认数额,应结合侵权人的过错、损害后果、当地一般生活水平、侵权人承担责任的经济能力等因素综合考虑确定。鉴于本案侵权人对损害的发生负有全部过错,并造成受害人焦某军多处伤残,损害后果较为严重,原审法院判决认定精神损害抚慰金30,000元数额适当,上诉人甲公司主张原审判决精神损害抚慰金过高的上诉理由依据不足,不予采纳。

第九百九十七条　民事主体有证据证明行为人正在实施或者即将实施侵害其人格权的违法行为，不及时制止将使其合法权益受到难以弥补的损害的，有权依法向人民法院申请采取责令行为人停止有关行为的措施。

【条文主旨】

本条是关于人格权保护禁令的规定。

【条文理解】

《民法典》“人格权编”对于人格权的保护，是对传统民法的价值取向的突破。第997条要点在于对“正在实施或者即将实施侵害”的违法行为，可以向人民法院申请“责令行为人停止有关行为的措施”。该条文为人格权的禁令制度。禁令，是指由法官判决作出的，具有强制性的人身保护命令，其要求被告停止某种错误行为或者命令被告采取积极措施来纠正其错误行为，是一个具有针对性的措施。

该禁令是对人格权保护的强化，因为人格权很可能一旦被侵害就犹如打开一个开关，一发不可收拾。例如，名誉权遭受侵害的，即使最后被澄清也未必能清除所有的影响。这就是为何《民法典》需要引入该临时禁令制度，以更好地保护人格权。

临时禁令的主要目的是防止原告在确定合法人格权之前，遭受无法弥补的伤害。尤其是在大数据时代，以隐私权为例，其一旦受到侵害则无法弥补。如隐私照片，一旦被上传到网上，基本无法再彻底删除。在该情况下，引入这种“预防型民事责任”，可以弥补部分人格权一旦遭受损害将难以恢复原状的不足。预防型民事责任，是指权利相对人的行为对权利人的权利已经造成损害并且还在继续侵害时，或者虽没有造成现实损害却存在造成侵害的危险时承担的一种民事责任。该禁令就是预防型民事责任的一种重要形式。而且，预防型民事责任不是不适用消灭时效，而是消灭时效在预防型民事责任中无法成就而无从适用。①

这种临时性救济措施，也具有两面性，一方面申请人可以通过法院发布的诉前禁令有效地避免难以弥补的损害的发生，另一方面滥用诉前禁令又会损害被申请人的合法权益。而在网络名誉侵权纠纷中，滥用诉前禁令还将影响公民通过网络行使批评、建议等监督权，进而妨碍公民在网络空间言论的自由表达。

在我国之前的判例中，②虽然立法主要通过侵权法规则保护人格权，没有单独

---

① 丁海俊：《私权救济论》，西南政法大学民商法学院2005年博士学位论文，第107页。

② 北京市高级人民法院（2014）高民终字第1152号民事判决书。

规定人格权请求权,但从司法实践来看,人格权纠纷的解决并非只能按照侵权事后处理,在人格权可能遭受侵害的情形下,也可以通过人格权请求权对权利人进行救济,以加大力度有效应对现代社会发展中出现的人格权保护问题。

加强人格权的保护,其理念可以追溯到罗马法的“侵辱之诉”。在古代,人会为荣誉而战,而不仅是为他们的身体或者财产而战。最基本的人格权是一个人的人格利益并不会低于另一个人的人格利益。古罗马法学家乌尔比安将“侵辱之诉”保护法益归纳为身体、尊严和声誉等。[①] 也吻合了第997条“合法权益”的基点,此处保护的标的是人的精神法益,尤其在数字时代,人的精神利益不仅与人的尊严相关,还可能具有丰厚的商业价值。

人格尊严的维护是人格权的价值基础,一旦被侵害,弥补起来是很困难的。例如,性骚扰,其不但侵害人的身体、精神,最重要的是侵害了人的尊严。

人格权禁令制度的引入,彰显了人格权法独特的损害预防功能。这种人格权的禁令,是一种在待定的法律问题上,在未决情况下预防性质的禁令。对于潜在的损害,也具有可诉性,赋予了权利人事先救济的权利。对诉前禁令作出规定,是我国民事司法实践经验的总结,也是民事立法的重大创新,势必会对人格权的救济手段产生重大影响。责任人承担此种责任,采取的是无过错责任原则,不需要考虑责任人的过错。但是对于人格权等绝对权来说,仅仅判处损害赔偿,是远远不够的。

诉前禁令的前提不是损害,但该损害很可能发生甚至已经开始,使用诉前禁令的事项,在美国法内进行了分类,[②]第一类的损害赔偿不能弥补的损害,在判决中体现为“独一无二”的权利,该权利在判决中由法官自由裁量;第二类是损害赔偿量化困难的损害,例如,无法衡量市场价格、损害程度无法确定、永久损害、摧毁职业生涯等。

原告的权利取决于一个待决的法律问题。向原告提供临时措施或临时救济所依据的要求以三个主要支柱为前提:(1)简易审理,法官只针对受到威胁的人格利益提供临时救济,而不会考虑争议的具体案情;(2)获得胜诉可能,法院的主要关注点在于,相对于既定和已有的损害,原告的人格权是否受到真正和可信的威

---

① Dig. 47. 10. 1. 2

Ulpianus 56 ad ed.

Omnemqueiniuriamaut in corpus inferriautaddignitatemautadinfamiampertinere: in corpus fit, cum quispulsatur: ad dignitatem, cum comes matronaeabducitur: ad infamiam, cum pudicitiaadtemptatur.

② 李曼:《行为保全标准中“难以弥补的损害”的裁量》,载《北京科技大学学报(社会科学版)》2019年第35卷第5期。

胁；(3)诉讼拖延的危险，原告承担“举证责任”这是一项相当重要的责任，提出具体事实，作为其假设的依据，即其人格权需要得到紧急保护，以免受到具体和确定的违法行为人或侵权人的行为的影响。[①]

法院在准予或拒绝该临时救济时，不应过于期望最终确定所涉及的权利，该诉前禁令制度，是人格权请求权和人格侵权损害赔偿请求权分离的一个体现。侵权损害赔偿请求权以损害的确切存在作为基础，无损害则无赔偿，人格权也作为损害赔偿请求权的保护标的之一，但以人格权已经发生损害作为基础；纯粹的人格权请求权，并非一定要在人格权遭受侵害后，因为有时人格权的圆满状况在其遭受损害后几乎不可能弥补，所以人格权请求权包括了诉前禁令，即只要行为人的行为影响到了或即将影响到权利人对其人格利益的圆满支配状态，权利人即有权主张人格权请求权，以消除相关的危险或者制止不法侵害行为，而不需要证明行为人主观上具有过错，这显然更有利于减轻权利人的举证负担。

总而言之，该禁令的目的不是裁定所涉及的法律问题和合法权利，而仅仅是为了防止不可弥补的损失。对一般权利而言，法院裁定合法权利之前，不会给予禁令，但《民法典》对人格权进行了特别的保护，在因暂缓执行禁令而造成相对较大损失，与给予这种禁令却可能造成相对较小的损害之间，希望达到一定的平衡。

【司法适用】

人格权的禁令制度，在司法适用方面需要注意其损害预防功能的彰显，注意其时间上的紧迫性。本条规定了采取该禁令制度应具备如下前提要件：

(1)“有证据证明行为人正在实施或者即将实施侵害其人格权的违法行为”，即凡经初步证明，其人格已受到不法侵害行为威胁，或有理由担心该侵害会发生。

主张该权利时，权利人只需要证明妨害行为的违法性、妨害行为可能发生或者正在进行和因果关系足矣。不必像一般侵权损害赔偿请求权那样，必须证明构成侵权责任的全部要件，也就是说不需要完整地证明违法行为、损害事实、因果关系、损害的范围，以及行为的违法性和责任成立的因果关系。以及不需要证明行为人是否具有过错。

(2)“不及时制止将使其合法权益受到难以弥补的损害的”，因此可能会对其造成不易弥补的损害的。

(3)“有权依法向人民法院申请采取责令行为人停止有关行为的措施”可以

---

① 唐晓晴等：《澳门人格权：一个特别司法管辖区的故事》，发表于 2019 年 11 月 13 日至 17 日在台湾台北辅仁大学举行的世界侵权法学会第 4 届双年会。

申请有关预防措施的禁令。本条借鉴了《瑞士民法典》第28条a的第1款第1项的理念："禁止威胁的侵权行为。"[①]这是在立法史上第一次完整确立了人格权请求权。本条在具体实施中，情况紧急的，还需要立即通知司法警察执行。

诉前禁令的主要功能在于及时制止不法行为，防止损害的发生或持续扩大，从而对权利人提供及时的救济。《民法典》所规定的诉前禁令与程序法上的诉前禁令虽然关系密切，但存在其不同的立法利益取向。诉讼法范畴的诉前禁令，强调的是原告提起诉讼前，为了防止因诉讼的过程时间较长，而对权利人造成不可弥补的损害或者有证据被销毁的危险，法院根据一方当事人请求，采取及时有效的临时性措施，责令侵权人停止有关侵权行为的一种行为保全措施。实体法上的诉前禁令则是由实体法所规定的防范和制止实体侵权的应急救济手段。[②]

在实践中，对于人格权的诉前禁令的颁布，法官应衡量申请人可能被损害的人格权与被申请人因诉前禁令的颁布而可能遭受的损害。法官认为，被申请人因诉前禁令颁布而受到的损害相对于申请人的人格权而言是微乎其微的，就应签发诉前禁令。尤其在如果法院不签发诉前禁令的情况下，申请人将遭受不可挽回的损失时，应作出诉前禁令的裁定。对于禁令的结果，也应当考虑是否会损害公共利益。评估禁令对公共利益及相关主体的影响，要考虑各方利益的价值平衡。在特殊情况下，对于人格权的保护还有特殊的考量，例如，在新冠疫情期间，部分地方政府就该问题出台了特别的规范；又如，2020年2月3日，河北省邯郸市中级人民法院出台《关于对医疗卫生人员适用人身保护令措施的实施意见（试行）》明确规定医疗卫生人员在医疗卫生服务中因遭受不法侵害或者面临不法侵害的现实危险的，可以向人民法院申请人身安全保护令。医疗卫生人员的人身安全、人格尊严不受侵犯，其合法权益受法律保护，也以保护人格权作为标的，人身保护令作为一种诉前禁令对人格权进行保护而存在。

需要特别指出的是，对于人身保护令的立法的具体规范欠缺。《民法典》没有具体规定人身保护令适用的程序、管辖、期限和条件等，还有待于最高人民法院作出司法解释，统一法律适用。

---

① "Art. 28a 1 The applicant may ask the court." In 〈Swiss Civil Code〉, of 10 December 1907 (Status as of 1 January 2019).

② 王利明：《论侵害人格权的诉前禁令制度》，载《财经法学》2019年第4期。

【司法案例】

案例一

董某佩人身保护令案[①]

诉讼结论：对申请人所提申请保护令，禁止被申请人对申请人实施家庭暴力的请求予以支持。

基本案情

婚姻关系存续期间，被申请人长期对申请人董某佩实施家暴，并先后两次由大峃派出所出具家庭暴力告诫书。为防止被申请人继续对申请人实施家庭暴力，为维护自身权益，向法院申请人身安全保护令。

法院认为，当事人因遭受家庭暴力或者面临家庭暴力的现实危险，可以向人民法院申请人身安全保护令。申请人提交的家庭暴力告诫书，可以证明申请人面临家庭暴力之危险，符合人身保护令的申请条件。为防止双方矛盾激化及保护申请人的人身安全，本院对申请人所提申请保护令，禁止被申请人对申请人实施家庭暴力的请求予以支持。

依照《反家庭暴力法》第23条、第26～29条之规定，裁定如下：禁止被申请人杨某钏以殴打、辱骂或其他方式对申请人董某佩实施家庭暴力行为。

案例二

甲国际拍卖有限公司与杨某康等著作权权属、侵权纠纷案[②]

诉讼结论：法院于本案诉前作出停止侵权裁定。

基本案情

在钱某书书信手稿拍卖案中，不仅涉及书信稿件能否构成著作权法意义上的作品以及构成何种作品等著作权问题，还涉及写信人隐私权的问题。2013年5月，甲公司发布公告称其将于2013年6月21日举行“也是集——钱某书书信手稿”公开拍卖活动，公开拍卖上述私人信件。甲公司还计划于2013年6月18日至20日期间举行预展活动，于2013年6月1日举行相关研讨会，且其已于2013年5月20日举行了“也是集——钱某书书信手稿”活动，将上述若干封私人信件公开展览、公之于众。

---

① 文成县人民法院(2019)浙0328民保令5号民事裁定书。

② 北京市高级人民法院(2014)高民终字第1152号民事判决书。

法院认为，甲公司未经杨某康许可，擅自向鉴定专家、媒体记者等展示、提供并放任相关人员在互联网上传播钱某书、钱某、杨某康三人的私人书信及相关隐私，还对相关信息进行了大范围集中转载和传播，构成对相关权利人隐私权的侵害，造成了不良影响，依法应承担停止侵权、赔礼道歉、支付精神损害抚慰金的法律责任。

李某强未经权利人同意擅自以转让或其他方式使涉案书信手稿对外流转，且未对受让人及经手人等作出保密要求和提示，导致后续涉案侵权行为发生，亦构成对杨某康涉案隐私权的侵害，依法应与甲公司承担连带责任。

第九百九十八条　认定行为人承担侵害除生命权、身体权和健康权外的人格权的民事责任，应当考虑行为人和受害人的职业、影响范围、过错程度，以及行为的目的、方式、后果等因素。

【条文主旨】

本条是关于认定人格侵权责任应当考虑的主要因素的规定。

【条文理解】

本条属于裁判规范，总体思路来自从列举的个别人格权到一般人格权的侵权问题规范，且结合人格权与其他权利的冲突的权衡问题。该问题是世界各主要国家和地区都会遇到的法律难题，处理好人格权与侵权法之间的关系，也是《民法典》需要解决的前置性议题。

“人格权编”和“侵权责任编”在《民法典》中分别具有不同功能，人格权独立成编并未削弱“侵权责任编”的功能。在过去，人格权请求权未成为一种独立的权利，主要通过债法、侵权责任法进行保护。

法、德等大陆法系国家 18 ~ 19 世纪民法典对生命权等人格权主要通过侵权法进行保护，采取的是消极的保护方式。20 世纪以来，两次世界大战的发生促进了人权运动的发展，尤其是第二次世界大战期间法西斯的暴行，促使人们对人格尊严的保护进行了深刻反思，并发起了大规模的人权保护运动，也影响到人格权的保护，从传统消极模式走向积极确认路径。在这一过程中出现了人格权的私法确认现象，将人格尊严转化为一般人格权的实践最早出现在德国，德国法院认为宪法确认权利可适用于私法关系，根据 1949 年 5 月公布的《德意志联邦共和国基本法》第 1 条和第 2 条的规定，[1]结合《德国民法典》的框架性规定[2]一同运用。“二战”以后，德国联邦最高法院于 1954 年撤销了早期的判例，并根据《德意志联邦共和国基本法》第 1 条和第 2 条确认人身的一般权利属于《德国民法典》第 823 条第 1 款保护的权利。

为何《德国民法典》没有在法典内直接定义人格权来对应呢？根据德国法学家拉伦茨（Karl Larenz）的观点，是因为难以给这种权利划界，而划界则明显取决于具体财产或利益的相互冲突中，究竟哪一方有更大的利益。[3] 该价值理念也延伸适用到了我国《民法典》第 998 条中。

学界认为，《民法典》第 998 条规定了人格权与其他权利冲突时的比例性原则，在适用范围上，该条排除了生命权、身体权和健康权这三种与人身体直接有关的人格权，一方面，体现了《民法典》给予了人的生命、身体和健康凌驾于其他权利之上的地位，基于对这三种个别人格权绝对的尊重。另一方面，实务中如果侵犯的客体为生命权、身体权或者健康权，就无须考虑“行为人和受害人的职业、影响范围、过错程度，以及行为的目的、方式、后果等因素”，一律承担相应的法律后果。立法上对人格权进行分类是有必要的，因为人格权覆盖的范围不断发展，法律对其难以尽数列举，立法者并不希望将来任何权利列入人格权，就能完全凌驾于其他权利之上，这需要进行权衡，而这个权衡就是第 998 条后半部分规定的各种因素。该规范实务上吸收了《精神损害赔偿解释》[4]的内容，理论上也有德国民法学者拉伦茨（Larenz）见解的影子，他认为一般人格权具有广泛概括性，不适用于民法上侵权行为的制度规范。[5] 所以该条文中，选择了在侵权的基础上，进一步考量其他因素的综合路径。

---

① 1949 年 5 月 23 日公布的《德意志联邦共和国基本法》第 1 条：一、人之尊严不可侵犯，尊重及保护此项尊严为所有国家权力之义务。二、德意志人民承认不可侵犯与不可让与之人权，为一切人类社会以及世界和平与正义之基础。三、以下基本权利拘束立法、行政及司法而为直接有效之权利。第 2 条：一、人人于不侵害他人之权利或不抵触宪政秩序或道德规范（Sittengesetz）之范围内，享有自由发展其人格之权利。二、人人享有生命权及身体不受侵犯之权利。人身自由不可侵犯。此等权利仅得基于法律干预之。

② 《德国民法典》第 823 条第 1 款规定，因故意或过失不发侵害他人的生命、身体、健康、自由、所有权或其他权利者，对被害人负损害赔偿的义务。

③ ［德］卡尔・拉伦茨：《德国民法通论》（上册），王晓晔等译，法律出版社 2003 年版，第 171 页。

④ 《精神损害赔偿解释》第 10 条：“精神损害的赔偿数额根据以下因素确定：（一）侵权人的过错程度，法律另有规定的除外；（二）侵害的手段、场合、行为方式等具体情节；（三）侵权行为所造成的后果……”

⑤ See Larenz，Lehrbuch des Schuldrechts，Bd. II，1962，S. 366.

一般人格权的出现,以及精神损害赔偿的扩大,与社会情况息息相关。尤其是近年,人类的生活越趋复杂,以及科学技术的进步,大众传播方式的锐变,对人们生活领域的侵犯随时可能发生,而侵犯的方式难以尽数,因此,运用一般人格权进行保护有其迫切性。

在社会生活中,跟踪、窃听、半夜的骚扰电话、设置电话录音、远程摄像机等应用范围越来越广,而其所造成的侵害往往是不能通过"消除影响"等来抵消的。这些侵害,有时并不比侵害生命、身体或健康权更轻微。但为何有时候却要这些权利作出适当的让渡呢?而让渡的参考因素包括"行为人和受害人的职业、影响范围、过错程度,以及行为的目的、方式、后果"。例如,行为人本身就是公安人员,在公共空间安装监视器,设置监视器的主要原因是为了发挥阻吓作用,当作为强制人民不犯罪的理想手段,以满足民众对免于恐惧的要求。虽然个人容貌及行为举止等活动,与个人主体性的特征或人格的形成及发展具有密切关系,属个人自主控制的范围且应享有免于国家机关及他人侵扰的自由。但在这种情况下,该个人法益应当让渡于国家安全。

在大数据时代,如果侵害自然人隐私权的是网络运营商或者 App 的运营商呢?

这里有几个问题需要注意:

第一,并非企业收集的所有用户数据都属于用户隐私。传统意义上的隐私权,是指自然人享有的对其个人的、与公共利益和群体利益无关的个人信息、私人活动和私有领域进行支配并排除他人干涉的一种人格权。① 大数据背景下,用户数据由包含用户个人信息的数据和用户一般数据组成,用户隐私数据属于用户个人信息范畴,然而并非所有用户个人信息数据均属于用户隐私。隐私权保护仅针对基因信息、医疗资料、健康检查资料、犯罪记录、家庭住址、私人活动信息等个人隐私及其他特定的可能对个人私有领域产生重大影响的个人信息数据。② 例如,自然人的电子行程安排(如飞机的起落时间、地点、航班信息)③、自然人的生活或

---

① 北京市第三中级人民法院(2016)京 03 民终 9992 号民事判决书;北京市第二中级人民法院(2017)京02 民终 194 号民事判决书;河南省高级人民法院(2015)豫法民二终字第305 号民事判决书等。

② 《信息网络侵权规定》第 12 条。

③ 例如,北京市第一中级人民法院庞某与北京某信息技术有限公司等隐私权纠纷二审民事判决书中,法院认为原告庞某的行程安排无疑属于私人活动信息,属于隐私信息。

工作状态变化(如手机开机时间)[①]属于私人活动,该类信息为法律保护的隐私权对象。但一部分公众认为需要保护的数据,与法律认定的隐私范围有出入。

第二,大数据时代,隐私的认定比过去更具有弹性了。个别法院适用了《信息网络侵权规定》第12条,认为仅需要满足利用网络公开个人隐私和个人信息的行为和造成损害两个构成要件,即可认定构成侵犯用户隐私。[②] 网络运营商及其企业侵犯用户隐私权的行为,一般表现为公开用户隐私数据。但非法搜集、刺探隐私信息是否为侵犯隐私权的行为,在传统隐私权案件中存在争议。目前在利用信息网络侵犯隐私权的案件中,一般认为,侵犯隐私权的行为仅指公开(包括泄露、披露、宣扬等)隐私信息的行为。例如,在北京某科技有限公司与朱某隐私权纠纷一案[③]中,南京市中级人民法院认为,网络运营者(在取得用户同意的前提下)搜集海量数据和cookie信息仅在计算机系统内部操作,并未向第三方或公众展示或公开,并不满足《信息网络侵权规定》第12条的利用网络公开个人隐私和个人信息的行为特征。因此,如果网络运营者仅在系统内对用户的数据进行操作,并未向第三方泄露、披露或宣扬,如收集用户特定数据以进行服务改进或技术开发(但应符合获取用户同意等法律规定),或在维修或升级中接触到用户的隐私信息,虽然可能触犯知情同意规则、过度收集处理信息规则,但不属于侵犯隐私权的行为。

《消费者权益保护法》第29条第2款中明确规定:"经营者及其工作人员对收集的消费者个人信息必须严格保密,不得泄露、出售或者非法向他人提供。经营者应当采取技术措施和其他必要措施,确保信息安全,防止消费者个人信息泄露、丢失。在发生或者可能发生信息泄露、丢失的情况时,应当立即采取补救措施。"这是在立法层面上对消费者个人隐私和信息的保护,也是对经营者保护消费者个人信息的强制性规定。有法院认为,如企业未能够证明其采取必要措施加强对信息安全的保护,则违反了该条规定,即视为其存在过错。[④]

第三,网络运营商针对用户隐私权的利用,尤其独特的情况,如广告的精准投放。精准投放,是指通过对用户IP地址或浏览、搜索等数据进行分析、处理,并对

---

① 例如,河南省高级人民法院(2015)豫法民二终字第305号民事判决书中,中国移动提供的开机提醒业务,事实上侵犯了被叫用户的隐私权和个人信息安全,因为该信息反映了被叫用户的生活状态或工作状态的变化,被叫用户对本人的开机时间信息依法享有隐私权。

② 肖瑾、戴月、李苗洁:《司法实践通常如何认定用户数据隐私权纠纷?》,载中国律师网:acla.org.cn/article/page/detailbyld/21163,2020年2月12日最后访问。

③ 江苏省南京市中级人民法院(2014)宁民终字第5028号民事判决书。

④ 北京市第一中级人民法院(2017)京01民终509号民事判决书。

用户进行标签属性分类，进而根据广告主体的需求，有针对性地投放广告。[①] 此处有一个典型的案件，就是 cookie 技术与隐私权纠纷第一案，[②]二审法院在终审判决中认为，百度网讯公司利用网络技术通过百度联盟合作网站提供个性化推荐服务，其检索关键词海量数据库以及大数据算法均在计算机系统内部操作，并未直接将百度网讯公司因提供搜索引擎服务而产生的海量数据库和 cookie 信息向第三方或公众展示，没有任何的公开行为，不符合利用网络公开个人信息侵害个人隐私的行为特征，百度网讯公司利用网络技术对朱某提供个性化推荐服务并未侵犯网络用户的选择权和知情权。终审法院指出，cookie 技术是当前互联网领域普遍采用的一种信息技术，基于此而产生的个性化推荐服务仅涉及匿名信息的收集、利用，且使用方式仅为将该匿名信息作为触发相关个性化推荐信息的算法之一，网络服务提供者对个性化推荐服务依法明示告知即可，网络用户亦应当努力掌握互联网知识和使用技能，提高自我适应能力，从而明晰了 cookie 技术应用与隐私权保护的边界，为妥善处理好民事权益保护与信息自由利用之间的关系确定了标准。

第四，除了网络运营商，还有手机 App 的运营商，往往也会涉足隐私权的一些灰色地带。

例如，庞某鹏诉北京甲信息技术有限公司、乙航空股份有限公司隐私权纠纷案。[③] 庞某鹏于 2014 年 10 月 11 日，通过北京甲信息技术有限公司下辖的去哪儿网平台（网址为 www. qunar. com，以下简称涉案平台）订购了 2014 年 10 月 14 日 MU5492 泸州至北京（以下简称涉案航班）的东航机票 1 张。2014 年 10 月 13 日，庞某鹏尾号 9949 手机号收到号码来源不明的发件人发来短信称涉案航班因飞机故障取消，并要求其拨打 4008 - 129 - ××× 改签。当事人在知晓上述短信后，拨打乙公司客服电话 95530 予以核实，客服人员确认该次航班正常，并提示庞某鹏收到的短信应属诈骗短信。庞某鹏认为甲公司和乙公司泄露其个人信息，其个人隐私权遭到严重侵犯。

法院认为，庞某鹏被泄露姓名、尾号 9949 手机号、行程安排（包括起落时间、地点、航班信息）等属于个人信息，并且应该属于隐私信息，可以通过隐私权纠纷主张救济。任何他人未经权利人的允许，都不得扩散和不当利用能够指向特定个

---

① 肖瑾、戴月、李苗洁：《司法实践通常如何认定用户数据隐私权纠纷？》，载中国律师网：acla. org. cn/article/page/detailbyld/21163，2020 年 2 月 12 日最后访问。

② 江苏省南京市中级人民法院（2014）宁民终字第 5028 号民事判决书。

③ 北京市第一中级人民法院（2017）京 01 民终 509 号民事判决书。

人的整体信息。庞某鹏与 App 运营商技术力量和信息掌握程度的不对等,使作为个人信息真正权利人的自然人举证能力较弱。因此,根据民事证据高度盖然性标准,乙公司、甲公司存在泄露庞某鹏隐私信息的高度可能。综上,庞某鹏请求甲公司和乙公司向其赔礼道歉,应予支持。此外,庞某鹏请求甲公司和乙公司赔偿其精神损失,但现有证据无法证明庞某鹏因此次隐私信息被泄露而引发明显的精神痛苦,因此,对于其精神损害赔偿的诉讼请求不予支持。

在大数据的背景下,人民法院暂时并未将隐私权进行扩大解释,而是将"个人信息"限缩至隐私权范畴进行保护,排除未明显侵犯隐私权但侵害个人信息自决权的侵权行为。该界定标准可能将用户自行上传、公开展示或用于广泛查阅的电话号码、通讯簿等信息排除在外。[①] 既然权利人许可其个人资料在网上公开披露,则表明权利人放弃其隐私,视为其明知个人信息将被不特定的主体收集、挖掘、分析,其相关信息应作为公共资源看待,不具有隐私权属性。学界认为,个人信息主要有三种形式:第一种是个人隐私信息,这是隐私权保护的范围;第二种是个人身份信息,如身份证号码、电话号码、个人账户信息等,用个人信息权予以保护;第三种是衍生数据,是对网络上留存的海量的个人数据进行加工处理形成的新数据,已经与个人的身份信息脱敏。个人隐私信息和个人身份信息都要依照法律的规定进行支配,只有衍生数据才可以在大数据时代中进行商业处理。

相关问题在欧美国家引起争议,这些国家并不认为网络运营商是或者 App 运营商具有这些特权,他们认为制度应该以用户为中心,让用户有权选择在公众视野中隐身。例如,欧盟《通用数据保护条例》(*General Data Protection Regulation*, *GDPR*)在 2018 年 5 月 25 日正式生效,这堪称是史上最严的数据保护法,该条例对于监控行为的规定是比较概括和广泛的:"如果(尤其是)为了作出与这些个人有关的决定或者为了分析或预测其个人喜好、行为和态度,而在互联网上追踪这些个人,且在此过程中使用了处理技术来形成画像等,则构成监控行为。"[②]GDPR 第 7 条还规定了有效同意的要件,有效同意的要件之一是,数据控制者必须能够证明,数据主体确实同意处理其个人资料。该同意有可能将目前一部分软件所采用的"勾选式"的同意,列为不具有约束力。如果真的需要认定经权利人许可,在网上公开披露的个人资料已表明权利人放弃其隐私的话,该"许可"或"同意"必

---

① 北京市西城区人民法院(2015)西民初字第 28460 号民事判决书。国内首起安全软件号码标注隐私权纠纷案、美国"hiQ Labs, Inc. v. Linkedin Corporation"案皆持该观点。

② 目前尚不清楚监控行为到何种程度才适用 GDPR。(瑞栢律师事务所翻译:《欧盟〈通用数据保护条例〉(GDPR)实务指引(全文版)》,载 CIO 时代网:ciotimes/InfoSecurity/154476. html,2018 年 12 月 23 日最后访问。)

须非常谨慎,而并非现在市场上流行的“勾选式”的同意。

在中国内地,对于 App 运营商的规范,还有不正当竞争纠纷适用的《反不正当竞争法》第 2 条兜底条款规制“App 越界索权”,其关注 App 运营商是否遵循自愿、诚信原则和公认的商业道德,而不关注受侵害客体本身的属性。其价值取向在于,即使是隐私权属性不明显的信息,只要平台恶意违规抓取信息,违背诚实信用原则,即受到《反不正当竞争法》的规制。① 中国消费者协会在 2019 年公布的《App 个人信息泄露情况调查报告》显示,在中国消费者协会于 2018 年 7 月 17 日至 8 月 13 日组织开展“App 个人信息泄露情况”问卷调查中,超 80% 受访者曾遭遇个人信息泄露问题;个人信息泄露后遭遇的常见问题:推销电话或短信骚扰、接到诈骗电话、收到垃圾邮件;近 70% 受访者认为手机 App 在自身功能不必要的情况下获取用户隐私权限。

所以,尽管隐私权属于人格权的一部分,但当侵权人为网络运营商或者 App 运营商时,对于用户隐私权的保护还存在不足,尤其是在健全法律规范的同时,必须强化对这类运营者的监管,手机 App 的监管和个人信息的保护,需要工信、市场监管、公安、文化、网安等有关部门协同共治、动态监管。

近年,西方社会出现了一些公司,如 Datacoup,Digi. me 和 Meeco,其目标是允许消费者选择共享和披露他们的数据。他们以一种保护的形式,使用户在网络上较放心地使用自己的数据。这类型的 PDE 公司很大程度上依赖于消费者,这一点与数据经纪人和与其相关的公司不一样,他们的目的是保护消费者的数据,甚至有一些会为消费者提供专门让自己的数据货币化的场所。② 也就是给予用户一个机会将自己的数据货币化。就另一个角度而言,就是有偿让别人使用自己的相关信息。或许这是对于隐私权,这种传统的人身权的一种冲击。这也证明隐私权之于今日与隐私权之于过去具有不同的内涵。隐私权的弹性,是否将来也会受到商业化的影响,或许需要进一步的司法解释或者法律规范。

【司法适用】

《民法典》第 998 条规定的内容,是人格权法与侵权法的一个交点。其交点始于作为侵权标的的具体人格权,如果是“生命权、身体权和健康权”这三个个别人格权其中之一,因为法条使用了“除……外”所以此处为一个尽数列举,就不必进一步考虑“行为人和受害人的职业、影响范围、过错程度,以及行为的目的、方式、后果等因

---

① 北京知识产权法院(2016)京 73 民终 588 号民事判决书。

② Jaron Lanier, *Who Owns the Future*? (describing a proposal similar to PDE monetization options in which consumers are compensated with “nanopay - ments” for their contributions to customer databases).

素”,而直接适用一般侵害人格权的制度进行规范,该部分给予了法官具体的指引。

但如果被侵害的客体,不属于生命权、身体权或健康权这三种权利之一,而是相对于这三个个别人格权来说的一般人格权,就需要考虑行为人和受害人的职业、影响范围、过错程度,以及行为的目的、方式、后果等因素,综合具体案情以作判定,这部分给予了法官一定的自由裁量空间。

本条后半部分的侵权客体,主要涉及哪些具体人格权呢?这里没有一个尽数列举,也不可能尽数列举。除生命权、身份权和健康权之外的人格权都可以被规范,至少包括本章第990条姓名权等6项权利,因此使用范围非常广,弹性也大。

这一条的适用,与第999条相联系,第999条是对于第998条后半部分的进一步参考,是一般人格权保护时代性的体现之一。第998条后半部分还有改进的空间,“行为人和受害人的职业、影响范围、过错程度,以及行为的目的、方式、后果”,这些不同的要素并非属于同一逻辑层次,此处给最高人民法院司法解释留有较大的空间。否则,对于“职业”“影响范围”的界定较模糊,在执行上会遇到一定的困难,需要具体案情具体分析,不容易达到统一标准同案同判的目标。

首先,对于受害人的职业,现在新兴的“兼职直播”“youtuber”等是否也可以被界定为职业呢?对于“网红”的一般人格权的保护是否因其职业而需要部分让度呢?例如他们隐私权的范围,是否会比一般人更窄呢?网络给我们生活带来了很多的便利,但它也是一把双刃剑,在冲击着我们的生活与法律制度。

其次,在行为人的职业方面,尤其需要注意网络运营商、App运营商等,对于用户隐私数据的使用,是否也侵犯了用户的人格权呢?在这种情况下,需要区别对待。《消费者权益保护法》第29条第2款明确规定:“经营者及其工作人员对收集的消费者个人信息必须严格保密,不得泄露、出售或者非法向他人提供。经营者应当采取技术措施和其他必要措施,确保信息安全,防止消费者个人信息泄露、丢失。在发生或者可能发生信息泄露、丢失的情况时,应当立即采取补救措施。”这是在立法层面上对消费者个人隐私和信息的保护,也是对经营者保护消费者个人信息的强制性规定。但该保护程度并未能完全满足消费者的需求。因为只要网络运营商未将用户信息泄露或丢失,而只是自己运用的话,就难以归责。但该情况已经对用户造成困扰,也背离了用户提供个人信息的初衷。当今也衍生出“App越界索权”的概念,在现有判例中,信息抓取类隐私权纠纷胜诉比例偏低,不正当竞争纠纷原告的胜诉比例明显高于隐私权纠纷。[①] 希望将来对于《民法典》第998条的运

① 陈晨、李思頔:《个人信息的司法救济——以1383份“App越界索权”裁判文书为分析样本》,载《财经法学》2018年第6期。

用,可以给隐私权尤其是网络上个人信息的权利,提供更有效更全面的保护。

【司法案例】

案例一

赵某与某大学隐私权纠纷案①

诉讼结论:被告的行为不构成对赵某隐私权的侵犯。

基本案情

某大学使用该校学生赵某的身份证号码,在“学信网”上查询该学生的信息,从而得知该生“考取数所大学”“均未毕业”的信息。某大学在未经其同意的情况下使用其身份证号查询其求学经历的行为,赵某认为侵犯其隐私权。

法院认为,首先,赵某2012年通过统招考试被某大学录取,在报考及办理入学手续时赵某的身份证信息就已经被某大学合法知晓。其次,根据《高等学校学生学籍学历电子注册办法》第2条规定,“高等学校学生学籍学历电子注册是运用现代信息技术,对高等学校和经批准承担培养研究生任务的科学研究机构按国家规定录取的高等学历教育学生取得的学籍、获得的学历证书进行在线审核、电子标注、数据备案和网上查询的管理方式”的规定,某大学作为赵某报考、就读的学校,有权在学信网查询赵某就学信息,在查询赵某就学信息时,使用赵某的身份证号进行检索,不构成对赵某隐私权的侵犯。

案例二

林某玲与北京某科技有限公司等肖像权纠纷案②

诉讼结论:被告的行为已构成对林某玲肖像权、名誉权的侵犯。

基本案情

林某玲系知名演员。新氧网(www. ××× .com)、新氧App、微信公众号(账号:×××)(以下简称微信公众号)、新浪微博(名称:新氧美容App,×××:/www. weibo. com/×××xinyang)(以下简称微博)均由某科技公司运营。2016年起,某科技公司在其微信公众号、微博、新氧网、新氧App陆续发布一批包含有林某玲肖像、姓名的文章和视频。

例如,2017年6月12日,2018年1月12日,打开新氧App,新氧App内容提要显示“某玲姐姐携众明星亲身使用,旅途白嫩美还得看新氧!”“林某玲偷偷告诉

① 陕西省西安市中级人民法院(2017)陕01民终3122号民事判决书。

② 北京市第三中级人民法院(2019)京03民终7758号民事判决书。

你，闺蜜同行你可以免单哦～”的宣传内容，新氧 App 宣传其有 1200 万用户。某科技公司以“明星整形教室”“氧气姐”“迷思氧”名称在新氧 App 上发布 12 篇文章，其中标题为“医生直通车，正面半球形”“林某玲唇毛”“林某玲：大龄剩女又如何”“林某玲双眼皮”“真假林某玲合影”等文章中使用林某玲的肖像。某科技公司另发布标题为“林某玲惊现割双眼皮旧照，原来某玲姐姐从脸到胸都微调得堪比纯天然”的视频。

法院认为，自然人享有生命权、身体权、健康权、姓名权、肖像权、名誉权、荣誉权、隐私权、婚姻自主权等权利。公民享有肖像权，未经本人同意，不得以营利为目的使用公民的肖像。根据庭审中查明的事实，某科技公司在其微信公众号、新氧网、新氧 App、微博及第三方网站中，发布大量含有林某玲肖像及姓名的文章和视频，上述发布媒介均具有商业价值，某科技公司未经林某玲同意，使用了林某玲肖像，上述行为已构成对林某玲肖像权的侵犯。

某科技公司擅自使用林某玲的肖像和姓名发布诸多侵权文章及视频，在宣传推广中使用素材不当，其行为容易使网络受众产生误解，一定程度上影响了林某玲的形象，造成了林某玲社会评价的被动降低，故某科技公司的行为亦侵害了林某玲的名誉权。

林某玲的姓名权是否受到侵害。林某玲上诉主张某科技公司在宣传新氧 App 及相关整形美容服务的软文中存在盗用林某玲姓名的行为，属于侵犯林某玲的姓名权。法院认为，某科技公司在未经林某玲授权的情况下使用林某玲的姓名，并非法律规定的盗用其姓名的侵权行为，新氧 App 介绍信息中提及的《旅途的花样》确系林某玲参与的综艺节目，该描述不足以构成对林某玲姓名的盗用，故本院对林某玲的该项上诉主张不予采信。

从本案可见，对于知名人物，其人格权的保护与普通人相同，但关于涉及其所主持的节目、其所编写的书本等提及的内容，尤其是其推荐了的产品等，会有可能利用他们的名气进行宣传，未必能认定该行为侵权。

第九百九十九条　为公共利益实施新闻报道、舆论监督等行为的，可以合理使用民事主体的姓名、名称、肖像、个人信息等；使用不合理侵害民事主体人格权的，应当依法承担民事责任。

【条文主旨】

本条是关于新闻媒体执行职务与侵犯人格权界限的规定。

【条文理解】

“为公共利益实施新闻报道、舆论监督等行为”是“使用民事主体的姓名、名称、肖像、个人信息等”的法定前提，“合理”是“使用民事主体的姓名、名称、肖像、个人信息等”的法定限度。“使用不合理侵害民事主体人格权的，应当依法承担民事责任。”举轻以明重，恶意使用的、索贿受贿有偿新闻的、舆论审判甚至敲诈勒索的，应当依法承担民事侵权责任自不待言，情节严重构成犯罪的，还应当依法追究其刑事责任。

对个人信息的合理使用，应当真实客观、全面准确。夸大其词、以偏概全、移花接木、违反逻辑常理、违反新闻职业操守、违反职业准则、营私牟利的，都不应当认定为“合理使用”。

人格权不可侵犯和媒体新闻正常报道舆论监督是社会中两股重要的力量，存在不同的运作机制。随着公众人权、法治意识的增强，《民法典》第 999 条表现出显著的时代针对性。在信息化、网络化高度发达的今天，正当媒体的力量对社会发展是一种外在的推动力量，但新闻规范的缺失和职业操守的突破，又使媒体的行为处于模棱两可甚至混乱的状态，不良媒体、虚假新闻不时被曝光，侵害名誉权、隐私权、个人信息权等人格权案件不绝于耳。社会发展有媒体和舆论的监督是有利于维护公平正义的，但如果这些行为未能有明确的法律进行规范，难免会触及道德底线、违法侵权甚至涉及刑事犯罪，涉及侵害人格权的这种冲突应如何缓解，是《民法典》第 999 条尝试调整的一个问题。

“新闻自由”常常成为媒体侵权的挡箭牌。① 实际上，“新闻自由”在我国《宪法》文本中并没有出现，第 35 条的“言论、出版自由”即使勉强解读为新闻报道自由的依据，也不能成为媒体侵害人格权的免责依据。

中国媒体发展迅速，媒体在日常生活中也有一定的话语权，在或明或暗的商业利益的推动下媒体“审判”行为也随之增加，在形成一定舆论压力的同时，也难免对司法的独立公正性产生冲击和负面影响。2019 年新修订的《中国新闻工作者职业道德准则》提出新闻工作者要恪守新闻职业道德，自觉承担社会责任，做政治坚定、引领时代、业务精湛、作风优良、党和人民信赖的新闻工作者。正常的新闻报道，必须处理好喉舌与是非、新闻报道舆论监督与不得侵害公民、法人的人格权

---

① 各国宪法规定新闻自由，大体采取两种方式：一是将新闻自由概括在言论出版自由之中，二是另立新闻法明确规定。第一种情况，例如，在美国，新闻自由是以《美国宪法第一修正案》作为依据的，法国新闻自由的依据在《人权宣言》，第二种情况的代表是日本，日本在《日本国宪法》内明确规定了新闻自由。

之间的关系。处理不好就容易侵权形成诉讼,新闻媒体享有的新闻自由包含言论自由,即包括了批评的自由,也就是舆论监督的权利,这是新闻媒体存在的重要价值之一,也是一种社会责任。但这种批评的权利是相对的自由,尤其面对人格权这种绝对权利的时候,不得以牺牲他人的人格权来实现媒体报道舆论监督,实现所谓的新闻自由。特别要避免现实生活中,媒体与审判的错位,仗势"无冕之王"以媒体代替司法、干扰审判。

日常生活中容易受到侵害的人格权包括:人格尊严、名誉权、隐私权、肖像权等。例如,新闻报道中使用了一些负面的字眼,就较容易侵犯人格尊严、名誉权等,但并不代表其一定涉及侵权,需要与具体真实情况结合,综合衡量其用语表达是否恰当。例如,萧某超、某广播电视台名誉权纠纷案[①]中,虽然电视台使用了一些负面的字眼进行报道,但符合实情,法院并不认定电视台侵权。

《民法典》对隐私权下了定义,其范围不宜过度扩大理解,例如,陕西广播电视台对一起火灾事故进行新闻报道,在报道中也按照报道新闻的惯例对当事人的姓名及其家人的姓名作了处理。王某群申请再审认为陕西广播电视台的新闻报道侵犯了其人格权,给其名誉造成损害,原来公安机关调查事故发生原因时曾对王某群本人及麻将馆老板进行过询问,均可证明在火灾发生时其确实在麻将馆打麻将的事实。[②] 因其当时在打麻将并非虚构事实,电视台也已经尽到了合理的注意义务,故一审、二审法院认为陕西广播电视台的行为并未侵犯王某群的名誉及隐私权。

在到处都是红眼摄像镜头的现代社会,侵犯肖像权的问题也值得思考,其中主要出现在偷拍的情况下较容易引起肖像权的侵权。未经本人允许,不得非法使用他人的肖像,而且不得在未经允许的媒体上播放。

司法实践中新闻媒体的抗辩事由,主要包括:公众知情权、社会公共利益需要和公众人物。根据《欧洲人权公约》第 8 条的规定,在有必要侦查犯罪或腐败或危及国家安全的情况下,允许侵犯个人隐私。至关重要的是,任何侵犯个人隐私的行为都必须与将信息保密的任何潜在危害成正比。换句话说,它只应涉及公共利益所必需的私人材料。如果在公开过程中没有公共利益,很明显,隐私权是人的尊严实现至关重要的条件,如果没有必要,则应严格遵守。

与传统媒体相对应的是自媒体。传统的大众传媒,逐渐转变为个人化的双向交流。自媒体的代表,如微博,微博是一个信息分享、传播以及交友的平台。微博

① 广东省高级人民法院(2017)粤民申 7719 号民事裁定书。

② 陕西省高级人民法院(2017)陕民申 2038 号民事裁定书。

拥有关注、"粉丝"、发送和转发这几项基本功能。我国的微博用户增长量逐年增加,政府部门、传统媒体、企业等也都相继开通了微博。又如微信,一款跨平台的通信工具,聊天、支付、朋友圈一直是微信的主要功能,在朋友圈或者微信群中发送的信息,也会涉及侵犯人格权,在"微信公众号"上发表的内容,其仅可以理解为半公开的媒体,只有关注者才能接收到信息。在自媒体的平台上,每个人都可以成为发布者和信息的接收者,因此而拥有了更广阔的言论自由空间,但自由意味着秩序,意味着不得侵害他人人格权。

由此带来的最严峻的问题,就是人格权中的名誉权非常容易被侵害。基于网络空间的开放性特征——网络行为的发生地和结果地通常是分离的。网络批评的结果,是"发散性"的、不特定的。网络上的批评言论及于世界各地,即网络批评会使被批评对象在世界各地受到不利的结果。《民法典》"侵权编"并没有针对自媒体侵权的特别规范,在"人格权"编可否得到规范呢?《民法典》第999条虽然不是专门针对自媒体的,但自媒体发布信息,也会涉及人格权保护问题,也存在"民事主体的姓名、名称、肖像、个人信息等"如何合理使用问题,尤其是既合理地使用这些信息,又不会侵害到民事主体的名誉权。每个人都有名誉,这种名誉是一种对民事主体的客观的社会评价,并非民事主体的自身感受,是一种外部评价。自媒体一旦侵害他人名誉权,就会让名誉权的侵害变得更简单和快捷。但自媒体平台多数也给予了受害人反驳的机会,并且给其他用户寻求真相提供了方便的媒介,从而构成自媒体自净能力。

第一,司法的谦抑性。自媒体中人格权受侵害,若程度并非太严重,通过自媒体的自净能力和自净规则,如当事人的澄清、反驳、举证等,真相已经可以辨明,法律无须介入,对司法资源也是一种节省,解决具有即时性。尤其对于自媒体上名誉权的救济,这种自力救济是自媒体平台的优势。

第二,自媒体运营商的参与和审阅。例如,微博上的审查员,过滤不当的信息,同时也能保证有一定的言论空间进行讨论。如果有不当信息没有删除,并广为流传,公司会遭受到处罚,审查员也会在公司内部承担责任。

第三,自媒体其他用户的参与。诉讼是解决人格权纠纷的重要途径,但在自媒体上,即使不经过诉讼,也可基于其公开性由广大用户进行舆论监督。网络虚拟用户看似是虚拟的,实则是现实社会民事主体身份的延伸,背后的操控主体仍然为自然人、法人。

自净规则有其局限性。虽然在自媒体上,自净规则是最快捷的救济手段,而且由于自媒体信息量非常庞大,自净规则就像一架天平,平衡着人格权的保护与言论自由。当名誉权纠纷双方通过反复的讨论和回应,通过双方的举证,对纠纷的事实基本达到一致，更好地将真相重现，使当事人的名誉权也能最快得到保护。但部分情况并非如此，不但事实难以得到澄清，真相也越来越模糊，矛盾愈演愈烈，可能演变成对人格权的进一步侵害。当自净规则失效，当事人就只能诉诸司法救济了。

对于以满足公众对公众人物及公众事件的知情权等为目的，合理行使言论自由权、舆论监督权等表达及传播的行为，基于公共利益及正当公众兴趣等优先保护的价值取向，可以对公众人物的名誉权等人格权所涵摄的人格利益进行正当的、必要的、适度的合理限制，因为对公共利益及正当公共兴趣等议题引发的公共言论及自由讨论具有重要价值，应当受到法律的优先保护。

相对于一般群众，公众人物名誉权的保护，相对要宽松一些，公众人物对于公众和媒体行使言论自由及舆论监督等权利妨害其人格权益的行为负有一定限度的容忍义务。具体到侵犯名誉权之诉而言，在认定言论是否构成以侮辱、诽谤等方式侵害名誉权的“标准”或“程度”上，相对于言论涉及普通大众的情况，应当采取更为宽松的尺度。当然，这并不意味着由公共言论引发的恶意人身攻击，也可以受到言论自由的保护，公共言论并非进行人身攻击的正当抗辩理由。如果公共言论而引发的人身攻击并不具有任何法律价值，反而会产生对他人权益、社会利益的严重伤害，则不受法律保护。

此外，在认定涉诉言论是否构成侮辱、诽谤侵害他人名誉权时，不能断章取义、仅就个别语汇孤立理解，而应结合言论发表的语境及系列言论的上下文含义进行整体判断，即使在微博、微信等碎片信息发布或网络短文发表的自媒体之中，也应当坚持系列言论的整体判断原则，否则会导致涉诉言论判断的片面、偏颇，从而可能曲解、误解言论表达的本意和重心。如果结合语境整体理解涉诉言论的质疑、负面评价达不到诽谤、侮辱程度，不足以导致社会评价降低的，则不应认定为侵犯名誉权。

【司法适用】

本条正确适用的关键，是把握“合理使用”的度。这个度就是名誉权保护和言论自由之间的平衡。解决言论自由与名誉权冲突的原则，有真实性原则和“实际恶意”原则等。[①] 言论自由与名誉权保护之间的界限，首先看是不是客观真实，虚假的信息、道听途说的信息报道肯定不构成“合理使用”。其次看是否存在侮辱与诽谤。若侮辱、诽谤他人，则不属于受保障的言论自由的范围。最后看新闻报道、舆论监督背后有无商业贿赂、行业或者企业收买、中介勾兑甚至极少数不良媒体

① 甄树青：《论表达自由》，社会科学文献出版社2000年版，第279～282页。

人的敲诈勒索等。近年我国言论自由和名誉权冲突纠纷的案件有所增加,例如,在方某子、崔某元名誉权纠纷案[①]中,法院一审审理认为,方某子、崔某元双方均存在通过微博侮辱、诽谤以及贬损对方的故意,都构成名誉侵权,判决方某子、崔某元删除法院认定的侵权微博,并向对方赔礼道歉,互赔损失。一审宣判后,双方均对判决不服提出上诉,中院二审维持了原判,并指出"公众人物"对公共议题之科学理性的讨论为社会所提倡,亦为法律所保护,但若转变为互相谩骂和恶意的人身攻击,则会产生恶劣的社会影响并要受到法律制裁。[②] 可见,网络言论自由是有界限的,无论是普通公民还是"公众人物",若滥用网络言论自由权恶意攻击他人、侵害他人名誉、造成恶劣影响的都需要承担相应的法律责任。在与该案相关的另一个判决书中法官进一步点明:在相互辩论与相互质疑的过程中,针对不同观点的回击,亦应遵守法律的规定,回击性言论是否构成侵权不能以对方言论的用语强度和主观恶性作为"参照系",更不能将回击者地位视为当然的"庇护伞",进而作为免除侵权责任的正当事由。[③] 每一位公民均拥有言论自由,无论私人问题还是公共话题,网络用户作为公民亦有权予以质疑、评论乃至批评,只要行使言论自由不逾越法律的边界,均受到合法保护。

由于个人信息对于数字经济具有极高的利用价值,所以法律有必要在保护人格权的同时鼓励对个人信息的利用。但在大数据时代,数据开发和利用也会给个人信息保护带来巨大威胁,尤其是在数据开发、数据流通、数据共享过程中,个人信息泄露的现象频频发生。因此各国都普遍地寻求数据流通和人格权保护之间的平衡。这里的个人信息在《民法典》第 1034 条进行了规范。[④]

该条的适用切忌"一刀切",尤其注意新闻媒体近期广泛适用的采访形式,揭发腐败现象,痛斥违法行为,抒发民声,表达民意,发挥舆论监督的作用已经成为潮流,每个行为的合法性都需要综合衡量。该条文的适用,尤其针对网络媒体舆论等,因言论自由是公民的基本权利,接受司法公正审判也是公民享有的基本人权,两者都具有重要价值。然而,言论自由与司法审判这两大法益价值之间有时会产生冲突。实务中比较典型的形式是针对某一特定的社会热点事件,数量庞大

---

① 北京市海淀区人民法院(2015)海民初字第 32784 号民事判决书。

② 北京市第一中级人民法院(2015)一中民终字第 07485 号民事判决书。

③ 北京市第一中级人民法院(2019)京 01 民终 4172 号民事判决书。

④ 第 1034 条规定:自然人的个人信息受法律保护。个人信息是以电子或者其他方式记录的能够单独或者与其他信息结合识别特定自然人的各种信息,包括自然人的姓名、出生日期、身份证件号码、生物识别信息、住址、电话号码、电子邮箱、健康信息、行踪信息等。个人信息中的私密信息,适用有关隐私权的规定;没有规定的,适用有关个人信息保护的规定。

的网民发表意见，由此产生的不同网络暴力、言论风暴，对司法审判产生了巨大的舆论压力，从而对司法机关依法独立公正审判造成干扰和影响。

例如，因母亲受辱于某杀人案，[①]由于案件涉及民间高利贷、正当防卫、孝顺等百姓日常关切的话题，且案件典型、情节特殊，因此民众在网络上对案件的参与度非常高，大量的网民在很短的时间内便在网络上掀起了对案件讨论的热潮，公众舆论对个案审判产生了巨大的冲击力。尤其是我国还处于加快转变经济发展方式的攻坚期和战略机遇期，各种社会矛盾比较突出，网络传播使这些社会矛盾得以呈现，甚至将这些矛盾放大，使传统媒体主导的政府表达与现代网络传播的民间言论之间存在话语权的博弈。实际上，来自网络上的声音并不是单一的，而是社会各主体声音的汇聚，其可以分成两种，一种是理性思考的言论，另一种是感性情绪的表达。因此对于网络上的不同声音，需要区别对待。对网民通过行使网络言论自由权而表达出来的理性思考和对司法审判的适度监督，应当予以保护和支持；对网民经过非理性思考的感性情绪的宣泄，主要还是舆情引导问题，对偏激表达，法院在审判时可不予理会。因为网民在个案中流露出来的情绪虽然是真实的，但声音未必都是理性的，不能让非理性的网民情绪影响案件公正审判甚至形成舆情审判。

【司法案例】

张某与某广播电视总台名誉权纠纷案[②]

诉讼结论：媒体不构成侵害隐私权，驳回原告诉讼请求。

基本案情

2014 年 11 月 16 日，原告骑电动自行车与他人发生了碰撞，原告与他人发生了争执。在争执过程中，原告使用物件殴打他人。经“110”出警，伤者被送往医院救治，原告支付了医疗费用 2000 元。11 月 17 日晚，被告所属电视台生活频道对此事件作了报道。节目中，当事人、证人通过陈述的方式“重现”当时事件发生过程，并穿插记者话外音。节目最后，主持人对此事件作了评价。11 月 18 日，该频道再次播放跟踪报道，原告在节目中对事件作了陈述和认识。

原告张某认为自己在整个过程没有过错，某电视台相关报道扭曲事实，无中生有，诽谤、侮辱原告人格，传播原告隐私，造成了极其严重的后果，对原告的心理和生活造成了严重伤害。

---

① 山东省高级人民法院（2017）鲁刑终 151 号刑事附带民事判决书。

② 江苏省高级人民法院（2016）苏民申 2156 号民事裁定书。

法院认为，节目中，当事人、证人通过陈述的方式“重现”当时事件发生过程，并穿插主持人、记者话外音。其中是张某直接在案件重现中陈述了“我是单身”，此为张某本人向记者方面作过相关陈述，某广播电视总台系重现各方陈述，不存在侵害隐私的问题。

第一千条　行为人因侵害人格权承担消除影响、恢复名誉、赔礼道歉等民事责任的，应当与行为的具体方式和造成的影响范围相当。

行为人拒不承担前款规定的民事责任的，人民法院可以采取在报刊、网络等媒体上发布公告或者公布生效裁判文书等方式执行，产生的费用由行为人负担。

【条文主旨】

本条是关于消除影响、恢复名誉、赔礼道歉等民事责任的规定。

【条文理解】

本条主要涉及人格权受侵害后的救济，第 1 款是裁判规范，第 2 款是执行规范。人格权受到侵害的民法救济方法，就是依照法律确定侵害人格权的行为人承担民事责任的方法，为人格权受到侵害的受害人消除影响、恢复名誉、赔礼道歉等。

目前，对人格权受到损害的受害人施以民法救济，救济方法主要分为：非财产性救济方法和财产性救济方法。本条第 1 款所规范的，主要针对非财产性的救济方法，包括消除影响、恢复名誉、赔礼道歉等。这些方式主要目的是恢复人格权的圆满支配状态，属于保护人格权的一般规则。

《民法典》对人格权的保护，强调预防与救济并重。第 997 条的禁令制度强调的是预防，本条的第 1 款强调的是比例原则，或者可以说是侵权责任的适当性，第 2 款强调的是对救济方式的强制。该部分对于人格权的侵害科以民事责任，不仅停留于填补之上，而且在行为人“拒不承担前款规定”时显示出司法的强制性，而且费用由侵权责任人承担。此处新型的民事强制执行机制得到了一定的体现，是对行为人不承担“消除影响、恢复名誉、赔礼道歉等民事责任的”后的一种制裁。对于“在报刊、网络等媒体上发布公告或者公布生效裁判文书等方式执行”的理解，一是发布公告不限于列举的报刊、网络，“等”还意味着可以包括其他媒体；二是利用媒体舆论的监督，给侵权人造成精神上的压力，这种压力是不能用金钱抵消的，进一步维护司法裁决的权威性，提高司法裁决的执行力。这样规定旨在引导当事人自动履行。这也是基于大数据时代的一种民事惩罚机制,是基于个人信息上负载的利益的惩罚,往往能得到比罚金更好的效果。

本条是权利法与管理法的结合,“消除影响、恢复名誉、赔礼道歉等”都是非财产性的救济,以人身自由权为例,如果限制、妨碍自由权的行为是继续状态的,应当停止侵害,如果侵权行为造成了受害人名誉损害的,得请求恢复名誉。给受害人造成不良影响的,得请求消除影响。所有人格权受到侵害的公民,均可请求赔礼道歉。对于“拒不承担前款规定”的人,给予的是一种名誉上的制裁,以公开信息达到目的,这是大数据时代的特色体现。

个人信息上负载的利益,主要分为两部分:人身利益和财产利益。就人身利益而言,个人信息反映了自然人的生存状态,反映了其在社会中的发展状况。[①] 如果个人信息中包括了其不承担民事责任的信息,这类信息将与人身不可分离,是自然人融入社会的一部分,因此这种惩罚性机制会直接影响人在社会中的生存发展,造成人格利益的贬损。就财产利益而言,若一个人的信息中包括了其不承担民事责任的内容,若其欲进行贷款、商业活动,甚至一些民事活动等都会直接受到影响,其财产利益的贬损与其人身利益直接相关。

【司法适用】

本条第 1 款“行为人因侵害人格权承担消除影响、恢复名誉、赔礼道歉等民事责任的,应当与行为的具体方式和造成的影响范围相当”,实际上是为法官制定的裁判规范,是法官在裁决侵权当事人承担消除影响、恢复名誉、赔礼道歉等民事责任形式时,应当考虑的主要因素。本款是针对行为人承担消除影响、恢复名誉、赔礼道歉的民事责任而作出的专门规定,“等”是不排除以后还有可能发展出其他形式的民事责任。

在司法实践中,让侵权人承担消除影响、恢复名誉、赔礼道歉的民事责任,一般要考虑侵权行为的具体方式及其影响范围,涉及被侵权人隐私权的案件不仅要根据具体案情,还要考量被侵权人的心理感受及所受煎熬、痛苦的程度,而且后果与影响范围密切相连。而且在有后果的情况下,还应将侵权行为造成的后果纳入考虑范围。

本条第 2 款只是规定了行为人拒不承担规定的民事责任的,人民法院可以采取强制执行的方式,但本款并非侵权行为人拒不执行后果的完全规范。拒不执行的后果,应当到民事诉讼法执行程序中去寻找。需要特别指出的是,此处不能理

---

① 上海市第二中级人民法院(2010)沪二中民一(民)终字第 1593 号民事判决书,殷某诉北京百度网讯科技有限公司名誉权案。

解成替代行为人承担责任的一种方式。

行为人有能力履行而拒不履行生效裁判文书确定的义务,根据《民事诉讼法》第111条规定,诉讼参与人或者其他人有下列行为之一的,人民法院可以根据情节轻重予以罚款、拘留;构成犯罪的,依法追究刑事责任,与本条内容关系最密切的是第6项:"(六)拒不履行人民法院已经发生法律效力的判决、裁定的。"

因此本条文给予了执法者更多的选择,利用媒体的影响,进一步维护公平和正义。

【司法案例】

翁某枝与陕西安康某商贸发展有限公司名誉权纠纷案[①]

诉讼结论:翁某枝立即停止侵害某商贸公司名誉权的一切行为,赔礼道歉。

基本案情

2016年6月14日,翁某枝与某商贸公司签订了《委托经营管理协议》,约定,翁某枝将购买的××城××幢××层××号房委托给某商贸公司经营管理,双方按合同约定获取收益。即"甲方(翁某枝)同意自计租之日起3年内的房屋租金全部委托乙方(某商贸公司)用于进行市场培育和运营管理使用,乙方无须支付甲方费用,甲方也不需要向乙方支付任何委托管理费用。从正式开业起第4年开始,委托管理收益按乙方与承租户所签租赁合同的实际租金(租金标准随行就市,以届时实际收取额度为准)扣除10%的管理成本和相关税费后支付给甲方"。协议签订后,翁某枝以预期收益过低为由,成立名为"天贸城业主二群"的微信群,群成员498名,并在该群组织其他业主"维权"。翁某枝与其他业主以在广场拉横幅、堵门等方式"维权",横幅内容为"天贸城还我血汗钱""天贸城合同欺诈霸王条款""虚假宣传高额回报诱骗业主投资还我公道"。翁某枝将字幕有"陕西安康天贸城虚假宣传诱骗业主投资合同霸王条款""天贸城还我血汗钱""业主维权惨被殴打辱骂业主坐地痛哭民警围观不作为"等内容视频上传至抖音App及微信群进行传播。2019年4月27日,翁某枝及其他人在某商贸公司投资建设的"天某某项目部"打横幅"维权"。2019年4月29日,翁某枝及其他人在天贸城售楼部打横幅"维权"。同年5月11日,翁某枝组织五六十人再次到天贸城以拉横幅、堵门等形式"维权"。2019年5月14日,某商贸公司以翁某枝侵害其名誉权为由向法院提起诉讼。

法院判决:(1)翁某枝立即停止侵害某商贸公司名誉权的一切行为。(2)翁

---

① 陕西省安康市中级人民法院(2019)陕09民终861号民事判决书。

某枝在判决生效后3日内在《华商报》和《安康日报》上公开向某商贸公司赔礼道歉(相关内容需经某商贸公司及人民法院许可)。如翁某枝逾期不赔礼道歉,人民法院将在上述媒体刊登民事判决书的内容,相关费用由翁某枝全部承担。人民法院将依据《民事诉讼法》第111条规定追究法律责任。(3)翁某枝在判决生效后3日内赔偿某商贸公司经济损失5000元。(4)驳回某商贸公司的其他诉讼请求。案件受理费500元,由翁某枝负担。

第一千零一条 对自然人因婚姻家庭关系等产生的身份权利的保护,适用本法第一编、第五编和其他法律的相关规定;没有规定的,可以根据其性质参照适用本编人格权保护的有关规定。

【条文主旨】

本条是关于身份权法律适用的规定。

【条文理解】

本条属于《民法典》"人格权编"施行法的内容。婚姻与家庭是身份法所规范的重要对象,然而有别于其他法领域,婚姻与家庭的形式,即以两性与血缘为主而建立的共同生活形态,早已因人类社会的发展而存在,法律介入婚姻与家庭,主要来自国家的出现,将婚姻与家庭视为维持社会国家稳定发展的重要元素,以当时的社会通念与价值为依据,就习俗上所演变的婚姻家庭形式,以法律方式进行承认与规范。而本条文就是针对身份权的保护,这种身份权来自婚姻家庭关系,与婚姻家庭有关的身份关系,主要包括:夫妻关系、亲子关系、收养关系和姻亲关系。因为从1994年2月1日《婚姻登记管理条例》公布实施后,法律就不再认定事实婚姻了。所以这里的婚姻家庭产生的身份关系,不包括事实婚姻。而同居关系是法律并不进行规范的关系,因此也不会包括同居关系,同居关系不能得到如同婚姻关系的法律保障,彼此之间没有相互忠实的责任和义务。

本条为法律适用的原则性规定,这类身份关系,优先适用《民法典》"总则编"、"婚姻家庭编"和其他法律的相关规定,没有规定的,参照适用"人格权编"的规定。本条主要解决的问题包括:(1)重婚纳妾、包二奶、姘居等挑战一夫一妻制的行为;(2)家庭暴力的问题;(3)离婚后的财产权利和探视权利的问题;(4)未成年人利益的保障问题;(5)老年人利益的保障等而产生的侵害人格权问题等。

对于这些问题,大部分在"总则编"和"婚姻家庭编"进行了具体且有针对性的规范。从实际出发,如果还有涉及的相关问题,却未能在"总则编""婚姻家庭编"规范或其他法律中找到直接规定,则可以"参照适用本编人格权保护的有关规定"。

"人格权编"给予了因婚姻家庭而生的身份权利一种兜底的保护。如果侵害未能确定落实到"婚姻家庭编""总则编"或其他法律规定中,但侵害行为确实存在,则可适用"人格权编"的内容,尤其是一般人格权的规范进行保护。

例如,对配偶权的侵害,因为"总则编、婚姻家庭编和其他法律的相关规定"都没有对配偶权进行直接规定,因此,在有需要时,可以适用"人格权编"的规定,适用一般人格权的内容,对配偶权进行保护。

所谓配偶权,我国婚姻法学界主流观点认为是给予身份的权利,是丈夫对妻子和妻子对丈夫所享有的身份上的权利,即男女结婚后基于配偶身份享有的人身权,即夫妻双方互享的身份权、身体权,产生于婚姻,且该身份利益是专属于对方的,任何第三人都无权干涉、代替或侵犯,属于绝对权和对世权。在我国的法律中,暂时未直接用法律条文定义配偶权,但可以理解配偶权这一夫妻之间的基本身份权利是以合法婚姻关系的存续为基本前提。

这里涉及一个大众关心的问题,能否惩治婚姻中的"第三者"的问题。若有另一半与第三者暧昧的证据,根据本条文,有可能提起侵害人格权民事损害赔偿。但"第三者"并非法律用语,现行我国法律中也没有对其直接对应的概念。学理上所谓第三者,一般是指明知对方有配偶仍与其通奸、姘居的人,仅限于精神恋爱但没有性行为或者因受欺骗、受威胁而介入者不能称为第三者。第三者插足他人婚姻,有的希望与出轨方缔结婚姻关系,也有的并无婚配的愿望。对这类法律上不确定的概念,归入一般人格权内进行规范,对配偶权等权利适用"人格权编"进行保护,是明智之选。

现实生活中夫妻之间、夫妻与第三者之间的名誉权纠纷案件也层出不穷。一般来说,第三者侵害配偶权带给受害配偶的损害往往是非物质损害,比如情绪异常、心理痛苦、感情受伤、名誉受损、家庭和谐破坏等。不同于物质财产的损害,精神损害的程度客观上并不容易衡量,还要结合个案中当事人的性别、年龄、性格、经历、健康状况、经济状况、生活环境等个体差异,难以用同一个标准衡量。

配偶权曾经在实务上遇到过尴尬,例如,傅某与桑某一般人格权纠纷案,[①]桑某明知高某涛存在合法婚姻,长期插足高某涛和傅某的婚姻,故意伪造、使用假结婚证,公然对外、对国家机关公开宣称二人是夫妻关系,傅某认为桑某侵害了其基于合法婚姻关系所享有的、对外表明其为高某涛配偶这一"其他人格利益"。傅某主张的权利和精神损害赔偿与《婚姻法》第46条的离婚损害赔偿不同,所依据的

① 江苏省南京市中级人民法院(2019)苏01民终5172号民事判决书。

是《民法通则》、《侵权责任法》和《精神损害赔偿解释》的规定。在中国目前的法律体系中，虽然这种人格利益并没有明确类型化具体权利，但《侵权责任法》采取了具体列举和一般概括相结合的方式，对受《侵权责任法》保护的民事权益进行了确定，原则上权利、利益都应纳入保护范围。《精神损害赔偿解释》全面扩展了精神损害赔偿的客体，从单纯的人格权延伸到内涵特定人格利益和特定的身份权利，为第三者侵犯配偶人格权的精神损害赔偿责任提供了适用依据。

一审法院认为，一般人格权系指公民、法人享有的，包括人格独立、人格自由和人格尊严等内容的一般人格权益，并由此产生和规定具体人格权的个人基本权利。傅某认为桑某侵犯其一般人格权而提起诉讼，而庭审查明，傅某、桑某之间的纠纷属于婚姻家庭纠纷，傅某系基于高某涛原配偶身份认为桑某侵犯其权益，其主张既不属于法律明确规定的具体人格权，也不属于一般人格权范畴，故傅某主张无事实和法律依据，法院不予支持。

二审法院认为，上诉人傅某要求法院判令被上诉人桑某登报赔礼道歉，并赔偿精神损害抚慰金 20 万元，应当由其承担相应的举证责任。上诉人主张被上诉人的行为对其一般人格权构成侵害，缺少相应的法律依据，故对其上诉请求，法院不予支持。被上诉人的行为违反了我国法律规定，违背了社会的公序良俗和道德标准，其行为应当受到批评和谴责。所以上诉人傅某的上诉请求不能成立，予以驳回，维持一审判决。

在这个案件中可以见到，配偶权因为不能找到其在中国法律中的具体落脚点，而未能得到损害赔偿，虽然这种伤害是确实存在的，但却仅认定为“违反了我国法律规定，违背了社会的公序良俗和道德标准，其行为应当受到批评和谴责”，对受害人的保护不足。

《民法典》第 1001 条可以使类似的情况直接准用“人格权编”的内容，则配偶权、亲权之类的权利，有望得到进一步落实。从其社会价值来看，夫妻“忠诚协议”在意思自治的基础上，将“婚姻编”中的“夫妻应当互相忠实”条款外延并明确化并不容易，但本条的规定给这方面权利的弥补提供了可能，并且不与婚姻制度的根本原则相冲突，不仅不违反公序良俗，还有利于树立积极正面的婚姻道德观。

通常夫妻一方违反“忠诚协议”与第三者侵害配偶权是同时发生的，不论现在的司法实践是否认可夫妻“忠诚协议”的效力，但是从学理角度来看，第三者侵害配偶权与过错方违反夫妻“忠诚协议”存在紧密的联系。其共同点在于两者的受害人都是合法婚姻关系中的无过错方或非主要过错方，不同点在于这两种法律行为的性质不同。第三者侵害配偶权属于侵权责任，其侵害了合法婚姻中无过错方的配偶权，侵权人为配偶之外合法婚姻的“第三人”；而过错方是违反了夫妻间的

“忠诚协议”。在司法实践中,无过错配偶权益所受到的伤害程度总是很难用统一的尺度去衡量,应当给予的精神损害赔偿数额则更难确定,均有赖于审判法官的根据具体案情自由裁量。

【司法适用】

“对自然人因婚姻家庭关系等产生的身份权利的保护”首先通过“第一编、第五编和其他法律的相关规定”进行规范,如果以上法律中没有直接规范,就适用“人格权编”解决这个问题。尽可能在“总则编”和“婚姻家庭编”中看有没有可以补充适用的规则。如果有的话,就用这些规则解决相关问题;但假如没有,立法者希望我们引用“人格权编”的规则进行规范。

当面对一些法律漏洞的时候,如现实生活中的一些情况,理应受到法律的规管,但事实上在“总则编”和“婚姻家庭编”,以及其他法律中都找不到相关的条文规范时,没有成文法直接对应特定的情况进行规范时,要如何填充这个法律漏洞呢?立法者的意思并不是让我们直接引用“人格权编”的规定,而是先看看“总则编”和“婚姻家庭编”内有没有出现过类似的情况,有没有可以让我们补充适用的规则,如果没有才适用“人格权编”的相关规定。

当然,如果适用“人格权编”的规定时,起码该规定不应该与“总则编”或“婚姻家庭编”的原则有所冲突。

【司法案例】

张某鹏与郭某林一般人格权纠纷案①

诉讼结论:被告侵害原告的人格权,应当支付精神抚慰金。

基本案情

张某鹏与郭某玉原系夫妻关系。张某鹏于2014年7月7日向潮州市潮安区人民法院起诉,要求与郭某玉离婚。案经潮安法院审理后以(2014)潮安法民一初字第347号民事判决书判决准予张某鹏与郭某玉离婚。判决后,郭某玉提起上诉。诉讼过程中,双方于2015年4月17日在潮州市中级人民法院主持下调解离婚,并就子女抚养等问题达成调解协议。

2015年5月15日,张某鹏以郭某林在张某鹏与郭某玉婚姻存续期间,与郭某玉发生婚外情、婚外性,及拍摄“婚纱照”、不雅图片和视频,破坏了张某鹏的婚姻和家庭,给其造成了严重的名誉损失和精神痛苦,向潮安法院提起诉讼。

法院认为,本案系一般人格权纠纷。答辩人张某鹏与郭某玉婚姻存续期间,

① 广东省潮州市中级人民法院(2016)粤51民终288号民事判决书。

被答辩人郭某林与郭某玉发生婚外情、婚外性及拍摄"婚纱照"、不雅图片和视频，这些行为严重影响了答辩人与郭某玉前夫妻的信任和感情，更严重的是被答辩人的行为对答辩人造成精神上的痛苦无法弥补，也对答辩人造成极其恶劣的社会影响。被答辩人与郭某玉发生的上述行为，严重侵害答辩人的人格权利，违背法律规定及社会伦理道德，违背了公序良俗，被答辩人的侵害行为与其造成的损害后果之间具有直接的因果关系。被答辩人这种破坏答辩人家庭幸福的侵害行为造成答辩人人格贬损及严重精神痛苦，最终导致答辩人与郭某玉夫妻感情破裂而离婚。

第二章　生命权、身体权和健康权

人格权中最重要的是生命权、身体权和健康权。“确保人民群众生命安全和身体健康，是我们党治国理政的一项重大任务”。① 生命权、身体权、健康权在性质上都属于物质性人格权，是自然人对其生命、身体、健康等物质性人格要素所享有的不可转让的支配权。其具有很强的固有性，自然人出生后自动取得，而无须依据行为取得，并且救济主要通过财产损害赔偿方式进行。身体作为自然人存在的物质基础，其中孕育着不同的物质性人格利益，身体利益存在于身体内外，生命利益、健康利益亦包含于其中。其一，生命权以生命利益为客体，始于出生终于死亡，并且具有唯一性。其二，身体权的客体是身体利益，身体利益包括身体完整与身体自主支配。其三，健康权是指以权利人维护其身体健康免于生理疾病，并在法律允许的范围内自主支配健康利益的权利。本章共10条，是关于生命权、身体权和健康权的规定，与《民法典》“总则编”第5章“民事权利”第110条相衔接，因此也可以说是该条的延展、扩充和具体化。同时，针对实践中反映较多的问题，包括法定救助义务、人体组织器官捐献、性骚扰等问题作了规定，同时将身体权放在健康权之前。

第一千零二条　自然人享有生命权。自然人的生命安全和生命尊严受法律保护。任何组织或者个人不得侵害他人的生命权。

【条文主旨】

本条是关于自然人生命权的规定。

---

①　习近平总书记于2020年2月14日主持召开中央全面深化改革委员会第十二次会议上的讲话。（新华社北京2月14日电）

【条文理解】

生命是自然人最为重要的人格权益,也是其他人格权益的前提和基础。生命权是自然人所有民事权利体系中最为重要的权利,包括民法在内的国家法律都应当予以最为严格的保护,任何组织或者个人不得侵害他人的生命权。本条宣示了自然人享有生命权,并从正面规定了生命权的内容,具体包括两个方面,一是生命安全受法律保护,二是生命尊严受法律保护。同时,本条也从消极防御的角度宣示了他人的禁止性义务,即“任何组织或者个人不得侵害他人的生命权”。

自然人的生命安全受法律保护,生命安全是生命权的核心之一,也是人们能够普遍理解的内容,具体表现为当行为人实施侵害自然人生命、影响自然人生命安全的行为时,行为人将在法律层面上承担相应的法律责任。安全是在人类生产过程中,将系统的运行状态对人类的生命、财产、环境可能产生的损害控制在人类能接受水平以下的状态。安全是人类整体与生存环境资源的和谐相处,互相不伤害,不存在危险的隐患,是免除了不可接受的损害风险的状态。生命安全,通常指自然人的生命没有受到威胁、危险、危害、损失。

自然人的生命尊严受法律保护,通俗地讲,就是自然人不仅要活着,而且还要活得有尊严。生命权规定生命尊严的概念,确认了自然人基于自己的生命,不仅享有维护生命安全的权利,也享有维护生命尊严的权利。在生命权中规定法律保护生命尊严,是把生命尊严看作人格尊严的组成部分,活要活得有尊严。实现人的终极价值在于维护人格尊严,生命尊严则是人格尊严的一个具体表现。《民法典各分编(草案)》第783条规定:“自然人享有生命权,有权维护自己的生命安全。任何组织或者个人不得侵害他人的生命权。”《人格权编(草案)》(二审稿)在其第783条增加规定了“生命尊严”,即“自然人享有生命权,有权维护自己的生命安全和生命尊严。任何组织或者个人不得侵害他人的生命权”。最后公布的《民法典》正式文本中删除了“有权维护”,而是用了更妥帖的表达,即:“自然人享有生命权。自然人的生命安全和生命尊严受法律保护。任何组织或者个人不得侵害他人的生命权。”

本条文引入“生命尊严”,对于重病患者有重要意义。规定这一权利,一方面,是体现对患者自主选择的尊重,体现出法律在更大程度上许可个人决定其命运;另一方面,本条也为未来在严格掌握的前提下为安乐死开禁留下了立法解释或者司法解释的空间,许可患者选择以具有尊严和体面的方式离世,确保在其生命的全部过程中充分享有尊严。

【司法适用】

生命权包括生命安全和生命尊严。在法律适用过程中,要注意从这个两个方面考虑。

对于生命安全，首先是生命防卫权。因此，为维护生命安全，自然人有权实施紧急避险、正当防卫，以及民事自助行为等自力救济行为，即便由此对他人的生命权以外的人身权或财产权造成侵害的，也可以免除民法上的责任和刑法上的责任。自然人对于严重危及其生命权的不法侵害，在紧急情况下，可以实施侵害加害人的身体权、健康权，甚至可以剥夺加害人生命权，造成不法加害人死亡的防卫措施。这些都是自然人生命安全受法律保护的具体体现。

维护生命尊严的权利，主要体现为“活要活得有尊严”。但是，在生命尊严严重受损的情况下，为了维护自己的生命尊严，具有完全民事行为能力的自然人是否有权利决定自己的生死呢？“活要活得有尊严”，其反面则是“死要死得有尊严”，所有人在生命的最后一程，要走得完满，有尊严地离开这个世界。一个自然人走到生命尽头，不能安详离去，反而要忍受心脏按压、气管插管、心脏电击以及心内注射等惊心动魄的急救措施。即使急救成功，往往也不能真正摆脱死亡，而很可能只是依赖生命支持系统维持毫无质量的植物状态。死得有尊严，就是在治疗无望的情况下，放弃人工维持生命的手段，让患者自然有尊严地离开人世，最大限度地减轻病人的痛苦。

对于生命权，在学术界存在一个比较有分歧的问题，是自然人是否可以处分其生命。但是在司法实务界，这一点是比较一致的，生命权不在个人自由处分的法益范围之内。针对自然人是否可以处分其生命，司法实践中存在两类极为典型的案件。

一类是相约自杀行为。所谓“相约自杀”，指二人以上自愿约定共同自杀的行为。实践中的相约自杀有多种具体表现形式，从时空、手段和后果的不同进行区分，至少有以下几类（仅以二人为例）：一是相约双方均自杀身亡；二是相约双方在同一时间地点分别各自实施自杀，一方死亡而另一方未逞，双方仅有时空的关联并无行为的关联；三是相约一方先杀死对方后，再实施自杀行为；四是相约双方同时相互实施自杀行为。由于立法上的空白，对于参与自杀行为是否构成故意杀人罪，我国理论界存在一定争议。主流的“可罚说”具体包括：(1)教唆、帮助自杀的，并非属于共同犯罪中的教唆犯或者帮助犯，但由于行为人的教唆行为、帮助行为对自杀者的死亡结果提供了原因力，即具有因果关系，所以一般应按故意杀人罪定罪处罚。(2)相约自杀其中一方杀死对方，继而自杀未逞的，应以故意杀人罪论处，但量刑时可以从轻处罚。(3)行为人实施的帮助他人自杀的行为，属于形式上的教唆、帮助行为，具有杀人的间接正犯性质时，应当认定为故意杀人罪。(4)帮助他人自杀系剥夺他人生命权利的行为，符合故意杀人罪的特征，应认定构成故意杀人罪,原则上应追究行为人的刑事责任。少数持“不可罚说”的观点则相反,但分析路径不同,有的基于罪刑法定原则,主张教唆或者帮助自杀的行为属于法无明文规定不为罪;有的基于自我答责的原理,主张生命处分权是人的权利和自由,参与自杀和受嘱托杀人均不成立犯罪。

我国宪法和法律明确尊重和保障人权,生命权作为最基本的人权体现出至高无上性,但其绝非一种单纯的人身法益,而是个体与社会相互影响作用的综合体。任何权利和自由都不可能是无限制的,在重视个体权利价值的当代社会,仍有必要在生命的保护上坚持一种消极的、极为例外的“家长主义”制约,即在刑法的视角下,生命权不在个人自由处分的法益范围之内,被害人承诺不能成为杀人犯罪的违法性阻却事由。实际上,刑事司法实务中也多持同样观点。最高人民法院、最高人民检察院联合颁布的《关于办理组织和利用邪教组织犯罪案件具体应用法律若干问题的解释》(1999 年 10 月 20 日)和《关于办理组织和利用邪教组织犯罪案件具体应用法律若干问题的解释(二)》(2001 年 6 月 4 日)(均已失效)的规定也体现出积极保护生命权的精神。

另一类就是安乐死问题。对于自然人的生命尊严受法律保护,司法实践中将来可能面临“安乐死”问题。当前,只有极少国家允许按照患者的意愿实施积极安乐死,如医生注射毒针结束患者生命。但是一些国家普遍接受了所谓消极安乐死(俗称“拔管子”),允许在临终阶段,例如,病人处于不可逆的状态(如植物人),遵照其家属意愿可放弃维生治疗(断水断食)。在我国,社会公众大多对赋予患者拒绝此类治疗的权利普遍表示接受。曾有专家呼吁该条款增加关于安乐死的规定,条文设计如下:“经医学界定,无法救治且无法减轻病痛的完全民事行为能力人有权依法自主决定实施安乐死,任何组织或者个人不得欺诈、利诱、胁迫自然人实施安乐死。自然人同意实施安乐死的意思表示应当采取书面形式,经相关主管部门审核批准,由取得安乐死资质的医疗机构予以实施,自然人同意实施安乐死的意思表示可以随时被撤销或者撤回。任何组织与个人应当依法严格执行安乐死,侵害他人人身权益及人格尊严的,受害人及其近亲属有权请求侵权人支付医疗费、丧葬费和精神损害赔偿等合理费用,构成犯罪的,依法追究刑事责任。”

生命权规定了自然人享有生命尊严的权利,具有一定的积极意义,为司法实践在针对安乐死等问题的具体探索预留了相应空间,为法官在未来针对所谓安乐死等问题的解释预留余地。为此,现有的生命尊严条款如何适用于消极安乐死,司法实践应当进一步强化患者的同意权。对处于临终阶段的患者,如对其进行非常规的痛苦性治疗(如维生治疗),必须征得其本人的明示同意;患者如在丧失意志表达能力之前,曾明确表达过拒绝意愿,则其意愿应得到尊重。如果进行非常规的治疗,或者治疗无用处,或者治疗的后果非常人所能承受,则治疗需征得本人同意,增加规定处于临终阶段的患者有权拒绝纯粹为延续生命的无意义治疗;因为此类治疗通常会给患者带来巨大的痛苦和身心折磨,而且其结果往往也只是人为地短暂延续其生命。

需要特别指出的是,我国目前司法实践依然坚持认为对他人实施积极安乐死,例如,医生注射毒针结束患者生命、给重病患者灌药等都属于故意杀人,应当追究刑事责任。

另外,"生命"一词,既包含具有一般意义上的"(生物)人",也应当包括植物人、处于脑死亡状态下的人。这些都属于法律所规定的自然人。对于法律上的自然人之前的胚胎及胎儿,以及法律上的自然人之后的遗体,虽然都不具有本条意义下的生命,但是对于这些特殊存在物,也应当以具有尊严的方式去处理。从这个意义上说,"生命尊严"这一概念可扩展适用至自然人之前的胚胎、胎儿和自然人之后的遗体。因此,还必须看到,"生命尊严"可能涵盖"生前(胚胎)"和"死后(遗体)"的阶段,而在这些阶段,其实仍然有尊严价值的适用余地。

【司法案例】

案例一

蒋某、曾某诉覃某、苏某生命权纠纷案①

诉讼结论:民法鼓励民事主体积极开展合法、正当的社会交往。行为人在正常社会交往活动中实施的行为本身不具有危害性,因意外因素造成他人的权益受到损害的,如果行为人无过错,且其行为与损害结果之间无任何因果关系,行为人依法不承担赔偿责任。

基本案情

覃某和死者曾某婷的爷爷曾乙均在佛山市南海区丹灶镇塱心石龙村租地种菜并居住在菜地工棚。2015 年 1 月 15 日上午,苏某到菜地捡菜时,将几个芭蕉(当地人俗称大蕉)给了覃某的孙子覃甲。覃某夫妇看到覃甲在吃芭蕉,询问苏某并确认芭蕉是苏某给的,覃某夫妇并没有提出异议,其后苏某离开。11 时许,曾某婷来到覃某的菜地找覃甲一起玩耍,两人每人吃了一根芭蕉。大约 14 时,覃甲和曾某婷在菜地边的小路上玩耍,在菜地里装菜的覃某突然听到覃甲大叫,覃某夫妇跑到覃甲和曾某婷身边,发现曾某婷倒地压住覃甲的脚,不省人事,两手发抖,面色发青,口吐白沫,地上掉落一根没有吃完的芭蕉。覃某呼叫在附近菜地干活

① 广东省佛山市中级人民法院(2015)佛中法民一终字第 1211 号民事判决书。

的曾乙。曾乙夫妇跑到曾某婷身边,发现其倒地不醒,在知道是吃了芭蕉后,以为是中毒,遂拨打了110报警及120急救。后曾乙和覃某以及另一名老乡送曾某婷到塱心卫生站进行救治。卫生站接诊医生及随后赶到的佛山市南海区第八人民医院医护人员对曾某婷进行抢救,其间从曾某婷喉咙挖出一块直径约5公分表面带血的芭蕉,后于15时20分宣布曾某婷死亡,死亡原因是异物吸入窒息。

法院认为,本案为人身损害侵权赔偿纠纷,应适用过错责任原则的规定。过错责任是指造成损害并不必然承担赔偿责任,必须看行为人是否有过错,有过错有责任,无过错无责任。一般而言,过错包括故意和过失,故意是指行为人以损害他人为目的而实施加害行为,或者明知自己的行为会造成损害仍实施加害行为;行为人因疏忽或者懈怠未尽合理注意义务的,为过失。根据本案查明的事实,覃某无故意加害曾某婷的目的和行为,且本案也无证据证明覃某在明知曾某婷有不能独立进食芭蕉的特殊体质的情况下,仍放任曾某婷独立进食芭蕉,故覃某不存在故意侵权行为。因此,判断覃某的行为是否因疏忽或者懈怠未尽合理注意义务是其承担责任与否的关键。对此,法院认为,覃某对于曾某婷进食芭蕉窒息死亡不存在过失,理由如下:首先,事发时,曾某婷是已满五周岁的学龄前儿童,从一般生活经验来看,其已具备独立进食包括本案芭蕉在内的常见食物的能力,比曾某婷年幼的覃某的孙子事发当天也独立进食芭蕉,由此可见,覃某对于曾某婷独立进食芭蕉的注意标准与其处理自己同样事务的标准一致。其次,对于并非曾某婷临时监护人的覃某,不能苛求其一直照看曾某婷,并且事发当日早上,曾某婷已经与覃某的孙子一起进食过芭蕉,当时并没有异常,而事发时为当日下午,才发现曾某婷进食芭蕉窒息,对此后果无法预见,事后其也尽力协助救治曾某婷,不能据此认为覃某存在疏忽或者懈怠。最后,从民法的基本价值立场出发,民法应是鼓励民事主体积极地展开社会交往,如果将小孩之间分享无明显安全隐患食物的行为定性为过失,无疑限制人之行为自由,与过错责任原则的立法宗旨不符。综上,曾某婷是因在进食过程中一时咬食芭蕉过多、吞咽过急等偶发因素而导致窒息死亡,应属于意外事件,覃某不存在故意或过失侵害曾某婷的行为,对曾某婷的死亡没有过错,在本案中无须承担侵权损害赔偿责任。

案例二

吴某某等诉北京市顺义区中医医院医疗损害责任纠纷案①

诉讼结论:死亡赔偿金赔偿年限由法律明文规定,不宜以生存率为由进行缩

① 北京市顺义区人民法院(2014)顺民初字第2852号民事判决书。

减，但生存率作为反映患者疾病发展程度的客观数据，应在裁判时予以适当考虑。

基本案情

2012年2月23日，吴某某因入院前两天无明显诱因出现右下腹部疼痛症状入住顺义中医院普外科，入院诊断为右下腹局限性腹膜炎、急性阑尾炎。于当日17时45分，急诊行阑尾切除术，术中另见盲肠末端肿胀明显，形成阑尾周围脓肿，距盲肠末端3.0cm盲肠处可见浆膜层破裂直径约0.5cm可见黏膜层，医生将浆膜层修补并用周围肠脂垂覆盖，固定于盲肠上。2012年3月2日吴某某出院。当年10月，吴某某在北京市顺义区医院被诊断为盲肠癌伴腹壁侵犯。之后吴某某先后在北京市顺义区医院及北京协和医院多次就诊治疗，最终于2014年12月8日因医治无效去世，殁年40岁。

本案审理过程中，就顺义中医院的诊疗行为是否存在过错、该过错与吴某某的死亡结果之间是否存在因果关系以及相应的责任度问题委托了司法鉴定。北京盛唐司法鉴定所经鉴定认为：顺义中医院的诊疗过错使被鉴定人吴某某未能得到尽早诊断，丧失了尽早治疗，甚至治愈的机会，对其预后有一定的不良影响，因此顺义中医院的诊疗过错与被鉴定人吴某某的死亡结果存在一定的因果关系，建议顺义中医院承担次要责任。

法院认为，生存率不可以作为减少死亡赔偿金计算年限依据，理由如下：

1. 生存率为医学统计数据，反映了疾病对生命的危害程度，对医学研究的进步和医疗技术水平的提高有重要意义，但援引该生存率证实个案患者的预期存活寿命欠妥。癌症患者的生存率（可能是三年、五年或十年），是医学研究的常用方法，即为了统计癌症病人的存活率，比较各种治疗方法的优缺点，采用大部分患者预后比较明确的情况作为统计指标得出的数据。生存率对个别患者的治疗和预后有参考意义，但不能绝对适用。就个别患者而言，其存活时间受多重因素影响，如该患者自身的身体机能、所患癌症的具体发展情况、患者实际采取的治疗手段等，故以某一医学研究得出的生存率佐证个别患者的预期存活寿命，在客观上忽视了个体差异，且即便援引生存率，如顺义中医院主张的“结肠癌伴穿孔的5年生存率为18.2%”，从数据理解，仍有18.2%的患者存活时间可超过5年，故本院认为援引生存率证实个案患者的预期存活寿命欠妥。尤其是，在医方的诊疗行为存在过错且该过错客观上导致了患者生存时间缩短的情况下，以患者的实际生存时间未超过5年反证其死亡赔偿金计算年限不能超过5年更不可取，因为医方的诊疗过错行为恰恰是患者生存时间缩短的原因之一。

2. 生命权是法律赋予公民最基本的人格权利；死亡赔偿金法定年限赔偿金，不能以生存率为依据进行缩短；生存率所体现的癌症特点和病情发展程度宜与涉案医方的诊疗过错行为、患者的其他就诊治疗经过等因素一并列入医方对患者死亡结果应负的责任度方面予以考虑。《民法通则》第98条规定,公民享有生命健康权。按照《人身损害赔偿解释》第29条的规定,自然人因遭受人身损害而死亡后,死亡赔偿金按照受诉法院所在地相关收入标准,按照20年计算,但60周岁以上的,年龄每增加1岁减少1年;75周岁以上的,按5年计算。生命权是以生存利益和安全利益为内容的自然人首要和基本的人格权利,没有生命权,一切其他人格权利都无从谈起。自然人因遭受侵害丧失生命后,有权向相关责任人主张死亡赔偿金,且该赔偿金为法定期限赔偿金,不能以生存率这一医学统计数据为由进行缩短。

但需要强调的是,生存率有其客观性和科学性,能够在一定程度上反映患者癌症病情的发展程度和远期疗效。如果将患者的死亡作为结果,那么造成该死亡结果的因素是多重的,即"多因一果",故应将上述多重因素一并考虑后,从原因力角度来综合确定医方应当承担的责任度,这样既符合事物发展的客观规律,也符合侵权法的过错责任原则。

第一千零三条　自然人享有身体权。自然人的身体完整和行动自由受法律保护。任何组织或者个人不得侵害他人的身体权。

【条文主旨】

本条是关于自然人身体权的规定。

【条文理解】

身体是生命的物质载体,是生命得以产生和延续的最基本条件。同时,侵害自然人的身体往往导致对自然人健康的损害,由此决定了身体权对自然人的生命权和健康权至关重要。

本条不仅宣示了自然人享有身体权,还规定了身体权的具体内容,也包括两个方面,一是身体完整,二是行动自由。身体完整,是指整个肉体的完整,包括体外的躯体与四肢,体内的器官及牙齿等。自然人的身体完整受法律保护,在内容上表现为:第一,保持身体组织的完整性,禁止他人的不法侵害;第二,支配其身体组织,包括肢体、器官、血液等;第三,保护身体不受他人侵犯。

自然人的行动自由受法律保护,主要是指身体活动的自由。对于身体活动自由的侵害,主要体现在以非法拘禁等方式剥夺、限制他人的行动自由,或者非法搜查他人身体。《民法典各分编(草案)》第784条规定:"自然人享有身体权,有权维护自己的身体完整。任何组织或者个人不得侵害他人的身体权。”《人格权编(草案)》(二审稿)第784条规定:“自然人享有身体权,有权维护自己的身体完整和行动自由。任何组织或者个人不得侵害他人的身体权。”最后《民法典》在草案基础上进行了细微修改,使表述更为严谨,即“自然人享有身体权。自然人的身体完整和行动自由受法律保护。任何组织或者个人不得侵害他人的身体权。”由此可见,本条文引入了“行动自由”。

【司法适用】

维护身体完整和支配身体组织是身体权不可分割的内容。就维护身体完整来说,未经本人同意,对他人整个肉体的完整性造成破坏的,则构成侵害身体权。换言之,特定情形下,经本人同意,虽然对自然人的整个肉体的完整性造成破坏,但不构成侵害身体权,如医疗诊疗行为、活体器官捐献。由此,经过本人同意的正常医疗行为,虽然对自然人身体的完整性造成破坏,但是由于经过了本人同意,因此不具有违法性。当然,如果因医疗事故造成患者身体不完整的,实施医疗行为的院方需要承担相应的法律责任。

从支配身体的角度来说,“本人同意”,这充分体现了自然人对其身体组织的支配性。当然,自然人对其身体组织的可支配的范围和内容,需要根据民法以外的其他法律予以规定。例如,代孕行为,虽然本人同意利用自己的身体为他人代孕,但是这种支配自己身体的行为不符合民法以外的其他法律规定,因此一般属于无效行为。代孕是人类辅助生殖技术的一种,指运用现代医学技术和方法将丈夫的精子注入自愿代理妻子怀孕者的体内受精,或将人工授精培育成功的受精卵或胚胎移植入自愿代理妻子怀孕者的子宫内着床,待生育后由委托夫妻以亲生父母的身份抚养。简言之,就是“借腹生子”,即妻子不生育,借用第三人代孕母亲的子宫怀孕并分娩子女。从上述代孕内涵的界定可知,典型的代孕主要有两种形式:一是运用医学技术和方法将委托夫妻人工授精培育成功的受精卵或胚胎移植入自愿代理妻子怀孕者的子宫内着床,发育成胎儿直至分娩,生育后小孩由委托夫妻以亲生父母亲的身份抚养,这种情况下代孕母亲与小孩没有基因关系;二是运用人工方式将委托夫妻的男方精液注入自愿代理妻子怀孕者的体内以取代性交途径受精,待生育后小孩由委托夫妻以亲生父母亲的身份抚养,这种情况下代孕母亲与小孩有基因关系。在现实生活中,除了上述两种作为人类辅助生殖技术的代孕之外,还存在第三种代孕形式,即非人类辅助生殖技术的代孕,委托夫妻的男方与自愿代理妻子怀孕的第三者发生直接性关系而怀孕。在这种情形下,代孕母亲一般是为了牟利而进行商业性代孕。

从人道主义出发,不宜认定一切代孕协议均无效,在极端的个别情况下符合一定要件的代孕协议可以认定为有效。2001 年 8 月 1 日施行的《人类辅助生殖技术管理办法》第 24 条规定，人类辅助生殖技术是指运用医学技术和方法对配子、合子、胚胎进行人工操作，以达到受孕目的的技术。如上所述，作为人类辅助生殖技术的代孕有两种形式，但不管哪一种形式的代孕技术，依照《人类辅助生殖技术管理办法》第 22 条第 2 项之规定，我国目前一律禁止实施。但《人类辅助生殖技术管理办法》系卫生部制定的行政规章，并非行政法规，违反行政规章的民事行为不必然导致一律无效。通过发生直接性关系而受孕的所谓代孕不具有合法性，危害婚姻家庭关系和公序良俗，毋庸置疑，这类代孕协议应认定为无效。但作为人类辅助生殖技术的另外两种形式的代孕，如果是为了解决妻子不能生育的问题而采用，从人道主义出发，在符合如下严格要件的情况下，可以认定为有效。这些要件是：(1)即使采用人类辅助生殖技术，妻子亦不能生育；(2)遵循知情同意原则(包括妻子与代孕者)，签署知情同意书；(3)符合国家计划生育政策；(4)符合伦理原则和有关法律规定；(5)必须在经过批准并进行登记的医疗机构中实施。在符合上述条件下，即使代孕者出于牟利目的而代孕，宜认定代孕协议有效，这样处理既体现了人道主义精神，亦符合民法公平及意思自治原则。作为人类辅助生殖技术的代孕在一定的条件下有其存在的必要性及合理性，应当进一步区分不同情形，不宜“一刀切”地认定所有代孕协议均无效。

本条规定保护自然人身体完整的权利，保护自然人先天原生的组成部分的完整性，是比较容易理解和接受的。但是对于自然人身体的后天附加部分该如何保护呢？身体的后天附加部分，就是身体发生残缺后补充上的部分，如假肢、义齿、义眼等。身体后天附加部分，有的构成身体的组成部分，有的则根本不构成身体的组成部分。人格权法研究身体权，有一个很重要的规则，就是身体的后天附加部分能够自行装卸的，不属于身体的组成部分；自然人不能够自行装卸，只有经过医生才能够进行装卸的，就是身体的组成部分。当身体后天附加部分构成身体组成部分时，侵权行为致其损害，构成侵害身体权。当身体后天附加部分不构成身体组成部分时，侵权行为致其损害，不构成侵害身体权，可以构成侵害财产权。例如，假牙就有两种，一种是可以自己随时取下来的，另一种是种植的牙齿，自己不能随意取下来。自己可以随时取下来的假牙，不构成身体组成部分，如果别人一拳打掉了这颗能够自行拆卸的假牙，不构成侵害身体权，即使这颗假牙被打坏了，也只是侵害财产权。种植的牙齿构成身体组成部分，如果别人一拳打掉了这颗不能自行拆卸的假牙，构成侵害身体权，承担人身损害赔偿责任。

自然人的行动自由受法律保护。自然人可以按照自己的意愿参加一些活动，这是其行动自由的具体体现。但是，其对于相应的法律后果也应当自行承担。

《民法典》第 1176 条规定:“自愿参加具有一定风险的文体活动,因其他参加者的行为受到损害的,受害人不得请求其他参加者承担侵权责任;但是,其他参加者对损害的发生有故意或者重大过失的除外。”这就是所谓的自甘风险规则。自甘风险一般是指,对自愿冒险者不构成侵权,即行为人明知该项活动具有一定的危险性,仍自愿参加的,由此产生的正常风险应当由行为人自己承担损害后果,但组织者有过错的,不在此限的一种归责原则。《侵权责任编(草案)》(二审稿)第 954 条之一规定了“自甘风险”规则,即自愿参加具有危险性的活动受到损害的,受害人不得请求他人承担侵权责任,但是他人对损害的发生有故意或者重大过失的除外。《侵权责任编(草案)》(三审稿)对“自甘风险”的适用范围作了限制,即将“自愿参加具有危险性的活动”修改为“自愿参加具有一定风险的文体活动”,在民法典草案“合体”后第一次审议稿中维持了这一规定。在以往的司法实践中,由于法律没有规定自甘风险规则,部分法院运用过错责任归责原则或公平责任归责原则判决被告承担相应的损失,存在侵权责任泛化的倾向,在一定程度上不利于文体活动的开展,也限制了人们的正常交往。“侵权责任编”应在权益保障和行为自由之间作出合理平衡。尤其是我国社会保障相较以前有了长足发展,在符合自甘风险规则的情况下,通过工伤保险、医疗保险、商业保险填补文体活动参加者的损害,既有利于节约有限的司法资源,也有利于社会和谐。

在法律明确规定情况下,自然人的行动自由会受到限制,其他组织或者个人可以在法律规定范围内予以限制,不属于侵害其身体权。如前所述,对于身体活动自由的侵害,主要体现在以非法拘禁等方式剥夺、限制他人的行动自由。在某些特定情形下,对行为自由可以予以一定的限制。关于强制医疗的规定,原来的人格权编草案“室内稿”有规定,但是草案征求意见稿将这一规定删除了。强制治疗也是对身体权行使的一个必要的克减,自然人罹患精神病或者传染病,要进行强制医疗,必须有法律根据。例如,2003 年对非典患者的强制医疗。这是为了公众的健康、公共利益所需,《民法典》应当对此类强制医疗行为提供法律依据。

以自然人罹患精神病为例,目前我国的精神疾病患者收治分为两大类。第一类是自愿入院。这部分患者有认知能力,自己可以决定入院和出院。第二类是强制性入院。目前争议最大的是“强制性入院”。精神病的发病机理很复杂,现有医学水平很难准确判断精神病的患病程度,很多指标靠人为观察和询问来判断,与医疗水平和医生从医经验有关。也就是说,对精神病人的判断有一定的风险,如果没有相应的制度和法律规定出台,监护人或监护单位或精神病院等相关群体、单位,一旦存在一定的利益关系或利益矛盾,就可能会使“强制性”精神病患者在收治和出院环节出现漏洞。对于精神病人的法定强制医疗，我国《刑法》第 18 条规定："精神病人在不能辨认或者不能控制自己行为的时候造成危害结果，经法定程序鉴定确认的，不负刑事责任，但是应当责令他的家属或者监护人严加看管和医疗；在必要的时候，由政府强制医疗。"这是对违反《刑法》的精神病人的强制医疗措施的规定，而对于没有违反《刑法》但需要对其进行强制医疗的精神病人，并没有明确规定。然而在现实社会中，确实存在患有精神疾病的公民因为无法辨认和控制自己的行为，存在伤害自我或者他人的风险，适当时候需要通过一定的强制手段使其接受入院治疗。对此，不管是否有法律明确规定，必须有一定的判断强制医疗的标准，以平衡有关各方的利益。

对精神病人的强制医疗，一般涉及三种权利需要进行保护。首先是公民的人身自由权。我国《宪法》第 37 条规定，中华人民共和国的公民的人身自由权不受侵害。人身自由权是最基本的权利之一。对病人进行强制医疗，虽然是出于保护病人本身及他人的目的，但确实对病人的人身自由进行了限制，因此违背当事人意志而进行的强制医疗必须符合非常严格的标准。其次是精神病人获得有效治疗的权利。虽然法律保护公民的人身自由权，但对于真正的精神病患者，由于其无法辨认或者控制自己的行为，无法真实判断自己的利益，有可能出现逃避、反抗医疗的行为，从而阻碍了有效治疗，使其健康权得不到有效保障。因此，精神病人的监护人或者近亲属在某些情况下，可以代表精神病人本身的意志；在其要求下，精神病医院应适当对精神病人采取强制医疗措施以保护其健康权。最后是家属及他人生命健康权不受威胁的权利。精神病人病情发作时，可能存在伤害自身或他人身体或财物的暴力行为，对社会造成危害。虽然伤害行为未必真实发生，但由于精神病人的特殊危险性，若其发病时未能及时采取有效措施进行制止或者医治，危险就可能转化为真实的损害。因此，对于患有暴力倾向，同时可以判断为精神病的公民，可以及时采取强制措施对疑似病人的人身自由进行适当限制并实施治疗。在判断对精神病人强制治疗的程序或标准时，应当平衡考虑这三种主要的权利，在保障基本人身自由权的情况下，促进对精神病人的有效治疗，保护相关人的安全健康。

我国还没有制定《精神卫生法》。精神病医院根据实践需要，制定了内部规定，以保障上述三项权利。实际上，精神病医疗行业对精神病人的收治有基本的标准。精神病医院具有专业性，其更具备在紧急情况下判断病人危险性的能力，应当具备一定的标准制定权和判断权。

【司法案例】

姚某与覃某探视权纠纷案[①]

诉讼结论:代孕协议以合法形式掩盖非法目的,且内容违反法律和公序良俗,应认定为无效。

基本案情

2010年1月1日,覃某作为代孕需求方甲方与乙方某代孕网签订了《爱心代孕合作协议》,协议主要内容如下:(1)甲乙双方是在完全自愿的基础上达成代孕协议。乙方(以下简称代孕方)完全自愿为甲方代孕。协议期间,任何一方不得在对方未发生违约的情况下中止协议约定内容,否则私自中止方属于违约。(注:乙方为代孕方的全权代理人)。(2)本协议有效期为即日起至代孕方所生养的甲方亲生子(女)满月为止。最长期限为即日起17个月。如果一方违约或者需要承担协议规定的责任,有效期至违约方完全承担并履行其相关责任为止。(3)代孕方在服务期间所生养的小孩必须是甲方的亲生子(女)。……(11)甲方付代孕方代孕报酬总额为16万元。……(17)双方一辈子永远不得有打探对方的一切关于真实身份资料的行为。(28)受孕的方式:自然受孕(性生活受孕),只限于代孕妈妈每月排卵的那几天进行性生活。……(38)合约于2010年4月1日起开始生效。此外,双方还约定了违约责任。覃某、韦某分别作为甲方和乙方在合同书上签字。合同签订后,姚某分别于2011年1月8日、2月11日、3月25日、4月14日及6月3日出具收条,收条记载收到覃某支付的代孕佣金及代孕补偿费共计18万元整,代孕佣金已结清,覃某、韦某签订的代孕协议自动终止。2011年5月25日,姚某在桂林市妇女儿童医院生下儿子覃某某。2011年6月3日,覃某某出院后被覃某抱回家中,覃某拒绝姚某探望儿子,姚某遂于2011年9月26日向广西壮族自治区柳州市城中区人民法院提起诉讼,请求法院判决:(1)覃某、姚某非婚生子覃某某归覃某抚养;(2)覃某给姚某探望儿子覃某某每月一次、每次两天的机会;(3)诉讼费由覃某某承担。

法院认为,本案双方当事人争议的第一个焦点就是原告和被告签订的代孕协议是否具有法律效力。本案双方当事人签订的代孕协议因涉及有关身份关系,依照我国《合同法》第2条之规定“本法所称合同是平等主体的自然人、法人、其他组织之间设立、变更、终止民事权利义务关系的协议。婚姻、收养、监护等有关身份关系的协议,适用其他法律的规定”,故不应适用我国《合同法》之规定,而应适用

---

① 广西壮族自治区柳州市城中区人民法院(2011)城中民一初字第838号。

我国《民法通则》等其他法律的规定。

本案被告覃某和作为代孕母亲的原告姚某通过发生直接性关系而受孕，并非人类辅助生殖技术的运用，且被告覃某系有妇之夫，在婚姻关系存续期间与配偶之外的第三者原告姚某发生直接性关系以求子嗣传宗接代，违反我国《婚姻法》第2条规定的一夫一妻制以及第4条规定的夫妻应当互相忠实的义务，其行为的违法性显而易见；原告姚某系未婚女青年，其与被告覃某之间没有法律规定的婚姻关系，其之所以代孕乃出于牟利之目的，违反我国计划生育基本国策，其行为的违法性亦不言而喻。因此，被告覃某与原告姚某通过第三方代理签订的代孕协议，以合法形式掩盖非法目的，内容不但违反法律之规定，危害婚姻家庭关系，而且亦违反公序良俗，依照我国《民法通则》第58条第5项及第6项之规定，应当认定双方当事人签订的代孕协议无效。

第一千零四条　自然人享有健康权。自然人的身心健康受法律保护。任何组织或者个人不得侵害他人的健康权。

【条文主旨】

本条是关于自然人健康权的规定。

【条文理解】

健康，是指人体机能和功能处于正常状态，包括生理健康和心理健康。身体健康是自然人参加社会活动和从事民事活动的重要保证。健康权是自然人享有的一项最基本人权，是自然人享有一切权利的基础之一，如果健康权得不到保障，那么自然人的其他权利就无法实现或很难实现。

健康权是自然人依法享有的身体健康不受他人非法侵害的权利。保护自然人的健康权，就是保障自然人身体的机能和器官不受非法侵害。本条不仅明确规定自然人享有健康权，还规定了健康权的具体内容，也包括两个方面，一是身体健康，二是心理健康。需要特别指出的是，自《民法典各分编（草案）》到现在《民法典》通过和发布，该条文仅在《民法典（草案）》（2019年12月16日稿）提请审议时进行了表述上的字词调整，没有实质性变化。

【司法适用】

健康权为自然人享有保持生理机能正常及其健康状况不受侵犯的权利，其内容主要包括健康保持权和特定情形下的健康利益支配权。保护自然人的健康权是我国刑法、民法等多项部门法的共同任务。非法侵害他人的健康权，必须承担相应的民事、刑事法律责任。对于不法侵害自然人健康权的行为,不仅要追究行为人的民事责任,严重侵害自然人健康权构成犯罪的,还要同时追究其刑事责任。

鉴于健康权的重要性,自然人自身需要积极维护自己的身心健康,对于侵害其健康权的各种违法行为可以自行预防,对于严重危及其健康权的各种违法行为还有权进行防卫。例如,前文所述的紧急避险和正当防卫。为保障健康权,针对一些特殊场合和特殊主体,法律规定了安全保障义务。

安全保障义务是公共场所或公共设施管理人的法定义务,安全保障义务人既要保障其管理的场所或设施的安全性,也要对在场所内活动或使用设施的人进行必要的警告、指示说明、通知及提供必要的帮助,以预防侵害的发生。

例如,地铁公司主要以自动检票闸机控制乘客的进出站,如果地铁公司未对免票乘客及其随行人员如何安全通过闸机进行合理的安排和管理,由此导致乘客在无法得知安全通行方式的情况下受伤,则应认定地铁公司作为公共场所的管理者未尽到安全保障义务,应当对乘客的损害承担相应的侵权责任。

产品生产者生产的产品应当符合安全标准,对产品购买者和使用者负有安全保障义务。因产品存在缺陷造成人身、缺陷产品以外的其他财产损害的,生产者应当承担赔偿责任;生产者能够证明有下列情形之一的,不承担赔偿责任:(1)未将产品投入流通的;(2)产品投入流通时,引起损害的缺陷尚不存在的;(3)将产品投入流通时的科学技术水平尚不能发现缺陷的存在的。产品缺陷,是指产品存在危及人身、他人财产安全的不合理的危险;产品有保障人体健康和人身、财产安全的国家标准、行业标准的,是指不符合该标准。国家标准和行业标准是产品应当符合的最低标准,符合"标准"的产品,也存在具有不合理危险的可能性。产品生产者应对其法定免责事由承担举证责任,其自行出具的产品质量检验合格报告不能成为其免责之法定事由。生产者不提供证据证明其产品符合质量标准的,应对受害者承担侵权赔偿责任。

作为提供住宿服务的酒店经营者,对入住酒店的消费者应履行合理限度的安全保障义务。酒店经营者因管理、服务瑕疵等安全隐患而致消费者产生人身伤害的,应承担民事赔偿责任。酒店经营场所的出租方对于事发场所管理不善的,亦应承担相应的责任。受害人对于损害发生也有过错的,应根据过失相抵原则,减轻侵害人的民事责任。从事住宿、餐饮、娱乐等经营活动或者其他社会活动的自然人、法人、其他组织,未尽合理限度内的安全保障义务致使他人遭受人身损害的,赔偿权利人请求其承担相应赔偿责任的,人民法院应予支持。

经营者需要保障消费者的健康,甚至需要保障消费者进行消费过程中免受第三人的侵害。《消费者权益保护法》第 7 条规定:"消费者在购买、使用商品和接受服务时享有人身、财产安全不受损害的权利。消费者有权要求经营者提供的商品和服务,符合保障人身、财产安全的要求。”第 11 条规定:“消费者因购买、使用商品或者接受服务受到人身、财产损害的,享有依法获得赔偿的权利。”第 18 条规定:“经营者应当保证其提供的商品或者服务符合保障人身、财产安全的要求。”综观《消费者权益保护法》的这些规定,都是指经营者因其提供的商品或服务造成消费者的人身或财产损害时,经营者应当承担责任。虽然根据《消费者权益保护法》的规定,经营者对消费者在消费过程中被第三人伤害不负法律责任,但经营者并非不承担任何义务。根据诚实信用原则和现行法律理念,经营者对正在接受其服务的消费者的人身安全,负有谨慎注意和照顾的义务,即在其所能控制的范围内,采取其能力所及的合理措施,防止消费者的人身安全被第三人侵害,或者在这种侵害发生后尽力避免损害结果的扩大。

在公共交通道路上堆放、倾倒、遗撒妨碍他人通行的物品,无法确定具体行为人时,环卫机构作为具体负责道路清扫的责任单位,应当根据路面的实际情况制定相应的巡查频率和保洁制度,并在每次巡查保洁后保存相应的记录,保持路面基本干净,保障安全通行。环卫机构未能提供其巡回保洁和及时清理的相关记录,应当认定其未尽到清理、保洁的义务,对他人因此受伤产生的损失,依法应承担相应的赔偿责任。

高速公路管理公司对公路应当尽管理义务,确保通行安全,保障通行者的人身安全,否则应当承担赔偿责任。通行者在高速公路驾车行驶时碾压到车辆散落物导致交通事故的,高速公路管理者在不能举证证明已尽到及时巡视和清障义务的情况下,应当承担相应的赔偿责任。车辆通过付费方式进入高速公路的法律关系,系通行者与高速公路管理者达成的有偿使用高速公路的民事合同关系,高速公路管理者有及时巡视和清障的义务,以保障司乘人员安全、畅通地通过高速公路。高速公路是由专门机构管理的具备高速、封闭、机动车专用等特点的道路。在高速公路上,直接引发事故的因素除了机动车(含事故车和其他违章车辆)驾驶人员外,还可能包括非机动车因素,如不应进入高速公路的人或物,以及其他车辆的抛洒、散落物体等。在此情况下事故赔偿主体应当不限于导致事故发生的人或物的支配者,也可能包括未尽相关管理义务的高速公路的经营者。车辆进入高速公路系通过付费方式以获得运行高效的保障,高速公路管理者应保证道路的畅通安全,如果未尽管理义务或管理有瑕疵,应当承担相应的赔偿责任。《人身损害赔偿解释》第 16 条规定,道路、桥梁、隧道等人工建造的构筑物因维护、管理瑕疵致人损害的,由所有人或管理人承担赔偿责任,但能够证明自己没有过错的除外。根据该规定,高速公路管理者如想减免己方责任,其前提是须证明已尽到了及时巡视和清障的义务，否则将因自身的不作为而承担相应的赔偿责任。

商业银行在合理限度内未尽到安全保障的义务，致使存款人及其他客户在银行的营业场所遭抢劫遇害的，应承担与其过错相适应的赔偿责任。《商业银行法》第6条规定："商业银行应当保障存款人的合法权益不受任何单位和个人的侵犯。"商业银行在开展存、贷款及其他业务活动中，应依照法律规定，认真履行保障存款人和其他客户合法权益不受侵犯的义务。商业银行的营业厅，是商业银行为客户提供金融服务的主要场所，商业银行应当根据其从事经营活动的规模，依照法律、法规以及相关部门规章的规定，在营业厅内预先安装必需的安全防范设施，安排保安人员，预防和尽可能避免不法侵害的发生，为客户的人身及财产安全提供保障，维护良好的交易秩序。公安部、中国人民银行发布的《基层金融单位治安保卫工作暂行规定》第12条第4项规定，商业银行的"营业操作室安装紧急报警装置或联防警铃"。法律以维护和实现社会正义为目的。在尊重和保护人的生命健康权同时，必须充分考虑在什么范围内确定商业银行应承担的补充赔偿责任，不得随意加重或减轻。只有要求赔偿义务主体在合理范围内承担民事法律责任，才能体现法律的公平，实现法的价值和作用。

因用人单位以外的第三人侵权造成劳动者人身损害，构成工伤的，该劳动者既是工伤事故中的受伤职工，又是侵权行为的受害人，有权同时获得工伤保险赔偿和人身侵权赔偿；用人单位和侵权人均应当依法承担各自所负赔偿责任，即使该劳动者已从其中一方先行获得赔偿，亦不能免除或者减轻另一方的赔偿责任。

【司法案例】

杨某某诉甲公司人身损害赔偿纠纷案①

诉讼结论：因用人单位以外的第三人侵权造成劳动者人身损害，构成工伤的，该劳动者既是工伤事故中的受伤职工，又是侵权行为的受害人，有权同时获得工伤保险赔偿和人身侵权赔偿；用人单位和侵权人均应当依法承担各自所负赔偿责任，即使该劳动者已从其中一方先行获得赔偿，亦不能免除或者减轻另一方的赔偿责任。

基本案情

原告杨某某系乙公司职工。2000年10月16日，被告甲公司职工在工作过程中违规作业，从高处抛掷钢管，将正在现场从事工作的杨某某头部砸伤，致其重度颅脑外伤、外伤性尿崩症等。根据宝山区职工劳动能力鉴定委员会于2003年1

① 上海市第二中级人民法院(2005)沪二中民一(民)终字第1799号民事判决书。

月 14 日出具的伤情鉴定，杨某某因工致残程度四级。杨某某与乙公司发生工伤保险赔偿纠纷，经仲裁和法院判决，乙公司已就杨某某的工伤事故承担了一定的费用。原告杨某某以用人单位以外的第三人甲公司侵权造成劳动者人身损害，请求第三人承担赔偿责任。

法院认为，本案的争议焦点是，因用人单位以外的第三人侵权造成劳动者人身损害，构成工伤的，劳动者在获得用人单位工伤保险赔偿后，又向侵权人提起人身损害赔偿诉讼，请求判令侵权人承担民事赔偿责任的，是否应当予以支持。

《工伤保险条例》第 14 条规定："职工有下列情形之一的，应当认定为工伤：（一）在工作时间和工作场所内，因工作原因受到事故伤害的；（二）工作时间前后在工作场所内，从事与工作有关的预备性或者收尾性工作受到事故伤害的；（三）在工作时间和工作场所内，因履行工作职责受到暴力等意外伤害的；（四）患职业病的；（五）因工外出期间，由于工作原因受到伤害或者发生事故下落不明的；（六）在上下班途中，受到机动车事故伤害的；（七）法律、行政法规规定应当认定为工伤的其他情形。"该规定明确了应当认定为工伤的法定情形，只要符合上述法定情形，职工所受伤害无论是否由第三人侵权引起，都应当认定为工伤。换言之，是否存在第三人侵权不影响工伤的认定。

公民享有生命健康权。侵害公民身体造成伤害的，应当赔偿医疗费、因误工减少的收入、残废者生活补助费等费用；造成死亡的，并应当支付丧葬费、死者生前扶养的人必要的生活费等费用。因此，第三人侵权造成他人身体伤害的应当承担赔偿责任，被侵害人依法享有获得赔偿的权利。

《人身损害赔偿解释》第 12 条第 1 款规定："依法应当参加工伤保险统筹的用人单位的劳动者，因工伤事故遭受人身损害，劳动者或者其近亲属向人民法院起诉请求用人单位承担民事赔偿责任的，告知其按《工伤保险条例》的规定处理。"该条第 2 款规定："因用人单位以外的第三人侵权造成劳动者人身损害，赔偿权利人请求第三人承担民事赔偿责任的，人民法院应予支持。"根据该规定，劳动者因工伤事故受到人身损害，有权向用人单位主张工伤保险赔偿，如果所受人身损害系因用人单位以外的第三人侵权所致，劳动者同时还有权向第三人主张人身损害赔偿。

因用人单位以外的第三人侵权造成劳动者人身损害，构成工伤的，劳动者因工伤事故享有工伤保险赔偿请求权，因第三人侵权享有人身损害赔偿请求权。二者虽然基于同一损害事实，但存在于两个不同的法律关系之中，互不排斥。首先，基于工伤事故的发生，劳动者与用人单位之间形成工伤保险赔偿关系。国家设置工伤保险制度，目的是保障因工作遭受事故伤害或者患职业病的职工获得医疗救治和经济补偿。根据《工伤保险条例》的规定,用人单位应当为本单位全体职工缴纳工伤保险费,因工伤事故受到人身损害的职工有权获得工伤保险赔偿、享受工伤待遇。因此,只要客观上存在工伤事故,受伤职工和用人单位之间就会产生工伤保险赔偿关系,确认该法律关系成立与否,无须考察工伤事故发生的原因,即使工伤事故系用人单位以外的第三人侵权所致,或者是受伤职工本人的过失所致,都不影响受伤职工向用人单位主张工伤保险赔偿。其次,基于侵权事实的存在,受伤职工作为被侵权人,与侵权人之间形成侵权之债的法律关系,有权向侵权人主张人身损害赔偿。侵权之债成立与否,与被侵权人是否获得工伤保险赔偿无关,即使用人单位已经给予受伤职工工伤保险赔偿,也不能免除侵权人的赔偿责任。综上所述,因用人单位以外的第三人侵权造成劳动者人身损害,构成工伤的,劳动者具有双重主体身份——工伤事故中的受伤职工和人身侵权的受害人。基于双重主体身份,劳动者有权向用人单位主张工伤保险赔偿,同时还有权向侵权人主张人身损害赔偿,即有权获得双重赔偿。在这种情形下,用人单位和侵权人应当依法承担各自所负的赔偿责任,不因受伤职工(受害人)先行获得一方赔偿、实际损失已得到全部或部分补偿而免除或减轻另一方的责任。

根据瑞金医院的诊断治疗意见,被上诉人杨某某需长期服用德巴金和弥凝片。一审法院判决上诉人甲公司负担杨某某长期服用上述药物的费用是合理的,甲公司不同意承担该费用,并无法律和事实依据,不予支持。本案工伤事故发生后,杨某某多次向甲公司主张权利,杨某某起诉时并未超出法律规定的诉讼时效,故甲公司上诉称本案起诉已超出诉讼时效并无事实依据,不予采信。

最终,法院综合认为,结合本案的实际情况,虽然杨某某获得了其所在单位乙公司的工伤保险赔偿,但并不因此而减免上诉人甲公司的侵权损害赔偿责任。甲公司作为本案事故的侵权行为人,必须依法承担相应的侵权赔偿责任。甲公司上诉主张杨某某已获得工伤保险赔偿,无权再向其要求侵权赔偿,没有法律依据,不予支持。杨某某作为工伤事故中的受伤职工和侵权行为的受害人,有权获得双重赔偿,甲公司的侵权赔偿责任并未因此而有所加重。

第一千零五条　自然人的生命权、身体权、健康权受到侵害或者处于其他危难情形的,负有法定救助义务的组织或者个人应当及时施救。

【条文主旨】

本条是关于法定救助义务的规定。

【条文理解】

自然人的生命权、身体权、健康权是最为基本的人权，国家法律应当提供特别保护。一方面，法律要求一些特定的组织提供事先的安全保障措施，避免和防范自然人的生命权、身体权、健康权受到侵害；另一方面，在自然人的生命权、身体权、健康权受到侵害后，法律要求一些特定的组织或者个人应当及时施救。

本条规定了法定救助义务，即自然人的生命权、身体权、健康权受到侵害或者处于其他危难情形的，负有法定救助义务的组织或者个人应当及时施救。按照法律规定，警察、医师等人员负有这种及时施救的义务，这一规定强化了对自然人基本人身权利的保护，体现了民法典的人文精神和人文关怀。

本条的具体内容从《民法典各分编（草案）》到现在，基本上没有实质性的变化，《民法典各分编（草案）》规定："自然人的生命权、身体权、健康权受到侵害或者处于其他危难情形的，负有法定救助义务的机构和人员应当依法及时施救。"《人格权编（草案）》（二审稿）和《人格权编（草案）》（三审稿）内容相同，即"自然人的生命权、身体权、健康权受到侵害或者处于其他危难情形的，负有法定救助义务的组织或者个人应当及时施救"。

【司法适用】

特定组织或者个人依法负有积极救助生命、保障身体健康的义务。这里的特定组织或者个人，需要依据本法以及本法以外的其他法律规定来确定。例如，医院不能因为患者未交医疗费等理由而见死不救；一些公共场所的管理者、从事经营活动的民事主体应当承担安全保障义务，未尽安全保障义务导致自然人的生命权、身体权、健康权受到侵害的，不仅负有法定救助义务，还需要承担侵权责任。在安全生产法和劳动法中，用人单位应积极采取安全保障措施，保障安全生产，预防安全生产事故、避免职业病，保障劳动者的生命安全和身体健康。一旦发生工伤事故或者造成职业病，用人单位应采取措施使其得到及时救济。

本条规定了法定救助义务。自然人的生命权、身体权、健康权受到侵害或者处于其他危难情形的，负有法定救助义务的组织或者个人未实施救助或者救助不及时的，应当对未实施救助或者救助不及时而造成的损害部分承担相应的民事法律责任。结合其他法律规定，如果该特定组织或者个人还负有安全保障义务，对自然人的生命权、身体权、健康权受到侵害或者处于其他危难情形，应当承担相应的民事法律责任。

医疗紧急救助义务。医疗紧急救助义务，是指医疗机构及其医务人员对于紧急病人负有的进行救助的法定义务。从概念可以看出，紧急救治义务是医务人员的法定义务。例如，因抢救生命垂危的患者等紧急情况，不能取得患者或者其近亲属意见的,经医疗机构负责人或者授权的负责人批准,可以立即实施相应的医疗措施。从医院的职能上讲,疾病无法医治或者死亡率高并不能免除医院的法定救助义务,故对于死亡率高的疾病,虽然医院的过错与患者的去世之间存在因果关系,但是患者去世的直接原因仍然是其疾病本身,在这种情况下,让医院承担患者全部的经济责任和精神损害赔偿责任是不公平的。

公安机关的救助义务。依照《人民警察法》第21条的规定,公安机关在"遇到公民人身、财产安全受到侵犯或者处于其他危难情形"时负有保护公民安全的义务,应负防范危险、制止损害的作为义务。我国人民警察的"见危应救",是指人民警察基于其法定职责和义务对人身、财产处于危险或灾难的公民应当立即给予拯救和援助。"见危应救"是《人民警察法》规定的人民警察应履行的法定义务之一。"见危应救"的警察主体范围是所有在职在编的人民警察,"见危应救"的时限要求民警迅速前往救助,同时人民警察还应不断提高服务助民的技能。人民警察"见危不救"的,根据具体情况,应承担刑事、行政和赔偿费用的法律责任。但是,不属于人民警察危难救助义务范围事项等情形的,人民警察不需要承担法律责任。警察"见危应救"与公民"见危应救"不同。因此,公安机关对其依法出警救助的人员,除了要及时制止、解除现实发生的损害外,还应以合法、合理、审慎的必要行为防范可预见的危险发生。当然,对于怠于履行职责的间接致害行为,受害人首先应要求直接致害人赔偿。如果受害人已从直接致害人那里获得了赔偿,公安机关可免除赔偿责任。如果受害人不能从致害人处得到赔偿或得不到全部赔偿,则公安机关应承担补充赔偿责任。

承运人的救助义务。在运输合同中,承运人在运输过程中,应当尽力救助患有急病、分娩、遇险的旅客。承运人应当承担的"救助"义务,即抢救义务。该义务是法定义务,直接来源于法律规定。在运输途中,当旅客发生急病、分娩或者遇险时,承运人必须加以救助,否则便是违法,便要承担相应的法律责任。要求承运人在旅客运输合同的履行过程中负担对特定旅客的救助义务,是人道主义精神的表现,是国际上通行的惯例做法。承运人的这种人道主义性质的义务也不是无限的,而只是针对特定的旅客。这就是,只有患有急病、在运输途中发生分娩及遇险的三类旅客才享有受救助的权利。所谓急病,是指因旅客体质等自身原因,突然发生的疾病,或者原有疾病的突然发作,如果不立即加以抢救、治疗,便会严重损害其健康,甚至危及生命。所谓分娩,是指从将要分娩到分娩结束的整个过程。所谓遇险,是指外力的作用使旅客身体受到伤害,发生危及其健康、生命的重大危险。在旅客遇险时,承运人有当然的救助义务,而不问这种危险的来源是什么。

海事救助义务。海事救助义务,是指在事故现场附近的船舶的船长收到船舶、飞机、救生艇、救生筏等的遇险求救信号或发现有人遭遇生命危险时，在不严重危及自身（船舶和船上人员）安全的情况下，应全速前往，尽力救助遇难人员的义务。该项义务既是人道主义义务，也是法定义务。船长如果不履行救助义务，会受到舆论谴责乃至承受法律后果。但下列情况除外：(1)接到遇难船已要求他船救助的通知；(2)接到不再需要救助的通知。如果船长因故不能前往救助，或因情况特殊认为前往救助不合理或不必要时，必须将未能前往救助遇难人员的理由载入航海日志，并承担有关方面可能要求船长承担的举证责任。

家庭成员之间的救助义务。家庭成员之间的救助义务是属于法定义务，还是属于道德义务，这在学界存在一定的争议。在司法实践中，对家庭成员之间的救助义务定位不一，一些相同的案例产生了不同的判决。应当承认家庭成员之间应当互负救助义务，建议应当将夫妻之间的救助义务上升为法定义务。

因违反安全保障义务而产生救助义务。安全保障义务通常是当事人之间并没有合同明确约定的情况下产生的要求一方对另一方的人身、财产安全负担的积极作为的义务，因违反此种义务而产生的责任是不作为责任。宾馆、商场、银行、车站、娱乐场所等公共场所的管理人或者群众性活动的组织者，未尽到安全保障义务，致使生命权、身体权、健康权受到侵害或者处于其他危难情形的，负有安全保障义务的组织或者个人应当及时施救。对安全保障义务性质的认定主要有三种观点：(1)基于合同法中诚实信用原则延伸的附随义务说，认为提供公共服务的人与受害人之间订有契约，安全保障义务是依据双方的契约而确定的权利义务关系。例如，住宿合同中，宾馆除了负有提供合乎标准的住宿设施及服务的主给付义务外，还应向住客提供基于诚实信用原则而产生的照顾、保护、协助等合同附随义务，该义务的内容为"宾馆应对住客的人身、财产负安全保护义务。如果违反该项附随义务，未能防止住客在宾馆内受到不法侵害，宾馆应承担违约责任"。(2)基于司法解释和立法规定的法定义务说，认为经营者对其服务的消费者等的人身、财产安全负有保障义务是一种法定义务。虽然《合同法》没有对安全保障义务作出明确的规定，但我国立法实践中的大量法律、行政法规规定了各种情形下经营者应负担的安全保障义务，经营者违反该种义务所应承担的一般是侵权责任。(3)认为安全保障义务的性质有两种，即合同义务、法定义务，两种义务是竞合的。鉴于我国司法实践中出现的众多关于安全保障义务的案件，大都既构成不作为的侵权责任，又多伴随违约责任的复杂情况。关于安全保障义务之定性，应以法定义务说为原则。

安全保障义务的范围包括两个方面的内容：第一，所控之物方面的安全保障义务，主要体现在保管、维护及配备义务，即公共场所管理人对其所能控制场所内的建筑物、运输工具、配套设备等物的安全性负有保障义务。第二，人员配备方面的安全保障义务，即应当配备适当人员提供预防外界及第三人侵害的保障，主要包括警告、指示、通知和保护义务。安全保障义务标准的界定关系到判断义务履行情况、义务主体是否需要承担侵权责任以及所应承担责任的比例程度。《侵权责任法》第 37 条的安全保障义务本身没有对其内容和标准给出明确规则，判断是否违反安全保障义务还需要借助其他法律、法规和理性人（审慎管理人）的判断标准。通常以行为人是否尽到了同类交易情形下通行的注意义务作为衡量的尺度，如考虑安全保障义务人是否达到了主管机关所要求的安全保护标准，在执行这些标准规定时是否存在疏忽、纰漏，在发生损害时的处置措施是否得当等。同时，还需要根据每个具体的案件情形加以确定，这样才能为法律创设更具有创造性的判例提供可能，并因此使法律与时俱进，符合社会的要求而不用担心司法的专横。在司法实践中，学术界及司法实践中对于安全保障义务很难有统一的标准，但主要从以下四个方面加以把握：第一，法定标准。如果法律对于安全保障义务的内容有直接规定的，应当严格依此作出判断。例如，公安部《高层建筑消防管理规则》规定，建筑物内的走道、楼梯、出口等部位，要经常保持通畅，严禁堆放物品。疏散标志和指示灯，要完整好用。即是对建筑物所有者或管理者是否尽到火灾预防义务的法定判断标准。又如，《物业管理条例》第 55 条规定，“物业存在安全隐患，危及公共利益及他人合法权益时，责任人应当及时维修养护，有关业主应当给予配合”，即是对物业管理者是否尽到物业安全义务的法定判断标准。第二，特别标准。对于未成年人和特殊人群的安全保障义务，应采用更加严格的特别标准。当义务人的经营活动或社会活动领域，对未成年人具有诱惑力或者服务于特殊人群时，经营者或社会活动组织者必须履行最高程度的安全保障义务，消除危险，使之不能发生，而不能完全寄希望于未成年人或者特殊人群主动避免危险发生，要采取必要措施使危险得以消除、隔绝。第三，善良管理人标准。如果没有法定标准，判断是否履行安全保障义务时的标准，要高于侵权行为法上一般人的注意义务标准。法国最高法院的判例认为，在欠缺法定义务的情况下，行为人是否对他人负有积极作为的义务，应根据“善良家父”的标准加以判断。这种标准与德国法中“交易上必要之注意”相当，都是要以交易上的一般观念，认为具有相当知识经验的人，对于一定事件的所用注意作为标准，客观加以认定。行为人是否负有此项注意义务的经验和知识及其以往所用的注意程度，均不过问。第四，一般标准。分为两个方面，一是公共管理人对于一般保护人的隐蔽性危险告知义务。例如，开放性小区的物业公司对于并非小区内业主，而是通过小区内道路的外来人员，其只对隐蔽性危险负有告知义务，并非承担善良管理人的注意义务。二是公共管理人对于受其邀请人员或提供服务的对象,应尽到的一般保护事项,如对商场、列车、公共交通工具遭受窃贼侵害的危险,负有一般告知义务和注意义务。

在先行为产生救助义务。(1)交通肇事产生的救助义务。机动车驾驶员发生交通事故时,为推卸和逃避法律追究而擅自逃离现场,扰乱正常的交通秩序。由于交通肇事逃逸的危害性,法律法规均对该行为予以规制。一方面,《道路交通安全法》第70条规定:"在道路上发生交通事故,车辆驾驶人应当立即停车,保护现场;造成人身伤亡的,车辆驾驶人应当立即抢救受伤人员……"该规定将保护现场和救助受伤人员作为交通事故当事人的法定义务,确立了救助伤员的立法导向,以将交通事故造成的损失降到最低。另一方面,《道路交通安全法》《刑法》等法律针对交通肇事逃逸行为程度的差异和造成损害后果的大小,分别规定了相应的民事、行政和刑事责任,其中《刑法》规定交通肇事逃逸或者为了逃避法律追究隐藏受害人,使受害人得不到救助而死亡的,最高可判处死刑,由此可见立法对交通肇事逃逸不履行救助义务的否定态度。综上所述,严惩交通肇事逃逸之立法本意不仅在于肇事者存在"逃避法律责任追究",更在于督促交通事故当事人不得违反"救助义务之履行",因为在发生交通肇事的场合,往往有被害人需要救助,督促肇事者积极履行救助义务,能够最大限度地降低损害后果,避免危害结果进一步发生。(2)《未成年人保护法》第6条规定:"保护未成年人,是国家机关、武装力量、政党、社会团体、企业事业组织、城乡基层群众性自治组织、未成年人的监护人和其他成年公民的共同责任。"如果成年人与未成年人相约到水库游玩,对溺水后的未成年人具有法定救助义务。

【司法案例】

上海某巴士公司与吴某某、徐某果等生命权纠纷案①

诉讼结论:某巴士公司具有法定的救助义务,对不履行救助义务造成的各项损失承担相应的赔偿责任。

基本案情

徐某果乘坐某巴士公司公交专线,在乘坐公交期间,徐某果突发疾病,因未能及时发现,导致未能及时送到医院进行抢救,造成徐某果死亡,该案起诉到本院。

法院认为,承运人在运输过程中,应当尽力救助患有疾病和遇险的旅客。就本案而言,徐某果乘坐某巴士公司所属沪朱高速专线公交车辆,即与某巴士公司建立了客运合同关系,当徐某果身体出现不适时,某巴士公司具有法定的救助义

① 上海市第二中级人民法院(2015)沪二中民一(民)终字第63号民事判决书。

务。本案司、售人员的过错在于:售票员先于终点站下车,到达终点站后,司机在售票员不在的情况下,未检查所有乘客是否已全部下车,违反客运一般操作规程,未尽到注意义务,致未能及时发现已患病的徐某果;司机第一次发现徐某果歪倒在座位上时离徐某果发病不到三分钟的时间,其始终误判徐某果系饮酒过多,未能及时寻找就近医疗机构急救,而是径直将车辆行驶至客运中心洗车,后将车辆行驶至客运中心内修理厂,直到18时38分才报警,也未报急救,严重延误了救治徐某果的宝贵时间。据此认定,某巴士公司司售人员的违规以及不履行救助义务与徐某果延误救治而死亡有一定的因果关系,某巴士公司司售人员的行为系职务行为,其不当行为所造成的法律责任应由某巴士公司承担。徐某果的死亡原因为心源性猝死,其自身身体因素是造成其死亡的主要原因,某巴士公司司售人员违规以及不履行救助义务是造成徐某果死亡的次要原因。综合本案各因素,确认某巴士公司对徐某果死亡造成的各项损失承担40%赔偿责任。

第一千零六条　完全民事行为能力人有权依法自主决定无偿捐献其人体细胞、人体组织、人体器官、遗体。任何组织或者个人不得强迫、欺骗、利诱其捐献。

完全民事行为能力人依据前款规定同意捐献的,应当采用书面形式,也可以订立遗嘱。

自然人生前未表示不同意捐献的,该自然人死亡后,其配偶、成年子女、父母可以共同决定捐献,决定捐献应当采用书面形式。

【条文主旨】

本条是关于人体组织、人体器官等捐献的规定。

【条文理解】

人体捐献实质上就是自然人行使其身体组织支配权的具体方式。传统伦理观念认为,身体组织的构成部分不得转让,致使传统的民法理论认为身体权并不包括对身体组织的支配权。但是,医学的发展推动了伦理观念的变化,同时也为身体权注入了新的内容。自然人对身体组织的支配权,从最为普遍的捐献血液,到捐献造血干细胞(此前被称为骨髓捐献)[①],再到现在的人体组织、人体器官、遗

① 捐献骨髓和捐献造血干细胞,其实都是采集的造血干细胞。以前的捐献骨髓是抽取骨髓血,而骨髓血中富含造血干细胞,所以原来叫捐献骨髓。如今的捐献造血干细胞,是从外周血中直接采集造血干细胞,过程与普通捐献成分血过程相同。当然,开始需要将大量存在于骨髓中的造血干细胞动员到外周血中。

体。实践中最为常见的就是器官捐献。器官捐献，是指自然人生前自愿表示在死亡后，由其执行人将遗体的部分捐献给医学科学事业。或生前未表示是否捐献意愿的自然人死亡后，由其直系亲属将遗体的全部或部分捐献给医学科学事业的行为。本条分为3款，规定了人体捐献的基本原则。

第1款规定了人体捐献的自主决定原则和无偿原则。自主决定原则，是指任何组织或者个人都不得强迫、欺骗、利诱他人捐献。无偿原则，是指禁止对捐献者给予任何报酬或者具有同等性质的好处。《民法典各分编（草案）》只是规定“任何组织或者个人不得欺诈、胁迫自然人捐献”。目前由原先的“欺诈、胁迫”调整为“强迫、欺骗、利诱”。《人体器官移植条例》第7条规定：“人体器官捐献应当遵循自愿、无偿的原则。公民享有捐献或者不捐献其人体器官的权利；任何组织或者个人不得强迫、欺骗或者利诱他人捐献人体器官。”由此不难看出，第1款与《人体器官移植条例》第7条的规定完全相符。

第2款规定了表达人体捐献意思表示的书面形式，即完全民事行为能力人同意捐献其的人体细胞、人体组织、人体器官、遗体的，应当采用书面形式，也可以订立遗嘱。需要指出的是，《民法典各分编（草案）》规定：“自然人同意捐献的意思表示应当采用书面形式或者有效的遗嘱形式，并且可以随时被撤销或者撤回。”《人格权编（草案）》（二审稿）规定：“自然人依照前款规定同意捐献的，应当采用书面形式或者有效的遗嘱形式。”《人格权编（草案）》（三审稿）规定：“完全民事行为能力人依照前款规定同意捐献的，应当采用书面形式或者有效的遗嘱形式。”由此可以看出，在捐献主体方面，目前仅限于具有完全民事行为能力的自然人。在《民法典各分编（草案）》中，同意捐献的自然人可以随时撤销或者撤回。现在“可以随时被撤销或者撤回”已经被删除，由此需要法院结合个案判断是否允许已经同意捐献的自然人撤销或撤回同意捐献的意思表示。

第3款规定了人体捐献的推定同意原则，即自然人生前未表示不同意捐献的，其配偶、成年子女、父母可以共同决定捐献，决定捐献也应当采用书面形式。《民法典各分编（草案）》和《人格权编（草案）》（二审稿）都没有这一款。为鼓励器官捐献，《人格权编（草案）》（三审稿）增加第3款规定：“自然人生前未表示不同意捐献的，该自然人死亡后，其配偶、成年子女、父母可以采取书面形式共同决定捐献。”这里引入了推定同意原则，如死者生前未明确反对，则家属可共同决定捐献其器官。这一规定其实是沿袭了实践的最新做法：国家卫生健康委员会于2019年1月所发布的《人体捐献器官获取与分配管理规定》第7条规定，捐献者死亡后，人体器官获取组织依据捐献者生前意愿或其配偶、成年子女、父母共同书面意愿获取相应捐献器官。根据这一规章，器官捐献或者基于死者的生前意愿，或者基于其配偶、成年子女、父母在其死后所形成的共同书面意愿。同时要注意,第3款中被推定的捐献主体是自然人,同前两款相比,捐献主体的范围要大得多。

自然人逝世后捐献的遗体可供医学高等院校教学、科研使用,对于医学教育、医学研究具有不可替代的重要作用,本条规定遗体捐赠具有极其重要的意义。然而,用于临床移植应用的器官在获取、保存、分配等过程中涉及其特有的社会、医疗、伦理、法律问题,需要专门的法律和制度设计。应当注意遗体捐献和临床器官获取及移植在政策规章设计、组织体系建立、工作技术流程和实际操作中存在十分显著的差异。

【司法适用】

器官捐赠就是当一个人被诊断脑死亡,只能依靠呼吸机和药物维持生命体征时,基于个人生前的意愿和家属的同意,以无偿捐赠的方式,把自己的器官捐赠给濒临死亡、等待移植的病人,让他们的生命得以延续或者捐赠给医学院校用于医学教学。身体健康的成年人也可以将自己的一个肾脏或部分肝脏捐赠给亲属或配偶。

器官捐赠的范围包括细胞捐赠、组织捐赠和器官捐赠。细胞捐赠,是指从一个健康人的体内提取有活力的细胞群,输入另外一个需要救助的人体内。临床上最典型的就是捐赠骨髓以救助需要骨髓移植的人。组织捐赠,是指将身体的部分组织捐赠给那些需要救助的人。这些组织包括皮肤、眼角膜、骨骼、肌腱、血管、神经等。一位捐赠者可以依照自己的意愿,同时捐赠多种组织给那些等待移植的人。器官捐赠就是将身体的某个仍然保持活力的器官捐赠给另外一个需要接受移植治疗的人或者医学院校。植物人是由于脑部本身疾病或其他系统疾病引起的大脑功能丧失,但脑干功能依然存在。所以,植物人没有思维、记忆、认知、行为和语言能力,但有呼吸和心跳,而且可以有脸部动作。因此,植物人虽然丧失了部分大脑功能而暂时失去意识,但是不能捐赠器官。

捐献者死亡后,人体器官获取组织依据捐献者生前意愿或其配偶、成年子女、父母共同书面意愿获取相应捐献器官。根据规定,从政策导向上来说,法律是鼓励人体细胞、人体组织、人体器官、遗体捐献的,因此在具体适用本条规定时,应把握适度从宽。比如无偿捐献原则来说,接受器官捐赠的人事后对捐赠器官的人的父母、子女或配偶等亲属进行少许物质馈赠的,不应当认为违反了无偿捐献原则,这符合知恩图报的传统美德和中华文化理念。器官捐献的登记、分配、保存、器官的获取等都会涉及必要的经费需求,考虑到器官捐献者在医院治疗过程中的医疗费用负担和捐赠者的困难,提供一定的人道救助经济补偿,比如住院医疗费用的减免、捐赠者家庭的医疗保险、困难救助、学费优惠、税收减免,包括殓葬费用等都可以纳入考虑。

接受器官捐献的一方与医疗机构签署合同，愿意支付经济补偿给供体的，对当事人具有法律约束力，当事人应当按照合同约定履行自己的义务。我国现行的器官移植法律制度倡导自愿、无偿的器官捐献原则，明令禁止器官买卖，但并未禁止接受器官一方对供体家属自行进行补助。如果医疗机构已经向接受器官捐献的一方告知要获得器官进行器官移植需向供体提供部分经济补偿，接受器官捐献的一方表示同意并自愿将相应金额交付医疗机构。医疗机构在收到相应费用后为接受器官捐献的一方寻找到相应器官、进行了器官移植手术，可以认定医疗机构已经完成了自己应尽的义务，接受器官捐献的一方事后要求返还费用的，法院应当不予支持。但是从事人体器官移植的医疗机构自身不得收取或者变相收取所移植人体器官的费用，但是可以收取摘取和植入人体器官的手术费，保存和运送人体器官的费用，摘取、植入人体器官所发生的药费、检验费、医用耗材费。

捐献人体器官等，虽然由捐献者自主决定，但是必须要维护捐献者的生命安全和身体健康，器官捐献不得危及捐献者的生命安全，不得严重损害捐献者的身体健康。这就是说，在捐献者表达其捐献意愿之后，实施手术的医疗机构应当对其身体健康状况进行检查，以核实其健康状况是否允许捐献器官。如果经检查后发现捐献器官可能对其自身健康带来严重危害，则不得协助其完成器官的摘取与移植。这一方面要求医疗机构从事人体器官移植，应当具备一定的条件，如有与从事人体器官移植相适应的执业医师和其他医务人员；有满足人体器官移植所需要的设备、设施；有由医学、法学、伦理学等方面专家组成的人体器官移植技术临床应用与伦理委员会；有完善的人体器官移植质量监控等管理制度等。另一方面医疗机构还应当履行一些义务，如向活体器官捐献人说明器官摘取手术的风险、术后注意事项、可能发生的并发症及其预防措施等，并与活体器官捐献人签署知情同意书；查验活体器官捐献人同意捐献其器官的书面意愿；确认除摘取器官产生的直接后果外不会损害活体器官捐献人其他正常的生理功能等。

要注意身后捐献人体器官和生前捐献人体器官的条件。对于身后捐献人体器官的，本着鼓励捐献的政策导向，应当适度从宽把握。身后捐献人体器官的，只要符合下列条件之一即可：(1)死者生前以书面遗嘱或者其他书面形式同意捐献；(2)死者近亲属书面同意且死者生前未有不同意捐献的意思表示；(3)死者生前意识清醒且有同意捐献的口头意思表示，并有不参与该人体器官的摘取或者植入的医师两人以上书面证明，而且其近亲属也不反对的。对于生前捐献人体器官的，本着维护自然人的生命健康的政策导向，应当适度从严把握。生前捐献人体器官的，应当符合下列条件：(1)年满 18 周岁并且具有完全民事行为能力；(2)有书面同意捐献的真实意思表示;(3)不危害其生命安全。

需要特别指出,本条第3款所规定的人体捐献推定同意原则,此处的自然人不仅包括成年人,也包括未成年人。按照条文字面规定,需要根据捐献主体的具体家庭成员情况确定签署捐献决定的具体人员。当然,如果自然人生前表示不同意捐献其人体器官的,任何组织或者个人不得捐献、摘取该公民的人体器官。

【司法案例】

杜某翔、杜某与冯某愚、张某解财产损害赔偿纠纷上诉案[①]

诉讼结论:中华医学会器官移植学分会器官捐献管理委员会支付的救援金是对捐献器官者冯某因病住院产生的医疗费用、办理丧事费用以及遗留子女生活和抚养补助的一种救助、慰藉,而不是对所捐献器官支付的对价。

基本案情

杜某与冯某(系冯某愚、张某解之女)于2004年8月1日登记结婚,于2007年1月9日生一子,即杜某翔。冯某因病于2007年12月14日入住河大一附院,于12月16日出院,医疗费422.5元系杜某支付。2007年12月21日再次住院,于2008年1月11日出院,医疗费5435.1元系冯某愚支付。后于2008年1月16日又住院,于1月18日凌晨死亡,1月25日办理结算手续,共支出医疗费9438.9元,其中8600元系冯某愚预交,838.9元系杜某结算时补交。冯某愚、张某解在冯某自2007年12月发病至2008年1月18日凌晨死亡期间共支出医疗费用15,345.5元,未支出冯某的丧葬费用。2008年1月17日夜,杜某、冯某愚与中华医学会器官移植学分会器官捐献管理委员会签订了公民逝世后自愿无偿器官捐献申请书及知情同意书,书面同意捐献冯某肝脏、肾脏、角膜部分器官。杜某和冯某愚收到陈某华教授代表医学会交付的60,000元救援金,并出具了"今收到陈某华教授交付的冯某的医疗费、丧葬费、紧急救助费共计6万元(陆万圆整)"的收到条。收到该款后,原告杜某和被告冯某愚分别持有2.5万元和3.5万元。后中华医学会器官移植学分会器官捐献管理委员会给杜某出具了"贫困—死亡—器官捐献救援金申请、审批及救援金使用说明书":主要内容为,(1)冯某,女,1977年12月28日生,因脑部疾病,2008年1月18日与世长辞,根据直系亲属杜某和冯某愚的意愿捐献出冯某的多个器官,用于拯救他人生命和健康。(2)因冯某生病和住院期间总花费医疗费14,874.0元以及遗留一名1岁子女,特申请紧急救援。(3)中国OPO医疗队负责人陈某华教授全权代表医学会和红十字会向家属代表杜某和

---

① 河南省开封市中级人民法院(2012)汴民终字第325号民事判决书。

冯某愚捐赠60,000元(人民币)救援金,用于支付:全部相关医疗费;全部丧务相关费用;余款全部用作捐献者子女杜某翔的生活及抚养补助。如家庭内部对以上救援金的分配持有争议,由项目负责人陈某华教授负责解释和协调。双方因该费用分配发生纠纷,杜某翔、杜某诉至法院,请求判令冯某愚、张某解返还给杜某翔生活及抚养补助费35,000元。

一审法院认为,我国《人体器官移植条例》第7条规定,人体器官捐献遵循自愿、无偿的原则;第8条第2款规定,公民生前未表示不同意捐献其人体器官的,该公民死亡后,其配偶、成年子女、父母可以以书面形式共同表示同意捐献该公民人体器官的意愿。杜某、冯某愚作为冯某的配偶和父亲与中华医学会器官移植学分会器官捐献管理委员会签署捐献冯某的部分器官用于拯救他人生命和健康,不违背法律规定和社会善良风俗。中华医学会器官移植学分会器官捐献管理委员会支付的60,000元救援金是对捐献器官者冯某因病住院产生的医疗费用、办理丧事费用以及遗留子女生活和抚养补助的一种救助、慰藉,而不是对所捐献器官支付的对价,也不具备《继承法》中规定的"遗产是公民死亡时遗留的个人合法财产"的法律特征,不属于冯某的遗产。中华医学会器官移植学分会器官捐献管理委员会出具的"说明书",已经对60,000元的使用范围进行了明确,除去丧葬费、医疗费以外,其余部分应该作为杜某翔的生活及抚养补助费用,即冯某愚持有的3.5万元中,扣除冯某愚为冯某支付的医疗费15,345.5元外(救援金使用说明中认定冯某生病和住院期间共花费医疗费14,874元计算有误),其余19,654.5元返还给杜某翔。依照《民法通则》第4条、《民事诉讼法》第64条第1款之规定,一审判决如下:(1)冯某愚、张某解于本判决生效后10日内,返还杜某翔生活及抚养补助费19,654.5元;并支付2008年1月30日至给付之日的同期银行存款利息。(2)驳回杜某翔、杜某的其他诉讼请求。如果未按本判决指定的期间履行给付金钱义务,应当依照《民事诉讼法》第229条之规定,加倍支付迟延履行期间的债务利息。诉讼费675元,由杜某翔、杜某负担300元,冯某愚、张某解负担375元。

二审法院认为,本案中杜某翔母亲冯某死亡后,杜某、冯某愚作为冯某的配偶和父亲与中华医学会器官移植学分会器官捐献管理委员会签署捐献冯某的部分器官用于拯救他人生命和健康,不违背法律规定和社会善良风俗。中华医学会器官移植学分会器官捐献管理委员会支付的60,000元救援金是对捐献器官者冯某因病住院产生的医疗费用、办理丧事费用以及遗留子女生活和抚养补助的一种救助、慰藉,而不是对所捐献器官支付的对价,也不属于冯某的遗产。且该委员会出具的"说明书",已经对60,000元的使用范围进行了明确说明,即除去丧葬费、医疗费以外,其余部分应该作为杜某翔的生活及抚养补助费用。因此,冯某愚、张某解上诉称冯某愚和杜某当天已对该款项进行分割的上诉理由与法律规定不符,不能成立。冯某愚持有的3.5万元中,扣除冯某愚为冯某支付的医疗费15,345.5元外,其余19,654.5元应返还给杜某翔。杜某关于要求冯某愚、张某解返还医疗费中非法侵占的13,438.9元的上诉理由以及杜某翔上诉称冯某愚、张某解无故侵占杜某翔的生活抚养费20,126元的上诉理由,因无合法有效的证据证明,不能成立。冯某愚、张某解在冯某自2007年12月发病至2008年1月18日凌晨死亡期间共支出医疗费用15,345.5元事实清楚,应从60,000元救援金中支出。综上,一审判决认定事实清楚,处理结果正确,应予维持。

第一千零七条　禁止以任何形式买卖人体细胞、人体组织、人体器官、遗体。

违反前款规定的买卖行为无效。

【条文主旨】

本条是关于禁止人体组织买卖的规定。

【条文理解】

人体器官买卖是随着器官移植技术的发展以及供体器官来源不足而产生的。供体器官来源不足主要有两方面原因:一是器官移植技术的发展水平所限。尽管当前的器官移植技术已经发展到相当高的水平,但是,由于异种器官移植和人工器官的研制还处在实验阶段,可供移植的器官主要还是来自人类自身。二是法律制度所限。立法将无偿捐献作为人体器官的唯一合法来源,但是无偿捐献器官的人相对于等待移植的人来说明显不足。由于人体器官的供应严重不足,每年都有相当多的人因得不到器官移植而死去。在这种情况下,等待移植的人不得不自己寻找器官的来源,他们愿意出高额的费用购买人体器官。而买方市场的形成必然催生卖方市场的产生,一些人因生活所迫或者受金钱的诱惑而愿意出卖自己的器官。无论买卖的目的如何,买卖人体器官的行为从器官移植产生之日起就没有消失过,而且只要人体器官供应不足的问题得不到解决,这种现象将持续存在。虽然有少数人认为,买卖人体器官有利于增加器官来源以及尊重器官出卖人的自我决定权,主张将买卖人体器官的行为合法化。但是,占压倒多数的意见认为,买卖人体器官的行为违背了宪法基本理念中人的尊严和价值,违反了社会伦理观念,因此,世界各国和地区的立法普遍禁止买卖人体器官,将其作为犯罪加以处罚。我国也是如此,从刑事犯罪打击的角度,从事组织这类买卖行为的行为人,需要承担刑事责任。

本条实质上是对“人格权编”第 1006 条所规定的人体无偿捐献原则的重申。如前所述，“人格权编”第 1006 条第 1 款规定了人体捐献的自主决定原则和无偿原则，并同时规定“任何组织或者个人不得强迫、欺骗、利诱其捐献”。这是从反面重申了人体捐献的自主决定原则。

本条第 1 款规定“禁止以任何形式买卖人体细胞、人体组织、人体器官、遗体”。这也是从反面重申了人体捐献的无偿捐献原则。本条第 2 款进一步明确了这类买卖行为的法律效力，即归于无效。需要特别指出，本条自《民法典各分编（草案）》至今，不仅一直存在，而且相关内容一直未作变动。

【司法适用】

人体组成部分大体上可以分为人体要素与人体产品。前者必须以人工方式提取，一般指器官、组织、细胞等；而后者是人体机能正常运转过程周期性产生的产品，如头发、牙齿、指甲等，以自然方式即可收集。通常来说，对于人体要素，强调其不可有偿处置，只能进行捐献；而对于人体产品，法律应当允许其有偿转让。因此，人体细胞、人体组织、人体器官、遗体之外的那些人体产品可以允许其有偿转让，如头发。本条第 1 款规定“禁止以任何形式买卖人体细胞、人体组织、人体器官、遗体”，这是穷举式的列举。其中人体细胞、人体器官和遗体相对比较容易界定，人体组织到底包括哪些具体形式，需要在实践中予以进一步把握。例如，《深圳经济特区人体器官捐献移植条例》（2019 年修正）第 2 条明确规定，本条例适用于人体器官（人体组织）的捐献移植活动，但是下列人体组织除外：(1) 血液及其制品；(2) 精子、卵子；(3) 胚胎；(4) 法律、法规另有规定的。这些人体组织虽然不适用人体组织捐献的有关规定，但是也是不应当允许有偿买卖。

禁止以任何形式买卖人体细胞、人体组织、人体器官、遗体。这一方面要求不得直接进行买卖人体细胞、人体组织、人体器官、遗体，也不得以变相买卖的形式进行所谓的人体细胞、人体组织、人体器官、遗体捐献。但是器官捐献和器官买卖需要结合个案进行具体分析和区别。我国现行的器官移植法律制度倡导自愿、无偿的器官捐献原则，明令禁止器官买卖，但并未禁止接受器官一方对供体家属自行进行补助。如前文所述，接受器官捐赠的人事后对捐赠器官的人的父母、子女或配偶等亲属进行少许物质馈赠的，不应当认定为是器官买卖。再如，器官捐献的登记、分配、保存、器官的获取等都会涉及必要的经费需求，考虑到器官捐献者在医院治疗过程中的医疗费用负担和捐赠者的困难，接受器官捐赠的人愿意提供一定的人道救助经济补偿，也不应当认定为是器官买卖。

自然人对其身体享有一定支配权，但支配对象应当在法律明确允许范围之内。法律虽然明确规定禁止以任何形式买卖人体细胞、人体组织、人体器官、遗体,但是仍然难以完全杜绝买卖人体细胞、人体组织、人体器官、遗体等事件的发生。为此,本条第2款特别明确了这类买卖行为的法律效力,即归于无效。买卖人体组织的行为被认定为无效,应当按照无效民事法律行为进行处理,如恢复原状、返还原物、赔偿损失等。但是,对于已经履行完毕的人体组织、人体器官买卖这些行为来说,无论是恢复原状,还是返还原物,都存在一定困难。这需要管理部门和司法实践进一步探索,适时制定司法解释,制定一些特别规则。

【司法案例】

案例一

周某章等人组织出卖人体器官案[①]

诉讼结论:对获得被害人承诺的犯罪,被害人仍可提起附带民事诉讼,可以适当减轻被告人的附带民事赔偿责任。

基本案情

2011年,被告人周某章、张某荣和孙某经商量后,出资购买手术设备、汽车等作案工具,伙同被告人张某鑫、赵某强、陈某琴、钟某、陈某高、叶某龙及龙某燕、高某、"某院长"、梁某基(均另案处理)等人从事肾脏买卖及非法移植活动。其中,周某章系主刀医生,负责移植手术和手术指导;张某鑫系手术麻醉师,负责手术安排、手术麻醉,承租广东省佛山市一处住所供卖肾者术后休养并进行术后护理,同时还负责居间联系及分发卖肾者、医生助手、护士等人员的费用;张某荣负责开车接送卖肾者、购肾者及同案人员,与卖肾者中介联系,与购肾者中介洽谈价格,收取并分发费用;钟某系医生助手,协助周某章进行移植手术;陈某琴、龙某燕系护士,负责手术协助,其中陈某琴还负责手术前抽取卖肾者血液样本;孙某、赵某强系卖肾者中介,负责联系卖肾者,其中赵某强受孙某指挥,还负责安排卖肾者在佛山市、东莞市等地的出租屋等待卖肾,以及卖肾者在此期间的食宿和身体检查;陈某高、叶某龙系购肾者中介,负责寻找购肾者,与周某章等人联系手术事宜,并在手术前联系张某荣拿卖肾者的血液样本到医院与购肾者的血液样本配对,陈某高还负责安排购肾者手术后在其承包的广州某医院休养。2012年1月,被告人张某荣将被告人赵某强介绍的卖肾者被害人欧阳某某送到佛山市某医院,被告人周某章等人通过手术将欧阳某某的肾脏移植到购肾者宋某某体内。同年2月初,被害人舒某、丁某某通过某网站联系上赵某强,并商定以2万元出卖肾脏。赵某强安

① 《刑事审判参考》指导案例第1060号,载《刑事审判参考》2015年第1集。

排舒某、丁某某住在东莞市一出租屋，并到医院检查身体。后被告人张某荣、张某鑫等给舒某、丁某某抽血，经化验，舒某与被告人陈某高介绍的购肾者黄某配型成功。同月21日，赵某强让舒某签下自愿卖肾协议，后将舒某带至广东省广州市某别墅，周某章等人将舒某的肾脏移植到黄某体内。同月23日，陈某高通知张某荣有一名患者与丁某某配型成功。赵某强让丁某某签下自愿卖肾协议后，将其带至上述广州市某别墅，周某章等人将丁某某的肾脏移植到购肾者体内。广东省东莞市第一市区人民检察院以被告人周某章等8人犯组织出卖人体器官罪，向东莞市第一市区人民法院提起公诉。

法院认为，在组织出卖人体器官犯罪案件中，被告人取得被害人的书面或口头承诺并不影响其行为构成本罪，但被害人作为成年人，明知国家禁止买卖人体器官，为获得金钱仍同意被告人摘除其器官，对自己重伤结果的发生也存在一定过错，应承担相应的责任。根据《侵权责任法》第26条之规定，被侵权人对损害的发生也有过错的，可以减轻侵权人的责任，故被告人周某章等人不应对3名附带民事诉讼原告人的全部损失承担赔偿责任。关于被害人的过错可以在多大程度上减轻侵权人的责任，相关司法解释并无明确规定，个别省制定的地方性法规对此有所涉及。例如，2014年的《广东省道路交通安全条例》（已废止）第46条第1款规定，机动车与非机动车驾驶人、行人之间发生交通事故，非机动车驾驶人、行人负事故次要责任的，由机动车一方承担80%的赔偿责任。目前，实践中主要由法院根据双方的过错程度自由裁量，合理确定分担比例。通常，若双方对损害结果的发生负同等责任，则双方各承担50%的赔偿责任，若侵权人负主要责任，被侵权人负次要责任，则侵权人承担60%～90%的赔偿责任是合理的。本案中，周某章等人为牟取非法利润，通过网站、中介等发布买卖器官广告，被害人为获得小额金钱，即同意将自己的器官出卖给周某章等人用于移植给他人，虽然被害人的行为也违反公序良俗，甚至也具有一定的违法性，但被告人的违法程度更高，且已经构成犯罪，直接造成了被害人重伤的损害结果。综上所述，周某章等人应对损害结果的发生承担主要责任，附带民事诉讼原告人对此应承担次要责任。即周某章等人承担60%的责任，3名附带民事诉讼原告人承担40%的责任。

案例二

赖某某等与湖南省某司法鉴定中心等身体权纠纷案①

诉讼结论：原告要求赔偿遗体器官的标本价值300,000元主张没有法律依据。

① 长沙市雨花区人民法院（2017）湘0111民初6597号民事判决书。

基本案情

原告系赵某某的子女。被告某鉴定中心系被告丁医院的内设机构，办理了司法鉴定许可证。2012 年 11 月 3 日，赵某某因咳嗽、气促约 10 天入住甲医院住院治疗，并于 2012 年 11 月 12 日行气管切开术，后转入昏迷状态。2013 年 2 月 17 日，赵某某转入乙医院住院治疗，后于 2013 年 11 月 6 日因心脏骤停临床死亡。原告为查明赵某某的死因及气管切开术与气管食管瘘病症形成关系，于 2013 年 11 月 12 日以原告赖某某的名义与被告某鉴定中心签订《司法鉴定协议书》，委托被告某鉴定中心进行尸体解剖及法医鉴定。《司法鉴定协议书》中协议事项载明"检材留样保存 3 个月"，其他约定事项载明"最终检查标本鉴定机构不永久保存，销毁前应征得委托人许可，或归还委托人"。被告某鉴定中心接受委托后，委派其工作人员即被告吴某组织尸体检验，并于 2013 年 11 月 13 日下午在被告丙大学解剖室进行尸表检查、尸体解剖及病理检查等。尸体解剖后，被告吴某将提取的赵某某尸体的部分脏器官及脑组织存放于解剖室，其余部分由原告领回。2014 年 2 月 7 日，被告某鉴定中心作出鉴定意见书，鉴定意见为"死者赵某某颈部气管切开术致气管食管瘘存在，其形成时间通过尸检难以确定；死者结节性甲状腺肿及左肺部感染与其吞咽、呼吸困难有关；死因系多器官功能衰竭"。原告为此支付鉴定费用 8000 元，并由被告丁医院出具 5000 元的发票，由被告某鉴定中心出具 3000 元的收据。

2014 年 7 月，原告要求探视赵某某被提取的部分脏器官及脑组织，被告知因存放在被告丙大学解剖室，需实地确定脏器官的去向而未果。2014 年 9 月 5 日，被告丁医院发现赵某某的遗体器官遗失，原告赖某某遂于 2014 年 9 月 9 日向长沙市公安局雨花分局东塘派出所报案称其母亲赵某某遗体器官（内脏）由被告某鉴定中心保管后无法找到。后被告丁医院及被告吴某就赵某某尸检提取的内脏器官失踪情况向含浦派出所报案。因双方就赵某某的遗体器官遗失及赔偿问题无法达成一致酿成纠纷，原告遂诉至法院。

法院认为，公民的身体权受法律保护。身体权是以自然人保持其身体器官的完整性为内容的权利，它是人格权的一种，与生命权、健康权合称为"物质性人格权"，是其他人格权赖以存在的前提和物质基础。生命终结后，公民的身体转化为纯自然意义上的物，包括从尸体上分离出来的脏器、血液、毛发及至尸体火化后的骨灰，具有精神价值，成为民事权利的客体。死者家属在不违背死者生前真实意愿和公序良俗的前提下，有权对其进行处分，其他任何组织和个人不得侵犯。本案原告的母亲赵某某生前有捐赠遗体的遗愿，但其死亡后，原告为查明死亡原因授权赖某某与被告某鉴定中心签订《司法鉴定协议书》，委托其进行尸体解剖，出具死亡原因的法医鉴定意见，原告由此与被告某鉴定中心建立委托合同关系，双方均应按法律规定及合同约定履行各自的义务。《司法鉴定协议书》约定“检材留样保存3个月，最终检查标本鉴定机构不永久保存，销毁前应征得委托人许可，或归还委托人”。因此，被告某鉴定中心应在完成法医鉴定后3个月内及时通知原告领取因解剖尸体提取的相关脏器组织及脑组织。而被告某鉴定中心在进行尸体解剖后，没有将提取的脏器组织及脑组织存放在自己的工作场所予以妥善保管，而是放置在丙大学的教学解剖室，其不当处理行为是造成死者脏器官及脑组织遗失的原因之一。被告丙大学作为教学科研单位，对学校教学、科研场地疏于管理，也是造成死者脏器官及脑组织丢失的原因之一。我国法律对尸体完整性的保护，是对人生前的延伸保护，保护的是人的生前形态的身体利益。本案被告某鉴定中心未尽妥善保管义务，被告丙大学未尽到教学场地的应尽管理义务，导致原告母亲遗体的部分脏器官及脑组织丢失，造成人体特征形象的毁损，特别是原告不能依据死者的遗愿，将完整的尸体捐献给科研单位作为教学或科研之用，侵害了原告对尸体的处分权；同时，遗体器官的丢失对原本因失去母亲悲痛的原告无疑是雪上加霜，使他们更加悲痛，给原告精神造成终身痛苦，应当给予抚慰。被告某鉴定中心、丙大学的行为对原告构成侵权，应承担相应的民事责任。原告有权要求侵权人赔偿因侵权行为造成的精神损害及赔礼道歉。

原告主张精神抚慰金300,000元，本院根据当前社会生活水准、承担责任的经济能力，酌定精神抚慰金为180,000元，由被告某鉴定中心、丙大学连带承担。由于被告某鉴定中心系被告丁医院的内设机构，其民事责任应由被告丁医院承担。至于赔礼道歉，《侵权责任法》中未明确规定其形式及范围，应根据侵权行为造成的损害后果及不良影响范围予以认定。本案中，原告因母亲赵某某尸体的部分脏器官及脑组织丢失所造成的损害主要为不能实现母亲捐献遗体的遗愿及寄托哀思的精神痛苦，被告的侵权行为所造成的影响范围也仅在赵某某的家属之间。被告丁医院在2016年12月8日的回复中已向赵某某的家属书面道歉，原告再次要求书面道歉，本院不予支持。

原告要求被告赔偿支出的交通、邮寄、通信等费用6000元，虽未提供相应有效证据证明上述费用实际发生的金额，但原告均是70多岁的老年人，确实为主张赔偿事宜历时较久并支出了相关费用，根据长沙市的消费水平，本院酌定2000元，其主张过高部分，本院不予支持。

原告主张由本案被告共同返还赵某某遗体全部内脏及脑组织，若不能返还，赔偿遗体器官的标本价值300,000元，本院不予支持。首先，被告某鉴定中心提取的赵某某部分脏器官及脑组织已丢失，不能实现返还。其次，我国《人体器官移植条例》第3条对人体器官买卖做了禁止性规定，“任何组织或者个人不得以任何形式买卖人体器官，不得从事与买卖人体器官有关的活动”。因此，器官买卖为我国法律所禁止。最后，2006年经卫生部部务会议讨论通过，并经科技部等几部委决定，制定了《尸体出入境和尸体处理的管理规定》，其中第8条规定“严禁进行尸体买卖，严禁利用尸体进行商业性活动”。综上，人体器官、尸体不得作为商品进行交易，不能用经济价值进行评估，原告要求赔偿300,000元的主张没有法律依据。

被告吴某系被告丁医院的职工，其根据单位委派对赵某某尸体进行解剖的行为系履行职务的行为，因其行为产生的法律后果应由被告丁医院承担，原告要求吴某在本案中承担赔偿责任，没有法律依据，不予支持。

被告某鉴定中心接受原告赖某某委托后，双方形成委托合同关系，合同已实际履行，被告某鉴定中心于2014年2月7日作出了鉴定意见书，原告要求在本案中由被告某鉴定中心退还司法鉴定费8000元，与本案不属同一法律关系，本案不进行处理。

被告丙大学主张对被告某鉴定中心接受委托后的尸体检验行为不知情，未接受原告委托保管赵某某的遗体器官，场地借用不是单位行为，不应承担赔偿责任的辩解意见，不予支持。

综上，依照《民法总则》第74条，《侵权责任法》第6条、第15条第1款第6～7项，《人身损害赔偿解释》第3条第1款，《精神损害赔偿解释》第3条第1款第3项，《民事诉讼法》第64条第1款、第144条之规定，判决如下：(1)被告丁医院、被告丙大学应于本判决生效后7日内连带赔偿原告精神损害抚慰金180,000元；(2)被告丁医院、被告丙大学应于本判决生效后7日内连带赔偿原告交通费等2000元；(3)驳回原告的其他诉讼请求。

第一千零八条　为研制新药、医疗器械或者发展新的预防和治疗方法，需要进行临床试验的，应当依法经相关主管部门批准并经伦理委员会审查同意，向受试者或者受试者的监护人告知试验目的、用途和可能产生的风险等详细情况，并经其书面同意。

进行临床试验的，不得向受试者收取试验费用。

【条文主旨】

本条是关于人体临床试验的规定。

【条文理解】

发展医学科学技术造福人类，临床试验是必需的。临床试验，是指在人体上进行新药物、新医疗器械或者新治疗方法等的系统性研究，目的是证实或发现这些新药物、新医疗器械或者新治疗方法的疗效作用、副作用，从而确保疗效和安全性。发展新药品、研究治疗手段，需要进行以人体为对象的医疗试验活动，如何确保这些试验活动规范有序？

为严格规范相关试验活动，保护受试者的生命安全和身体健康，《民法典各分编（草案）》规定，有关科研机构等开发新药或者发展新的治疗方法，需要在人体上进行试验的，依法经相关主管部门批准后，还应当向接受试验的本人或者其监护人告知试验目的、用途和可能产生的损害等详细情况，并经其书面同意。本人或者其监护人可以随时撤销该同意。同时，禁止向接受试验者支付任何形式的报酬，但是可以给予其必要的补偿。

鉴于对开展人体试验活动，涉及人格权保护，必须进行严格规范，保护受试者的生命安全和身体健康。《人格权编（草案）》（二审稿）作出如下修改：一是将此类活动的规范范围扩大为“为研制新药、医疗器械或者发展新的预防和治疗方法”的所有活动。二是增加规定，开展此类活动，除经主管部门批准外，还应取得伦理委员会的审查同意。三是删除有关禁止向受试者支付任何形式的报酬，但可以给予必要补偿的规定。相比《民法典各分编（草案）》，《人格权编（草案）》（二审稿）将临床试验的范围扩大至“研制新药、医疗器械或者发展新的预防治疗方法”，这样更符合医疗科技发展的实际需求，能够更好推动医学科学发展，也保障医疗科技能够更加安全地应用于临床。技术没有达到比较成熟的程度就贸然进行人体试验，可能会造成难以弥补的损害。《人格权编（草案）》（二审稿）强调临床试验应经伦理委员会审查，严格控制相关试验的程序，意义十分重大。试验能否进行，伦理委员会的审查意见将起重要作用。《民法典各分编（草案）》曾规定：“禁止向接受试验者支付任何形式的报酬，但是可以给予其必要的补偿。”这一规定将会在实践中很难处理。从目前实践来看，所有的临床试验都有一笔费用给接受试验者，有详细的书面协议约定，并且报酬和补偿是很难区分的，因此《人格权编（草案）》（二审稿）删除了该规定。

目前，本条第1款规定了临床试验的范围、审批程序、受试者的知情同意权。临床试验的范围包括新药、新的医疗器械、新的预防和新的治疗方法。临床试验的审批程序包括相关主管部门的批准程序和伦理委员会审查同意。对于受试者来说，临床试验存在不确定的风险，应当尊重受试者的人格尊严，参加试验应当符合受试者的利益。因此，应当告知试验目的、用途和可能产生的风险等详细情况，并经其书面同意。本条第 2 款规定临床试验的无偿原则,即不得向受试者收取试验费用。

【司法适用】

临床试验应当严格限定在规定的范围内,严格遵守审批程序,详细全面地告知受试者并征得其书面同意。

临床试验除应当依法经相关主管部门批准之外,还须经伦理委员会审查同意。这就意味着,即使主管部门批准,未经伦理委员会的审查同意也不得进行临床试验。

注意保护受试者的知情权。在与人体有关的医学实验中,无论是出于规避风险并利于实施治疗措施的目的,还是基于对患者自由及人权的尊重,知情权在生物医学领域都得到了不断的充实和发展。在国际上,1947 年《纽伦堡法典》首次将知情同意原则确立为该法典的首要原则,即"人体实验应得到受试者的自愿同意是绝对必须的";而且该原则在 1975 第二次修订的人体医学伦理准则《赫尔辛基宣言》中被使用并沿用至今,该宣言提出受试者必须是自愿参加并且对研究项目有充分的了解。学理上有关知情权的内容一般可分五个方面,即知政权、社会知情权、对个人信息的知情权、法人知情权和法定知情权;也有学者将其分为行政知情权、司法知情权、社会知情权和个人信息知情权四个方面。并且,该项权利的范围不应仅限于"知道",尚应赋予其在知悉并理解情况下作出同意、答应或者允诺的权利,进而将人体医学伦理准则转化为法律制度的设置,以宣示宪法尊重和保障人权的原则在此新兴领域的权利存在。

注意保护受试者的人格尊严。本条虽然规定了临床试验应当详细全面地告知受试者并征得其书面同意,但是没有规定同意临床试验的受试者是否可以反悔,撤销其作出的同意表示。考虑到临床试验应当尊重受试者的人格尊严,应当允许受试者本人可以随时撤销其作出的同意表示。当然,无民事行为能力和限制民事行为能力的监护人也可以随时撤销其作出的同意表示。如果受试者反悔不再同意继续进行临床试验的,临床试验组织方也不应当要求受试者或者受试者的监护人承担任何民事责任。

本条第 2 款虽然规定临床试验应当是无偿的,不得向受试者收取试验费用。但是临床试验组织方自愿给予受试者一定经济补偿的,应当不在禁止之列。

【司法案例】

案例一

某受试者与北京大学第一医院等合同纠纷案[①]

诉讼结论：法院考虑受试者受损情况、严重不良事件对其自身的影响以及制药公司参保的数额，酌定制药公司给付经济补偿，部分支持受试者的损害赔偿请求。

基本案情

2012年8月18日6时30分，冉某某因"言语不清1小时，伴左侧肢体乏力"由120急救车送至广医二院急诊科就诊。入院诊断为：(1)脑血栓形成(右侧颈内动脉系统)；(2)高血压病2级，极高危。经医患反复沟通，冉某某参加了由乔治公司申办并资助，由北京大学伦理委员会审查通过，并在广医二院实施的"改进高血压管理和溶栓治疗的卒中研究"药物临床试验项目，进行静脉溶栓治疗。冉某某及李某某阅读并理解了《受试者知情同意介绍》，签署了《受试者知情同意书》及《受试者代理人知情同意书》。患者参加了案涉研究的A部分和B部分，其中A部分分配至标准剂量组(0.9毫克/千克)，B部分分配至更积极降压组(140～150毫米汞柱)。2012年8月25日18时39分，冉某某经治疗无效死亡，死亡原因经尸检鉴定为大面积脑梗和脑疝形成。后原告以合同纠纷为由将该案起诉至法院。

法院认为，根据庭审查明的事实，本案所涉及药物试验的申办者为某制药公司，虽然知情同意书是北大医院与受试者签署，但从授权委托书、临床试验协议以及知情同意书的内容来看，实际上是制药公司委托北大医院进行药物临床试验，诺思格公司、北大医院只是受托方，受试者与制药公司形成药物试验合同关系，故对于制药公司关于不是本案适格被告的抗辩意见，法院不予采纳。知情同意书明确约定"在试验期间或在遵守试验中规定的正常程序时发生的损害，申办者将承担治疗的费用及相应的经济补偿"。另外，《药物临床试验质量管理规范》第43条规定："申办者应对参加临床试验的受试者提供保险，对于发生与试验相关的损害或死亡的受试者承担治疗的费用及相应的经济补偿。申办者应向研究者提供法律上与经济上的担保，但由医疗事故所致者除外"。据此，法院认定制药公司应向受试者承担相应责任。受试者要求北大医院承担连带责任，于法无据，本院不予支持。

根据北大医院出具的严重不良事件报告表，认为受试者是在给药后第2天发

① 北京市西城区人民法院(2017)京0102民初18699号民事判决书。

生不良反应，研究者判定为与药物可能有关，并结合受试者的住院病案记载为急性脑梗死，且制药公司事实上已承担了受试者治疗的费用，据此法院认定受试者符合在试验期间发生损害的情形，制药公司应给予相应的经济补偿。诉讼中，受试者拒绝进行相应的鉴定，致使法院无法确定其受损程度，对此受试者应自行承担一定的责任，法院考虑受试者受损情况、严重不良事件对其自身的影响以及制药公司参保的数额，酌定制药公司给付经济补偿为60万元，受试者主张过高部分，法院不予支持。

案例二

李某某、冉某诉乔治公司等药物临床试验合同纠纷案①

诉讼结论：受试者因参加药物临床试验导致伤残或死亡等固有利益损害的，申办者的违约责任损害赔偿范围以受试者固有利益的损害为限。

基本案情

李某某和冉某某为夫妻关系，冉某是李某某、冉某某之子。2012年8月18日6时30分，冉某某因“言语不清1小时，伴左侧肢体乏力”由120急救车送至广医二院急诊科就诊。入院诊断为：(1)脑血栓形成(右侧颈内动脉系统)；(2)高血压病2级，极高危。经医患反复沟通，冉某某参加了由乔治公司申办并资助，由北京大学伦理委员会审查通过，并在广医二院实施的“改进高血压管理和溶栓治疗的卒中研究”药物临床试验项目，进行静脉溶栓治疗。冉某某及李某某阅读并理解了《受试者知情同意介绍》，签署了《受试者知情同意书》及《受试者代理人知情同意书》。患者参加了案涉研究的A部分和B部分，其中A部分分配至标准剂量组(0.9毫克/千克)，B部分分配至更积极降压组(140～150毫米汞柱)。2012年8月25日18时39分，冉某某经治疗无效死亡，死亡原因经尸检鉴定为大面积脑梗和脑疝形成。

受试者知情同意介绍、受试者知情同意书有“对于损害或者并发症的赔偿”条款，即“如果由于参加本研究导致您的亲属/朋友受到损伤或者出现了并发症，您应该尽快和研究医生取得联系，他们将帮助他/她安排合适的医学治疗。除此之外，本研究资助方已提供保险。当发生研究相关的伤害时，将由研究资助方和相应的保险公司，依据相关保险和赔偿条款，提供相应的免费医疗和补偿”。对这一条款的理解问题，李某某、冉某与乔治公司存在争议。李某某、冉某主张该保险应为人身意外险；乔治公司主张是以申办者为被保险人的责任险。乔治公司提供了

① 广州市中级人民法院(2017)粤01民终268号民事判决书。

《ENCHANTED改进高血压管理和溶栓治疗的卒中研究研究方案》，用于证明ENCHANTED是一项学术界发起和执行的研究，由位于澳大利亚悉尼大学的乔治全球健康研究院作为国际协调中心进行管理，实验方案设计符合国际国内要求。乔治公司提供了ENCHANTED改进高血压管理和溶栓治疗的卒中研究伦理审查过程纪要文件，用于证明该研究项目已经通过相关伦理审查。乔治公司提供了企业法人营业执照，反映乔治公司为乔治全球健康研究院于2007年3月13日独资设立的有限责任公司。乔治公司提供了《保险证明》，显示受保人为乔治公司等机构，保险公司为VERO保险有限公司，保险类型为职业赔偿/临床试验保险，区域限制为全球不含美国，有效期限为2011年10月31日至2012年10月31日，覆盖范围为保险有效期限内，受保人保单规定的经营范围内发生并通告的职业过失，受保人应当承担法律责任进行赔偿的所有金额。

广东省食品药品监督管理局《广东省食品药品监督管理局投诉举报答复函》（粤食药监投复〔2014〕63号）、《关于对粤食药监投复〔2014〕63号的补充答复》，证明该局派出检查组对广医二院临床试验机构进行检查，核实该医院开展"改进高血压管理和溶栓治疗的卒中研究（ENCHANTED）"的情况，现场检查未发现投诉中有关该医院药物临床研究机构违法违规开展药物临床试验的情况，暂未发现广医二院药物临床试验机构存在违法开展药物临床试验的情形。

李某某、冉某另案以医疗损害责任纠纷为由起诉广医二院，要求广医二院承担医疗损害责任。一审法院以（2013）穗海法民一初字第1434号民事判决认定：广医二院存在医疗过失，李某某、冉某所受损失共计34,4430.3元，该损失的15%即51,664.55元应由广医二院予以赔偿，同时酌定支持李某某、冉某精神损害抚慰金15,000元。该判决已经生效。

法院认为，根据各方诉辩意见及该院查明的事实，本案争点如下：一是患者在广医二院接受诊疗期间，接受案涉"改进高血压管理和溶栓治疗的卒中研究"药物临床试验，据此是否与广医二院、乔治公司之间成立药物临床试验合同关系？二是患方根据案涉药物临床试验的受试者知情同意介绍、受试者知情同意书关于"对于损害或者并发症的赔偿"条款即"如果由于参加本研究导致您的亲属/朋友受到损伤或者出现了并发症，您应该尽快和研究医生取得联系，他们将帮助他/她安排合适的医学治疗。除此之外，本研究资助方已提供保险。当发生研究相关的伤害时，将由研究资助方和相应的保险公司，依据相关保险和赔偿条款，提供相应的免费医疗和补偿"这一内容主张违约损害赔偿责任有无依据，该项请求权是否成立？三是关于广医二院、北京大学的责任认定。四是关于本案赔偿标准或者赔偿数额的认定。

一、关于争点一

本案患者因病入住广医二院诊疗，在诊疗期间，接受广医二院的建议，参加了该院徐恩教授主持的“改进高血压管理和溶栓治疗的卒中研究”药物临床试验。试验期间，患者死亡。由此事实可知患者与广医二院形成医疗服务合同关系并无疑义。因患者参加的药物临床试验本身即是广医二院向患者提供的医疗服务的主要内容，故此所谓医疗服务合同关系，包含患者因参加“改进高血压管理和溶栓治疗的卒中研究”试验而与广医二院之间形成的药物临床试验合同关系。具言之，患者因在广医二院参加“改进高血压管理和溶栓治疗的卒中研究”药物临床试验与广医二院成立药物临床试验合同关系。

有争议的是，患者是否同时与乔治公司之间建立药物临床试验合同关系。对此问题，患方与乔治公司存有争议。乔治公司主张患者与广医二院之间存在药物临床试验合同关系，但未与乔治公司签订过任何形式的文件或协议，且《临床试验协议》的合同主体为乔治全球健康研究院，故乔治公司与患者之间无合同关系。该院认为，基于以下理由，应当认定患者与乔治公司成立药物临床试验合同关系。

第一，《合同法》第 10 条第 1 款规定：“当事人订立合同，有书面形式、口头形式和其他形式。”第 11 条规定：“书面形式是指合同书、信件和数据电文（包括电报、电传、传真、电子数据交换和电子邮件）等可以有形地表现所载内容的形式。”由此可知，合同关系的成立，不唯通过书面形式、口头形式，通过其他形式比如事实行为亦可建立合同关系，如乘客通过上车刷公交卡乘坐公共巴士、消费者前往餐馆点菜消费等事实行为，虽无合同书等书面形式，也通常缺乏要约、承诺的一般口头形式，仍得以事实行为建立合同关系。可见，患者未与乔治公司订立合同书这一事实不足以反证双方之间没有合同关系。

第二，本案中，《临床试验协议》在乔治全球健康研究院、广医二院、徐恩三方之间订立，如前所述，乔治公司作为乔治全球健康研究院在中国区域设立的全资子公司，实质上是乔治全球健康研究院在中国区域的代表，承担乔治全球健康研究院在中国区域作为药物临床试验申办人、资助人的权利、义务、责任。作为案涉药物临床试验的申办人、资助人，乔治公司就案涉药物临床试验研究申请各医疗机构伦理委员会审查批准、提交研究方案、受试者知情同意介绍、受试者知情同意书等审查文件，提供研究所必需的资金，同时与广医二院共享患者参加该药物临床试验研究所产生的有关数据和研究成果。患者参加该项试验所使用的药物、临床试验的具体方法、签署的知情同意书等均是乔治公司提供，知情同意文件中有关条款不仅对广医二院与患者有约束力，对乔治公司也有约束力。比如本案争议的“对于损害或者并发症的赔偿”条款，正是因为该条款是由乔治公司提供，也正是因为这些知情同意文件及其他文件的存在，才使案涉药物临床试验得以经北京大学、广医二院伦理委员会审查批准。该条款不仅是广医二院对受试者的承诺，也当然地构成申办人、资助方对受试者的承诺。

据此，乔治公司虽未与患者签订合同书等书面文件，仍应与广医二院同时与患者之间成立药物临床试验合同关系。在此前提下，乔治公司关于合同相对性的抗辩不成立。依据上述原则，广医二院的研究者徐恩虽然也在《临床试验协议》作为研究者一方签名，但徐恩并不因此与广医二院、乔治公司之间成立药物临床试验合同关系，除非其本人作为受试者参加该试验。

二、关于争点二

乔治公司与患方对受试者知情同意书及受试者知情同意介绍中"对于损害或者并发症的赔偿"条款即"如果由于参加本研究导致您的亲属/朋友受到损伤或者出现了并发症，您应该尽快和研究医生取得联系，他们将帮助他/她安排合适的医学治疗。除此之外，本研究资助方已提供保险。当发生研究相关的伤害时，将由研究资助方和相应的保险公司，依据相关保险和赔偿条款，提供相应的免费医疗和补偿"中所涉保险的含义产生争议。乔治公司主张该条款所记载的保险是责任险，被保险人为乔治全球健康研究院及其关联公司，投保目的在于若因试验出现人身损害，由相关责任方按照当地法律判决承担赔偿责任，再以判决为依据向保险公司申请保险金。患方主张该保险是针对受试者的人身意外保险，被保险人是受试者，其目的是补偿受试者在受试过程中产生的损害。对此争议，该院认定如下：

第一，根据乔治公司答辩意见，案涉药物临床试验研究须遵循《药物临床试验质量管理规范》的有关规定。依据该规范第 43 条规定："申办者应对参加临床试验的受试者提供保险，对于发生与试验相关的损害或死亡的受试者承担治疗的费用及相应的经济补偿。申办者应向研究者提供法律上与经济上的担保，但由医疗事故所致者除外。"该院有理由相信知情同意文件中有关"对于损害或者并发症的赔偿"条款是为了满足第 43 条的要求所特设。但根据乔治公司陈述的保险类型可知，本案申办者、资助方既未给研究者提供法律上或经济上的担保，也未给受试者提供保险。乔治公司所陈述的保险仅仅为乔治全球健康研究院及其关联公司比如乔治公司提供的责任保险。这显然不符合第 43 条的规定。

第二，从《受试者知情同意书》及《受试者知情同意介绍》中"对于损害或者并发症的赔偿"条款即"除此之外，本研究资助方已提供保险。当发生研究相关的伤害时，将由研究资助方和相应的保险公司，依据相关保险和赔偿条款，提供相应的免费医疗和补偿"的文意来看，该院根本无法看出这一条款所涉及的"保险"是指乔治公司主张的仅以乔治全球健康研究院及其关联公司为被保险人的责任保险。相反，这一条款有关“提供保险”“补偿”等词句足以使受试者认为资助方考虑到受试者在受试过程中可能出现损害，因此为受试者购买了保险以提供补偿。换言之，若按乔治公司的主张，这份保险写入知情同意文件并特别告知受试者，对受试者并无实际意义。如果受试者因研究者或者申办者的过失引致损害，其本身即可依据法律获得赔偿而无须借助责任保险，乔治公司主张的责任保险除了可以分散乔治公司的风险之外，并不能为受试者提供额外的补偿。而患方主张该条款所涉保险是针对受试者或者是以受试者为被保险人的保险不仅是基于条款文意进行解释的通常理解，也与《药物临床试验质量管理规范》第43条的规定相符合。

第三，从格式条款解释规则来看，依据《合同法》第39条的规定：“采用格式条款订立合同的，提供格式条款的一方应当遵循公平原则确定当事人之间的权利和义务，并采取合理的方式提请对方注意免除或者限制其责任的条款，按照对方的要求，对该条款予以说明。格式条款是当事人为了重复使用而预先拟定，并在订立合同时未与对方协商的条款。”第41条规定：“对格式条款的理解发生争议的，应当按照通常理解予以解释。对格式条款有两种以上解释的，应当作出不利于提供格式条款一方的解释。格式条款和非格式条款不一致的，应当采用非格式条款。”依据上述规定，本案所涉受试者知情同意书及受试者知情同意介绍均是由乔治公司提供，在本案药物临床试验合同关系中，应认定为是由申办者、资助方提供的格式条款。在受试者与申办者、资助方对“对于损害或者并发症的赔偿”这一条款存在争议的情况下，按照通常理解解释规则及不利于提供格式条款一方的解释规则，应采纳患方关于该条款涉及保险的解释即该保险本应当是以受试者为被保险人，目的在于为在受试过程中出现损害的受试者提供补偿的保险。根据本案现有证据，乔治公司并未为受试者购买这一类型的保险，其违约事实足以认定。

第四，关于对“与研究相关的伤害”的理解。案涉临床试验是对已上市新药临床使用方法及其疗效的试验而非新药试验，乔治公司提供的各项文件对这一概念并无明确解释。患者参加两部分试验，A部分为常规疗法即按0.9毫克/千克给予药物，B部分为非常规疗法即快速积极降压治疗（目标收缩压为140～150毫米汞柱）。患者在受试过程中死亡，根据鉴定意见，患者死亡的根本原因是自身脑梗面积大并恶性进展所致。但这一死因分析并不能否认申办方、资助方应当按照《药物临床试验质量管理规范》第43条的规定为受试者提供保险的责任。非常规诊疗是否优于常规治疗？是改善了还是恶化了患者病情还是根本毫无意义？这些问题恰恰是该项药物临床试验需要研究的内容，也是受试者面临的风险所在。也正是因为上述未知风险，上述规范第43条规定申办方应当为受试者提供保险以分散风险。在申办方对此一概念没有明确界定并告知受试者的情况下，该院在较宽泛的意义上理解这一概念，即受试者在参加非常规治疗试验中死亡即可认为发生了“与研究相关的伤害”，而不考虑受试者死亡这一不良后果到底是试验诱发、促进病情恶化或者非常规治疗无效还是原发病本身自然进程所致。

根据以上分析，受试者依据受试者知情同意书、受试者知情同意介绍中“对于损害或者并发症的赔偿”关于保险的内容要求乔治公司承担违约责任，符合《合同法》第107条的规定，该院予以支持。

三、关于争点三

关于责任主体，该院认为，如前所述，乔治公司应当承担违约责任，但广医二院、北京大学不应承担责任。理由如下：

第一，广医二院作为研究方，根据“对于损害或者并发症的赔偿”这一条款，并没有承诺为受试者购买保险以提供补偿。根据《药物临床试验质量管理规范》第43条及知情同意条款，该条款约束申办方、资助方，除非案涉试验根本不存在申办方和资助方。第二，依据《合同法》第122条的规定：“因当事人一方的违约行为，侵害对方人身、财产权益的，受损害方有权选择依照本法要求其承担违约责任或者依照其他法律要求其承担侵权责任。”在违约责任与侵权责任竞合的情形下，当事人得依本条规定选择请求权基础求偿。李某某、冉某诉广医二院医疗损害责任纠纷案[(2013)穗海法民一初字第1434号]证明患方已经选择追究广医二院的侵权责任而非违约责任，且广医二院已经在前案中承担相应的责任。第三，北京大学与患者不存在药物临床试验合同关系，不应在本案中承担责任。据此，李某某、冉某请求广医二院、北京大学承担连带责任缺乏充分依据，该院不予支持。

四、关于争点四

关于赔偿标准，患方以乔治公司未提供保险合同主张数额暂定为1,500,000元，但乔治公司否认购买了以受试者为被保险人的保险，所提交的保险证明可以证实其所购买的保险类型是以乔治全球健康研究院及其关联公司为被保险人的责任保险。而患方并无充分证据证明乔治公司事实上购买了以受试者为被保险人的保险而拒不提交保险合同。在此情形下，该院难以根据乔治公司未提交保险合同这一事实认定其构成举证妨碍而采纳患方主张的上述赔偿标准。

如前所述，本案乔治公司承担赔偿责任的基础在于未按照知情同意书告知受试者的“对于损害或者并发症的赔偿”条款及《药物临床试验质量管理规范》第43条的规定为受试者提供保险，以便受试者发生与试验相关的损害时给予补偿。应当考虑到，即使乔治公司为患者提供了此类保险，其目的仍然在于补偿而非赔偿。本案为违约损害责任，违约行为导致患方固有权利受损，因乔治公司未为受试者提供保险而致使患方丧失得到保险补偿的权利。根据这一责任基础,基于公平原则,乔治公司应承担的违约责任损害赔偿范围不应超过患方基于法律规定应得的损害赔偿。依据(2013)穗海法民一初字第1434号判决,患方所受损害共计344,430.3元(不计精神损害抚慰金),其中51,664.55元已由广医二院予以赔偿。据此,该院认定乔治公司应当承担的违约责任赔偿内容为其中的差额部分即292,765.75元(344,430.3元-51,664.55元)。患方请求按1,500,000元的标准予以赔偿,远超其所受损害,缺乏充分理据,该院不予支持。

第一千零九条　从事与人体基因、人体胚胎等有关的医学和科研活动,应当遵守法律、行政法规和国家有关规定,不得危害人体健康,不得违背伦理道德,不得损害公共利益。

【条文主旨】

本条是关于从事人体基因、人体胚胎等有关的医学和科研活动的规定。

【条文理解】

包括医学在内的任何科学技术的发展都可能存在负面的效果,如果超越伦理、道德和法律的界限,有可能形成对人类的威胁甚至灾难。随着生命科学的快速发展,基因检测技术被大量运用,人们基于各种各样的目的从事与人体基因、人体胚胎等有关的医学和科研活动。一些医疗机构、科研机构和人员贸然从事的一些有关人体基因和人体胚胎方面的科研活动,不仅可能对试验个体造成损害,也可能对社会整体道德造成冲击,有必要通过立法予以规制,使这些科研活动在科学、伦理的指引下健康有序发展。因此,如何规制与人体基因、人体胚胎等有关的医学和科研活动,已经成为人格权法不能够回避的重要问题。

《民法典》为从事人体基因、人体胚胎等有关的医学和科研活动宣示了基本原则,使保护人体基因有了基本的法律依据。要求从事人体基因和人体胚胎等有关的医学和科研活动时,必须遵守法律,不得危害人体健康,不得违背伦理道德,否则就需要承担责任。这是对《民法总则》关于"自然人的人身自由、人格尊严受法律保护"价值判断的延展和重申。

《民法典各分编(草案)》中并没有本条的相关规定。考虑到开展与人体基因、人体胚胎等有关的医学和科学研究,可能带来人体生命健康安全和伦理道德方面的风险,必须有严格的法律规范,《人格权编(草案)》(二审稿)在第2章"生命权、身体权和健康权"中以"第789条之一"的形式规定:"从事与人体基因、人体胚胎等有关的医学和科研活动的，应当遵守法律、行政法规和国家有关规定，不得危害人体健康，不得违背伦理道德。”对于涉及人的有关研究，人类的利益永远优先于单纯的科学或企业的利益。有意见提出，从事这类活动还应当强调不得损害公共利益。《人格权编（草案）》（三审稿）在《人格权编（草案）》（二审稿）基础上进一步要求“不得损害公共利益”。《人格权编（草案）》（三审稿）以“第789条之一”的形式规定：“从事与人体基因、人体胚胎等有关的医学和科研活动的，应当遵守法律、行政法规和国家有关规定，不得危害人体健康，不得违背伦理道德，不得损害公共利益。”

本条只是宣示性的规定，至于从事与人体基因、人体胚胎等有关的医学和科研活动应当遵守哪些规定，办理哪些审批手续，都不是本法所规定的内容。在未来法律实施过程中，对于从事相关科研医学活动危害人体健康、违背伦理道德、损害公共利益的，应根据情节轻重，让其依法承担民事责任，或追究行政责任、刑事责任。

【司法适用】

本条主旨就在于明确从事人体基因及人体胚胎的医学、科研活动需要进行必要的限制。上述条文中，“人体基因”“人体胚胎”“从事与人体基因、人体胚胎等有关的医学和科研活动”等用语，如果仅仅从字面上看都比较狭窄，因此在司法实践中应当从宽解释和适用。例如，从字面上看“人体基因”一词不包含线粒体及其他可以遗传的周边物质，但是在司法实践中“人体基因”应当包含线粒体及其他可以遗传的周边物质，甚至可以包含基因组，以及含有人体基因组、基因等遗传物质的器官、组织、细胞等一切人类遗传资源材料。“人体胚胎”实际就是指所有的人类胚胎。现有条文中“从事与人体基因、人体胚胎等有关的医学和科研活动”应当涵盖异种移植和基因驱动问题，比如将猪的基因移植到人体，或者在动物或植物间进行基因突变、基因修饰活动，可能会影响环境和健康，如产生新病毒变种，这显然也会影响人类（如改变动物基因以研发抗病毒物质），需要经过伦理审查。另外，基因组和胚胎的改变，应该以治病救人为目的（涵盖实验室研发行为），这意味着生殖系基因组编辑将受到自动限制（必须是别无他法情况下的选择）。还有，基因编辑必须考虑未来世代的利益，因为对未来世代会产生目前无法估量的影响。因此，此类行为不得危害人的健康和安全，不得危及未来世代的健康利益。

人格权乃各项权利之首，受立法时代背景和社会经济发展条件等的制约，之前的《民法通则》将人身权置于财产所有权、债权和知识产权之后，并且其中有关人身权的规定也极其简陋，未对一般人格权及身体权、隐私权等具体人格权加以规定，从而给此类人格法益的保护带来了司法疑虑。因此，为顺应社会发展需要，弘扬以人为本和人文关怀的精神,《民法典》确立了一般人格权制度以补充传统民法理论于此规范的不足。人体基因、人体胚胎中所附着的人格法益,是自然人人格特征映射在其上的利益,包含对人格尊严、人性自由等人类共同和普遍的人权的尊重以及对个体性状、健康状况等生命关键信息的知情和维护。以基因检测为例,作为一种化学实体的人体基因,自其脱离人身始得成为民法上的物,借助一定手段能为人的肉眼所观测,具有物质性,同时因基因携带着自然人健康、疾病、寿命和智力等生命关键信息,被视为“揭开生命奥秘的钥匙”,进而衍生出相关财产利益并折射出伦理与道德的基本要求。可见,人体基因具有物质与信息的一体性、高价值性与高风险性并存的特征,并由此衍生出人格法益。

注意保护当事人的知情权。无论是基于疾病的治疗和预防目的,还是基于科学研究目的,从事与人体基因、人体胚胎等有关的医学和科研活动的机构和个人都应当遵循法律规定的程序,应当全面详细地向提供人体基因、人体胚胎等人体组织的受试者进行医学和科研活动的性质、目的、用途等方面的说明,并取得受试者的书面同意。如同临床试验一样,即使受试者曾经以书面方式同意参与基因检测,他们也可以反悔不再同意继续进行参与有关的医学和科研活动的,有关的医学和科研活动的组织方也不应当要求受试者或者受试者的监护人承担任何民事责任。如前所述,学理上有关知情权的内容一般可分五个方面,即知政权、社会知情权、对个人信息的知情权、法人知情权和法定知情权;也有学者将其分为行政知情权、司法知情权、社会知情权和个人信息知情权四个方面。无论基于何种分类,其中都包含了个人信息知情权。而基因信息作为基本的个人信息,基因供体对其个人信息的知情权利显然是不言而喻的,且应纳入人权的范畴。并且,该项权利的范围不应仅限于“知道”,尚应赋予其在知悉并理解情况下作出同意、答应或者允诺的权利,进而将人体医学伦理准则转化为法律制度的设置,以宣示宪法尊重和保障人权的原则在此新兴领域的权利存在。

注意保护基因检测当事人的隐私权。现行法对隐私权的保护,集中反映在《宪法》中关于住宅不受侵犯、通信自由和通信秘密不受侵犯等的规定及其在各实体法和程序法上的具体规定。但是,作为一项民事权利,我国《民法通则》中并没有隐私权的身影,而只是在 1998 年《民通意见》第 140 条第 1 款中将“以书面、口头等形式宣扬他人隐私”的行为归入侵害名誉权的范畴加以禁止。该项变通规定在 2001 年《精神损害赔偿解释》中得以修正,《精神损害赔偿解释》第 1 条第 2 款将侵害他人隐私从侵犯名誉权中独立出来,并为《侵权责任法》在民事立法上正式确认隐私权的法律地位奠定了基础。因此,可以说我国隐私权保护的发展刚刚启程,仍有较大进步空间。基因隐私权,是在基因歧视现象日趋频繁的背景下始被提及。基因歧视,是根据一个人的基因状况预示他在未来可能患上某种疾病或出现不健康身体状况这一信息而对他人进行的歧视。早在20世纪70年代,在美国保险领域就曾出现过拒绝为携带致“镰刀型红血球贫血基因”的黑人提供医疗保险的先例。2001年首例基因起诉案在美国诞生。美国公平就业机会委员会诉请法院要求北圣菲铁路公司停止对其罹患“腕隧道综合症”员工进行基因缺陷检测。2009年我国“反基因歧视第一案”也旋即出现,佛山市三名公务员考生因携带“地中海贫血基因”而被拒绝录用诉至法院。缘于类似事件的频繁出现,传统上依靠伦理规则和行业纪律已无力进行规范,遂以隐私或隐私权的法理或道德依据来处理相关问题在民法上开始被提及。一般认为,隐私是指私人生活安宁不受他人非法干扰,私人保密信息不受他人非法搜集、刺探和公开。在分类上,可将隐私分为静态隐私和动态隐私,前者多系有形之物,如信件、日记等;后者则指与他人无关的私人事务和私人信息。也有学者将隐私分为个人信息、个人私事和个人领域三个层次,由里及外,分有层级。基因信息,作为自然人的根本信息,具有明显的个人隐私属性,且隐私层级较高,无论将其界定为隐私的何种形态,其中所承载的隐私权利都是不容置疑的。

注意保护当事人的人格尊严。基因信息,是自然人的基本信息,涉及人格尊严、人性自由等人格法益核心领域,跨越研究自由尺度即为侵害,并均可能损及作为主体的人的基本人权和核心利益,从而会在根本上否定科学研究的意义和价值。因此,无论基于何种考量,“承认和坚持人类的尊严和自由”都始终作为人体基因研究的一项基本原则。民法确认和保护人格尊严等人类共同和普遍的权利,乃是民事法律贯彻执行宪法尊重和保障人权原则的应有之义。之前,我国民法体系中没有人格权法,《宪法》又不能直接适用,有关人格权的保护则只能依据《民法通则》中列举的几项具体人格权,事实上形成相对封闭的人格权保护体系,难以应对实践中不断衍生的各类新型人格法益的规制需求。司法实践中,为弥补具体人格权保护的不足,2001年《精神损害赔偿解释》第1条首次作出了关于一般性人格权的规定。该条第1款将人格尊严权和人身自由权纳入精神损害赔偿的范围,并设置“兜底条款”列于第2款中,从而使人格权体系呈现开放趋势,为未来人格权尤其是一般人格权的发展预留空间,可谓是人格权司法保护的重大进步,也为基因人格法益的司法保护找到了虽然间接但可望得以拓展的依据。

涉及人体基因、人体胚胎等有关人体组织的侵权认定与救济规则需要结合侵权责任法的有关规定。侵权责任法是救济法,与权利法有着不同的规则体系。从理论上讲,除债权设定了严格的合同责任外,其他民事权益的保护均可援引侵权责任法的相关规定要求责任人承担侵权责任。人体基因、人体胚胎作为人格物的一种类别，因人之基本信息的承载而应得到法律的严密保护，任何占有人或者使用人均应负有对类似“高度危险物”的高度而谨慎的注意义务，因此有关人体基因、人体胚胎的侵权应当坚持严格责任下违法行为、损害事实和因果关系的三大构成要件之统一，无论基于故意还是过失，均应视作对人体基因、人体胚胎的侵权。根据《侵权责任法》的规定，侵权责任的形式分为停止侵害、排除妨害、消除危险、返还财产、恢复原状、赔偿损失、赔礼道歉、消除影响、恢复名誉，共9种。其可单独适用，亦可合并适用。当然，在民法上对人体基因的侵害，亦有超出必要限度而被追究行政责任乃至刑事责任的可能，当存在责任竞合时应当优先承担侵权责任，以弥补权利人因此遭受的财产损失。举证责任的分配，依据“谁主张谁举证”的一般规则，应由受害人围绕侵权责任的构成承担举证责任；相应地，应由侵权行为人负责对免除或部分免除责任的法定事由加以证明。至于损害赔偿的标准，因司法操作中既无实务标准，亦无理论共识。人格价值的衡量是以对精神损害的物质赔偿来实现的，但国内对精神损害赔偿均没有确切的标准，司法实践中，唯一有据可循的是《精神损害赔偿解释》，该解释通过以物质赔偿的形式对侵权行为的可归责性及其在道德上的可谴责性作出主观评价，可为基因人格价值在司法操作中的认定提供依据，并有望成为未来理论与司法适用发展的基础。

如前所述，本条只是宣示性的规定，至于从事与人体基因、人体胚胎等有关的医学和科研活动应当遵守哪些规定，办理哪些审批手续，都不是本法所规定的内容。目前最直接的法律法规就是《人类遗传资源管理条例》。该条例已经于2019年3月20日国务院第41次常务会议通过，自2019年7月1日起施行，比较系统地规定了人类遗传资源材料的范围、采集、保藏、利用、对外提供我国人类遗传资源的审批手续及相应的法律责任。例如，人类遗传资源材料，是指含有人体基因组、基因等遗传物质的器官、组织、细胞等遗传材料；采集、保藏、利用、对外提供我国人类遗传资源，不得危害我国公众健康、国家安全和社会公共利益；采集、保藏、利用、对外提供我国人类遗传资源，应当符合伦理原则，并按照国家有关规定进行伦理审查；采集、保藏、利用、对外提供我国人类遗传资源，应当尊重人类遗传资源提供者的隐私权，取得其事先知情同意，并保护其合法权益；禁止买卖人类遗传资源，但为科学研究依法提供或者使用人类遗传资源并支付或者收取合理成本费用，不视为买卖。当然，利用我国人类遗传资源开展生物技术研究开发活动或者开展临床试验的，还应当遵守有关生物技术研究、临床应用管理法律、行政法规和国家有关规定。

【司法案例】

“基因编辑婴儿”案①

诉讼结论：贺某某等3名被告人因共同非法实施以生殖为目的的人类胚胎基因编辑和生殖医疗活动，构成非法行医罪，分别被依法追究刑事责任。

基本案情

法院审理查明，2016年以来，某大学原副教授贺某某得知人类胚胎基因编辑技术可获得商业利益，即与广东省某医疗机构张某礼、深圳市某医疗机构覃某某共谋，在明知违反国家有关规定和医学伦理的情况下，仍以通过编辑人类胚胎CCR5基因可以生育免疫艾滋病的婴儿为名，将安全性、有效性未经严格验证的人类胚胎基因编辑技术用于辅助生殖医疗。贺某某等人伪造伦理审查材料，招募男方为艾滋病病毒感染者的多对夫妇实施基因编辑及辅助生殖，以冒名顶替、隐瞒真相的方式，由不知情的医生将基因编辑过的胚胎通过辅助生殖技术移植入人体内，致使2人怀孕，先后生下3名基因编辑婴儿。

法院认为，贺某某等3名被告人未取得医生执业资格，追名逐利，故意违反国家有关科研和医疗管理规定，逾越科研和医学伦理道德底线，贸然将基因编辑技术应用于人类辅助生殖医疗，扰乱医疗管理秩序，情节严重，其行为已构成非法行医罪。根据贺某某等3名被告人的犯罪事实、性质、情节和对社会的危害程度，依法判处被告人贺某某有期徒刑3年，并处罚金人民币300万元；判处张某礼有期徒刑2年，并处罚金人民币100万元；判处覃某洲有期徒刑1年6个月，缓刑2年，并处罚金人民币50万元。

第一千零一十条　违背他人意愿，以言语、文字、图像、肢体行为等方式对他人实施性骚扰的，受害人有权依法请求行为人承担民事责任。

机关、企业、学校等单位应当采取合理的预防、受理投诉、调查处置等措施，防止和制止利用职权、从属关系等实施性骚扰。

【条文主旨】

本条是关于性骚扰的规定。

① 本案有关内容依据有关公开报道，主要依据新华社深圳12月30日电，记者王攀、肖思思、周颖。

【条文理解】

此前，我国对“性骚扰”行为的法律适用散见于法律法规。例如，《宪法》第38条规定，中华人民共和国公民的人格尊严不受侵犯，禁止用任何方法对公民进行侮辱、诽谤和诬告陷害。《民法通则》第101条和第120条规定，公民享有名誉权，公民的人格尊严受法律保护，禁止用侮辱、诽谤等方式损害公民的名誉；公民有权要求停止侵害，恢复名誉，消除影响，赔礼道歉，并可以要求赔偿损失。2005年修订后的《妇女权益保护法》第一次提到性骚扰这一法律术语，2012年《女职工劳动保护特别规定》作出“用人单位应当预防和制止对女职工的性骚扰”的规定。

本条首次以立法形式明确了性骚扰具体形式。第1款规定了性骚扰的构成要件：一是违背他人意愿；二是行为方式，包括言语、文字、图像、肢体行为等。第2款规定了用人单位防范、制止和处置性骚扰的义务，用人单位应当根据情况采取措施，预防和制止对妇女的性骚扰。但是需要特别指出，本条并未对性骚扰本身进行定义。

本条自从《民法典各分编（草案）》以来就一直存在，并且一直保持两款。对于第1款来说，《民法典各分编（草案）》规定：“违背他人意愿，以言语、行动或者利用从属关系等方式对他人实施性骚扰的，受害人可以依法请求行为人承担民事责任。”《人格权编（草案）》（二审稿）和《人格权编（草案）》（三审稿）内容一样，都规定：“违背他人意愿，以言语、行为等方式对他人实施性骚扰的，受害人有权依法请求行为人承担民事责任。”最终《民法典》针对该款在《人格权编（草案）》（三审稿）的基础上进行了调整，即“违背他人意愿，以言语、文字、图像、肢体行为等方式对他人实施性骚扰的，受害人有权依法请求行为人承担民事责任”。由此可以看出，《人格权编（草案）》（二审稿）和《人格权编（草案）》（三审稿）删除了“利用从属关系”这种方式。“利用从属关系”主要发生在职场中，因此与第2款有一定的重复。而《民法典》则对行为方式进行了补充列举，说明实施性骚扰行为的方式具有多样性，而不限于以上方式。

对于第2款来说，《民法典各分编（草案）》规定：“用人单位应当在工作场所采取合理的预防、投诉、处置等措施，预防和制止性骚扰行为。”《人格权编（草案）》（二审稿）规定：“用人单位应当在工作场所采取合理的预防、投诉调查、处置等措施，防止和制止利用从属关系等实施性骚扰。”《人格权编（草案）》（三审稿）规定：“用人单位应当采取合理的预防、受理投诉、调查处置等措施，防止和制止利用职权、从属关系等实施性骚扰。”法律规范性骚扰行为最初主要针对职业中的性别歧视，是为了保护在工作中受害的弱者，从实践来看，性骚扰行为也大多发生在工作场所中，尤其是和工作联系在一起。因此，为了有效防止性骚扰的发生，本条第2款最初规定了“用人单位”防范性骚扰行为的义务,有助于在最大限度上预防和减少性骚扰行为的发生。目前规定:“机关、企业、学校等单位应当采取合理的预防、受理投诉、调查处置等措施,防止和制止利用职权、从属关系等实施性骚扰。”虽然表述上存在差异,但是都明确规定了单位防止和制止性骚扰的义务。本条在规定单位应当采取合理措施,防止和制止利用职权、从属关系等实施性骚扰的基础上,进一步将“用人单位”的主体范围明确为“机关、企业、学校等单位”。这意味着此处“单位”的范围可以涵盖幼儿园、医院等事业单位,以及民办非企业单位,增加了可操作性。

【司法适用】

2018年12月12日,《最高人民法院关于增加民事案件案由的通知》(法〔2018〕344号)明确指出,在《民事案件案由规定》第9部分“侵权责任纠纷”的“348、教育机构责任纠纷”之后增加一个第三级案由“348之一、性骚扰损害责任纠纷”。

一、性骚扰的定义

本条未对性骚扰进行定义。鉴于性骚扰的核心要义是性,因此构成性骚扰要求行为人具有性意图,以获取性方面的生理或心理满足为目的,内容具有确定的性属性,包括具有性暗示的评论,要求性方面的恩惠与好处,含有性攻击内容的图像,以及因拒绝性合作而受到的歧视或不利影响等。尽管各种定义存在差异,但是其共同的构成要件包括两个:第一,一方实施了与性有关的行为;第二,另一方认为该行为是不受欢迎的。由此,我们知道,性骚扰成立与否,在于当事人是否欢迎他人实施的某种与性有关的行为,没有客观标准,它是以公民的个人主观标准来确定的,它强调的是人的一种内心感受。而个人由于民族、种族、文化传统等各种因素的影响而对于性及其有关方面问题的认识存在不一致的情况,这就会影响到他(她)对于是否构成性骚扰的判定。例如,在办公室讲黄色笑话,有人认为没有什么,而有人则认为构成了性骚扰。这里需要注意的是,讲黄色笑话的人无法把握每一个听者对此问题的评判标准,如果讲黄色笑话的人后来被法院判定构成了性骚扰,其原因就在于当时有人认为构成了性骚扰,而讲黄色笑话的人当时并不知道有人认为是性骚扰,这种情况下,法院的判决就会让人难以理解,更让人难以接受。为了避免此种情况发生,受害人应当将认为讲黄色笑话的行为已经构成对自己性权利的侵犯这一意思以某种方式明确地表达出来,让实施此行为的人知道有人对此不欢迎。当黄色笑话的听者当中有人已经表示不欢迎了,如果讲黄色笑话的人仍然继续为该行为,就认为其主观上存在过错,构成了性骚扰。这就是说,某人如果对他人实施的与性有关的行为表示不欢迎,他(她)必须通过某种方式明示地表达出来。如果加害人实施侵害行为时,受害人对此不知道,如受害人事后得知后表现出对此行为不欢迎,此时,仍然可以认为其构成了性骚扰。由于受害人通过某种方式表达不欢迎与性有关的行为采取的方式属于一种积极事实,其证明的难度比让另一方当事人证明其没有采取措施的难度要小。因此应当由诉讼的发动者承担举证责任。这里需要注意的是,通过某种方式明确表达自己对于他人实施的与性有关的行为不欢迎是以其具有相应的表达能力为前提的,如果其不具有这一能力的话,则应采用过错推定的方式处理。该理由就是,不具备这一能力的人主要是低于性行为“自愿年龄线”的人,在我国为年龄低于14周岁的人。与性有关的行为的实施者应当预见到自己的行为会对这一群体造成侵害。

二、性骚扰的侵权责任

根据现行的案由规定,性骚扰侵权责任被列入普通的侵权责任。其应当按照一般侵权行为的责任构成要件来确定。应当具备四个要件:第一,行为人实施了性骚扰行为,即违背受害人意志,实施了超出正常人际交往界限的侵害其性自主权的行为,既可以是男人对女人的性骚扰,也可以是女人对男人的性骚扰,随着同性恋现象的出现,还可能是同性对同性的骚扰。第二,受害人的性自主权受到侵害,表现为受害人的性尊严和性利益受损,造成精神痛苦,有时还可能导致其他人身利益、财产和经济利益的损害。对于只造成了精神痛苦,未产生其他人身和财产、经济上的损害时,对于损害的认定,可采取便于操作的客观标准,即国外法院广为采用的“正常的理智的第三人”的标准。在一个正常的理智的第三人面临同样的侵害时,其精神会遭受痛苦,则可认定损害结果发生。第三,性骚扰行为与该损害结果之间具有因果关系。第四,行为人实施行为的主观方面是故意,即故意实施冒犯对方性尊严和性利益的行为,过失不构成性骚扰的侵权行为。

根据本条字面规定,本条所规定的性骚扰受害人并不是只针对“妇女”的狭义性骚扰,而是针对不分年龄大小、男女老少和同性异性的所有人群的广义性骚扰。构成性骚扰,必须是违背了受害人的意愿。性骚扰行为应当是违背受害人意愿的行为,也正是因为性骚扰违背了受害人的意愿,因此,其可能导致受害人产生愤怒、焦虑等不良情绪。至于是否违背他人意愿,需要在个案中结合有关当事人之间的关系、当事人的行为等予以具体判断。以行为人主观上应当明知其行为或言辞违背对方意愿为前提,过失行为难以构成性骚扰。行为人实施了相关行为,这些行为是和性有关的行为。性骚扰行为可以有很多方式。性骚扰行为可以是间接的,如明示或暗示将性要求作为获得或失去某种利益的条件。性骚扰行为可以是直接的。直接性骚扰行为可以表现为交流,如通过口头、书面、手机信息或其他方式表达下流语言或展示具有淫秽内容的图片、裸露身体部位、以下流语言挑逗、讲述个人性经历或色情文艺内容。直接性骚扰行为也可以表现为接触，如强迫拥抱、接吻或故意触摸碰撞对方敏感部位。性骚扰行为表现的方式多种多样，但通常和性取向有关，行为人在实施性骚扰时可能采取口头的方式（如讲下流话、性挑逗语言等），也可能采用书面形式（如发黄色视频、短信等），还可能采用其他行为举动（如触摸生殖器或者以其他姿态骚扰他人）等。因此，性骚扰的形式，包括言语、行为等，具体表现为语言、文字、图像、视频资料、电子信息、肢体行为等任何形式。

有学者认为，性骚扰行为侵犯的是他人的性自主权。也有学者认为，性骚扰行为侵犯的不仅仅是人格权，它还侵犯了公民的合法休息权、劳动权、平等就业权、社会经济权利，有些情形的性骚扰同时还破坏了社会公共秩序。还有学者认为，侵犯贞操权的行为在实务上也常被认为构成对身体、名誉或者自由的侵害。但在此种情形下，身体、名誉或自由的侵害，是贞操被侵害的结果，是第二次所引起的现象。此种观点值得赞同。应当区分侵犯某种人身利益与侵犯该种人身利益引起的结果。某些性骚扰行为构成侵犯身体权，但是，性骚扰行为是否侵犯劳动权、合法休息权、平等就业权和名誉权，则值得讨论。首先，合法休息权、平等就业权并非人身权。其次，受害人无法休息、丧失就业机会以及在公开场合进行性骚扰影响到他人名誉权等都是性骚扰行为的结果，是第二次引起的现象，无须独立出来。遇到不从时就散布谣言、破坏家庭，侵犯他人名誉权，则是另外独立侵犯名誉权的行为，此时性骚扰行为已经结束。就私法角度而言，性骚扰行为可能侵犯他人的身体权、健康权、贞操权、人身自由权以及人格尊严权。由于性骚扰行为本身是多种行为的集合，因此，不同的性骚扰行为可能侵犯的是不同的权利。如通过手机短信，向他人发送淫秽图片的行为，就没有侵犯身体权；相反，触摸、碰撞他人身体敏感部位，就侵犯了他人的身体权。一般性骚扰行为，都可能会涉及对他人健康权、贞操权、人身自由权及人格尊严权的侵犯。

《民法典》颁布施行以后，不排除性骚扰纠纷会被列入人格权纠纷案由之下的可能。

三、职场性骚扰行为

第2款规定了用人单位防范、制止和处置性骚扰的义务。如果用人单位未采取有效措施预防和制止性骚扰，受害人可以向用人单位请求赔偿。这意味着用人单位如果没有建立预防、制止性骚扰的机制，就要对受害人承担责任，从而促使用人单位履行义务，减少和遏制性骚扰行为的发生。否则，用人单位的这些义务形同虚设。至于单位的预防措施，可以结合单位内部管理规定来确定，例如，设置内部投诉委员会；在显著位置张贴公告，告知性骚扰的法律后果及内部投诉委员会的设置;定期组织相关培训;为内部投诉委员会的运行提供相应的设施与便利;确保被投诉对象及证人出席内部投诉委员会的调查;向内部投诉委员会提供必要的信息;为受害人投诉提供相应的协助;协助受害人提起诉讼;将性骚扰作为不当行为加以惩处;监督内部投诉委员会定期提交报告等。这些具体内容未来可在相关单行法或司法解释中予以细化。

第2款明确规定"防止和制止利用职权、从属关系等实施性骚扰"。这实际就是学界所谓的权力型性骚扰。性骚扰案件从本质上说是一种侵权案件,该类案件侵犯的是受害人的性权利,主要体现为性自主权。构成性骚扰侵权行为应当具备四个构成要件:第一,行为人实施了不受对方欢迎的与性有关的实际行为;第二,受害人的性权利受到侵害,造成精神利益和其他方面的损害;第三,行为人实施的不受欢迎的与性有关的行为与该损害结果之间具有因果关系;第四,实施行为的行为人主观方面有过错。性骚扰案件现实面临的困难主要就是对于第一个要件的确定,在权力型性骚扰案件中尤其明显。这就是说,受害人面临的主要困难在于难以证明加害人是否对其实施了不受欢迎的与性有关的行为。为了解决权力型性骚扰案件中的这一困难,对于这一要件的举证责任应当由加害人与受害人共同承担。关于举证责任共同承担问题,根据《民法典》"侵权责任编"的相关规定,在每种特殊民事案件的构成要件中,原告方只是对其中一个或者两个构成要件承担举证责任。落实在权力型性骚扰中,总的举证责任由受害方来承担,具体而言,就是对于性骚扰案件中的四个构成要件,后面三个要件由受害人进行举证。第一个要件的举证责任由加害人和受害人共同承担。具体的操作方式是:首先由受害人就该要件进行举证,如果通过受害人举证获得的结果是加害人对其实施了与性有关的行为的命题为假,那么受害人就败诉;如果通过受害人举证获得的结果是加害人对受害人实施了与性有关的行为的可能性大于不可能时,其就完成了举证责任,此时,举证责任就应转向加害人,由加害人证明自己没有对受害人实施了与性行为有关的行为。如果加害人完成了举证责任,即使案件仍然处于真伪不明的情况下,受害人仍然败诉,因为总的举证责任是由受害人来承担的;如果加害人举证不能,没有完成举证责任,那么加害人就应败诉。也就是说,在权力型性骚扰案件中,双方的举证有一个先后顺序,即先由提起诉讼的受害人进行举证,然后由加害人进行举证。这种先后顺序不能被打破,因为对此要件的举证责任由双方共同承担的目的就是减轻受害方的举证责任。如果其连法律对其要求的最基本的举证责任都无法承担和完成,那么,由其承担不利后果应是合理的。

值得注意的是,对职场性骚扰行为,国外及我国台湾地区、香港地区均进行了特别的规制,即由用人者承担雇主责任。这种做法是世界性的趋势,似乎已经成为国际通例。而由雇主承担责任时，属于特殊的侵权责任，适用过错推定原则。雇主如果不能证明其已经尽到法定的照顾、管理和扶助保障义务，则推定其有过失，从而承担责任。此时，其责任构成当然有所区别。在职场性骚扰的侵权责任中，应当规定为连带责任，即行为人和雇主连带承担侵权责任。目前，我国在《民法通则》及一系列的司法解释中，已经规定了国家机关及其工作人员职务侵权行为，法人或者其他组织工作人员职务侵权行为以及调整雇员因执行职务致人损害的侵权行为的雇主赔偿责任。但是，其赔偿责任仅仅限于侵害财产和人身即生命权、健康权和身体权而产生的财产损害。对于工作人员或雇员侵害在执行职务中的其他工作人员或雇员的人格权，应当承担精神损害赔偿责任的，没有规定由法人、机关、其他组织或雇主承担责任。对此，法律应当作出新的规定。

司法实践中要注意区分性骚扰与性侵害，性骚扰所侵害的主要是人格尊严和平等权，并不是受害人的身体；性侵害则是对身体有实质性的侵害，如强暴、猥亵等。

童女士诉其上司性骚扰纠纷案是我国首例性骚扰案。2001 年 7 月，西安市童女士向西安市莲湖区法院提出起诉，指控她的上司对她进行了性骚扰。但是，因缺少证据的支持，法院最终判决童女士败诉。此后全国陆陆续续的性骚扰案例不断涌现，但绝大多数都以原告的败诉为终。立案难、取证难、赔偿难是性骚扰案的三大特点。

第一千零一十一条　以非法拘禁等方式剥夺、限制他人的行动自由，或者非法搜查他人身体的，受害人有权依法请求行为人承担民事责任。

【条文主旨】

本条是关于侵害行动自由和非法搜查身体的规定。

【条文理解】

需要特别注意，本条规定的侵害人格权的行为包括两种类型：一是“以非法拘禁等方式剥夺、限制他人的行动自由”；二是“非法搜查他人身体”。

对于第一类侵害行为来说，“以非法拘禁等方式剥夺、限制他人的行动自由”，实质上侵害的是自然人的身体权。如前所述，自然人享有身体权，有权维护自己的行动自由，任何组织或者个人不得侵害他人的身体权。剥夺、限制行动自由则采用拘留、禁闭或者其他强制手段剥夺或限制他人按照自己的意志支配自己身体活动的自由的行为。

对于第二类侵害行为来说，“非法搜查他人身体”，从字面上看，这类侵害行为与自然人的身体密切相关,但是实质上却难以与上文身体权的具体内容建立直接联系。“非法搜查他人身体”应当属于侵犯自然人的人格尊严。

【司法适用】

随着经济的快速发展,市场主体之间或公民个人之间的经济纠纷也日益增长。各类经济纠纷本应以协商解决或者遵循民事诉讼途径解决,但是有的行为人因为种种原因,采用了非法拘禁他人从而索要金钱的手段。这就是索债型的非法拘禁,即行为人以索取债务(包括合法债务与非法债务)为目的,以拘留、禁闭或者其他方法故意非法剥夺他人人身自由的行为。为索取债务非法扣押、拘禁他人的,可能构成非法拘禁罪。依照《刑法》第 238 条第 3 款的规定,“为索取债务非法扣押、拘禁他人的,依照前两款的规定处罚”,即以非法拘禁罪定罪处罚。2000 年,最高人民法院出台的《关于对为索取法律不予保护的债务非法拘禁他人行为如何定罪问题的解释》进一步规定,行为人为索取高利贷、赌债等法律不予保护的债务,非法扣押、拘禁他人的,依照《刑法》第 238 条的规定定罪处罚,即为索取非法债务非法扣押、拘禁他人的,也以非法拘禁罪定罪处罚。

但是,并非在任何情况下均不能够对他人实施身体进行限制。如果行为人有某种正当理由,行为人能够违反他人的意愿对他人实施人身限制,无须承担侵权责任。最主要的情形有:第一,行为人的自助行为。例如,如果他人在购买或者接受了行为人的商品、接受了行为人提供的服务之后拒绝付款,行为人则有权采取措施,限制他人离开。行为人限制他人人身自由的此种行为并不会让他们对他人承担民事责任。第二,见义勇为的行为。根据法律规定,他人正在实施危及社会秩序的行为时,或者正在被通缉、正在被追捕、越狱潜逃、交通肇事逃逸等,或者有法律规范的其他正当理由,行为人有权采取措施,限制他人的人身自由。第三,维护社会公共利益的行为。发生公共安全重大危急事件时,违反统一管理要求随意乱窜乱跑,危害公共安全的,限制其人身自由不具有违法性。譬如在 2019 年发自湖北武汉的新冠肺炎疫情蔓延过程中,已经被传染的和隐形携带病毒者以及疫情暴发后春节前后到过武汉的人员被隔离 14 天,就不具有违法性,不属于非法拘禁。

【司法案例】

案例一

项某某与某医院人身自由权纠纷案①

诉讼结论:项某某并无证据证明某医院采取暴力或胁迫方式限制其人身意志

① 江苏省苏州市中级人民法院(2014)苏中民终字第 02750 号民事判决书。

自由。即使存在某医院保安因其未删除照片不允许其离开的行为，亦系双方争执的范畴，某医院的行为尚不足以构成侵犯人身自由权。

基本案情

一审法院经审理查明：2013 年 12 月 11 日 15 时 6 分许，彩香派出所接项某某报警称其在某医院院务公务栏拍照，被某医院保安拦住不让其离开。后彩香派出所于 2013 年 12 月 11 日 15 时 50 分许作出接警反馈："某医院保安称医院内部规定不得随意拍照，要求项某某删除。经民警赶到现场调解后，某医院保安让项某某离开。"上述事实，有项某某提供的苏州市公安局"110"接处警综合单及当事人的陈述等在案证实。

审理中，项某某称其在某医院拍照后，被某医院保安限制人身自由达 30 分钟之久，即从 2013 年 12 月 11 日 15 时至 15 时 38 分许。在此期间，项某某曾致电某医院的监督电话，且某医院的监督部门告知其可以离开，但某医院保安却不允许其离开。某医院称，为了维护住院病人的隐私，其在项某某拍摄的场所已经明确标示了"院区请勿摄像拍照"的字样，且保安发现项某某在拍照时仅是进行了劝阻，并不存在限制项某某人身自由的行为。项某某认为某医院侵犯了其人身自由，向法院提起诉讼。

原告项某某的诉讼请求为：判令某医院赔偿其经济损失 100 元，精神损害抚慰金 5000 元，文印费、交通费、误工费 1000 元及本案诉讼费。

一审法院认为，项某某主张某医院限制其人身自由并给其造成损失，应当提供相应的证据予以证实。依据项某某所提供的证据及其本人的陈述，能够证明的事实为：项某某未经允许在某医院拍摄照片而与某医院保安发生争执，后项某某在第一时间报警并向某医院的监督部门进行反映和交涉。因某医院在其门诊大厅的墙面上明确标示了"院区请勿摄像拍照"的字样，项某某未经允许擅自拍照，某医院的保安人员发现后进行劝阻并同项某某进行交涉并无不当。某医院保安即使有要求项某某不能离开的表示，目的是要求项某某删除照片，在此期间，项某某可以自主地报警并同某医院的监督部门进行反映和交涉，某医院并无其他强制行为。双方从争执到纠纷解决，前后仅半个小时，较为短暂。原审法院认为某医院的上述行为尚不构成对项某某人身自由权的侵害，故对于项某某所主张的各项诉讼请求，原审法院不予支持。项某某应理性维权，不能不问情由、不考虑原委即认为自身人身自由受到侵害。某医院应加强对保安人员的管理，要求其在履职过程中采取恰当方法，并服从本院上级部门、执法部门的指令，避免产生不必要的纠纷。依据《侵权责任法》第 6 条、《民事诉讼法》第 64 条第 1 款、《民事诉讼证据规定》第 2 条之规定，判决如下：驳回项某某的诉讼请求。案件受理费人民币 150

元，适用简易程序减半收取人民币75元，由项某某负担。

项某某不服上述民事判决，提起上诉。法院认为，项某某主张某医院有限制其人身自由的行为，应承担举证责任。根据项某某提供的证据及其本人陈述，可以证明其因在某医院门诊过道拍摄照片而与某医院保安发生争执，其后报警并向某医院的监督部门反映和交涉。项某某主张事发时现场并无“请勿摄像拍照”的标志，而某医院提交的照片显示在紧邻项某某拍照位置的墙上即张贴有“院区请勿摄像拍照”的标志。接处警综合单显示，保安明确告知医院有不得随意拍照的内部规定。从保护病人隐私方面考虑，该规定应针对身处院区的所有人员而非仅限于医院工作人员。即使现场没有张贴该规定，保安在发现项某某拍照后与其进行交涉属于其职责范围。虽然接处警综合单记载“民警到场，调解纠纷，后医院保安让报警人离开”，但仅依据该表述并不足以证明在民警到场前保安曾以暴力或胁迫方式将项某某的行动限制于一定空间范围内。项某某认为应以某医院不提供监控记录为由作出对医院不利的推定亦无法律依据。该起纠纷发生在医院门诊大厅的公共区域，项某某在其一审确认的纠纷持续约30分钟内可以自主选择报警并向医院的监督部门进行反映，民警也出警调处了纠纷，项某某主张某医院已构成对其人身自由权的侵犯依据不足。

法院认为，限制人身自由，是指采用拘留、禁闭或者其他强制手段剥夺或限制他人按照自己的意志支配自己身体活动的自由的行为。本案中，某医院保安因项某某未经许可在院区内拍照而与其发生争执，双方在医院门诊大厅公共区域交涉，历时30余分钟，属于当事人之间处理纠纷的过程。项某某在此期间曾报警并向某医院的监督部门反映情况，在民警到场调解后，项某某即离开某医院，该过程表明某医院允许项某某通过合法途径维护其权利，项某某并无证据证明某医院采取暴力或胁迫方式限制其人身意志自由。即使存在某医院保安因其未删除照片不允许其离开的行为，亦系双方争执的范畴，某医院的行为尚不足以构成侵犯人身自由权。

案例二

绥棱县甲商贸有限公司乙分公司
与刘某某生命权、健康权、身体权纠纷案[①]

诉讼结论：绥棱县甲商贸有限公司乙分公司的保安不具有执法权，无权搜查他人身体，其对刘某某非法搜身行为，侵犯了刘某某的人格尊严权。

---

① 黑龙江省绥化市中级人民法院（2019）黑12民终463号民事判决书。

基本案情

2018年4月17日10时许，原告在被告乙分公司超市溜达时，被该超市保安贾某某拦截，怀疑原告偷拿橘子，并对原告进行了搜身，搜身后没有发现原告偷拿东西，原告即离开。除搜身过程外，被告员工与原告没有其他身体接触和骂人行为。2018年4月17日16时35分，原告到绥棱县公安局镇北派出所报案，举报被告超市保安贾某某对其搜身行为，贾某某对其行为认可，绥棱县公安局下达行政处罚决定书，决定对贾某某行政拘留10日并处罚款500元。原告于2018年4月17日18时，因胸闷心悸等症状进入绥棱县人民医院住院治疗，于2018年4月18日14时59分出院，治疗效果为好转。花费住院治疗费用1133.77元，救护车车费120元，急诊诊查费46元。2018年4月18日18时41分，原告以冠状动脉粥样硬化心脏病、陈旧性心肌梗死、急性心功能不全、心功能IV级、2型糖尿病等症在某医院入院治疗，于2018年4月28日出院。花费救护车费用1850元，医疗费用8501.51元。但由于被告在与原告协商赔偿事宜上未能达成一致。原告为维护合法权益，诉请法院依法判令被告向原告赔礼道并赔偿经济损失。

法院认为，中华人民共和国公民的人格尊严不受侵犯。绥棱县甲商贸有限公司乙分公司的保安不具有执法权，无权搜查他人身体，其对刘某某非法搜身行为，侵犯了刘某某的人格尊严权。依据《精神损害赔偿解释》第8条第2款的规定：因侵权致人精神损害，造成严重后果的，人民法院除判令侵权人承担停止侵害、恢复名誉、消除影响、赔礼道歉等民事责任外，可以根据受害人一方的请求判令其赔偿相应的精神损害抚慰金。本案中，2018年4月17日上午10时，74岁刘某某在绥棱县甲商贸有限公司乙分公司的超市购买东西，超市保安认为刘某某偷拿橘子，对刘某某实施拦截后，非法搜身，搜身后也未查出刘某某偷拿任何物品，刘某某于当天18时，因胸闷心悸等症状被救护车送往绥棱县人民医院住院治疗，后转院到某医院入院治疗，花费救护车费用1850元，医疗费用8501.51元，合计10,351.51元。依据《精神损害赔偿解释》第10条的规定：精神损害的赔偿数额根据以下因素确定：(1)侵权人的过错程度，法律另有规定的除外；(2)侵害的手段、场合、行为方式等具体情节；(3)侵权行为所造成的后果；(4)侵权人的获利情况；(5)侵权人承担责任的经济能力；(6)受诉法院所在地平均生活水平。依据以上6项因素，本院酌定绥棱县甲商贸有限公司乙分公司赔偿刘某某精神损害抚慰金10,000元。

综上所述，刘某某的上诉请求部分成立。依照《精神损害赔偿解释》第8条、第10条，《民事诉讼法》第170条第1款第2项的规定，判决绥棱县甲商贸有限公司乙分公司赔偿刘某某精神损害抚慰金10,000元。

第三章　姓名权和名称权

姓名权、名称权是以姓名、名称等主体的外在标志为内容的人格权，因此也称为标表性人格权。其一，姓名权是自然人享有的决定、变更和使用其姓名的权利。姓名包括登记于户口簿上的正式姓名，以及艺名、笔名等非正式姓名。首先，姓名权的主体只能是自然人，法人不享有姓名权。只有自然人人格的文字标识才叫作姓名，因而自然人才享有姓名权。法人人格的文字标识是名称，享有的是名称权。其次，姓名权的客体是自然人对自己人格的文字标识的专有权。姓名权的核心问题就是对姓名的专有权，他人不得享有、非法使用，只能是权利人自己享有和使用。专有的客体，就是自然人的人格文字标识，不仅包括正式的登记姓名，而且也包括笔名、艺名、别号等。最后，姓名权所产生的基本义务是不得非法干涉、使用他人的姓名。姓名权是绝对权、对世权，除了拥有姓名权的本人，任何人都是义务主体，都负有不得侵害其姓名权的义务。其二，名称权指自然人以外的法人或非法人组织所享有的决定、变更、使用和转让其名称的权利。名称权的内容包括：名称决定权、名称变更权、名称使用权和名称转让权。首先，名称权是法人、个人合伙、个体工商户之所以为主体的基本权利之一，不享有名称权，民事主体不能成立。其次，名称权的主体是除自然人之外的法人和非法人组织。本章共6条，规定了姓名权、名称权的基本内容，并对民事主体尊重保护他人姓名权、名称权的基本义务作了规定。主要涉及自然人享有姓名权、法人、非法人组织享有名称权、自然人选取姓氏的规定、民事主体姓名变更等方面的法律效力。

本章规定了姓名权和名称权，共6条。姓名权是针对自然人的，名称权是针对法人和非法人组织的。笔名、艺名、网名、字号等的保护问题，参照同等保护。

第一千零一十二条 自然人享有姓名权，有权依法决定、使用、变更或者许可他人使用自己的姓名，但是不得违背公序良俗。

【条文主旨】

本条是关于自然人姓名权的规定。

【条文理解】

姓名权是自然人依法决定、使用、变更其姓名或许可他人使用自己姓名的权利。姓名权是自然人依法对其姓名所享有的权利。“用以区别人己的一种语言上的标志，将人予以个别化，表现于外以确定其人的同一性。同一性及个别化系姓名的二种主要功能，为法律所要保护的利益，使权利人使用其姓名的权利不受他人争执、否认、不被冒用而发生同一性及归属上的混淆。”①在人格权的形成及其具体化的发展过程中，姓名权居于重要地位。姓名是由姓氏和名字组成，是自然人在社会上有别于其他人的标识。姓和名的组合，表现了个人对社会团体或血缘家族或某一类人的归属。从法律上来说，姓名是每个人人格特征的归属，是权利和义务的指向。

姓名权的性质属于绝对权，其具有如下法律特征：第一，姓名权的主体只能是自然人。法人、非法人组织享有名称权，但并不是姓名权的主体。如果自然人将其姓名作为法人、包括合伙的非法人组织的名称使用时，则该姓名同时可以受到名称权的保护。第二，姓名权的客体是姓名。我国是一个多民族的国家。姓与名的构成有多种方式。作为人的生理属性和社会属性的代号及标志，以及每个人区别于他人的一种符号，姓名必须以文字的方式表现出来。第三，姓名权的内容包含精神利益和财产利益。姓名权是人格权。人格权中的财产性日益为社会所重视。随着姓名权商业化利用的日益拓展，姓名权中的经济价值日益凸显。尤其名人的姓名权在这方面的价值更为突出。②

民法上的姓名权为一种重要的具体人格权。姓名权的本质在学术上存在争议。主要有几种观点：第一，认为姓名权是所有权。德国学者魏尔德认为，姓名权如所有权一样可以对抗第三人，并具有任意行使的权能，因而姓名权是所有权。这种观点合理的地方在于认识到姓名权是一种绝对权。其错误主要有两点：其一，忽视了姓名权的客体是姓名这一具有人格特征的客体。其二，姓名权尽管也

---

① 王泽鉴：《人格权法》，北京大学出版社 2013 年版，第 116 页。

② 王利明：《人格权法研究》，中国人民大学出版社 2018 年版，第 364 页。

包含有财产性的利益,但姓名权不像所有权那样可以转让和抛弃。第二,认为姓名权是身份权。这种观点认为,一个具体的姓名就是一个具体的身份,一个具体的姓名就意味着身份关系上的具体权利义务。[①] 正是从这种意义上来讲,姓名权是一种身份权。中国传统上一般就是通过世代排名制来判断一个人的辈分,宗法等级因之形成。在西欧封建社会,贵族的姓名往往有一个音节表明贵族身份。如居依·德·莫泊桑(Guy de Maupassat)姓名中的"德(de)",凡·高(Vincent van Gogh)姓名中的"凡(van)",都表明他们出身于贵族世家。尽管姓名所体现的血缘关系仍为今天所认可,但随着从身份到契约运动的深入,这种标志着人与人之间不平等的姓名意义随着宗法等级观点和等级社会的瓦解而瓦解了。平等的社会需要平等的姓名权。从这个意义上来看,姓名权也不是亲属权。第三,姓名权是人格权。姓名权的人文价值意味着人与姓名相同一,人与姓名相同构。同一、同构的人与姓名蕴含了性别价值、情感旨趣、深远寓意、集体道德等追求。这些追求是蕴含于姓名中的人的价值追求和精神内核,构成人格尊严的组成部分和本质所在。故侵犯姓名权,也侵犯了姓名所蕴含的人格尊严,是对人格利益的践踏。[②] 这种观点符合现代文明平等社会的特征,为我国法律所采取。

姓名权属于一种标表型人格权,是自然人对其姓名的决定、变更、自己使用或许可他人使用的人格权。第一,姓名决定权。姓名决定权亦称命名权,是指自然人选定文字符号作姓名的权利。每个自然人只有一个正式的姓名,即在公安户籍登记部门上所登记的姓名,也是自然人拥有的身份证上记载的姓名。当然,自然人有权决定自己的正式姓名,同时也有权决定自己的艺名、笔名、化名。第二,姓名变更权。姓名变更权是自然人变更自己姓名的权利。其中变更正式姓名的,要遵守相应的法律法规。自然人姓名变更权既然是一种权利,则其变更就应得到其他人的尊重。对自然人姓名的尊重,就是对姓名权人人格的尊重。禁止他人恶意地采取侮辱性的方式,如以野猫、野狗等为他人取名。有未成年人变更其姓名的,应当考虑未成年人的意愿。未成年人包括无民事行为能力人或者限制民事行为能力人,其中16周岁以上不满18周岁且能够以自己劳动收入作为主要生活来源的除外,不能因为未成年人主张更改姓名而直接更改,而需要由行使监护权的父母予以判断,但应当考虑未成年人的意愿。第三,姓名使用权。姓名使用权,是指自然人为满足自己的需要,可使用自己的姓名参加各种社会活动的权利。有些情形,自然人只能使用身份证上所载明的正式姓名。有些场合,则可使用其正式姓

---

① 袁雪石:《姓名权本质变革论》,载《法律科学》2005年第2期。

② 王歌雅:《姓名权的价值内蕴与法律规制》,载《法学杂志》2009年第1期。

名,也可使用艺名、化名、笔名等。第四,许可他人使用权。姓名权一方面具有很强的人身专属性,始终与个人的人格尊严相联系;另一方面随着姓名权的经济价值在商业中日益显现,自然人既可自己使用自己的姓名从事民事活动,也可依法许可他人使用自己的姓名从事民事活动。现实中,常存在使用名人的姓名做宣传广告的情况,其追求的效果是更有利于商品的促销以及品牌的树立。

该条明确地规定了自然人享有姓名权是在不违背公序良俗的前提下,有权依法决定、使用、变更或者许可他人使用自己的姓名。

【司法适用】

《民法通则》第 99 条第 1 款规定,公民享有姓名权,有权决定、使用和依照规定改变自己的姓名,禁止他人干涉、盗用、假冒。根据此规定,自然人享有姓名权。

《户口登记条例》第 7 条规定,婴儿出生后一个月以内,由户主、亲属、抚养人或者邻居向婴儿常住地户口登记机关申报出生登记。弃婴,由收养人或者育婴机关向户口登记机关申报出生登记。在登记时即将其姓名记入户籍登记簿。此时自然人的姓名多为其监护人所命名。自然人的姓名一经登记就成为自然人正式的姓名,受法律保护。自然人成年并有完全民事行为能力的,有权根据自己的意志决定自己的姓名,其监护人应尊重成年自然人的姓名决定权,不得妨碍。

《居民身份证法》第 4 条规定,居民身份证使用规范汉字和符合国家标准的数字符号填写。民族自治地方的自治机关根据本地区的实际情况,对居民身份证用汉字登记的内容,可以决定同时使用实行区域自治的民族的文字或者选用一种当地通用的文字。因此,自然人在决定选取姓名时,应当符合这一规定。《姓名登记条例(初稿)》第 13 条规定,姓名不得使用或者含有下列文字、字母、数字、符号:(1)已简化的繁体字;(2)已淘汰的异体字,但姓氏中的异体字除外;(3)自造字;(4)外国文字;(5)汉语拼音字母;(6)阿拉伯数字;(7)符号;(8)其他超出规范的汉字和少数民族文字范围以外的字样。根据《居民身份证法》及《国家通用语言文字法》的规定精神,居民身份证姓名登记项目应当使用规范汉字填写,并与常住人口登记表和居民户口簿姓名登记项目保持一致。《公安部关于启用新的常住人口登记表和居民户口簿有关事项的通知》已明确要求姓名登记项目使用汉字填写。

《户口登记条例》第 18 条规定,公民变更姓名,依照下列规定办理:(1)未满 18 周岁的人需要变更姓名的时候,由本人或者父母、收养人向户口登记机关申请变更登记;(2)18 周岁以上的人需要变更姓名的时候,由本人向户口登记机关申请变更登记。在法律上,自然人可以有变更姓名权。但由于人是社会关系的总和,自然人在变更其姓名时,必然会涉及自然人以变更前的姓名所参加的各种法律关系,从而会涉及他人和社会的利益,因而自然人变更姓名时要按照该条例的规定，在户口登记机关办理相关手续。具体分未满18周岁的人和18周岁以上的人两种情况。实务中，未满18周岁的人的姓名变更权相比较于18周岁以上的人的姓名变更权应受更多的限制。

2014年11月1日，全国人大常委会通过了《姓名权立法解释》。其中规定，公民依法享有姓名权。公民行使姓名权，还应当尊重社会公德，不得损害社会公共利益。该立法解释对自然人行使姓名权做出必要的限制，即应当尊重社会公德，不得损害社会公共利益。

有关部门就姓名权法律问题征求最高人民法院研究室意见。该室经研究，作出的《最高人民法院研究室关于姓名权法律问题的研究意见》认为：第一，对"姓名"的填写要求是否必须是规范汉字的问题。《居民身份证法》第4条规定的"使用规范汉字和符合国家标准的数字符号填写"，应当理解为居民身份证上的"姓名、性别、民族、住址"事项应当使用规范汉字和符合国家标准的数字符合填写，其中，"姓名"一栏应当使用规范汉字填写。第二，行政机关应当纠正其错误的具体行政行为，有权要求赵C更改姓名。

《侵权责任法》第2条规定，侵害民事权益，应当依照本法承担侵权责任。本法所称民事权益，包括生命权、健康权、姓名权、名誉权、荣誉权、肖像权、隐私权、婚姻自主权、监护权、所有权、用益物权、担保物权、著作权、专利权、商标专用权、发现权、股权、继承权等人身、财产权益。之后《民法总则》第110条第1款规定，自然人享有生命权、身体权、健康权、姓名权、肖像权、名誉权、荣誉权、隐私权、婚姻自主权等权利。该条法律规定，自然人享有姓名权。可以说，《民法总则》延续了我国自《民法通则》以来的上述法律法规的有关精神，明确规定了自然人的姓名权。《民法典》更进一步规定，自然人有权依法决定、使用、变更或者许可他人使用自己的姓名，享有姓名权，但不得违背公序良俗。

【司法案例】

中国姓名权第一案——赵C姓名权案①

诉讼结论：赵C变更姓名后使用规范汉字依法申请变更登记；月湖公安分局免费并协助赵C办理姓名变更后的居民户口簿、居民身份证和因变更姓名而导致更名事项的身份证明文件。

基本案情

江西鹰潭公民赵C出生于1986年，"赵C"这一姓名是其出生时父亲帮他取

① 江西省鹰潭市中级人民法院(2008)鹰行终字第5号行政裁定书。

的,并于当年进行了户籍登记。2005 年赵 C 又用该名在鹰潭市公安局月湖分局申请了第一代身份证。2006 年 8 月,赵 C 到派出所申请换发第二代身份证,民警告诉他,公安部有通知,姓名中不能有“C”这种英文字母。后来,鹰潭市公安局月湖分局户政科又通知赵 C,“赵 C”这个名字进不了公安部户籍管理系统,建议赵 C 改名。赵 C 的父亲赵某荣认为,公安机关要求赵 C 改名,侵犯了公民的姓名自由权。在从事律师工作的父亲赵某荣鼓励下,赵 C 不同意改名,并于 2008 年 1 月 4 日向鹰潭市月湖区法院提起行政诉讼,请求法院判决鹰潭市公安局月湖分局作出为他换发第二代身份证的具体行政行为。2008 年 6 月 6 日,鹰潭市月湖区人民法院对此案作出一审判决,赵 C 胜诉。随即,月湖分局向鹰潭市中级人民法院提起上诉。经鹰潭市人民法院二审反复协调下,上诉人与被上诉人达成和解协议:被上诉人赵 C 同意变更姓名并使用规范汉字,依法申请变更登记;上诉人免费并协助被上诉人办理变更姓名的相关事宜;上诉人撤回上诉;撤销一审判决。二审法院认为,上诉人鹰潭市月湖公安分局撤回上诉符合法律规定,进而当庭裁定,准许上诉人鹰潭市月湖公安分局撤回上诉。

本案的争议焦点在于:一是《居民身份证法》及《国家通用语言文字法》是否有对我国姓名权中的命名权作出限制性规定;二是如果没有法律的强制性规定,行政法规、行政机关的内部文件是否可以限制公民的基本权利;三是能否以赵 C 姓名中使用英文字母而危害社会公共利益、破坏传统文化而要求更名。一审、二审庭审对法律焦点的争议较大。虽然判决没有对争议的焦点给出说法,也没有对姓名管理作出规范,但公安机关与赵 C 达成更改姓名的和解仍然具有重要意义。首先,对于公共行政管理而言,如果维持原判,公安部门将无法进行正常工作,或者将导致其花高成本开发软件系统,而目前赵 C 同意更改姓名就可以避免浪费公共资源。其次,虽然“赵 C 姓名权”案双方当事人和解了,“赵 C”姓名本身是否合法也没有一个明确的说法,但它带来的影响将波及每个人,对公民姓名的命名权起到一定的指导意义和参照价值。最后,赵 C 姓名权案对完善我国姓名权制度将会产生重要意义。赵 C 姓名权案让立法者意识到国家应当尽快解决姓名权立法上的缺失,从源头上堵住使用各种外文字母作为人名并继而申请居民身份证的行为。①

---

① 李予霞、牛占斌:《我的名字谁做主?——论姓名命名权的自由与限制》,载《法律适用》2009 年第 6 期。

第一千零一十三条　法人、非法人组织享有名称权，有权依法使用、变更、转让或者许可他人使用自己的名称。

【条文主旨】

本条是关于法人、非法人组织名称权的规定。

【条文理解】

名称权，是指法人以及非法人组织对其用以确定和代表自身并区别他人的符号和标记所享有的权利。法人或非法人组织在从事法律活动时，必须有名称表彰自身并和其他交易主体相区别；否则，其在经营活动中会有诸多不便，也将给交易秩序带来混乱。企业名称为商业登记法所规范的主要事项之一。

根据不同的标准，名称权主要可分为两大类型：第一，法人名称权和非法人组织名称权。区分的标准是享有名称权的主体是法人还是非法人组织。法人名称权，是指法人依法所享有的名称权。无论是企业法人、机关法人还是事业单位法人依法都对自己的名称享有名称权。第二，企业名称权和非企业名称权。区分的标准是享有名称权的主体是企业还是非企业。企业名称权又包括：公司名称权、合伙企业名称权和个人独资企业名称权。非企业名称权主要是指企业以外的机关、事业单位和社会团体对其名称所享有的名称权。企业名称应由字号（商号）、所属行业（或者经营特点）、组织形式三部分依次组成；企业名称前应冠以企业所在地行政区划名称（法律规定可以不冠以企业所在地行政区划名称的除外），在冠用的行政区划范围内享有专用权；同行业企业的名称不得混同。可见，企业名称专用权有地域限制，超出该行政区域，或者虽在该行政区域，但企业所属行业不同，都不享有专用权。个体工商户也享有名称权。根据《民法通则》的规定，个体工商户可以起字号，并依法对字号享有名称权，但其属于非企业名称权。企业名称是企业营业的统一性、独立性和连续性的标志。而商号，也称“字号”，它由文字组成，是商事主体在营业上用以区别其他商事主体的特定名称。如“杭州张小泉剪刀厂”的“张小泉”，“日本松下电器公司”中的“松下”就是商号。商号是企业名称的核心与精髓。

名称权在性质上属绝对权，而非相对权。法人或非法人组织尤其是企业名称权既包含了人格性质的内容，也包含财产性质的内容。对其归属主要有以下观点：第一，姓名权说。认为名称权为人格权的一种，在性质上与自然人的姓名权无异。名称是民事主体在营业上用以表彰自己的标志，对使用相同或类似名称者可以排除其使用，与财产无关，不属于财产权，而是非财产权。该学说认为，将名称权解释为姓名权,根据民法对自然人姓名权的保护方式保护名称权,对被害人较为有利。该说混淆了自然人所享有的姓名权和法人所享有的姓名权,自然人是具有伦理性的法律主体,而法人是非伦理性的法律主体。第二,财产权说。此种观点认为,名称仅为营业组织的标志而不是营业者人格的标志,名称只能在某一地区具有对他人的排他效力,而不像姓名权那样具有绝对的对抗他人的效力。名称可以转让,姓名权却不能转让。该说虽注意到企业名称权所包含的财产性质,但忽视了企业名称权的人格属性。第三,工业产权说。此种观点认为,名称权符合工业产权的本质特征。名称是营业组织的名称,名称的登记者,享有的权利与商标权、专利权相同,究其性质,乃是一种无体财产权,而不能认为是人格权。名称权与商标权、专利权等工业产权在性质上相同应为工业产权。该说只看到名称权与工业产权的相似性,没有看到名称权的主要功能在于确定和代表自身并区别他人的符号和标记。第四,人格权说。名称权本质上属于人格权,尽管其同时有一定的财产性质内容。依公司名称原本所具有之法律意义与功能,亦即将之作为表示法律行为效果或权利义务归属之主体加以使用。对于法人、非法人组织这些法律主体来说,名称是确定和代表自身并区别他人的符号和标记,只有具备自己的名称才可取得主体资格。我国自《民法通则》以来的立法实践和司法实践均承认名称权是人格权。

与自然人对其享有的姓名权可依法使用、变更或者许可他人使用自己的姓名的法理类似,法人、非法人组织对其享有的名称权有权依法使用、变更或者许可他人使用自己的名称。但不同的是:第一,我国在企业名称设定方面采取的是企业自由选择和法律干预有机结合的模式。第二,法人、非法人组织对其享有的名称权还有权依法转让。根据相关法律法规的规定,企业名称可以随企业或企业的一部分一并转让。转让之后的原权利人丧失继续使用该名称的权利。

需要指出的是,我国台湾地区采取的是将自然人的姓名权扩及法人和无权利能力团体(包括无权利能力社团)。我国台湾地区"司法院"大法官释字第486号更进一步肯定法人以外其他无权利能力之团体可以成为人格权及姓名权的主体,并受其"宪法"保障。[①]

【司法适用】

《民法总则》《民法通则》《侵权责任法》《反不正当竞争法》《企业法人登记管理条例》《企业名称登记管理规定》等法律法规从不同的层次和角度对企业名称权进行保护,构成了一个保护企业名称权的法律体系。

---

① 王泽鉴:《人格权法》,北京大学出版社2013年版,第117页。

《民法通则》第 99 条第 2 款规定，企业法人、个体工商户、个人合伙有权使用、依法转让自己的名称。《民法通则》第 120 条规定，公民的姓名权、肖像权、名誉权、荣誉权受到侵害的，有权要求停止侵害，恢复名誉，消除影响，赔礼道歉，并可以要求赔偿损失。法人的名称权、名誉权、荣誉权受到侵害的，适用前款规定。这两条肯定了名称权，并规定了法人名称权在受到侵害时应受到保护。《民法通则》第 26 条规定，公民在法律允许的范围内，依法经核准登记，从事工商业经营的，为个体工商户。个体工商户可以起字号。第 33 条规定，个人合伙可以起字号，依法经核准登记，在核准登记的经营范围内从事经营。《民通意见》第 41 条规定，起字号的个体工商户，在民事诉讼中，应以营业执照登记的户主（业主）为诉讼当事人，在诉讼文书中注明系某字号的户主。第 45 条规定，起字号的个人合伙，在民事诉讼中，应当以依法核准登记的字号为诉讼当事人，并由合伙负责人为诉讼代表人。合伙负责人的诉讼行为，对全体合伙人发生法律效力。未起字号的个人合伙，合伙人在民事诉讼中为共同诉讼人。合伙人人数众多的，可以推举诉讼代表人参加诉讼，诉讼代表人的诉讼行为，对全体合伙人发生法律效力。推举诉讼代表人，应当办理书面委托手续。也就是说，我国《民法通则》及《民通意见》存在将字号等同于个体户、个人合伙的名称的情形。

我国《企业名称登记管理规定》第 7 条规定，企业名称应当由以下部分依次组成：字号（或者商号，下同）、行业或者经营特点、组织形式。企业名称应当冠以企业所在地省（包括自治区、直辖市、下同）或者市（包括州，下同）或者县（包括市辖区，下同）行政区域名称。经国家工商行政管理局核准，下列企业的企业名称可以不冠以企业所在地行政区划名称：（1）本规定第 13 条所列企业；（2）历史悠久、字号驰名的企业；（3）外商投资企业。在该条规定中将商号等同于字号，而字号只是企业名称的一个重要的组成部分。《企业名称登记管理规定》第 6 条第 1 款规定，企业只准使用一个名称，在登记主管机关辖区内不得与已登记注册的同行业企业名称相同或者近似。《企业名称登记管理规定》第 20 条规定，企业的印章、银行账户、牌匾、信笺所使用的名称应当与登记注册的企业名称相同。从事商业、公共饮食、服务等行业的企业名称牌匾可适当简化，但应当报登记主管机关备案。《企业名称登记管理规定》的相关规定对企业名称作了进一步的规定。

商标专用权和企业名称权均是经法定程序确认的权利，分别受商标法律、法规和企业名称登记管理法律、法规保护。

我国《反不正当竞争法》第 6 条和第 17 条亦有对他人企业名称或者姓名加以保护的规定。我国《反不正当竞争法》第 6 条第 2 项规定，擅自使用他人有一定影响的企业名称（包括简称、字号等）、社会组织名称（包括简称等）、姓名（包括笔名、艺名、译名等)的行为属于不正当竞争。如果说民法对于企业名称权的保护主要是基于同一性与个别化的功能要求,是保护企业自身权利与利益的需要,那么竞争法对于企业名称使用行为的调整则还基于竞争秩序维护、消费者利益保护的需要,从而将那些并不直接构成侵犯名称权但违反诚实信用原则并导致消费者混淆的名称使用行为,作为不正当竞争予以制止。①

根据《不正当竞争民事案件解释》第6条第1款规定,具有一定的市场知名度、为相关公众所知悉的企业名称中的字号,可以认定为现《反不正当竞争法》第6条第2项规定的"企业名称"。因此,对于企业长期、广泛对外使用,具有一定市场知名度、为相关公众所知悉,已实际具有商号作用的企业名称简称,也应当视为企业名称予以保护。

《民法总则》第110条第2款规定,法人、非法人组织享有名称权、名誉权、荣誉权等权利。该条规定了法人、非法人组织享有名称权。

《侵权责任法》第2条规定,侵害民事权益,应当依照本法承担侵权责任。本法所称民事权益,包括生命权、健康权、姓名权、名誉权、荣誉权、肖像权、隐私权、婚姻自主权、监护权、所有权、用益物权、担保物权、著作权、专利权、商标专用权、发现权、股权、继承权等人身、财产权益。在此条规定中并没有将法人、非法人组织享有名称权明确予以规定,但该条使用了"等人身、财产权益"的表述,名称权应在此范围之内。

另外,《保护工业产权巴黎公约》将厂商名称归属于工业产权进行保护。1985年3月19日中国成为该公约成员国。《巴黎公约》第1条第2项规定,工业产权的保护对象有专利、实用新型、外观设计、商标、服务标记、厂商名称、货源标记或原产地名称和制止不正当竞争。第8条规定,厂商名称应在本联盟一切国家内受到保护,没有申请或注册的义务,也无论其是否为商标的一部分。该公约第9条还规定,一切非法标有商标或厂商名称的商品,在输入到该项商标或厂商名称有权受到法律保护的本联盟国家时,应予以扣押。巴黎公约的基本目的是保证一成员国的工业产权在所有其他成员国都得到保护,该公约与《保护文学和艺术作品伯尔尼公约》一起构成了全世界范围内保护经济"硬实力"和文化"软实力"的两个"基本法"。必要时,司法适用应当予以考虑。

《民法典》在此没有像规范自然人一样,明确规定法人、非法人组织享有名称权,有权依法使用、变更、转让或者许可他人使用自己的名称的同时,要求其不得

---

① 李友根:《论企业名称的竞争法保护——最高人民法院第29号指导案例研究》,载《中国法学》2015年第4期。

违背公序良俗。从理论上来看,应有此不得违背公序良俗的前提,司法实践亦应作同样的理解及适用。

【司法案例】

江苏甲建设集团有限公司与江苏乙国际大酒店有限公司(原洪泽县丙大酒店有限公司)、江苏丁资产管理有限公司(原江苏乙国际大酒店有限公司)企业名称(商号)合同纠纷案①

诉讼结论:原乙大酒店与洪泽县丙大酒店有限公司于2016年1月23日签订的《企业名称转让协议》系双方当事人真实意思表示,应当认定有效。

基本案情

2016年1月23日,丁公司、乙大酒店签订《企业名称转让协议》,将原江苏乙国际大酒店有限公司名称及整体资产以9200万元价格转让给洪泽县丙大酒店有限公司,原江苏乙国际大酒店有限公司将于2016年3月1日前办理该名称变更登记手续和营业交接手续。

在丁公司的工商变更档案中,有一份2016年1月23日的《股东会决议》,该股东会决议显示,丁公司的法定代表人安某召集并主持召开股东会议,股东南京戊景观园林绿化有限公司及甲公司到会,并就变更公司名称作出决议,因江苏乙国际大酒店有限公司名称转让给洪泽县丙大酒店有限公司,同意公司名称变更为"江苏丁资产管理有限公司",并同意修改公司章程及变更经营范围等相关内容。股东签名处盖有南京甲景观园林绿化有限公司及甲公司的印章。同时在日期上盖有江苏乙国际大酒店有限公司的印章。

原乙大酒店与洪泽县丙大酒店有限公司2016年1月23日签订的《企业名称转让协议》系双方当事人真实意思表示,应当认定有效。首先,原乙大酒店系具有独立法人资格的有限责任公司,具有独立的民事能力与行为能力。其与洪泽县丙大酒店有限公司签订涉案转让协议,系其依法行使处分权、开展正常对外交易的行为。该协议系双方当事人真实意思的表示,符合法律规定的有效要件。其次,原乙大酒店转让财产时是否经过有效股东会决议,系公司内部治理问题。公司外部商事行为的效力并不必然受此影响。一般而言,公司对外签订合约等外部商事行为的效力应以当事人外部意思表示以及相对人是否善意等因素来决定。本案中,并无证据证明受让人签订协议时存在恶意以及双方恶意串通情形,其对原乙

① 江苏省高级人民法院(2017)苏民终1843号民事判决书。

大酒店转让是否经有效股东会决议并无审查义务，否则对其并不公平，而且也将增加交易成本，影响商事交易正常进行。再次，甲公司也无证据证明协议约定的转让价格系明显不合理的低价。原乙大酒店的不动产司法拍卖的价格为8822万余元，涉案协议转让价格为9200万元，可见双方明确大酒店的动产以及包括名称权在内的无形资产等价值为378万元左右。就该价值是否为明显不合理的低价以及是否损害乙大酒店及其股东的利益，甲公司并未提供充分的证据证明。最后，同时身兼甲公司和丁公司法定代表人的安某，代表甲公司参加并主持了丁公司的股东会，股东会形成了相关决议。虽然其时安某知晓甲公司已经进入破产清算程序，其无权代表甲公司作出决定，但甲公司如认为涉案转让协议侵害了原乙大酒店及其股东甲公司的利益，可以针对有关行为人提起侵权损害之诉。

第一千零一十四条　任何组织或者个人不得以干涉、盗用、假冒等方式侵害他人的姓名权或者名称权。

【条文主旨】

本条是关于姓名权或名称权不得被非法侵害的规定。

【条文理解】

姓名权是自然人所享有的一种重要的人格权。名称权是法人或非法人组织所享有的一种重要的人格权。侵害姓名权或名称权的行为属于侵权行为。侵权行为人是否应承担民事侵权责任，则要看其行为是否符合侵害姓名权或名称权的构成要件。

侵害姓名权的方式主要有：

(1)干涉。所谓干涉，是指对他人自主决定、变更或使用等其姓名的干预。如他人与决定用A名，侵害人干涉其不能用A名，或者干涉他人变更其姓名。现实中主要有以下几种类型：第一，干涉养子女决定、变更或使用姓名。一般来说，养子女被他人收养后依法可以随养父或养母的姓，但养子女是成年人的，有权自己决定自己的姓名。对已被收养的未成年人，如生父母和养父母之间没有特别协议的，生父母不得干预其未成年子女从生母或生父的姓氏。第二，干涉被监护人决定、变更或使用姓名。无民事行为能力的被监护人的姓名由监护人决定；监护人在决定限制民事行为能力的被监护人的姓名时，要征求意见。一旦被监护人成年后，其依法取得决定、变更或使用其姓名的权利。监护人不得对其进行干涉。

(2)盗用。所谓盗用，是指未经他人同意或授权，擅自以他人名义实施某种行为。盗用他人姓名实施的行为,可能是将他人姓名用于行政事务的办理,或从事民事法律行为。实践中,前者多表现为行为人未经许可或授权,将姓名权人之姓名用于工商登记、缴纳税款。后者多表现为行为人擅自在法律文书上签署他人姓名。现实中,盗用他人姓名,不仅会侵害被盗用人的姓名权,而且会造成被盗名人的其他损失,或社会信用受损或社会评价受损。如非法使用他人的姓名进行贷款,因没有及时还贷,使被盗名人在银行系统中有不良贷款记录。

(3)假冒。假冒即冒名顶替,是指擅自冒充他人的姓名实施行为。其实质是造成姓名与人本身的同一性的混淆。[①] 侵权人或利用社会对知名人士的羡慕甚至崇拜,冒用某知名人士的姓名从事活动,或利用自己与被冒充的人的某些相似性或容易混淆法定情形而冒充他人进行活动。假冒他人姓名侵害姓名权的,"齐玉苓"案[②]是一著名案例。但当时该案除了侵犯姓名权以外,是以受教育权受损为名进行审理,被号称为侵犯"受教育权"第一乃至"宪法诉讼第一案"。其后,如若再以宪法受教育权受到侵害为由,则法院不予立案。原因在于齐玉苓案之后的司法和立法动态对引用宪法保护"受教育权"的排斥。2008 年年底,最高人民法院自行废止了此前的批复,从此"宪法受教育权"在司法视野中消失。

盗用与假冒都是行为人在受侵害人不知情的情况进行,行为人在主观上都属"故意",并具有一定目的,但假冒与盗用并不完全相同,区分二者的关键点在于假冒的目的是身份的替换,即真实发生了让第三人误将张三认为是李四的客观事实,使张三姓名与李四的某些身份特征,如相貌、学识等发生了认识错位;而盗用,则是擅自使用他人姓名从事民事活动或其他活动,并不会导致误认的发生。

干预、盗用或假冒侵害法人或非法人组织所享有的名称权的法理与干预、盗用或假冒侵害他人的姓名权相同。盗用、假冒他人企业名称的行为,是指未经他人同意盗用或擅自使用他人企业名称的行为。但在其他侵害姓名权或名称权的方式上而有所不同。

侵害自然人姓名权的方式还存在其他情形,如对姓名的正确称呼请求权、故意混同等不正当地使用他人姓名。前者一方面是指要求他人正确称呼自己姓名;另一方面在姓名权人已经变更姓名的情况下,姓名权人有权要求其他人用变更后的姓名称呼自己。后者是指使用极有可能与姓名权人的姓名发生混同的姓名,造成与使用姓名权人的姓名发生同样效果的事实。例如,使用与他人姓名在外观

---

① 王泽鉴:《人格权法》,北京大学出版社 2013 年版,第 120 页。

② 最高人民法院中国应用法学研究所编:《人民法院案例选》(总第 33 辑),人民法院出版社 2002 年版,第 97 页。

上、称呼上和观念上相类似的姓名，变更拼音、字画，全然不变更文字而发音相类似，以及虽有语音不同而观念上则属同一者，均成立姓名权之侵害。[①] 如某人为提高其武侠小说之销售，故意将小说作者落款为"金庸新"，书封面处写着"金庸新著"，而使人误认为该书为金庸先生新作。

侵害法人或非法人组织名称权的方式还有仿冒他人企业名称的行为等。这是指使用与他人企业名称相近似的企业名称的行为。即两个同行业企业的名称中商号在字音、字形及字词义方面非常接近或完全相同，容易使公众造成混淆，仿冒者的意图在于引起公众对商品的生产者或服务的提供者产生误解，利用被仿冒者的商誉，推销自己的产品。

【司法适用】

本条涉及自然人的姓名权和法人与非法人组织的名称权。法律法规如对之都有规定，则在此司法适用一并论述；在此分开论述的，相适应的司法适用按先姓名权后名称权的顺序进行分别论述。

《民法通则》第 99 条规定，公民享有姓名权，有权决定、使用和依照规定改变自己的姓名，禁止他人干涉、盗用、假冒。法人、个体工商户、个人合伙享有名称权。企业法人、个体工商户、个人合伙有权使用、依法转让自己的名称。《民法通则》第 120 条规定，公民的姓名权、肖像权、名誉权、荣誉权受到侵害的，有权要求停止侵害，恢复名誉，消除影响，赔礼道歉，并可以要求赔偿损失。法人的名称权、名誉权、荣誉权受到侵害的，适用前款规定。《民通意见》第 141 条规定，盗用、假冒他人姓名、名称造成损害的，应当认定为侵犯姓名权、名称权的行为。无论这种侵害是否造成受害人的自然人的精神痛苦等，均不影响行为人应承担侵权责任。第 150 条规定，公民的姓名权、肖像权、名誉权、荣誉权和法人的名称权、名誉权、荣誉权受到侵害，公民或者法人要求赔偿损失的，人民法院可以根据侵权人的过错程度、侵权行为的具体情节、后果和影响确定其赔偿责任。第 151 条规定，侵害他人的姓名权、名称权、肖像权、名誉权、荣誉权而获利的，侵权人除应依法赔偿受害人的损失外，其非法所得应当予以收缴。《民法通则》和《民通意见》都对姓名权和名称权作出了规定，并对侵害姓名权和名称权也作了较为详细性的规定。

《信息网络侵权规定》对利用网络侵害姓名权和名称权进行侵害作了规定。该规定第 1 条规定，本规定所称的利用信息网络侵害人身权益民事纠纷案件，是指利用信息网络侵害他人姓名权、名称权、名誉权、荣誉权、肖像权、隐私权等人身权益引起的纠纷案件。

---

① 龙显铭：《私法上人格权之保护》，中华书局 1948 年版，第 90 页。

我国《反不正当竞争法》及其司法解释对擅自使用他人的姓名或企业名称的作了规定。该法第6条第2项规定,擅自使用他人有一定影响的企业名称(包括简称、字号等)、社会组织名称(包括简称等)、姓名(包括笔名、艺名、译名等),引人误认为是他人商品或者与他人存在特定联系的行为属于不正当竞争。《不正当竞争民事案件解释》第6条对此作出了相应的规定。具有一定的市场知名度、为相关公众所知悉的企业名称中的字号,可以认定为反不正当竞争法规定的"企业名称"。具有一定的市场知名度、为相关公众所知悉的自然人的笔名、艺名等,可以认定为反不正当竞争法规定的"姓名"。

《英雄烈士保护法》对英雄烈士的姓名权及其保护作了规定。该法第22条规定,英雄烈士的姓名、肖像、名誉、荣誉受法律保护。任何组织和个人不得在公共场所、互联网或者利用广播电视、电影、出版物等,以侮辱、诽谤或者其他方式侵害英雄烈士的姓名、肖像、名誉、荣誉。任何组织和个人不得将英雄烈士的姓名、肖像用于或者变相用于商标、商业广告,损害英雄烈士的名誉、荣誉。第23条规定,网信和电信、公安等有关部门在对网络信息进行依法监督管理工作中,发现发布或者传输以侮辱、诽谤或者其他方式侵害英雄烈士的姓名、肖像、名誉、荣誉的信息的,应当要求网络运营者停止传输,采取消除等处置措施和其他必要措施;对来源于中华人民共和国境外的上述信息,应当通知有关机构采取技术措施和其他必要措施阻断传播。网络运营者发现其用户发布前款规定的信息的,应当立即停止传输该信息,采取消除等处置措施,防止信息扩散,保存有关记录,并向有关主管部门报告。网络运营者未采取停止传输、消除等处置措施的,依照《网络安全法》的规定处罚。第25条规定,对侵害英雄烈士的姓名、肖像、名誉、荣誉的行为,英雄烈士的近亲属可以依法向人民法院提起诉讼。英雄烈士没有近亲属或者近亲属不提起诉讼的,检察机关依法对侵害英雄烈士的姓名、肖像、名誉、荣誉,损害社会公共利益的行为向人民法院提起诉讼。

《商标授权确权行政案件规定》是在2010年发布的《商标授权确权行政案件意见》基础上制定的。对姓名权的侵害作了规定。其中第20条规定,当事人主张诉争商标损害其姓名权,如果相关公众认为该商标标志指代了该自然人,容易认为标记有该商标的商品系经过该自然人许可或者与该自然人存在特定联系的,人民法院应当认定该商标损害了该自然人的姓名权。该条是商标损害自然人姓名权的规定。

《精神损害赔偿解释》对姓名权受侵害的精神损害赔偿作出了规定。该解释第1条规定,自然人因姓名权遭受非法侵害,向人民法院起诉请求赔偿精神损害的,人民法院应当依法予以受理。第3条规定,自然人死亡后,其近亲属因以侮辱、诽谤、贬损、丑化或者违反社会公共利益、社会公德的其他方式,侵害死者姓名、肖像、名誉、荣誉而遭受精神痛苦,向人民法院起诉请求赔偿精神损害的,人民法院应当依法予以受理。

《商标法》对使用企业名称中的字号构成不正当竞争的行为作了规定。该法第58条规定,将他人注册商标、未注册的驰名商标作为企业名称中的字号使用,误导公众,构成不正当竞争行为的,依照《反不正当竞争法》处理。

《民法总则》对姓名权和名称权有宣示性的规定。《侵权责任法》对侵害姓名权和名称权进行了规定。该法第2条规定,侵害民事权益,应当依照本法承担侵权责任。本法所称民事权益,包括生命权、健康权、姓名权、名誉权、荣誉权、肖像权、隐私权、婚姻自主权、监护权、所有权、用益物权、担保物权、著作权、专利权、商标专用权、发现权、股权、继承权等人身、财产权益。

【司法案例】

屈某艳与贺某姓名权纠纷案①

诉讼结论:屈某艳主张贺某假冒盗用其姓名在广安市某航空旅行社有限公司注销资料上签名,但未举出充分的证据证明其主张的侵权事实,故不予支持。

基本案情

2010年4月8日,案外人陈某(转让方)与屈某艳(受让方)、贺某(受让方)签订《股份转让合同》,约定:陈某将广安市某航空旅行社有限公司50%股份以15万元的价格转让给贺某,将其余50%股份以15万元价格转让给屈某艳。同日,屈某艳、贺某向武胜县工商质监局申请公司变更登记,将广安市某航空旅行社有限公司性质从一人有限责任公司变更为有限责任公司,法定代表人由陈某变更为贺某,公司股东由陈某一人变更为屈某艳和贺某两人,变更后该公司的总经理由贺某兼任,屈某艳担任该公司监事。

另查明,广安市某航空旅行社有限公司变更后的企业法人营业执照于2010年4月16日年检后未再年检。

2015年8月1日,广安市某航空旅行社有限公司作出股东会决议:(1)同意注销公司;(2)公司成立清算组,清算组成员由贺某、屈某艳担任,负责对公司的债权债务进行清算,由贺某担任清算组负责人;(3)同意贺某前来办理公司注销工商登记手续。全体股东签名:贺某、屈某艳。该处屈某艳的签名由其父亲屈某斌代屈某艳所签。

---

① 四川省广安市中级人民法院(2017)川16民终1494号民事判决书。

2015年8月20日，广安市某航空旅行社有限公司向武胜县工商质监局申请注销广安市某航空旅行社有限公司。2015年8月25日，广安市某航空旅行社有限公司在《四川经济日报》上进行了注销公告，并通知公司债权债务人申报债权及债务。

2015年10月10日，贺某以广安市某航空旅行社有限公司名义作出注销清算报告，该报告载明：截至清算基准日，公司净资产为84,964元，负债0元，应收账款12,534元，清收回301元，公司剩余资产总额为65,775元，按全体股东出资比例分配，由股东贺某分配32,887.50元，股东屈某艳分配32,887.50元。清算组成员签字：贺某、屈某艳。股东签字（盖章）：贺某、屈某艳。该两处屈某艳的签名由其父亲屈某斌代屈某艳所签。

姓名权是公民决定、使用和依照法律规定改变自己姓名的权利。公民享有姓名权，禁止他人干涉、盗用、冒用。未经本人同意，擅自以该人的名义进行民事活动或者从事不利于姓名权人的行为，构成对姓名权的侵害。盗用姓名权，是指因未经他人同意私自盗用他人姓名，假冒姓名权，是指因冒用他人姓名，行为人完全以姓名人的身份从事相关活动。本案中，屈某艳主张贺某假冒盗用其姓名在广安市某航空旅行社有限公司注销资料上签名，但未举出充分的证据证明其主张的侵权事实，且本案中经审查认定公司注销资料上的签名是屈某艳父亲屈某斌代屈某艳所签，屈某艳在庭审中称其父亲是在贺某胁迫下代其签名，但未提供证据证明其主张的事实，故屈某艳请求贺某向屈某艳赔礼道歉并赔偿精神损害抚慰金的主张无事实依据，不予支持。同时屈某艳亦未举出贺某的侵权行为给屈某艳造成经济损失，对屈某艳主张贺某赔偿经济损失即差旅费和误工费等费用无事实和法律依据，亦不予支持。

第一千零一十五条　自然人应当随父姓或者母姓，但是有下列情形之一的，可以在父姓和母姓之外选取姓氏：

（一）选取其他直系长辈血亲的姓氏；

（二）因由法定扶养人以外的人扶养而选取扶养人姓氏；

（三）有不违背公序良俗的其他正当理由。

少数民族自然人的姓氏可以遵从本民族的文化传统和风俗习惯。

【条文主旨】

本条是关于自然人选取姓氏的规定。

【条文理解】

从社会来看,每个人使用姓名的目的在于将自己和其他人区别开来。人的姓名因国家和时代的不同而有所不同。一般来说,姓名是由姓与名组合而成。从个人的角度来说,姓名是个人人格的象征,是个人受尊重的主体归属。子女若有姓无名或有名无姓,均意味人身关系、亲子的不完满、不周全,并将对其人格尊严的保护造成障碍。

历史上家父权或家长权或亲权制约下的子女无姓名决定权,其姓名决定权作为家父权、家长权或亲权的组成部分,均由家父或家长行使。子女名字的决定权,体现出由父权、夫权、男权的单独行使逐步向父母平权、夫妻平权、男女平权的协商行使过渡,昭示着亲子之间、夫妻之间的人格平等与性别平等。[①] 几乎所有的现代国家都在家庭法部分的亲子关系的效力中确定子女随父姓或随母姓的原则。子女独立行使姓名使用权,是现代法律文明的产物,是人格平等的标志。

在我国自然人选取姓名时,依据相关法律法规及立法解释,原则上应随父姓或母姓。法律之所以作如此原则规定的原因就在于姓名除了对自然人单纯的指称之外,还肩负着种族区分或伦理秩序的功能。传统上,姓名的核心在于取名,姓氏基本上已定,大多从父姓。从姓名在我国的发展沿革来考察,姓是一定血缘遗传关系的记号,标志着个体自然人从属于哪个家族血缘系统;名则是特定的自然人区别于其他公民的称谓[②]。在中华传统文化中,"姓名"中的"姓",即姓氏,体现着血缘传承、伦理秩序和文化传统。姓的享有,往往决定于家族身份关系,体现血脉承传。而名的选取在传统上也有一定的限制或规定。名字中往往可以看出这个自然人的辈分。

但上述传统观念随着社会变迁和进化而发生变化。我国民事立法对姓名权选取的制度建构,考虑到父母姓名权与子女姓名权之间的关系,兼顾子女利益的最佳考虑与亲子关系的和谐稳定,体现平等追求与制度正义的有机统一。而正义都是具体和历史的。因此,自然人行使姓名权属于民事活动,既应当依照法律规定,还应当尊重社会公德,不得损害社会公共利益。同时,考虑到社会实际情况,公民有正当理由的也可以选取其他姓氏。自然人的姓氏原则上既可随父姓,也可随母姓,而不是仅仅随父姓。现实中也有将父姓和母姓合并使用的。而且在以下的情形下,自然人可以在父姓和母姓之外选取其他姓氏:

一是选取其他直系长辈血亲的姓氏。父母之外的直系长辈血亲,包括祖父

---

① 王歌雅:《子女姓名权:内涵检审与制度构建》,载《求实学刊》2016 年第 4 期。

② 孙建江:《自然人法律制度研究》,厦门大学出版社 2006 年版,第 82 页。

母、外祖父母、曾祖父母、外曾祖父母等直系长辈。一方面,我国一些地方存在“三代还宗”的习俗。入赘的父母所生的孩子一般从母姓,但到了第三代时,孩子有改回从父姓。另一方面,即使没有入赘,当今社会目前有能力生二胎的大多为独生子女,现实中出现二个孩子一个随父姓一个随母姓。随母姓的孩子所生的孩子的姓就完全有可能选取其爷爷的姓氏。

二是因由法定扶养人以外的人扶养而选取扶养人姓氏。依据我国法律规定,法定扶养义务主要是指父母对子女的扶养义务以及子女对父母的赡养义务。但现实中如果父母无能力或者父母双亡,此时由其他近亲属或法院指定的法定扶养人以外的自然人承担相应的抚养义务,那么法律规定被抚养的自然人就可以选择扶养人的姓氏作为自己的姓氏。这种规定客观上也有利于鼓励法定扶养人以外的其他人愿意进行扶养,同时也容易融洽扶养人与被扶养人之间的关系。

三是有不违背公序良俗的其他正当理由。该条是对自然人在父母姓氏之外选择姓氏的兜底性规定。我国《收养法》有关规定,被收养的子女可以随养父或养母的姓氏。同时现代社会,法律赋予自然人对自己的姓氏有自主决定权,故自然人的姓名也越来越有个性化的发展趋势。但自主选取姓氏有一个限制性的条件,就是必须有不违背公序良俗的其他正当理由。至于这种正当理由的具体含义,只能根据个案具体进行认定。

我国是个多民族组成的国家。汉族之外的少数民族有其自身的传统与习俗。我国少数民族一般与汉族一样,姓在前,名在后。属于这种情况的有回族、白族、裕固族、羌族、毛南族、京族、壮族、满族、朝鲜族、苗族、藏族等多个民族。还有名在前,姓在后的维吾尔族等多个民族。还有少数民族至今只有名而没有姓氏。如蒙古族、傣族、门巴族、布朗族、拉祜族、高山族、普米族等民族。因此,法律赋予少数民族自然人在选取姓氏时,可以遵从其本民族的文化传统和风俗习惯。这对维护其民族的文化传统、伦理秩序,以及维护民族团结都有着重要意义。

【司法适用】

《民法通则》第 11 ~ 14 条是关于自然人民事行为能力的规定,《民法总则》在相应的条文中也对此作了规定,只是稍有修改,其第 4 条规定,民事主体在民事活动中的法律地位一律平等。第 20 条规定,不满 8 周岁的未成年人为无民事行为能力人,由其法定代理人代理实施民事法律行为。第 21 条规定,不能辨认自己行为的成年人为无民事行为能力人,由其法定代理人代理实施民事法律行为。8 周岁以上的未成年人不能辨认自己行为的,适用前款规定。第 22 条规定,不能完全辨认自己行为的成年人为限制民事行为能力人,实施民事法律行为由其法定代理人代理或者经其法定代理人同意、追认,但是可以独立实施纯获利益的民事法律行为或者与其智力、精神健康状况相适应的民事法律行为。第23条规定,无民事行为能力人、限制民事行为能力人的监护人是其法定代理人。第24条规定,不能辨认或者不能完全辨认自己行为的成年人,其利害关系人或者有关组织,可以向人民法院申请认定该成年人为无民事行为能力人或者限制民事行为能力人。相应地,子女姓名决定权的行使有三种情形:一是完全民事行为能力的子女具有姓名决定权,可以独立行使姓名决定权。但在现今社会生活中,依传统习俗与思维惯式,完全民事行为能力的子女大多不再行使姓名决定权,而是延续父母为其已经决定的姓名。只是基于某种考虑,成年子女有时会行使姓名变更权。二是限制民事行为能力的子女,其姓名决定权由其父母行使,也可在征得其法定代理人同意后自己行使。三是无民事行为能力的子女,其姓名决定权由其父母行使。

我国民事立法关于子女姓名权的规制,应属分别立法。《民法通则》第99条规定,公民享有姓名权,有权决定、使用和依照规定改变自己的姓名,禁止他人干涉、盗用、假冒。这条规定了姓名权的基本内容,明晰了姓名权行使的一般规则。《婚姻法》第22条规定,子女可以随父姓,可以随母姓。《收养法》第24条规定,养子女可以随养父或者养母的姓,经当事人协商一致,也可以保留原姓。但《婚姻法》和《收养法》未对子女名字的选择、变更与行使作出规定。为正确适用法律规范,解决子女姓氏选择及姓名纠纷,全国人大常委会发布的《姓名权立法解释》规定:"公民依法享有姓名权。公民行使姓名权,还应当尊重社会公德,不得损害社会公共利益。公民原则上应当随父姓或者母姓。有下列情形之一的,可以在父姓和母姓之外选取姓氏:(一)选取其他直系长辈血亲的姓氏;(二)因由法定扶养人以外的人扶养而选取扶养人姓氏;(三)有不违反公序良俗的其他正当理由。少数民族公民的姓氏可以从本民族的文化传统和风俗习惯。"上述解释明确并扩大了子女姓氏的选择范围,有助于子女姓氏变更的选择与纠纷的解决。

司法实践中仍然要重视关于子女姓名的决定、变更及行使的纠纷,注意基于父母婚姻关系的变化和亲子关系的变化所引起的子女姓名变更纠纷。本条没有明确未成年人的姓名如何决定、如何变更。最高人民法院可以按照未成年人利益最大化原则,通过司法解释的形式明确规定。司法过程中要进一步总结经验,上升为指导性案例或法律规范。

【司法案例】

“北雁某依”诉济南市公安局历下区分局燕山派出所公安行政登记案①

诉讼结论：公民选取或创设姓氏应当符合中华传统文化和伦理观念。仅凭个人喜好和愿望在父姓、母姓之外选取其他姓氏或者创设新的姓氏，不属于《姓名权立法解释》第2款第3项规定的“有不违反公序良俗的其他正当理由”。

基本案情

原告“北雁某依”出生于2009年1月25日，其父亲名为吕某峰，母亲名为张某峥。因酷爱诗词歌赋和中国传统文化，吕某峰、张某峥夫妇二人决定给爱女起名为“北雁某依”，并以“北雁某依”为名办理了新生儿出生证明和计划生育服务手册新生儿落户备查登记。2009年2月，吕某峰前往燕山派出所为女儿申请办理户口登记，被民警告知拟被登记人员的姓氏应当随父姓或者母姓，即姓“吕”或者“张”，否则不符合办理出生登记条件。因吕某峰坚持以“北雁某依”为姓名为女儿申请户口登记，被告燕山派出所遂依照《婚姻法》第22条之规定，于当日作出拒绝办理户口登记的具体行政行为。

原告“北雁某依”的法定代理人吕某峰对被告燕山派出所拒绝办理户口登记所认定的事实和遵循的程序均无异议，双方当事人主要对《民法通则》第99条第1款、《婚姻法》第22条的适用问题存在分歧。对这项法律适用问题，本院层报至最高人民法院。2014年11月1日，第十二届全国人民代表大会常务委员会第十一次会议通过了《姓名权立法解释》，并作出了立法解释。该立法解释第1款重申了公民依法享有姓名权，同时指出，公民行使姓名权作为一项民事活动，应尊重社会公德，不得损害社会公共利益。第2款采用了“列举+一般条款”的形式，规定了可以在父姓和母姓之外选取姓氏的三种情形。第3款则针对少数民族公民，规定其姓氏可以遵从本民族传统和习惯。

本案的关键问题在于，原告法定代理人吕某峰提出的理由是否符合该立法解释第2款第3项规定的“有不违反公序良俗的其他正当理由”，同时符合尊重社会公德、不得损害社会公共利益的前提。应认为，该项规定设定了在父母姓氏之外选取其他姓氏的两个必备要件，一是不违反公序良俗，二是存在其他正当理由。其中，不违反公序良俗是选取其他姓氏时应当满足的最低规范要求和道德义务，存在其他正当理由要求在符合上述条件的基础上，还应当具有合目的性。本案任

① 山东省济南市历下区人民法院（2010）历行初字第4号行政判决书。

由原告仅凭个人意愿喜好，随意选取姓氏甚至自创姓氏，则会造成对文化传统和伦理观念的冲击，既违背社会善良风俗和一般道德要求，也不利于维护社会秩序和实现社会的良性管控。故本案中“北雁某依”的父母自创姓氏的做法，不符合公序良俗对姓名的规制要求。

关于“存在其他正当理由”，要求选取父母姓氏之外其他姓氏的行为，不仅不应违背社会公德、不损害社会公共利益，还应当具有合目的性。这种行为通常情况下主要存在于实际抚养关系发生变动、有利于未成年人身心健康、维护个人人格尊严等情形。本案中，原告“北雁某依”的父母自创“北雁”为姓氏、选取“北雁某依”为姓名给女儿办理户口登记的理由是“我女儿姓名‘北雁某依’四字，取自四首著名的中国古典诗词，寓意父母对女儿的美好祝愿”。此理由仅凭个人喜好愿望并创设姓氏，具有明显的随意性，不符合立法解释第2款第3项所规定的正当理由，不应给予支持。

第一千零一十六条　自然人决定、变更姓名，或者法人、非法人组织决定、变更、转让名称的，应当依法向有关机关办理登记手续，但是法律另有规定的除外。

民事主体变更姓名、名称的，变更前实施的民事法律行为对其具有法律约束力。

【条文主旨】

本条是关于姓名、名称登记及其变更不影响之前民事法律行为效力的规定。

【条文理解】

姓名与名称是民事主体的符号，借此指示谁是民事权利与义务的归属者，也明确谁是民事责任的承担者。民事主体决定、变更自己的姓名、名称，或者转让自己的名称的，应当依法向有关机关办理登记手续。登记是将自然人的姓名或法人、非法人组织的名称在决定、变更或转让名称时，将姓名或名称在国家主管机关予以记载。姓名或名称一经登记，即产生公示的作用。登记公示的价值在于既便于有利害关系的交往相对人了解情况以保护其利益，也是国家对民事主体依法进行必要的监督管理的需要，以实现对社会经济秩序有效调控的需要。

登记的效力有对抗主义和生效主义两种。前者以登记为对抗要件，后者以其作为成立要件。[①] 自然人姓名的登记具有对抗效力。自然人不是生活在孤岛上，是处于社会之中。姓名是法律交易中区别于他人的最重要的手段。在出生证上记载的姓名具有宣示性效力。[②] 自然人对于自己的姓名有自主决定权，而且对于自己的艺名、笔名、化名、别名也有自主决定权。自然人取得正式姓名应依法到户口登记部门即公安机关，具体当地公安派出所办理有关手续。根据我国《户口登记条例》有关规定，婴儿出生后一个月以内，由户主、亲属、抚养人或者邻居向婴儿常住地户口登记机关申报出生登记。弃婴，由收养人或者育婴机关向户口登记机关申报出生登记。一经登记的自然人的姓名就是自然人的正式姓名，受到法律的保护。同理，一经变更登记的自然人的姓名就成了自然人新的正式姓名，受法律保护。

民事主体决定、变更自己名称，或者转让自己的名称的，由于法人的分类不同，是否要登记，到哪个部门登记而有所不同，原则上应当依法向有关机关办理登记手续，但是法律另有规定的除外。

根据《民法通则》第50条的规定，有独立经费的机关从成立之日起，具有法人资格。行政机关自批准之日起，即具备行政法人资格，无须进行任何登记。

具备法人条件的事业单位，依法不需要办理法人登记的，从成立之日起，具有法人资格；依法需要办理法人登记的，经核准登记，取得法人资格。对此，实践中往往从严把握。

社会团体应当具备法人条件。《社会团体登记管理条例》规定，成立社会团体，应当经其业务主管单位审查同意，并依照本条例的规定进行登记。但参加中国人民政治协商会议的中华全国总工会（全总）、中国共产主义青年团（共青团）、中华全国妇女联合会（全国妇联）、中国科学技术协会、中华全国归国华侨联合会、中华全国台湾同胞联谊会、中华全国青年联合会、中华全国工商业联合会等人民团体；由国务院机构编制管理机关核定，并经国务院批准免于登记的团体；机关、团体、企业事业单位内部经本单位批准成立、在本单位内部活动的团体都不属于本条例规定登记的范围。要注意的是，现在编制的领导机构是中央机构编制委员会而不再是国务院。在理解与适用时应高度重视。

民办非企业单位名称的现在确定的根据是《民办非企业单位名称管理暂行规定》。基金会名称确立的根据是《慈善法》及《基金会管理条例》。

企业名称的设定有两种不同的主张：一是真实主义，即企业选定的名称必须

---

① ［日］我妻荣：《新订民法总则》，于敏译，中国法制出版社2008年版，第141页。

② ［德］梅迪库斯：《德国民法总论》，邵建东译，法律出版社2000年版，第795页。

与经营者的名称或营业内容相一致,否则不予承认。这种主张的优点在于有利于维护交易的秩序。二是自由主义,即企业名称的确定完全是选择人的自由决断,法律不加任何限制。这种主张的优点是充分尊重当事人的选择,侧重保护选择人的意志及利益。我国法律法规总体上采取的是第一种主张,但对企业名称中的字号或商号又坚持私法自治原则,当事人可自主选择。企业的名称应在设立企业之前进行名称登记注册。《企业名称登记管理规定》规定,企业如有特殊原因的,可以在开业登记前预先单独申请企业名称登记注册规定。《企业法人登记管理条例》规定,企业法人只准使用一个名称。企业法人申请登记注册的名称由登记主管机关核定,经核准登记注册后在规定的范围内享有专用权。第一,加强规范。《企业名称登记管理规定》规定,企业只准使用一个名称,在登记主管机关辖区内不得与已登记注册的同行业企业名称相同或者近似。两个以上的企业因已登记注册的企业名称相同或者近似而发生争议时,登记主管机关依照注册在先原则处理。第二,加强对侵权行为的查处打击。《企业名称登记管理规定》规定,擅自使用他人已经登记注册的企业名称或者有其他侵犯他人企业名称专用权行为的,被侵权人可以向侵权人所在地登记主管机关要求处理。登记主管机关有权责令侵权人停止侵权行为,赔偿被侵权人因该侵权行为所遭受的损失,没收非法所得并处以 5000 元以上 5 万元以下罚款。对侵犯他人企业名称专用权的,被侵权人也可以直接向人民法院起诉。《反不正当竞争法》规定,经营者违反本法第 6 条规定实施混淆行为的,由监督检查部门责令停止违法行为,没收违法商品。违法经营额 5 万元以上的,可以并处违法经营额 5 倍以下的罚款;没有违法经营额或者违法经营额不足 5 万元的,可以并处 25 万元以下的罚款。情节严重的,吊销营业执照。

民事主体如果仅是变更姓名、名称的,由于民事主体仍保留了其权利义务的内在一致性,变更后的民事主体仍享有变更前的民事主体的权利,同时承担变更前的民事主体的义务,所以变更前实施的民事法律行为对变更后的民事主体仍具有法律约束力。

【司法适用】

《民法通则》第 36 条规定,法人是具有民事权利能力和民事行为能力,依法独立享有民事权利和承担民事义务的组织。法人的民事权利能力和民事行为能力,从法人成立时产生,到法人终止时消灭。《民法通则》第 50 条规定,有独立经费的机关从成立之日起,具有法人资格。具备法人条件的事业单位、社会团体,依法不需要办理法人登记的,从成立之日起,具有法人资格;依法需要办理法人登记的,经核准登记,取得法人资格。国家机关、事业单位也是独立的法人单位,只是因为他们不具有盈利性特征,所以不是“企业法人”。行政机关自批准之日起,即具备行政法人资格,无须进行任何登记。故其名称须得批准而无须登记即可。

事业单位名称的获得须得登记或者备案。事业单位应当具备法人条件。《事业单位登记管理暂行条例》第 3 条规定,事业单位经县级以上各级人民政府及其有关主管部门(以下统称审批机关)批准成立后,应当依照本条例的规定登记或者备案。第 11 条规定,法律规定具备法人条件、自批准之日起即取得法人资格的事业单位,或者法律、其他行政法规规定具备法人条件、经有关主管部门依法审核或者登记,已经取得相应的执业许可证书的事业单位,不再办理事业单位法人登记,由有关主管机关按照分级登记管理的规定向登记管理机关备案。县级以上各级人民政府设立的直属事业单位直接向登记管理机关备案。

社会团体不得从事营利性经营活动。《社会团体法人登记管理条例》第 3 条规定,成立社会团体,应当经其业务主管单位审查同意,并依照本条例的规定进行登记。社会团体应当具备法人条件。下列团体不属于本条例规定登记的范围:(1)参加中国人民政治协商会议的人民团体;(2)由国务院机构编制管理机关核定,并经国务院批准免于登记的团体;(3)机关、团体、企业事业单位内部经本单位批准成立、在本单位内部活动的团体。《民政部关于对部分团体免予社团登记有关问题的通知》规定,一是参加中国人民政治协商会议的人民团体不进行社团登记。参加中国人民政治协商会议的人民团体有:中华全国总工会、中国共产主义青年团、中华全国妇女联合会、中国科学技术协会、中华全国归国华侨联合会、中华全国台湾同胞联谊会、中华全国青年联合会、中华全国工商业联合会。二是经国务院批准可以免予登记的社会团体有:中国文学艺术界联合会、中国作家协会、中华全国新闻工作者协会、中国人民对外友好协会、中国人民外交学会、中国国际贸易促进会、中国残疾人联合会、宋庆龄基金会、中国法学会、中国红十字总会、中国职工思想政治工作研究会、欧美同学会、黄埔军校同学会、中华职业教育社。其他的社会团体的名称需依据《社会团体法人登记管理条例》登记。其中第 10 条规定成立社会团体,应当有规范的名称和相应的组织机构。

对于行政机关法人、事业法人以及上述中央一级人民团体,要注意《中国共产党机构编制工作条例》中的有关规定。该条例第 5 条规定,中央机构编制委员会的主要职责中的第 4 项是审定中央一级副部级以上各类机构的职能配置、内设机构和人员编制规定;第 7 项是审定地方行政编制总额、机构限额和职能配置的重要调整,审批省、自治区、直辖市厅局级行政机构的设置;第 8 项是研究提出事业单位管理体制和机构改革方案,统一管理党中央、国务院直属事业单位以及部门所属事业单位的机构编制工作,审批地方厅局级事业单位的设置,指导协调地方事业单位机构编制工作。第 18 条规定，经批准发布的各部门各单位“三定”规定、机构编制管理规定等，是机构编制法定化的重要形式，具有权威性和严肃性，是各部门各单位机构职责权限、人员配备和工作运行的基本依据，各地区各部门必须严格执行。“三定”规定的重大调整，应当报上级党委批准后实施。

基金会，是指利用自然人、法人或者其他组织捐赠的财产，以从事公益事业为目的，按照本条例的规定成立的非营利性法人。《基金会管理条例》第 8 条规定，设立基金会，应有规范的名称。第 6 条规定，国务院民政部门和省、自治区、直辖市人民政府民政部门是基金会的登记管理机关。基金会的名称都要到民政部门登记，宋庆龄基金会除外。另外，基金会的名称变更也要申请变更登记。第 15 条第 1 款规定，基金会、基金会分支机构、基金会代表机构和境外基金会代表机构的登记事项需要变更的，应当向登记管理机关申请变更登记。

民办非企业单位名称的确定根据是《民办非企业单位名称管理暂行规定》。该暂行规定的第 2 条规定，民办非企业单位登记管理机关（以下简称登记管理机关）负责民办非企业单位名称的核准登记，监督管理其名称的使用权，保护其名称权。经登记管理机关核准登记的民办非企业单位名称受法律保护。第 3 条规定，民办非企业单位名称应当由以下部分依次组成：字号、行（事）业或业务领域、组织形式。民办非企业单位名称应当冠以民办非企业单位所在地省（自治区、直辖市）、市（地、州）、县（县级市、市辖区）行政区划名称或地名。目前个体制、合伙制民办非企业单位正面临变更为社会服务机构法人的过渡，同时要注意《慈善法》的适用。

企业名称进行预先核准登记，有利于防止在后申请注册的企业名称侵害他人对已注册的企业名称所享有的权利。司法适用时要注意企业名称登记的主管部门发生了变化。《企业名称登记管理规定》第 16 条规定，企业有特殊原因的，可以在开业登记前预先单独申请企业名称登记注册。预先单独申请企业名称登记注册时，应当提交企业组建负责人签署的申请书、章程草案和主管部门或者审批机关的批准文件。第 18 条规定，登记主管机关应当在收到企业提交的预先单独申请企业名称登记注册的全部材料之日起，10 日内作出核准或者驳回的决定。登记主管机关核准预先单独申请登记注册的企业名称后，核发企业名称登记证书。此时的登记主管机关是工商行政管理部门。《企业法人登记管理条例》第 4 条规定，企业法人登记主管机关（以下简称登记主管机关）是国家市场监督管理总局和地方各级市场监督管理部门。各级登记主管机关在上级登记主管机关的领导下，依法履行职责，不受非法干预。第 10 条规定，企业法人只准使用一个名称。企业法人申请登记注册的名称由登记主管机关核定，经核准登记注册后在规定的范围内享有专用权。申请设立中外合资经营企业、中外合作经营企业和外资企业应当在合同、章程审批之前,向登记主管机关申请企业名称登记。第 38 条规定,本条例自 1988 年 7 月 1 日起施行。1980 年 7 月 26 日国务院发布的《中外合资经营企业登记管理办法》,1982 年 8 月 9 日国务院发布的《工商企业登记管理条例》,1985 年 8 月 14 日国务院批准、1985 年 8 月 25 日原国家工商行政管理局发布的《公司登记管理暂行规定》同时废止。《民法典》第 64 条规定,法人存续期间登记事项发生变化的,应当依法向登记机关申请变更登记。企业名称变更必须依法办理变更登记。

《企业名称登记管理规定》第 23 条规定,企业名称可以随企业或者企业的一部分一并转让。企业名称只能转让给一户企业。企业名称的转让方与受让方应当签订书面合同或者协议,报原登记主管机关核准。企业名称转让后,转让方不得继续使用已转让的企业名称。企业名称转让必须依法办理变更登记。

机构改革后,市场监督管理局由工商局、质监局、药监局、物价局等几个部门合并而成。司法适用时,企业名称的登记管理的机构应注意要进行适当的调整。

《民法典》对名称登记有所规定。要注意新法优先适用。该法第 88 条规定,具备法人条件,为适应经济社会发展需要,提供公益服务设立的事业单位,经依法登记成立,取得事业单位法人资格;依法不需要办理法人登记的,从成立之日起,具有事业单位法人资格。第 90 条规定,具备法人条件,基于会员共同意愿,为公益目的或者会员共同利益等非营利目的设立的社会团体,经依法登记成立,取得社会团体法人资格;依法不需要办理法人登记的,从成立之日起,具有社会团体法人资格。第 92 条规定,具备法人条件,为公益目的以捐助财产设立的基金会、社会服务机构等,经依法登记成立,取得捐助法人资格。第 103 条规定,非法人组织应当依照法律的规定登记。

【司法案例】

青岛甲足球俱乐部有限公司诉青岛市工商行政管理局撤销企业名称预先核准登记案①

诉讼结论:青岛市工商局作出企业名称预先核准通知书的行为,认定事实不清,违反法律规定,应属明显不当。市工商局关于颐中乙俱乐部和甲俱乐部对“乙”字号不享有权利的主张不能成立,不予支持。

---

① 山东省高级人民法院(2017)鲁行终 1901 号行政判决书。

基本案情

1993年,山东省对外经济贸易委员会(以下简称省外经贸委)作出(93)鲁经贸劳字第67号《关于成立青岛乙足球俱乐部的通知》,决定成立青岛乙足球俱乐部(以下简称老乙俱乐部)。1993年5月7日,省外经贸委申请开业登记注册。1993年5月12日,老乙俱乐部经工商登记设立。1997年1月14日,青岛市人民政府办公厅作出青政办字〔1997〕1号《关于青岛乙足球俱乐部改制的通知》,其中第2条规定:"俱乐部的名称由青岛乙足球俱乐部改为青岛颐中乙足球俱乐部。俱乐部要抓紧时间到中国足协和市工商行政管理局办理注册登记手续。若名称将来再有改动,由俱乐部董事会研究决定。"1997年1月14日,青岛颐中乙足球俱乐部有限公司(以下简称颐中乙俱乐部)经工商登记设立,出资人为某烟草(集团)有限公司。老乙俱乐部并未注销,2005年3月10日申请变更经营范围,将原有的"承办足球比赛""出售足球比赛门票"去除。2007年1月1日,老乙俱乐部因逾期申报工商年检被吊销了营业执照。

2004年12月14日,颐中乙俱乐部(甲方)与青岛甲集团有限公司(乙方,以下简称甲集团)签订《足球俱乐部产权转让协议》,其中第2.2条约定,将"甲方2004年注册的所有一线球队及U19、U17、U15、U13球队、中超足球俱乐部资格及字号等无形资产"转让给乙方。2005年1月21日,甲集团出资成立了甲俱乐部,但颐中乙俱乐部并没有办理更名或注销,协议约定转让的企业字号仍由该公司继续使用。2012年8月17日,颐中乙俱乐部更名为青岛丙体育产业有限公司,因未年检于2013年12月4日被吊销营业执照。

2012年12月21日,青岛市足球运动管理中心作出(2012)25号《关于同意青岛丁商业管理有限公司使用"乙"名称成立"青岛乙足球俱乐部"参加2013年度中国足球协会乙级足球联赛的批复》,同意该公司使用"乙"名称成立"青岛乙足球俱乐部"参加2013年度中国足球协会乙级足球联赛。2012年12月24日,青岛丁商业管理有限公司、青岛戊投资有限公司作为股东共同向市工商局提出企业名称预先核准申请。市工商局经审查,于2012年12月26日作出(青)工商名预核私字第ww12122400345号《企业名称预先核准通知书》(以下简称企业名称预先核准通知书),预先核准企业名称为青岛乙足球俱乐部有限公司(以下简称乙俱乐部),并保留至2013年6月26日。2013年1月6日,乙俱乐部经工商登记设立。

2014年1月22日,甲俱乐部向市工商局发函反映乙俱乐部的企业名称不适宜,市工商局下属的企业注册局于2014年2月17日作出《关于青岛甲足球俱乐部有限公司反映企业名称不适宜的回复意见》,认为该名称符合《企业名称登记管理规定》《企业名称登记管理实施办法》的规定,故对其依法予以核准登记。甲俱乐部不服,提起本案诉讼,请求撤销市工商局作出的企业名称预先核准通知书。

另查明,青岛丁商业管理有限公司现已更名为青岛己商业管理有限公司,青岛戊投资有限公司现已更名为青岛庚投资有限公司。

又查明,第二次庭审时,市工商局根据公司登记档案自述称,2015 年 12 月 17 日,乙俱乐部的名称变更登记为青岛辛足球俱乐部有限公司。2015 年 12 月 21 日,该公司的注册资本增加到 9100 万元,公司股东增加了青岛辛制药有限责任公司(出资比例占 67.03%)。

二审另再查明,青岛市人民政府办公厅于 1997 年 1 月下发并抄送市工商局的《关于青岛乙足球俱乐部改制的通知》载明:经青岛市人民政府研究决定,对老乙俱乐部进行改制。青岛市人民政府办公厅于 1997 年 2 月致函市工商局称:老乙俱乐部正式更名为颐中乙俱乐部,乙足球训练基地由市体委组织筹建,项目全部完成后,将土地、房产等投资一并交颐中乙俱乐部。颐中乙俱乐部股东名录包含两名发起人:某烟草(集团)有限公司及老乙俱乐部。

本案关键的一个焦点问题是原审法院判决确认市工商局作出企业名称预先核准登记的行为违法但不撤销该行为是否正确?

根据《企业名称登记管理规定》第 4 条的规定,工商行政管理机关具有核准或者驳回企业名称登记申请、监督管理企业名称的使用、保护企业名称专用权的法定职责。可见,对企业名称进行预先核准登记,有利于防止在后申请注册的企业名称侵害他人对已注册的企业名称所享有的权利。《企业名称登记管理实施办法》第 9 条规定,企业名称应当由行政区划、字号、行业、组织形式依次组成。在企业名称的 4 个要素中,行政区划、行业、组织形式 3 个要素属于共有的要素,而字号是可以独占的要素,是企业名称的一个核心要素,是企业名称中最显著和最重要的组成部分。具体到本案,审查市工商局作出预先核准乙俱乐部企业名称的行政行为是否合法,主要看该行为是否侵害了他人对"乙"字号享有的权利,是否符合企业名称预先核准登记的有关规定。

首先,甲俱乐部是否对"乙"字号享有权利,这既关系到甲俱乐部诉权的实现,也是判断被诉行政行为合法性的事实根据。为了保证直接相对人以外的公民、法人或者其他组织的诉权,而又不使这种诉权的行使"失控",法律限定了一个"利害关系"的标准。所谓"利害关系",也就是有可能受到行政行为的不利影响。具体要考虑以下三个要素:是否存在一项权利;该权利是否属于原告的主观权利;该权利是否可能受到了被诉行政行为的侵害。本案中,甲俱乐部并非被诉行政行为的相对人,其提起行政诉讼,就要具备"利害关系",就要证明对"乙"字号享有相应的权利。根据本案查明的事实,甲俱乐部对"乙"字号权利的取得历经两个阶段:

第一阶段,颐中乙俱乐部通过企业改制取得了老乙俱乐部的“乙”字号。青岛市人民政府办公厅下发并抄送市工商局的《关于青岛乙足球俱乐部改制的通知》已经明确,经青岛市人民政府研究决定,对老乙俱乐部进行改制,包含将老乙俱乐部更名为颐中乙俱乐部以及其他改制事宜。该通知是以政府主导的形式促使俱乐部完成改制。在改制过程中,不同部门担负了不同职责,市体委负责筹建乙足球训练基地,市工商局负责办理工商注册登记手续。市工商局为颐中乙俱乐部进行工商注册登记,正是对老乙俱乐部改制的落实,颐中乙俱乐部因此取得了老乙俱乐部的“乙”字号。在“乙”字号前加缀“颐中”,表明的是投资者身份,并不影响“乙”在“颐中乙”字号中的核心作用。对于老乙俱乐部在改制后与颐中乙俱乐部长期并存的现象,属于改制后遗留下的问题,而问题最终以老乙俱乐部被注销得以解决,但这并不能否认颐中乙俱乐部对“乙”字号实际享有的权利。第二阶段,甲俱乐部有权依据案涉《足球俱乐部产权转让协议》变更企业名称并取得“乙”字号。根据《企业名称登记管理规定》第 23 条的规定,企业名称只能转让给一户企业。企业名称的转让方与受让方应当签订书面合同或者协议,报原登记主管机关核准。企业名称转让后,转让方不得继续使用已转让的企业名称。案涉协议约定颐中乙俱乐部将其所有的球队、中超足球俱乐部资格及字号等无形资产转让给甲集团,该约定不违反法律、行政法规的强制性规定,应认定为有效。甲俱乐部可以按照约定内容和法定程序变更企业名称,享有取得“乙”字号的权利。后颐中乙俱乐部将其企业名称变更登记为青岛丙体育产业有限公司,不再使用原企业名称。甲俱乐部客观上具备了实际使用“乙”字号的条件,可以向登记主管机关申请将“乙”字号作为其企业名称的一部分予以核准。

其次,被诉行政行为的作出是否符合企业名称预先核准登记的有关规定,这是判断被诉行政行为合法性的法律依据。《企业名称登记管理规定》第 6 条规定,在登记主管机关辖区内不得与已登记注册的同行业企业名称相同或者近似。不得相同或近似实际上主要指的是字号不得相同或近似。因为在同一行政区划内设立的企业,对企业名称的区别作用主要体现在字号上。如前所述,颐中乙俱乐部已经取得了“乙”字号,甲俱乐部享有取得“乙”字号的权利。市工商局再次将该相同的字号为其他企业名称预先核准登记,势必侵犯“乙”字号相关权利人的合法权益。《企业名称登记管理实施办法》第 31 条规定,企业名称有下列情形之一的,不予核准:……(3)与其他企业变更名称未满 1 年的原名称相同。如此规定既是对原字号相关权利人给予必要的保护,促使其及时行使权利,也是对原字号相关权利人给予必要的限制,如果不及时行使权利,原字号将会进入公众领域,可以被他人申请注册。本案中,颐中乙俱乐部的企业名称变更登记时间为 2012 年 8

月 17 日，而市工商局预先核准乙足球俱乐部企业名称的时间为 2012 年 12 月 26 日，尚不足一年。在甲俱乐部尚未对“乙”字号行使权利的有效期限内，市工商局作出本案被诉包含“乙”字号的企业名称预先核准登记行为，显然影响了甲俱乐部所得上述权利的实现，不符合上述法律规定。

第一千零一十七条　具有一定社会知名度，被他人使用足以造成公众混淆的笔名、艺名、网名、译名、字号、姓名和名称的简称等，参照适用姓名权和名称权保护的有关规定。

【条文主旨】

本条是关于笔名、艺名等的保护的规定。

【条文理解】

拉伦茨认为，人格权根据其实质是一种受尊重的权利，一种人身不可侵犯的权利。[①] 姓名和名称具有区分个人和表征人格的双重功能。姓名权与名称权首先是受尊重的人格权，但其客体还具有外在性、可支配性和可商业利用性等。姓名虽具有专属性，但借助于有限符号的表现导致重名的情况时有发生，因此，自然人对姓名的文字符号不具有专有使用权。姓名权是自然人自己决定其姓名、使用其姓名、变更其姓名并要求他人尊重自己姓名的一种权利。传统人格法理论重视对人格精神利益的保护，而忽略了现代商业社会中人格权也常用来获取经济利益。因此，现代的民法理论逐渐认同了人格权的财产属性。姓名权与名称权具有财产价值。[②]

不仅如此，自然人拥有姓名外的其他称谓，如笔名、艺名、网名等，涉及姓名权保护范围的扩张问题。某些职业的从业者需要用到这些通称，如笔名之于作家、艺名之于艺人，当这些通称为众人知晓时，应受到保护。[③] 杨立新教授也认为，自然人的别名、笔名、艺名、网名等识别个人身份的称谓，与姓名受同样保护。[④] 其原因在于人的姓名是通过语言文字信息区别社会上其他人的个体性的标志。自然人尤其社会知名人士常常使用笔名、艺名、别号等，虽然这些名字和身份证实际在公安机关登记的且在身份证上记载的名字不同，但因使用人长期在社会公开使

---

① ［德］卡尔·拉伦茨：《德国民法通论》（上），王晓晔等译，法律出版社 2003 年版，第 282 页。

② 梁慧星：《民法总论》，法律出版社 2007 年版，第 92 页。

③ ［日］五十岚清：《人格权法》，铃木贤、葛敏译，北京大学出版社 2009 年版，第 118 页。

④ 杨立新主编：《中国人格权法立法报告》，知识产权出版社 2005 年版，第 329 页。

用,公众已经将其笔名、艺名或别号与使用人紧密联系起来,故此时的笔名、艺名或别号也具有了与姓名一样标识使用人的作用。在德国,即使是纯粹的数字组合,只要这些数字组合已经被公认为个人的名称,也就成为姓名权的客体从而受到法律的保护。① 因此,网名、绰号甚至数字等各种形式的符号都可能成为姓名权的客体。事实上,有些人的笔名或别名还特别出名。社会上很多人知道鲁迅、金庸、古龙等,但不排除有相当一些人不知道鲁迅原名周树人,金庸原名查良镛,古龙原名熊耀华。

自然人的姓名权也就是说自然人对其在公安机关登记过的正式姓名受法律保护。虽然自然人都有权利为自己取别名,取字取号,但并不是所有的自然人的笔名、艺名、网名、字号等受法律保护,具体参照适用自然人的姓名权保护的有关规定。只有具有一定社会知名度的笔名、艺名、网名、字号等,且被他人使用足以造成公众混淆的,才受此种法律保护。但如何认定公众人物的社会知名度,法律并没有明确界定。但判断公众人物必备的要素是这些笔名、艺名、网名、字号等要被社会公众广泛知晓和关注。当然这种知晓和关注可能受众的范围不同。对公众人物的认定不以社会公众普遍认知为绝对限制条件,但首先,必须至少要在某一特定领域内在相关公众中具有一定知名度。其次,对知名度的认定同样还要受到时间和地域的限制,即要在一定地域相当长的时间保持其相当的知名度。在这个变化日益迅速的时代,昙花一现的公众人物也不乏其人,又或者他人注册某人姓名时尚没有名气但注册后却拥有了较高的知名度等情况时有发生。司法实践认为:第一,姓名权的保护客体是自然人的姓名,不限于在户籍机关正式登记的本名,也包括笔名、艺名、别名等。第二,姓名具有能够商品化的价值,商标法保护的即为这种商业价值或经济利益,其与姓名权人在我国的知名程度、知名领域密切相关。第三,在确定姓名权的保护内容及保护范围时,应综合考虑权利人的知名程度、知名领域以及争议商标指定的商品类别。②

也就是说,从保护的程度和条件来讲,普通人物姓名和公众人物姓名在我国是不同的。对普通人而言,如果自己的姓名被他人申请注册为商标,只有在申请人明知该姓名为他人所有且基于损害姓名人利益目的而故意申请的情况下才能寻求保护。而公众人物姓名则没有此限制,企图以公众人物姓名注册为商标必须以获得公众人物许可为前提。③ 我国《商标法》并没有直接对姓名商标注册问题

---

① [德]迪特尔·梅迪库斯:《德国民法总论》,邵建东译,法律出版社 2000 年版,第 797 页。

② 最高人民法院(2016)最高法行再 20 号行政判决书。

③ 黄小洵:《公众人物姓名商标注册的法律规制》,载《北方法学》2017 年第 2 期。

的法律规定,只是在第32条规定,申请商标注册不得损害他人现有的在先权利,也不得以不正当手段抢先注册他人已经使用并有一定影响的商标。现行的《商标审查标准》认为在先权利包含了姓名权,并规定未经许可使用公众人物的姓名申请注册商标的,或者明知为他人的姓名,却基于损害他人利益的目的申请注册商标的,应当认定为对他人姓名权的侵害。

对于姓名或名称而言,还存在对其简化使用的可能。名称在实践中尤其常被简化使用。对于其他人来说,其使用情况就不得使公众对该简称相混淆,否则姓名或名称的简称者对此就可以参照姓名权和名称权保护的有关规定得到救济。"北大""清华"是公众所知悉的简称。现实中有些企业或机构擅自将这些知名的简称作其字号,使消费者误认为该企业或机构可能与历史悠久、名誉海内外的北京大学或清华大学有关联,造成混淆。

【司法适用】

《商标法》第32条规定,申请商标注册不得损害他人现有的在先权利,也不得以不正当手段抢先注册他人已经使用并有一定影响的商标。《商标授权确权行政案件意见》第17条规定,《商标法》第32条中的"在先权利"包括根据《商标法》《民法通则》及其他法律应予保护的合法权益。"在先权利"包括在先的姓名权和名称权。

《商标授权确权行政案件规定》第20条规定,当事人主张诉争商标损害其姓名权,如果相关公众认为该商标标志指代了该自然人,容易认为标记有该商标的商品系经过该自然人许可或者与该自然人存在特定联系的,人民法院应当认定该商标损害了该自然人的姓名权。当事人以其笔名、艺名、译名等特定名称主张姓名权,该特定名称具有一定的知名度,与该自然人建立了稳定的对应关系,相关公众以其指代该自然人的,人民法院予以支持。第21条规定,当事人主张的字号具有一定的市场知名度,他人未经许可申请注册与该字号相同或者近似的商标,容易导致相关公众对商品来源产生混淆,当事人以此主张构成在先权益的,人民法院予以支持。当事人以具有一定市场知名度并已与企业建立稳定对应关系的企业名称的简称为依据提出主张的,适用前款规定。

《企业名称登记管理规定》确立了依据"申请在先、受理在先、注册在先"的原则来处理企业名称侵权争议的基本思路。《企业名称登记管理规定》第5条中就有"对已登记注册的不适宜的企业名称,任何单位和个人可以要求登记主管机关予以纠正"的笼统规定,在《企业名称登记管理实施办法》第41条规定:"已经登记注册的企业名称,在使用中对公众造成欺骗或者误解的,或者损害他人合法权益的,应当认定为不适宜的企业名称予以纠正。"上述规定均没有明确对抢先注册等企业名称的不正当竞争行为加以规制。最高人民法院制定了《关于当前经济形势下知识产权审判服务大局若干问题的意见》，针对企业名称提出："对于具有一定市场知名度、为相关公众所熟知、已实际具有商号作用的企业名称中的字号、企业或者企业名称的简称，视为企业名称并给予制止不正当竞争的保护。"

《反不正当竞争法》第6条第2项规定，经营者不得实施擅自使用他人有一定影响的企业名称(包括简称、字号等)、社会组织名称(包括简称等)、姓名(包括笔名、艺名、译名等)这种混淆行为，引人误认为是他人商品或者与他人存在特定联系。《不正当竞争民事案件解释》第6条规定，企业登记主管机关依法登记注册的企业名称，以及在中国境内进行商业使用的外国(地区)企业名称，应当认定为《反不正当竞争法》规定的"企业名称"。具有一定的市场知名度、为相关公众所知悉的企业名称中的字号，可以认定为《反不正当竞争法》规定的"企业名称"。在商品经营中使用的自然人的姓名，应当认定为《反不正当竞争法》规定的"姓名"。具有一定的市场知名度、为相关公众所知悉的自然人的笔名、艺名等，可以认定为《反不正当竞争法》规定的"姓名"。根据此解释，具有一定的市场知名度、为相关公众所知悉的自然人的笔名、艺名等，可以认为是自然人的姓名。

【司法案例】

天津甲旅行社诉天津乙国际旅行社
擅自使用他人企业名称纠纷案①

诉讼结论：对于企业长期、广泛对外使用，具有一定市场知名度、为相关公众所知悉，已实际具有商号作用的企业名称简称，可以视为企业名称予以保护。

基本案情

天津甲旅行社于1986年11月1日成立，是从事国内及出入境旅游业务的国有企业，直属于共青团天津市委员会。共青团天津市委员会出具证明称，"天津青旅"是天津甲旅行社的企业简称。2007年，《今晚报》等媒体在报道天津甲旅行社承办的活动中已开始以"天津青旅"简称指代天津甲旅行社。天津青旅在报价单、旅游合同、与同行业经营者合作文件、发票等资料以及经营场所各门店招牌上等日常经营活动中，使用"天津青旅"作为企业的简称。天津乙国际旅行社有限公司于2010年7月6日成立，是从事国内旅游及入境旅游接待等业务的有限责任公司。

2010年年底，天津青旅发现通过Google搜索引擎分别搜索"天津甲旅行社"

---

① 最高人民法院指导性案例29号。

或“天津青旅”,在搜索结果的第一名并标注赞助商链接的位置,分别显示“天津甲旅行社网上营业厅 www.lechuyou.com 天津国青网上在线营业厅,是您理想选择,出行提供优质、贴心、舒心的服务”或“天津青旅网上营业厅 www.lechuyou.com 天津国青网上在线营业厅,是您理想选择,出行提供优质、贴心、舒心的服务”,点击链接后进入网页是标称天津乙国际旅行社乐出游网的网站,网页顶端出现“天津乙国际旅行社—青年旅行社青旅/天津国旅”等字样,网页内容为天津乙旅游业务信息及报价,标称网站版权所有:乐出游网—天津国青,并标明了天津国青的联系电话和经营地址。同时,天津青旅通过百度搜索引擎搜索“天津青旅”,在搜索结果的第一名并标注推广链接的位置,显示“欢迎光临天津青旅重合同守信誉单位,汇集国内出境经典旅游线路,100%出团,天津青旅 400－611－5253022.cts-gz.cn”,点击链接后进入网页仍然是上述标称天津乙乐出游网的网站。

法院认为,根据《不正当竞争民事案件解释》第 6 条第 1 款规定,企业登记主管机关依法登记注册的企业名称,以及在中国境内进行商业使用的外国(地区)企业名称,应当认定为《反不正当竞争法》(2019 年修改前)第 5 条第 3 项规定的“企业名称”;具有一定的市场知名度、为相关公众所知悉的企业名称中的字号,可以认定为《反不正当竞争法》(2019 年修改前)第 5 条第 3 项规定的“企业名称”。因此,对于企业长期、广泛对外使用,具有一定市场知名度、为相关公众所知悉,已实际具有商号作用的企业名称简称,也应当视为企业名称予以保护。“天津甲旅行社”是原告 1986 年成立以来一直使用的企业名称,原告享有企业名称专用权。“天津青旅”作为其企业名称简称,于 2007 年就已被其在经营活动中广泛使用,相关宣传报道和客户也以“天津青旅”指代天津甲旅行社,经过多年在经营活动中使用和宣传,已享有一定市场知名度,为相关公众所知悉,已与天津甲旅行社之间建立起稳定的关联关系,具有可以识别经营主体的商业标识意义。所以,可以将“天津青旅”视为企业名称与“天津甲旅行社”共同加以保护。

《反不正当竞争法》(2019 年修改前)第 5 条第 3 项规定,经营者不得采用擅自使用他人的企业名称,引人误认为是他人的商品等不正当手段从事市场交易,损害竞争对手。因此,经营者擅自将他人的企业名称或简称作为互联网竞价排名关键词,使公众产生混淆误认,利用他人的知名度和商誉,达到宣传推广自己的目的的,属于不正当竞争行为,应当予以禁止。天津乙旅行社作为从事旅游服务的经营者,未经天津青旅许可,通过在相关搜索引擎中设置与天津青旅企业名称有关的关键词并在网站源代码中使用等手段,使相关公众在搜索“天津甲旅行社”和“天津青旅”关键词时,直接显示天津乙旅行社的网站链接,从而进入天津乙旅行社的网站联系旅游业务,达到利用网络用户的初始混淆争夺潜在客户的效果,主观上具有使相关公众在网络搜索、查询中产生误认的故意，客观上擅自使用“天津甲旅行社”及“天津青旅”，利用了天津青旅的企业信誉，损害了天津青旅的合法权益，其行为属于不正当竞争行为，依法应予制止。天津乙旅行社作为与天津青旅同业的竞争者，在明知天津青旅企业名称及简称享有较高知名度的情况下，仍擅自使用，有借他人之名为自己谋取不当利益的意图，主观恶意明显。依照《民法通则》第120条规定，天津国青旅应当承担停止侵害、消除影响、赔偿损失的法律责任。至于天津乙旅行社在网站网页顶端显示的“青年旅行社青旅”字样，并非原告企业名称的保护范围，不构成对原告的不正当竞争行为。

第四章　肖　像　权

肖像权是以肖像主体的外在特征为内容的人格权。以《民法典》系统地保护肖像权，在我国尚属首次，在世界各国立法中亦不多见。对于肖像权的理解，需要把握以下几点：首先，肖像权的权利主体只能是自然人，只有自然人才拥有肖像及肖像权利。法人或其他社会组织，由于不存在客观的、能够独立反映其容貌的"肖像"，因此不享有肖像权。其次，肖像权也具备一种财产利益，这种财产利益是通过肖像权人的人格利益所派生和产生的，它允许肖像权人在一定的范围内有限度地转让肖像权，允许他人制作和使用自己的肖像，并从中获得应有的使用价值。最后，肖像权是一种标识性人格权，其基本作用在于以外貌形象标识人格，借以辨识每一个特定的自然人。同时，对肖像权的保护也有一定限制，比如对肖像权的合理使用、集体肖像中个人肖像的保护、公众人物的肖像使用等特殊规则，均需要相关肖像权人尽到适度容忍的义务。肖像权与著作权存在聚合，此种利益平衡亦构成对肖像权的限制。本章肖像权的固定，建立了较为完整的肖像权保护体系，以适应数据时代、智能社会对肖像保护的需要。本章共6条，规定了肖像权的权利内容及许可使用肖像的规则，并对可以合理使用他人肖像的情形作了规定。主要涉及肖像权概念、肖像权权能、肖像权"合理使用"、许可使用合同解释规则和解释权，以及姓名许可和声音保护相关的内容等。

第一千零一十八条　自然人享有肖像权，有权依法制作、使用、公开或者许可他人使用自己的肖像。

肖像是通过影像、雕塑、绘画等方式在一定载体上所反映的特定自然人可以被识别的外部形象。

【条文主旨】

本条是关于肖像权概念的规定。

【条文理解】

第一，关于“肖像”的理解。肖像是个人外部形象和特征的再现，不仅仅指五官、面部，还包括身形、体态等可被辨识的表征。肖像必须具有两个条件：(1)该图形与自然人的外表相似，足以使人在二者之间建立联系，因此模糊处理的图形不是肖像；(2)自然人的外表为该图形的主要内容，人的外表作为风景照片或者其他公共场合的照片中的陪衬，不是肖像；众多人的外表构成的图形，也不是肖像。现代社会，无论是新闻报道、大众娱乐、商业广告、公共管控，几乎都与肖像利用密切相关，肖像也从画像、相片向影视、雕塑、绘画等传统载体发展，延伸至诸如微信表情、参照个人形象制作的“手办”、个人形象漫画等。本法条采取了概括列举的方式，就是为技术进步和传播方式更新带动肖像形式创新预留了空间。

第二，关于“肖像权”的演进。肖像与人的尊严关系密切，也是重要的人格利益。肖像权是自然人享有的权利，属于具体人格权范畴，同时肖像权也有财产性质。人格权是绝对权、对世权、支配权。“肖像权”的演进历经了几个阶段：其一，肖像作为主体的内在属性，即“人之为人”不可或缺的要素，而非可以独立、可被支配的权利客体，这一时期并不存在独立的肖像权甚至人格权，这个在德、法两国民法典上得以集中体现；其二，将肖像利益作为所有权进行保护，其体现于法国民法；其三，作为隐私权客体，这在法、日两国早期的裁判中体现得较为明显；其四，作为著作权保护的对象，体现在《德国艺术品著作权法》中；其五，作为单独权利进行保护，如德国基本法创设的“一般人格权”，我国《民法通则》第 100 条规定：“公民享有肖像权，未经本人同意，不得以营利为目的使用公民的肖像。”第 120 条第 1 款规定：“公民的姓名权、肖像权、名誉权、荣誉权受到侵害的，有权要求停止侵害，恢复名誉，消除影响，赔礼道歉，并可以要求赔偿损失。”《民法典》“总则编”第 110 条规定：“自然人享有生命权、身体权、健康权、姓名权、肖像权、名誉权、荣誉权、隐私权、婚姻自主权等权利”，《民法典》“人格权编”第 990 条规定：“人格权是民事主体享有的生命权、身体权、健康权、姓名权、名称权、肖像权、名誉权、荣誉权、隐私权等权利。除前款规定的人格权外，自然人享有基于人身自由、人格尊严产生的其他人格权益。”……在《民法典》起草过程中，也有学者建议用“商品化权”进行规定，将姓名权和肖像权纯化为标识权，将对姓名和肖像的商业化运用统称为商品化权，以区分伦理意义的人格利益和商业利用性质的人格利益。① 由此可见，

① 王泽鉴：《人格权法：法释义学、比较法、案例研究》，台湾三民书局 2012 年版，第 167 页。

“肖像权”概念的演进，体现的是社会观念及交互、传播方式演进下人格利益的不断迸出，其概念的外延也必将继续随着社会发展不断丰富。

第三，关于“肖像权”权利主体。肖像权只能由自然人享有，属于自然人固有、专属权利，法人、其他组织等民事主体不享有该权利。《民法通则》第100条规定：“公民享有肖像权，未经本人同意，不得以营利为目的使用公民的肖像。”《民法通则》承接宪法将“公民”与“自然人”作为同一概念使用，《民法总则》开始将“公民”替换为“自然人”，更加符合私法关于民事主体的表述。《民法典》第110条明确规定了主体为自然人。

第四，关于肖像权的权能。肖像权的主要内容是：(1)制作肖像，即将肖像以绘画、雕塑、相片等形式予以再现。(2)使用肖像，即将肖像进行展示、商业化利用等。“自然人的姓名、肖像等标表性人格权，具有在特定条件下与主体人格相分离，从而具有商业化利用的可能性。”①商业化利用包括成为注册商标、制作广告、成为特定商品出售等。(3)公开肖像，即决定肖像在何种范围、以何种方式、向哪些对象展示的权利。未经许可将自然人的形象在电视、网络等大众传播媒介上公开，若非出于合理目的，即可能构成侵权。(4)许可他人使用，通过许可他人使用，可以使权利人的人格因素通过出让使用实现更大范围的财产价值析出。使用、传播与公开肖像常常密不可分。该权利为权利人专有，并可许可他人行使；对于无行为能力人和限制行为能力人，许可他人制作和使用肖像的权利由法定代理人代为行使。此外，允许他人制作肖像并获得报酬的，可推定同意将该肖像复制、传播和公开。

【司法适用】

第一，肖像应该具有可识别性。首先，肖像虽然以人的面部特征为主要内容，但不应仅局限于面部，只要足以使一般公众识别出确为特定自然人的个人特征，均应包括在内。其次，肖像应当具有可辨识性。即所呈现的形象能够被一般人认定为特定人的形象。如果呈现内容无法使公众辨认为特定人，则该载体不能视为肖像。此前，我国在先判决②曾对此有所论述“一般人不能凭直观清晰辨认载体所表现的内容就是该自然人，则这一载体也不能称为该自然人的肖像”及“自然人面部局部器官照片，不能体现该自然人的外貌视觉形象，本身不构成肖像”。在实践中，判定“可辨识”，应当以一般公众认知为标准，并结合载体形式、展现的特征、展

① 王利明：《人格权法研究》，法律出版社2005年版，第156页。

② 《叶璇诉安贞医院、交通出版社广告公司肖像权纠纷案》，载《最高人民法院公报》2003年第6期。

现的场合时间等相关背景综合考量。最后，创作"虚拟形象"（包括美术形象、游戏形象、表演形象等）特定情况下构成对特定人肖像权的侵害。当该虚拟形象能够充分体现出特定人的体貌特征，一般公众通过该形象能够直接与该特定人建立一一对应的关系时，可以视为该特定人形象具有肖像权。如若有以漫画等方式扭曲、滥用个人形象，属于对"个人自律性"①的侵犯，同时，当"虚拟形象"遭扭曲滥用时，著作权人得依《著作权法》请求救济。需要说明的是，"虚拟形象"作品可能存在肖像权和著作权聚合的情况，不同权利人都可依法行权。

第二，关于肖像权的主体。群体是否享有肖像权。在域外法律体系中，有以"形象权"加以规定，即对于法人、非法人组织或者特定群体的外在形象予以保护。"形象权"是一种"社群性"权利，目前我国立法并未采纳。集体肖像主要有两种形式：(1)为了特定主题，由于特定事件形成的群像。对于该类群像，需要结合场合、用途进行考量。在较为私密、非正式场合形成群像，除合理使用之外，群像中任意个人使用该群像，都应当经其他人同意许可。而在经由相对公开场合形成的群像，如毕业集体照、会议合影等，可视为个人向群体让渡了部分肖像利益，故群像中的个人、相关组织者可以不经每个个人许可对群像进行使用，但是，除此之外的第三人仍应取得群像中每个个人、著作权人的许可方可使用。(2)具有群体标识的群像，应看该群体成员是否授权该群体进行排他性使用。有授权的从授权（包括范围、方式等），无授权而被使用的，若群像中的个体已经达到可轻易辨认的程度，即为侵权。

第三，死者是否具有肖像权。肖像权是专属权利，当自然人死亡后，权利能力不复存在，权利也不复存在。但对于值得保护的肖像利益，在权利能力的消失后应当继续存在，因为对死者人格的侵害也意味着对死者家庭、近亲属的蔑视，死者的近亲属可以请求停止侵害。② 我国之前的相关司法解释也予以规定，③认为近亲属享有因死者人格受侵害而产生的各种请求权。《民法典》"人格权编"第994条也进行了确定，在该条处将予详述。

第四，关于"许可他人使用"。许可可以单方为之，也可以在约定中作出。一

---

① ［日］五十岚清：《人格权法》，铃木贤、葛敏译，北京大学出版社2009年版，第132～133页。

② 死者人格利益一般被认为是"准人格权"，相关的教义学解释有"死者人格保护说""死者家属人格保护说""无权利主体说""一般法律义务说""死者法益保护说"等，详见刘召成：《准人格研究》，法律出版社2012年版，第210～218页。

③ 1989年《最高人民法院关于死亡人的名誉权应受法律保护的函》；1990年《最高人民法院关于范应莲诉敬永祥等侵害海灯法师名誉权一案有关诉讼程序问题的复函》；2001年《精神损害赔偿解释》第3条；《英雄烈士保护法》第22条；2015年《民事诉讼法解释》第69条。

般认为,对人格权的自愿限制,是准法律行为,[①]行为人亲自实施该行为时,只需具有意思能力即可,即能够理解行为的性质及其法律效果。[②] 无行为能力人和限制行为能力人的同意,可以由法定代理人代理,但本人具有意思能力,对法定代理人的同意表示反对的,同意不生效力。[③] 许可作出后,权利人应受到约束,许可的范围受目的性限制。“因情势变更,其肖像的使用将构成对人格权的侵害或严重违反肖像权人的信念时,应许肖像权人撤回允诺”。[④] 许可可以任何方法作出,只要该方法能表现出权利人、法定代理人审慎、自愿及明知的意思表示即可。需要说明的是,一切民事活动都不得有悖于公共秩序和善良风俗,对于肖像权的许可,也不应当无序、低俗、非正当化,如若违反公共秩序原则或者侵犯善良风俗,均属无效,裁判时可以依据社会正义一般观念进行判断。此外,关于许可的内容和范围,原则上应由被许可人负举证责任。

【司法案例】

案例一

章某莱与某在线(北京)科技有限公司
肖像权、名誉权纠纷上诉案[⑤]

诉讼结论:角色形象通常与演员形象具有高度一致性,可作为演员的肖像予以保护。

基本案情

2008 年 12 月,被告某公司的工作人员与原告创办的“美猴网”网站站长郭某联系,希望原告担任被告公司推出的网络游戏“西游记”的代言人,原告未同意。2009 年 7 月,原告发现被告在其推出的网络游戏“西游记”的官方网站及游戏中,使用了原告在电视连续剧《西游记》中所塑造的孙悟空形象,并将该游戏对外销售牟利。此后,原告多次要求被告停止使用该形象,但被告仍然继续使用。原告认为,其所塑造的孙悟空形象家喻户晓,该形象已在多个类别上申请了注册商标并获国家工商总局批准,原告对其扮演的孙悟空形象享有表演者权、肖像权和商标权。被告在网络游戏“西游记”中使用的孙悟空形象,与原告在电视剧版《西游

---

① 史尚宽:《民法总论》,中国政法大学出版社 2000 年版,第 294 页。

② 王泽鉴:《侵权行为法》,中国政法大学出版社 2001 年版,第 241 页。

③ 参见我国澳门特别行政区《民法典》第 69 条第 3 款。

④ 王泽鉴:《人格权法:法释义学、比较法、案例研究》,台湾三民书局 2012 年版,第 166 页。本法第 1022 条第 2 款的“正当理由”即包含此类情形。

⑤ 北京市第一中级人民法院(2013)一中民终字第 05303 号民事判决书。

记》中塑造的孙悟空形象面部特征基本一致；因原告对其塑造的孙悟空形象具有肖像权，故被告未经原告同意而擅自使用原告塑造的孙悟空形象且营利的行为，已构成对原告肖像权的侵犯。同时，被告开发的“西游记”游戏内容低俗，其使用原告塑造的孙悟空形象，导致公众将该游戏与原告相联系，致使原告社会评价降低，对原告名誉也造成了损害。原告认为，被告的行为已经严重侵害了原告的合法权益，应当承担停止侵权、赔礼道歉、消除影响、恢复名誉和赔偿损失的责任。

一审法院认为，[①]肖像权仅限于反映真实人物的形象特征；而孙悟空形象来源于小说《西游记》，是一个拟人化的石猴形象，虽然原告在电视剧版《西游记》中塑造的孙悟空形象基于原告本身的一些外在特征，但与原告本人形象具有本质区别和差异。社会公众会将电视剧版《西游记》中的孙悟空形象与原告建立对应关系，并不是基于二者外在形象的一致性，而是在于原告精湛的表演将孙悟空塑造得栩栩如生、深入人心，使人们记住了扮演者。因此，原告塑造的孙悟空形象非其本人肖像，被告在网络游戏中使用孙悟空形象的行为不构成对原告本人肖像权的侵犯。

二审法院认为，章某莱所饰演的孙悟空形象，虽然是基于古典文学作品所创作，并进行了艺术化处理，但是该形象与章某莱个人的五官特征、轮廓、面部表情密不可分。章某莱饰演的孙悟空完全与其个人具有一一对应的关系，即该形象与章某莱之间具有可识别性。在相对稳定的时期内，在一定的观众范围里，一看到章某莱扮演的孙悟空形象，就能认出其饰演者为章某莱。因此，对肖像权的保护范围应当进行适当的扩张解释，将与肖像有密切联系的形象解释为涵盖在肖像权之中。当某一角色形象能够反映出饰演者的体貌特征并与饰演者具有可识别性的条件下，应当将该形象作为自然人的肖像予以保护。但是，某公司所使用的孙悟空的整个脸型比章某莱饰演的孙悟空狭长。被上诉人在其游戏中使用的孙悟空的面目更有棱角，神态更冷峻、凶悍；而章某莱饰演的孙悟空更圆润，更具亲和力。这些差异，导致了在同样的观众范围内，立即能够分辨出某公司所使用的孙悟空不是章某莱饰演的孙悟空，更不能通过该形象与章某莱建立直接的联系。因此，虽然在章某莱的肖像权保护范围界定方面，二审法院与一审法院的理解有所不同。但是，某公司使用的孙悟空形象并不能直接反映章某莱的相貌特征，故不构成章某莱肖像权的侵犯。

---

① 北京市西城区人民法院（2010）西民初字第10534号民事判决书。

案例二

叶某与甲医院、某出版社广告公司肖像权纠纷案①

诉讼结论：如果画像、照片等内容不能再现原形人的相貌综合特征，不能引起一般人产生与原形人有关的思想或感情活动，一般人不能凭直观清晰辨认该内容就是某一自然人的形象，只有凭借高科技技术手段进行对比，才能确定这是某一自然人特有的一部分形象而非该自然人清晰完整的形象，则这一载体不能称为该自然人的肖像。

基本案情

原告叶某曾在乙院星源激光医疗中心就脸部先天的青黑色斑痕进行治疗，治疗效果良好。2001年10月间，叶某发现被告某出版社在其出版发行的《北京交通旅游图》上，刊登由被告广告公司经营的被告甲医院的广告。该广告使用了其治疗脸部斑痕前后的照片作为病案。后查《北京交通旅游图》已经十余次刊登该张照片，每次印数高达50万份。故叶某诉至法院请求判令被告甲医院、某出版社和广告公司立即停止侵害、消除影响、赔礼道歉，并赔偿损失10万元。

法院认为，原告叶某所诉的这张照片，只有脸上的鼻子和嘴部分，不是完整的特定人形象，不能反映特定人相貌的综合特征，不能引起一般人产生与特定人有关的思想或感情活动，因此不是法律意义上的肖像。叶某据此照片主张保护肖像权，理由不能成立。

案例三

某仪仗大队与深圳市信甲艺品有限公司
名称权、肖像权、名誉权侵权纠纷上诉案②

诉讼结论：肖像权只能由个人享有，群像集体仅享有集体肖像利益。

基本案情

原告某仪仗大队（以下简称某仪仗队）为正团级单位，其主要任务是展现中国人民解放军海、陆、空三军的形象，担负迎送外国国家元首、政府首脑的仪仗司礼任务。被告深圳市甲工艺品有限公司（以下简称甲公司）通过宣传册、光盘、挂画等形式使用原告某仪仗队的形象和名称，推销其生产的“红色八一步枪”和“将军佩剑”工艺品，同时被告甲公司的上述宣传品将某仪仗队大队长、分队长的佩刀改

---

① 《叶璇诉安贞医院、交通出版社广告公司肖像权纠纷案》，载《最高人民法院公报》2003年第6期。

② 北京市第一中级人民法院(2006)一中民终字第3240号民事判决书。

为佩剑。原告某仪仗队认为被告甲公司的上述行为侵犯了其名称权、肖像权、名誉权，遂向北京市海淀区人民法院提起诉讼，要求被告甲公司停止侵权、赔礼道歉，并按照被告侵权获利的数额来赔偿原告损失248万元。

一审法院认为，肖像权具有专属性，原告某仪仗队作为自然人以外的民事主体不享有肖像权，故对原告某仪仗队关于保护其肖像权的主张不予支持。同时，被告甲公司的行为对原告某仪仗队的名称进行的是现实描述，并未侵犯名称权，但是被告甲公司未征得原告某仪仗队同意，将原告在各种场合的形象用于商业宣传，必然会导致降低和损害原告的对外形象，使其社会评价降低，构成对原告某仪仗队名誉权的侵害，被告甲公司应承担相应的民事责任。

二审法院认为，原告某仪仗队的形象是原告经过努力和付出形成的，本案照片使用所造成的影响主要涉及原告某仪仗队的整体，而并非肖像者本人。原告某仪仗队作为人民解放军的礼宾部队，承担着国家重要的礼仪性任务，其使用的礼仪器具具有相当的艺术性、稀缺性，原告某仪仗队的形象具有较高的商业价值。被告甲公司使用原告某仪仗队的形象来推销其"红色八一步枪"和"将军佩剑"工艺品，可以对消费者特别是爱好军事的消费者产生强烈的吸引力，其产品的商业价值即被放大。原告某仪仗队虽然不享有该照片的肖像权，但原告某仪仗队对于使用该照片所带来的利益享有权益，法律应予以保护。被告甲公司未经原告某仪仗队许可而实施的上述行为必然导致降低和损害原告某仪仗队的对外形象，足以造成其社会评价降低，被告的行为侵犯了原告某仪仗队的整体肖像利益，其行为构成侵权。被告甲公司在未征得原告某仪仗队同意的情况下，在商品宣传中多次使用某仪仗队的名称，尽管其属于对事实进行描述，但该商业使用的根本目的是推销其产品，故被告甲公司以营利为目的使用某仪仗队的名称构成对原告名称权的侵犯。由于被告甲公司并无诋毁、诽谤原告某仪仗队名誉权的行为，因此本案被告的上述行为并未侵犯原告的名誉权。二审法院根据被告甲公司侵权行为的过错程度、侵权行为的性质、造成的后果、社会经济水平等因素，维持一审判令被告甲公司停止侵权并赔礼道歉的判项，改判被告甲公司赔偿原告某仪仗队损失人民币80万元。

第一千零一十九条　任何组织或者个人不得以丑化、污损，或者利用信息技术手段伪造等方式侵害他人的肖像权。未经肖像权人同意，不得制作、使用、公开肖像权人的肖像，但是法律另有规定的除外。

未经肖像权人同意，肖像作品权利人不得以发表、复制、发行、出租、展览等方式使用或者公开肖像权人的肖像。

【条文主旨】

本条是关于肖像权消极权能的规定。

【条文理解】

本条规定了禁止他人对肖像的贬损性使用、禁止他人在非许可时对肖像进行复制以及对肖像作品权利人的限制。值得肯定的是，本条对人工智能、大数据发展下的各种新型信息技术手段侵权行为的认定予以了回应。同时，从立法上改变了《民法通则》第100条“以营利为目的”才可构成侵权的要求，而以是否“肖像权人是否同意”作为判定侵权的主要依据，体现了对人格自洽的充分尊重，也采纳了多年以来司法实践的呼声。

【司法适用】

第一，关于禁止他人对肖像的贬损性使用。本条列举了3种方式：(1)丑化肖像，即在绘画、摄影等制作肖像时中将原本美的形象变丑，美丑对比以社会一般公众认知即可；(2)污损肖像，即对肖像载体进行玷污毁损，如若构成侵权，则污损程度应该达到导致人格尊严受损，一般的“蒙尘落灰”不可视为污损；(3)利用信息技术伪造，如时下流行的AI换脸①等，即是典型的“伪造”行为。需要说明的是，贬损性使用不仅限于上述3种方式。同时，维护人格尊严既属于人格伦理性的基本需求，又是维持社会公序良俗的基本要求，对人格尊严等人格利益不得放弃。因此，丑化、污损等贬损人格尊严的行为，一般不因权利人同意而免责。此外，对于利用信息技术进行虚拟制作的行为，还需进行标注，以示与真实情况的区别。根据中央网信办2019年《网络音视频信息服务管理规定》第11条“网络音视频信息服务提供者和网络音视频信息服务使用者利用基于深度学习、虚拟现实等的新技术新应用制作、发布、传播非真实音视频信息的，应当以显著方式予以标识”之规定，对于通过信息技术生成的非真实视频，应当予以标注。

---

① 通过人工智能算法和机器学习进行模型训练，再将该模型训练运用于对象视频中，将待更换的肖像对视频中对象人脸进行自动匹配，可以达到“以假乱真”的效果。

第二,关于禁止他人在非许可时对肖像进行复制。本条列举了如下方式:制作、使用及公开。此系传统的以“复制”为核心的侵权样态。需要说明的是,利用信息技术对肖像进行“模拟再现”,是否侵害了肖像权?例如,对于新闻报道中的已经打了马赛克、水印的肖像,运用技术手段对面部进行再现等。若肖像权人的肖像初次公开以“打码”“加水印”出现,则此系权利人对于肖像公开方式、肖像利益处分的安排,如若使该模糊处理清晰化,实质上违背了肖像权人对于人格利益的处分,应该视为侵权。本法规定了“除外”情形,即《民法典》“人格权编”第1020条规定的对肖像权“合理使用”的情形。

第三,关于对肖像作品权利人的限制。(1)肖像权作品的范畴。根据肖像的特点,参照《著作权法》第3条的规定,可成为肖像权作品的有:美术作品、建筑作品、摄影作品、电影作品和以类似摄制电影的方法创作的作品。同时,鉴于对于声音利益的保护参照肖像权规定,故还可能构成音乐、戏剧、曲艺、舞蹈、杂技艺术作品。(2)肖像权作品权利人。肖像权作品权利人为作者或其继受人。《著作权法》第11条规定,创作作品的公民是作者。由法人或者其他组织主持,代表法人或者其他组织意志创作,并由法人或者其他组织承担责任的作品,法人或者其他组织视为作者。如无相反证明,在作品上署名的公民、法人或者其他组织为作者。(3)侵权形式。作品权利人未经肖像权人允许,不得就该作品进行使用或公开,包括但不限于以发表、复制、发行、出租、展览等方式。但是,作者享有的人身性权利如《著作权法》第10条规定的“署名权”“修改权”“保护作品完整权”的行使,无须经肖像权人同意。此外,知识产权人在行权时不得侵犯肖像权等在先权利,在《商标法》《专利法》中已经以不得侵犯在先权利的方式予以规定。例如,《专利纠纷案件规定》第16条规定“专利法第二十三条所称的在先取得的合法权利包括:商标权、著作权、企业名称权、肖像权……”,明确了人格权(企业名称权、肖像权等)对于知识产权权利人行权的限制,体现了人格权保护的优先性。肖像作品权利人行权也理应接受此负担。

【司法案例】

案例一

张某芝诉梧州甲美容保健用品有限公司肖像权案①

诉讼结论:肖像权人的肖像权纠纷案件中,如果有一般许可使用费可以参照,法院可以结合侵权人过错、侵权的情节、该许可使用的范围、时间、受害人知名度

① 江苏省高级人民法院(2006)苏民终字第109号民事判决书。

等因素,参照许可使用费确定赔偿数额。

基本案情

2002年11月4日,广西梧州乙保健品有限公司(以下简称乙公司)与张某芝及其经纪公司TOGETHER AGAINLIMITED(以下简称经纪公司)共同签订了有关聘请张某芝担任乙公司美体瘦身系列产品形象代言人的广告合约一份(以下简称2002年合约)。该合同约定:(1)张某芝出任乙公司美体瘦身系列产品的形象代言人。具体为,出品商名称:乙瘦身产品系列之腹部苗条霜、纤脸滋润霜;出品商地址:广州市中山六路218－222捷泰广场十七楼。指定广告传播媒介:(a)经由中国境内(不包括我国香港特别行政区、澳门特别行政区和台湾地区)的电视频道(包括有线、无线及卫星频道),但不包括跨境的任何频道,传播并不超过60秒之唯一版本广告片;(b)于该产品之平面广告上使用张某芝之姓名或肖像,包括包装、印刷品、宣传单、杂记、灯箱、报章、刊物、户外硬照广告。(2)乙公司拥有该广告(包括电视广告和平面广告)的合法使用期自2002年11月10日至2004年11月9日止。(3)经纪公司同意按照合约规定,提供张某芝为乙公司演出该广告,乙公司同意以现金支票方式支付经纪公司港币250万元,作为张某芝之酬金,及港币12万元,作为张某芝指定的化妆师及发型师三个工作日之酬金。(4)该广告片之平面广告及电视广告只限于合约期内作宣传该产品之用,不能用作其他用途。(5)除非得经纪公司同意下进行,否则乙公司不能转让本合约给本合约之外的第三者使用,乙公司对本合约之产品在合约期内拥有本合约订下之条款、演员肖像、姓名及相关版权之使用权。除上述内容外,该广告合约对其他事项也作了相应的约定。

2003年,乙公司又与经纪公司、张某芝共同签订了有关聘请张某芝担任乙公司洁护肤系列产品形象代言人的广告合约一份(以下简称2003年合约)。该合约约定:(1)出品商名称为乙水白晶7效保湿系列(如乙水白晶雪莲保湿霜、芦荟保湿霜等)。(2)乙公司拥有该广告(包括电视广告和平面广告)的合法使用期自2003年8月1日至2005年7月31日。(3)经纪公司同意按照合约规定,由张某芝为乙公司出演该广告,乙公司同意以现金支票方式支付经纪公司港币208万元,作为张某芝的酬金,及港币12万元,作为张某芝指定的化妆师及发型师3个工作日之酬金。该广告合约的其他内容与2002年合约的内容基本一致。

2003年4月和2004年6月,张某芝的委托代理人在无锡市场上发现并购买了产品包装印有张某芝肖像的"乙瘦身沐浴露""乙082深层减肥香皂""乙瘦脸洗面奶"洁护肤产品。该三种产品的外包装上均标明出品商和生产厂为远东公司,"乙082深层减肥香皂""乙瘦脸洗面奶"两种产品还标有梁氏集团(香港)有限公司为出品商的字样。张某芝遂将甲公司和丙集团(香港)有限公司作为共同被告诉至江苏省无锡市中级人民法院。在审理中,又自愿撤回了对丙集团(香港)有限公司的起诉。

原告张某芝诉称,2004 年,在无锡市场上发现甲公司擅自在其生产和销售的“乙瘦身沐浴露”“乙 082 深层减肥香皂”“乙瘦脸洗面奶”3 种产品的包装上使用原告肖像进行商品宣传,侵犯其肖像权,损害其利益。故要求法院判令:甲公司向张某芝公开登报赔礼道歉、立即停止侵权并赔偿张某芝损失 200 万元,本案诉讼费用由甲公司承担。一审法院经审理认为,甲公司与乙公司存在委托关系,甲公司使用张某芝肖像的 3 种产品也不包含在乙公司与张某芝签订的两份合约许可使用范围内。2002 年合约与 2003 年合约明确可以使用张某芝姓名和肖像的只有乙瘦身产品系列之腹部苗条霜、纤脸滋润霜和乙水白晶 7 效保湿系列(如乙水白晶雪莲保湿霜、芦荟保湿霜等)。而本案所涉的“乙瘦身沐浴露”“乙 0B2 深层减肥香皂”“乙瘦脸洗面奶”3 种产品显然不属广告合约中约定可以使用张某芝肖像的产品之列。甲公司侵害了张某芝的肖像权,应当立即停止该侵权行为。为消除甲公司侵权行为给张某芝带来的商业化负面影响,应由甲公司在侵权行为地的媒体上公开赔礼道歉。甲公司使用张某芝肖像显然出于营利目的,对于以营利为目的的侵害肖像权的赔偿金额,不仅要考虑甲公司的过错程度,侵权行为的具体情节,侵权后果和具体影响,还要参照一般有偿使用张某芝肖像的费用标准。乙公司聘请张某芝担任其产品两年形象代言人所支付的酬金均已超过 200 万港币。因此,对于甲公司侵害张某芝肖像行为的赔偿金额,酌定 100 万元为宜。后甲公司提起上诉,二审法院认为,首先,甲公司并非 2002 年合约的当事人,其以合同约定来对抗张某芝一方的侵权主张缺乏依据。其次,即便按照合约,2002 年合约明确代言产品是“乙瘦身产品系列之腹部苗条霜、纤脸滋润霜”,讼争的 3 种产品并不在约定之列,该条款亦不存在解读歧义,故甲公司主张合约“之”字乃“如”字笔误的理由不能成立。2003 年合约已明确代言产品为“乙水白晶 7 效保湿系列”,上诉人仅以肥皂和洗面奶属于洁护肤产品为由,主张“乙 082 深层减肥香皂”“乙瘦脸洗面奶”属于 2003 年合约产品,亦不能成立。因此,甲公司行为已构成对张某芝肖像权的侵犯。至于赔偿数额的问题,生产销售单位聘请身为演艺明星的张某芝为产品代言,意在通过其影响力占领市场,获取利润。因此,甲公司在非张某芝代言的产品上使用其肖像,既损害了张某芝的精神利益,更损害其物质利益,一审法院参照有偿使用标准酌定 100 万元赔偿数额并无不当。

案例二

汤某与张某龙等肖像权纠纷案[①]

诉讼结论：著作权人未经肖像权人授权擅自使用其享有著作权的作品用于商业出版发行，应承担侵犯肖像权的责任；出版社未尽相关审查义务的，承担连带责任。

基本案情

张某龙系专业人像摄影人员，2001年年初至2002年曾为汤某（又名汤某丽）拍摄了20余组人体写真艺术照片。2004年2月21日，汤某在劳动大厦大厅礼品部购买甲出版社出版、张某龙署名的《汤某丽人体写真看见记忆》上、下二册（定价1980元，全二卷精装，印数1～3000册，2003年4月第1版第1次印刷，封面另有中国首位演艺员人体魅力摄影字样）；《中国首位演艺员人体魅力摄影看见记忆》简装图书一套上、下二册（定价176元，印数1～3000册）。汤某对购买图书过程申请北京市第二公证处进行公证，支付公证费3000元。汤某以张某龙、甲出版社未经授权使用其肖像诉至法院。其间，在2001年3月28日、5月15日、8月27日双方签署3份拍摄协议，明确约定对该次拍摄照片可用于专业学刊的发表及出版，而非图书及其他载体。

一审法院认为，现张某龙在4本图书中使用汤某肖像应视为未经授权，超出了许可使用的范围。同时，甲出版社与张某龙签订的图书出版合同中约定，甲出版社可以放弃对作品著作权合法性之审查，可见甲出版社未完全尽到其应尽的审查义务，故应承担连带侵权责任。二审法院经审理认为，汤某在拍摄协议中授权张某龙使用照片的范围仅限于专业学刊的登载或商业样片的陈列，并未授权张某龙使用上述照片出版人体摄影专集。故原审法院认定张某龙在《汤某丽人体写真看见记忆》一书中使用汤某部分人体摄影照片的行为构成了对汤某肖像权的侵犯是正确的，判令张某龙与甲出版社停止《汤某丽人体写真看见记忆》图书的销售、张某龙向汤某书面赔礼道歉及酌情所确定的张某龙应向汤某进行赔偿的数额也并无不当，应予维持。作为《汤某丽人体写真看见记忆》一书出版单位的甲出版社，因未完全尽到其应尽的审查义务，应承担连带责任。

---

① 北京市第二中级人民法院（2005）二中民终字第13143号民事判决书。

第一千零二十条　合理实施下列行为的，可以不经肖像权人同意：

（一）为个人学习、艺术欣赏、课堂教学或者科学研究，在必要范围内使用肖像权人已经公开的肖像；

（二）为实施新闻报道，不可避免地制作、使用、公开肖像权人的肖像；

（三）为依法履行职责，国家机关在必要范围内制作、使用、公开肖像权人的肖像；

（四）为展示特定公共环境，不可避免地制作、使用、公开肖像权人的肖像；

（五）为维护公共利益或者肖像权人合法权益，制作、使用、公开肖像权人的肖像的其他行为。

【条文主旨】

本条是关于肖像权合理使用的规定。

【条文理解】

本条属于肖像权的“合理使用”。[①]“合理使用”制度旨在平衡肖像权人与社会公众利益。该条规定与《著作权法》第22条、《信息网络传播权保护条例》第6条、第10条的规定有相似之处，即出于科学研究、新闻报道等公共利益等需要非商业性使用肖像权时，肖像权人有适当容忍的义务，在理解适用时，可参照《著作权法》相关条文和在先典型案例。

【司法适用】

第一，关于“合理使用”的基本判定原则。“合理使用”主要与侵权行为相区别。二者均不以权利人的许可为前提，二者的区别主要在于目的、行为结果的不同。一是目的上，应考量是否是出于公共利益、大众福祉等，同时，若该使用是出于营利的目的，必然排除在“合理使用”范围之外。反之则未必成立，即便出于“非营利”的目的，也依然可能构成侵权。二是行为结果上，如若该行为客观上造成了肖像权人利益（人格利益、财产利益或兼而有之）的客观减损，则不可认定为“合理使用”。

第二，关于本条第1项规定的“合理使用”的理解。主要列明了非出于商业使用、供个人学习或者科研等社会公益目的的使用。需要指出的是，“合理使用”不得侵害肖像权人的公开权，应以“已经公开”为必要要件。同时，“合理使用”应该

① 关于“合理使用”的性质，有“权利限制说”“使用者权利说”“侵权阻却说”。

具有“必要范围”，应当避免向不特定公众在不特定场合使用，超过上述必要范围必然使权利人丧失对肖像权的支配。以时下流行的短视频、Vlog 等为例。拍摄人将自认有趣、有意义的事件、场景，制作成少则几十秒、多则几分钟的视频，融合语音、文字等，发布于网络平台中，除作特别限定之外，其所公布的对象是不特定的、难以预知的。如若其中未经允许拍摄了肖像权人的肖像，已然属于超出“必要范围”。同时，拍摄人的目的，也超出了“个人学习、欣赏”的范畴，无法认定为“合理使用”。

第三，关于本条第 2 项及第 4 项的理解。首先，我国《著作权法实施条例》第 5 条规定，“著作权法和本条例中下列用语的含义：（一）时事新闻，是指通过报纸、期刊、广播电台、电视台等媒体报道的单纯事实消息……”新闻报道以真实、及时、重大为主要特点，以事实概述、事件精选、场景重现为主要方法。新闻报道是纯事实报道，既要遵循事实本来面目，也应采取客观陈述的展现方式。同样，展示公共环境属于“基于人群共处相互容忍的必要，及社会知之利益”，[①]个人一般属于风景的一部分或点缀。上述二者，一般不会造成人格利益的减损，否则新闻自由难于实现，进而影响公共利益。其次，在个案中，应注意对“不可避免”的认定，即如若除却该部分，新闻报道将不完整、不明晰、不真实、不客观，公共环境将难于构成完整形象，因此使用特定人肖像具有必要性、难于替代性。同时，也应考量人格利益与新闻自由、公共利益的相对平衡，如若二者显失平衡，则仍存在侵权的可能。具体参考标准为：（1）报道行为与公共利益相关；（2）报道行为出于公益的目的；（3）报道行为的手段方法相当。最后，应注意对特殊人群的保护。例如，我国《未成年人保护法》第 58 条规定，对未成年人犯罪案件，新闻报道、影视节目、公开出版物、网络等不得披露该未成年人的姓名、住所、照片、图像以及可能推断出该未成年人的资料。需要说明的是，如被拍摄参与游行集会、仪式或重大社会事件的照片，且并未特别突出个人肖像，可以参照新闻报道“合理使用”的标准予以免责。

第四，关于本条第 3 项及第 5 项的理解。首先，为依法履职，国家机关在“必要范围”内制作、使用、公开肖像权人肖像，体现了国家和社会公共利益具有优先性，如侦查机关在通缉相关犯罪嫌疑人使用该人肖像等。需要说明的是，国家机关执行公务时使用他人肖像必须是仅涉及公民本人，否则需要予以相应说明或加以技术处理。其次，在“为维护公共利益”制作他人肖像时，应遵循比例原则，行为时兼顾目标实现和相对人权益保护，如若的确可能对肖像权人权益造成不利影响时，应使该影响限缩于在尽可能小的范围和限度内，保持二者比例适度。比如，出

---

① 王泽鉴：《侵权行为法》，中国政法大学出版社 2001 年版，第 138 页。

于公共安全在银行、大型商场、公共道路设置摄像头，是否侵犯了当事人的肖像权，应结合目的正当性、设置及使用的必要性、设置状况的妥当性、摄像机的有效性、使用方法的相当性[①]予以衡酌。例如，《大同市公共安全视频图像信息系统管理办法》第5条规定："建设、使用公共安全视频图像信息系统，不得侵犯公民个人隐私权、肖像权和其他合法权益；对涉及公民个人隐私的视频图像信息，应当采取保密措施。"此外，在公众场合出于公共安全或者履行特定法定职能所摄取的肖像，在没有需要时（合理期间内）应予销毁，如我国台湾地区"警察行使职权法"第10条规定，警察对经常发生或可能发生犯罪案件之公共场所或公众得出入之场所，为维护治安之必要，得协调相关机关（构），或以现有之摄影或其他科技工具搜集资料。以前款规定搜集之资料，除因调查犯罪嫌疑或其他违法行为，有保存之必要外，至迟应于资料完成起一年内销毁之。

第五，关于公众人物肖像的"合理使用"。公众人物分为两类：一类是具有政治性的公众人物，即政治性公众人物，主要指担任政治职能的国家机关工作人员，如国家元首、政府首脑等。一类是社会性公众人物，主要指在文艺界、体育界、金融界、学术界等具有明显辨识度和广泛影响力的"明星人物"。[②] 一般认为，相较于普通人，公众人物由于其有一定知名度而具有较之一般人具有更大的社会影响力，可以出于公共利益的需要有限度地克减其部分权利利益、容忍一般公众正当舆论监督可能造成的轻微损害。本法对此并未进行特别规定，但是应认可公众人物与一般人的现实差别，在衡酌公众人物肖像权和公共利益以判定某行为是否是"合理使用"时，可适当减轻使用人的注意义务，如在新闻报道领域，除非"恶意或摒弃真实"，[③]媒体人不承担责任，不再严格以"不可避免"为限，又如对于恶搞、调侃明星等公众人物，若能为一般公众接受，公众人物也应适度包容。

【司法案例】

案例一

施某某、张某某、桂某某与徐某某
肖像权、名誉权、隐私权纠纷案[④]

诉讼结论：为保护未成年人利益和揭露可能存在的犯罪行为，发帖人在其微

---

① ［日］五十岚清：《人格权法》，铃木贤、葛敏译，北京大学出版社2009年版，第137页。

② 王利明：《人格权法研究》，法律出版社2005年版，第242页。

③ 参见我国台湾地区"最高法院"2004年台上字第706号判决书。

④ 《最高人民法院公报》2016年第4期。

博中发表未成年人受伤害信息，所发微博的内容与客观事实基本一致的，符合社会公共利益原则和儿童利益最大化原则，该网络举报行为不构成侵权。

基本案情

2015年4月3日21时15分，被告徐某某在其新浪微博上（用户名为“朝廷半日闲”）发表如下内容（配照片9张）：“父母南京某区人，男童（施某某）于6岁合法收养，虐待行为自去年被校方发现，近日，班主任发现伤情日渐严重，性格也随之大变，出现畏惧人群等心理行为，班主任及任课老师在多方努力无果后，寻求网络帮助。恳请媒体和大伙的协助。希望这个孩子通过我们的帮助可以脱离现在的困境。”当日22时40分，徐某某在其新浪微博上又发表如下内容（配照片9张）：“（我也在顶着各种压力，请网友理解）父母（张某某、桂某某）南京某区人，男童于6岁合法收养，虐待行为自去年被校方发现，最初以为是偶尔情况，没好多说。近日，男童班主任发现男童伤情日渐严重，性格也随之大变，出现畏惧人群等心理行为，班主任及任课老师在多方努力无果后，试图寻求网络帮助。恳请媒体和大伙的协助”。其中，照片中男童（施某某）的脸部均做了“马赛克”处理。徐某某将李某某打施某某的事情以虐童为名发布到互联网之后，引起全国性的持续关注。后施某某、张某某、桂某某诉至法院，认为徐某某发布照片的行为侵犯了施某某的肖像权以及三人的名誉权、隐私权。

法院认为，关于被告徐某某是否侵害原告施某某肖像权。《民法通则》第100条规定，公民享有肖像权，未经本人同意，不得以营利为目的使用公民的肖像。《未成年人保护法》第6条第2款规定，对侵犯未成年人合法权益的行为，任何组织和个人都有权予以劝阻、制止或者向有关部门提出检举或者控告。本案中，徐某某在知晓施某某被伤害后，为揭露可能存在的犯罪行为和保护未成年人合法权益不受侵犯而使用施某某受伤的9张照片，虽未经施某某同意，但其使用是为了维护社会公共利益和施某某本人利益的需要，也没有以营利为目的，且使用时已对照片脸部进行了模糊处理，应认定该使用行为不构成对施某某肖像权的侵害。

案例二

李某峰等六人与甲公安分局、丙电视台等侵犯名誉权、肖像权纠纷案①

诉讼结论：公安机关在向新闻媒体提供侦破案件的相关资料，供新闻媒体用于新闻报道时，应尽谨慎注意义务以保护他人合法权益。未尽此义务导致他人名

① 《最高人民法院公报》2007年第2期。

誉权受到侵犯的,应承担相应的民事责任。

基本案情

2005年3月20日,安徽省霍丘县叶集镇发生一起强奸(未遂)案,被告甲公安分局立案后,于同年4月13日下午将犯罪嫌疑人朱某某抓获。当晚,甲公安分局欲安排被害人对犯罪嫌疑人进行混合指认,要求被告乙实验学校予以协助,提出需要数名与犯罪嫌疑人朱某某年龄相仿的初中男生配合指认。当晚9时下自习时,乙实验学校教导主任对该校初二(8)班班主任张某国说明了此事,张某国即带领原告李某峰、高某、刘某、陈某贵、张某保和孙某前往甲公安分局。该局民警向张某国及6原告说明了混合指认的相关内容,张某国在谈话笔录上签名后,6原告按民警要求手举号牌与犯罪嫌疑人朱某某一起列队接受指认,这一过程被民警摄像和拍照。次日,被告丙电视台记者前往甲公安分局采集新闻,甲公安分局遂将本案指认过程的相关摄像资料等交给丙电视台记者,未作任何交代。2005年4月16日,丙电视台"第一时间"栏目播报的新闻中,出现李某峰等6原告手持号牌参与辨认的图像,面部无任何技术遮盖,时间约2秒。丙电视台播报此新闻前未通知甲公安分局和乙实验学校。李某峰等6原告先后看到该条新闻,随后即向学校及甲公安分局提出异议,未果,后被同学和其他人以"嫌疑犯"和"几号强奸犯"等字眼称呼。甲公安分局于2005年7月2日向甲实验学校发出建议函,建议学校对6原告予以表扬。李某峰等6原告因与3被告未能就赔偿事宜达成一致意见,遂诉至法院。

一审法院认为,认为丙电视台、甲公安分局没有尽到各自的义务,构成对被上诉人名誉权的侵犯,但其行为未侵犯被上诉人的肖像权。后李某峰等6人不服提出上诉。上诉法院经审理认为,为了更好地打击犯罪,公安机关在行使侦查权时,可以根据工作需要依法采取一些特殊的侦查手段。本案中,上诉人甲公安分局为侦破相关刑事案件,安排李某峰等6名被上诉人配合进行的混合指认,即一种法定的、特殊的侦查手段。甲公安分局在特定的、不公开的场所内,为了侦查案件的需要进行混合指认,并进行录像、存档的行为,是依法行使侦查权的行为,本身并不具有违法性。但是,公安机关在侦查活动终结后,在向新闻媒体提供侦查活动中形成的资料时,应当尽到谨慎的注意义务,避免因此导致对他人合法权利的侵犯。如果因未尽谨慎注意义务,侵犯了公民、法人或其他组织的合法权益,也应当承担相应的法律责任。公安机关向新闻媒体提供新闻资料,不是依法行使侦查权的行为,不能因行使侦查权本身的正当性,免除其在向新闻媒体提供资料时未尽谨慎注意义务而应承担的法律责任。甲公安分局将混合指认录像资料交给电视台时,未尽特别提醒义务,导致李某峰等6被上诉人的脸部画面未经任何技术处理，即通过新闻传播到不特定的受众处，且该新闻节目亦未就此作出特别说明。观看新闻的普通群众，并不一定知晓混合指认这一特定侦察手段的具体内容，因此有人公开指责6被上诉人未成年即犯下恶劣罪行，并冠以“强奸犯”的称谓，导致6被上诉人社会评价的降低，发生名誉权受损的后果。故甲公安分局配合新闻媒体进行法制宣传的正当性不构成免除其在本案中所应承担民事责任的法定事由。同时，由于丙电视台并未在播放时对6人的肖像进行技术性处理，亦存在过失。

第一千零二十一条　当事人对肖像许可使用合同中关于肖像使用条款的理解有争议的，应当作出有利于肖像权人的解释。

【条文主旨】

本条是关于肖像许可使用合同解释规则的规定。

【条文理解】

“人格权”是“人之为人”的权利，其兼具财产利益和人格利益。本法虽肯认人格权财产利益与主体的适当分离，尊重个人对人格财产利益的自决，但该分离与许可不应挑战人身专属性原则。由于财产性人格权终究与财产性权利不可相提并论，故人格权的许可使用也不能完全使用合同法的一般规则，应该通过特殊规则实现对人格权的倾斜保护。本条规定“当事人对肖像许可使用合同中关于肖像使用条款的理解有争议的，应当作出有利于肖像权人的解释”，即确立了合同解释的特殊规则，其目的在于通过特殊解释方法直接干预具体案件当事人之间的关系，排除不利于肖像权人的解释结果，实现对肖像权人的相对优先保护。这也是本次人格权立法的亮点之一。

【司法适用】

第一，对肖像权许可合同的一般解释规则。肖像权许可使用是民事法律行为，肖像权许可合同是平等民事主体之间的双务合同，皆应遵循民法一般诚实信用、公平原则。因此，在合同条款出现争议时，首先，应以法律行为及合同解释一般方法进行解释。法律行为、合同的解释的方法包括文义解释、整体解释、目的解释、习惯解释、依照诚实信用原则解释等。我国《民法典》“总则编”第142条规定：“有相对人的意思表示的解释，应当按照所使用的词句，结合相关条款、行为的性质和目的、习惯以及诚信原则，确定意思表示的含义。无相对人的意思表示的解释，不能完全拘泥于所使用的词句，而应当结合相关条款、行为的性质和目的、习惯以及诚信原则，确定行为人的真实意思。”该条款依次规定了上述解释方法。其中，文义解释，是指意思表示要按照用语的通常含义解释，即一般人对该用语的理解。当合同各方具有特殊身份或者处于特殊行业时，“一般人”则指该身份或者该行业中的普通人；在自然解释时，如果能够确定表意人的真意与文义不符，则不适用文义解释。整体解释，又称体系解释，是指解释意思表示的部分内容时，要综合考量与其他部分的关联性；在书面的意思表示中，通常情况下，如果出现矛盾，特别条款优先于一般条款，手写的条款优先于印刷条款。目的解释，是依据当事人法律行为的目的进行解释，尤其在当法律行为既可能被解释为不成立或者无效，也可能被解释为有效时，应当尽可能采取使之有效的解释方法。习惯解释，是指根据当事人所处的生活习惯或者交易习惯进行解释。其次，在解释时要依照诚实信用原则，但这一原则通常只有在其他解释方法仍不能确定意思表示的含义，或者明显不合理的时候才可适用。

第二，对肖像权许可合同的特殊解释规则。上文已述，肖像权许可合同是特殊类型的合同，适用“有利于肖像权人”的解释规则。但是，该规则的适用，应先以“通常理解”的方法（上文的一般解释方法）解释仍存在两种以上合理解释为前提，否则直接跨越可能探寻的真意，直接倾斜保护肖像权人，难免对被许可方过于苛责，也不利于交易秩序的平和稳定。该条的适用可参照“格式条款”的解释规则。《民法典》“合同编”第 498 条规定：“对格式条款的理解发生争议的，应当按照通常理解予以解释。对格式条款有两种以上解释的，应当作出不利于提供格式条款一方的解释。格式条款和非格式条款不一致的，应当采用非格式条款。”如果许可使用合同没有疑义，即合同条款只有一个解释，就不得适用格式条款的解释规则。

第一千零二十二条　当事人对肖像许可使用期限没有约定或者约定不明确的，任何一方当事人可以随时解除肖像许可使用合同，但是应当在合理期限之前通知对方。

当事人对肖像许可使用期限有明确约定，肖像权人有正当理由的，可以解除肖像许可使用合同，但是应当在合理期限之前通知对方。因解除合同造成对方损失的，除不可归责于肖像权人的事由外，应当赔偿损失。

【条文主旨】

本条是关于肖像许可使用合同解除权的规定。

【条文理解】

肖像的许可使用合同具有两类特殊法定解除权：一是任意解除权，即针对无期限和期限不明的请求权，无论是肖像权人和使用人皆可以解除；二是有条件解除权，即有“正当理由”时，仅有肖像权人可以解除。以市场为导向的无形财产权的创造将不可避免地对抗个体的人格并将其人格交由第三人处置，[①]在此种情形下，虽然人格权商业化是基于自愿选择的结果，但是随着主客观环境的变化，该类许可仍可能构成对人格发展的限制，此时赋予肖像权人解除合同、撤回许可的权利，是为了维护肖像权人人格自洽，也是人格权中人格利益优于财产利益的体现。

关于解除权的行使方式，无论是任意解除权还是有条件的解除权，都应当在“合理期限”前通知对方。

关于解除权的后果。在符合任意解除的情况下，由于当事人对合同的预期本属于不确定的状态，因此，不存在损害赔偿。但是，在有条件解除下，虽然肖像权人具有单方的解除权，但由于合同本身存在期限，可能造成合同相对方现实和预期利益的损失，基于公平原则，解约方也应予赔偿。但是，“不可归责于肖像权人的事由”除外。

【司法适用】

第一，关于一般解除权和特殊解除权的关系。本条是对于肖像权的特殊规定。但是，本条并未规定的合同可解除的情形，依然可以适用《民法典》“合同编”关于合同解除的规定。例如，《民法典》“合同编”第 562 条规定：“当事人协商一致，可以解除合同。当事人可以约定一方解除合同的事由。解除合同的事由发生时，解除权人可以解除合同。”第 563 条规定：“有下列情形之一的，当事人可以解除合同：(一)因不可抗力致使不能实现合同目的；(二)在履行期限届满前，当事人一方明确表示或者以自己的行为表明不履行主要债务；(三)当事人一方迟延履行主要债务，经催告后在合理期限内仍未履行；(四)当事人一方迟延履行债务或者有其他违约行为致使不能实现合同目的；(五)法律规定的其他情形。”以持续履行的债务为内容的不定期合同，当事人可以随时解除合同，但是应当在合理期限之前通知对方。一般约定解除权和法定解除权，属于合同当事人都享有的权利。

第二，关于解除的方式。首先，解除合同需以通知方式作出，本条规定为“在合理期限内通知”。《民法典》“合同编”第 565 条规定，当事人一方依法主张解除合同的，应当通知对方。合同自通知到达对方时解除。对方对解除合同有异议的，任何一方当事人可以请求人民法院或者仲裁机构确认解除合同的效力。通知

---

① 姚辉：《人格权商业利用若干问题》，载《法学论坛》2011 年第 6 期。

是准法律行为，合同解除的效力，以通知到达对方时解除，需要说明的是，该条规定以起诉、申请仲裁等方式解除合同，也是“通知”的形式，如若法院或者仲裁机关确认合同解除，则合同是“自起诉状副本或者仲裁申请书副本送达对方时”而非判决、裁决作出之日解除。其次，关于“合理期限”。当已经出现可以解除的“正当事由”，肖像权人也明知或可推知相对人在为合同之继续履行进行人力、物力和财力准备等，此时，为避免损失扩大，如若意欲解除应当及时告知相对人。期限是否“合理”，可依照一般公众认知、一般行业惯例等进行判断。同时，需要注意，解除权是形成权，具有除斥期间，应当在合理期限内行使。《民法典》“合同编”第564条规定：“法律规定或者当事人约定解除权行使期限，期限届满当事人不行使的，该权利消灭。法律没有规定或者当事人没有约定解除权行使期限，自解除权人知道或者应当知道解除事由之日起一年内不行使，或者经对方催告后在合理期限内不行使的，该权利消灭。”

第三，关于有条件解除的中的“正当理由”。合同信守原则是合同法的基本原则。赋予肖像权人单方解除合同的权利，是对合同信守原则的突破。以牺牲相对人的利益为代价，赋予肖像权人单方解除权本就是对合同信守的极大突破，故不能毫无限制。[①] 本条规定，为确保肖像权人的利益，肖像权人在有正当理由时，可随时解除合同，肖像的使用权自动恢复。本条第2款所称“基于正当理由”，除了《民法典》“合同编”第590条规定除不可抗力导致合同目的不能实现、迟延履行、对方根本违约等情形外，还包括第533条规定的“合同成立后，合同的基础条件发生了当事人在订立合同时无法预见的、不属于商业风险的重大变化，继续履行合同对于当事人一方明显不公平的”事由以及可能导致肖像权人格尊严受到贬损等与人格利益减损的客观事由。

第四，关于合同解除的后果。许可合同属于继续性合同，在传统民法中，将继续性合同的解除称为“解约”，解除的效果是面向将来解除，即不发生继续履行的效果。肖像许可使用合同一般具有对价，相对人应向肖像权人支付许可费，属于互负义务的双务合同。在合同解除后，适用合同解除后的相关规则，如《民法典》“合同编”第566条规定：“合同解除后，尚未履行的，终止履行；已经履行的，根据履行情况和合同性质，当事人可以请求恢复原状或者采取其他补救措施，并有权请求赔偿损失。”同时，由于肖像权人行使特别解除权给对方造成损失的，出于利益平衡及维护交易安定，应该以赔偿为原则，不赔偿为例外。除外情形需要以“不

---

① 王利明：《中国民法典学者建议稿及立法理由（人格权编·婚姻家庭编·继承编）》，法律出版社2005年版，第27～28页。

可归责于肖像权人的事由”为限，例如，不可抗力导致合同目的不能实现、迟延履行、对方根本违约等。

第一千零二十三条　对姓名等的许可使用，参照适用肖像许可使用的有关规定。

对自然人声音的保护，参照适用肖像权保护的有关规定。

【条文主旨】

本条是关于姓名许可和声音保护参照适用的规定。

【条文理解】

第一，关于对姓名权的比照适用。对于姓名的许可，在许可方式、范围方面、许可使用合同解释原则、许可合同解除等方面与肖像权一致。

第二，关于声音利益的保护。自然人的声音是个人标识之一。个人的声调、响度、音色等物理特征各不相同，组成了独一无二的声纹，具有很强的唯一性和稳定性。在人工智能、互联网、语音识别发展瞬变的当下，对个人声音的识别、运用已然非常多样，其作为人格利益已经具有相对独立性，很难被姓名权、名誉权等所涵盖。我国台湾地区学者指出：“声音标识人格之特征，为人格之重要利益，与姓名、肖像相同。除依著作权法，发音片受保护外，应受人格权之保护。即未得允许，不得滥行录制他人歌唱于唱片，或于广播器之广播。滥为唱片之复制，一方为著作权之侵害，他方为人格权之侵害。”[①]在域外司法中，或以“公开权”[②]保护，或将之列为“一般人格利益”[③]进行保护。在民法典起草过程中，有学者建议应该明确规定“声音权”或是“肖像声音权”进行独立保护。本法并未直接规定声音权，而以参照肖像权保护的方式予以规定，类似于《秘鲁共和国民法典》[④]和我国澳门

① 史尚宽：《债法总论》，台北荣泰印书馆1978年版本，第151页。

② Midler v. Ford Motor Co. ,849 F. 2d 460 (9th Cir. 1988).

③ 王泽鉴：《人格权法：法释义学、比较法、案例研究》，台湾三民书局2013年版，第233页；曹险峰：《人格、人格权与中国民法典》，科学出版社2009年版，第140页。德国法联邦法院在“录音案（BGHZ27，284）”中认为，未得谈话相对人的同意，使用录音器记录其谈话者，系侵害基本法第1条、第2条所保障的人格权；个人自主决定其话语是否仅为仅为其对话人，或为特定圈子的人，或为公众所知悉的权利，个人更有权自主决定是否允许他人用录音机录下自己的声音。

④ Código Civil , Articulo 15o. – Derecho a la imagen y voz：“No rigen estas excepciones cuando la utilizacion de la imagen o la voz atente contra el honor, el decoro o la reputacion de la persona a quien corresponden.”

特别行政区《民法典》[①]的规定。这样比照适用的方式，避免了对人格利益"泛权利化"的保护方式，保证了法律适用的相对稳定。

第三，关于声音利益和声音商标。声音标识具有可识别性，不仅可以用于区别自然人，还可用于标志商品或服务，则消费者也可较为轻易地建立声音与特定产品或者服务的桥梁。2014 年修改的《商标法》，放弃了此前单一的"可视性"标准，将声音纳入可以注册的范围中。《商标法》第 8 条规定："任何能够将自然人、法人或者其他组织的商品与他人的商品区别开的标志，包括文字、图形、字母、数字、三维标志、颜色组合和声音等，以及上述要素的组合，均可以作为商标申请注册。"需要说明的是，声音商标的权利人可以是自然人、法人和非法人组织，声音利益只能由自然人享有。需要说明的是，由于声音的人格权属性和人格利益优先的原则，如果以自然人的声音进行注册，必须征得权利人的同意。同时，未经权利人同意或有在先约定，商标权利人不得转让该商标权。

第四，关于声音利益的具体内容。一是自然人对自己的声音具有支配权，未经本人允许，他人不得对本人声音进行录制、保存，自然人得以声音作为自身独一无二的标识。二是自然人对自己的声音具有使用权，既可以进行商业化运用，也可以进行各种改编、加工、再创作，未经本人允许，他人不得对本人的声音进行使用（不限于商业运用）、加工（无论是否具有主观恶意）。三是自然人对自己的声音具有公开权，即决定在何种场合、何种范围向哪些对象进行公开呈现。四是自然人可以许可他人对自己的声音进行使用。关于使用许可的方式、范围、可撤回许可的情形与肖像权一致，可参照使用。五是对于侵犯声音利益的人依法享有损害赔偿请求权。对于未经许可对自己声音的支配、使用、公开行为，自然人得以请求停止侵害、赔偿损失等。特别需要说明的是，公众人物的讲话或者录音用于公共事务应予允许，但是公众人物在私人场合的谈话或者录音，所体现的声音利益仍然需要保护，其所表达的内容也属于隐私权保护的范畴。[②]

【司法适用】

随着化妆及整容技术的发展，自然人的容貌可以发生显著的变化，肖像的人格表征作用逐渐式微，而声音由于其稳定性和难于改变性，其表征性、标识性作用得到加强。同时，由于机器学习、模仿人类声音，人工智能"听声画人脸"、恶意剪切、歪曲的等声音侵权层出不穷，需要我们扩展传统以"复制"为主判断侵权的思

---

① 参见我国澳门特别行政区《民法典》第 80 条（关于肖像权和言论权——笔者注）第 5 款规定：以上各款（即关于肖像权的规定），经作出必要配合后，适用于录取、复制及散布某人言词之情况。

② 马俊驹：《人格和人格权理论讲稿》，法律出版社 2009 年版，第 258 页。

路，不断回应新技术提出的司法问题。

未经许可或非合理使用导致侵犯声音利益有如下几种形态①：(1)不当录音或保存。对他人声音语音为录音，使本来瞬息即逝的声音因而物体化，而被保存或使用。秘密录音的同时构成对隐私的侵害。公开性的演讲、上课、评论及谈话等，除本人或主办方明示或默示同意外，亦不得擅自录音或使用。现代社会，“语音输入”“声控”已经成为常态。例如，微信、微博等不少社交 App 都支持语音输入，用户常在使用时被提示“开启麦克风权限”。又如，一些语音识别软件，也需要尽可能采集更多的声音样本用于机器学习，便于提高文字转化的准确率。不可否认，实践中，不少软件采集声音时，一般并未提前以明示方式告知用户，或以“可能获取部分个人信息”等模糊的方式表述进行提醒，该类行为皆可能构成侵权。(2)不当模仿他人声音。如不经他人允许将他人声音用于商品或服务的宣传，或是作为二者的标识等，皆有可能构成侵权。此外，亦有通过深度学习他人声音制作配音作品，音乐作品的方式模仿自然人的声音并加以演绎，用于商业表演等用途，机器模拟的声音确与真人表演并无二致，这也属于对原权利人的侵害。(3)歪曲或不当剪接。故意或者重大过失歪曲他人声音，构成侵权，至于一般过失造成他人损害的，可视为应该属于容忍的范畴。同时，不正当剪接他人声音，扭曲表意人原意或用于不适当场合，进行断章取义、移花接木等，也属于侵权。(4)公开不当。未经他人允许录制他人声音，并将录音擅自公开的，或者虽然经过他人允许录制，但是未经过他人允许而擅自公开的、为侵犯他人隐私和声音权的竞合。(5)失真处理不当。需要注意的是，应当作失真处理而未作失真处理的，属于公开不当的范畴。(6)对“虚拟形象”声音使用不当。与上文论及的肖像权相似，当虚拟形象声音与个人特征高度融合、一般公众可以对之建立一一对应关系时，如果未允许使用该形象声音(合理使用除外)或者虽经允许但不让使用，也可能构成侵权。

---

① 王泽鉴：《侵权行为法》，中国政法大学出版社 2001 年版，第 139 页；杨立新、袁雪石：《论声音权的独立及其民法保护》，载《法商研究》2005 年第 4 期。

第五章　名誉权和荣誉权

名誉权、荣誉权，在性质上属于社会评价型人格权，即由他人积极性评价所体现出来的人格和利益。名誉权，是权利人对因社会对其客观评价而获得的名声、声望、信誉等的维护并防止他人损害的权利。荣誉权，是权利人对因特殊贡献或者工作而获得的荣誉称号或其他荣誉的维护并防止他人损害的权利。本章共8条，主要规定了名誉权、媒体侵权承担责任的3项情形、媒体的合理核实义务、文学艺术作品构成侵权的要素、媒体报道内容失实的侵权责任、处理信用信息应遵循的规则以及荣誉权不受侵害原则等问题。

第一千零二十四条　民事主体享有名誉权。任何组织或者个人不得以侮辱、诽谤等方式侵害他人的名誉权。

名誉是对民事主体的品德、声望、才能、信用等的社会评价。

【条文主旨】

本条是关于民事主体名誉权的规定。

【条文理解】

自我国《民法通则》对名誉权作出原则性规定后，名誉权纠纷案件成为我国法院受理的一类重要民事案件。随着互联网的普及及信息技术的发展，名誉权纠纷案件逐年增多，纠纷的产生原因、侵权的方式更加多样化，而且极易引起社会公众的普遍关注，社会影响很大。名誉权纠纷案件审理的难度也较大，主要原因在于名誉权保护往往与言论自由、新闻自由、学术自由等基本权利和自由发生价值冲突，理论上和实践中都很难清晰划分相互间的界限。本条是关于名誉权受保护的一般规定，回应了名誉权的重要性。法律保护名誉权，既有利于维护民事主体的人格尊严，使人们免受精神痛苦；又有利于树立良好的社会道德风尚，实现社会的基本和谐。

名誉是社会不特定的多数人对民事主体在品德、声望、才能、信用等方面的客观、综合的评价。社会对民事主体的综合评价，是公众对其长期的行为表现进行评价积累而成，个体的主观意见不足以代表这种综合认知，而且公众的评价也不以被评价者的意志为转移，具有客观性。本条中的“民事主体”包括自然人、法人和非法人组织。自然人的名誉主要关涉自然人道德品质、生活作风、才干等方面的内容。名誉感是自然人的内心感受，名誉感遭到侵害，自然人的社会评价并不因此降低，名誉感不是名誉权的客体，但是名誉感会影响名誉权侵权的损害后果认定。法人的名誉，是社会对法人的商业或职业道德、资信、生产水平、生产经营能力、资产状况、商品质量或服务质量等因素的综合评价。非法人组织的名誉界定可借鉴法人名誉。

目前，我国的相关立法及司法解释已经肯定死者的名誉也应该受到法律保护。除了本编第 994 条以外，《英雄烈士保护法》以及《精神损害赔偿解释》第 3 条、《民事诉讼法解释》第 69 条都有相关规定。自然人从出生时起到死亡时止，具有民事权利能力，依法享有民事权利。自然人死亡后不再是权利主体，不能享有民事权利，当然就不能享有名誉权。但死者的名誉遭侵害，其近亲属会因此蒙羞。因此对死者名誉的保护，既是对死者人格利益的保护，也是对死者近亲属利益的保护。对英雄烈士名誉的保护，也是维护社会公共利益。

名誉权是由民事法律规定的民事主体就自己所获得的社会评价享有利益并排除他人侵害的权利，关系到民事主体在社会生活中所处的地位以及应受到的信赖和尊敬的程度。名誉权是一种专属于特定民事主体的人格权，不可转让和继承，也不具有直接的财产内容。名誉权会受到国家公权力以及与其存在冲突的言论自由、新闻自由等基本权利和自由的限制，是一种可依法克减的权利。本条规定将自然人与法人、非法人组织的名誉权不区分地加以保护。但是在司法实践中，人民法院应当认识到自然人的名誉权与法人、非法人组织的名誉权之间存在性质、法律保护方式等方面的区别。法律保护自然人的名誉权，主要是为了保护自然人精神方面的利益，使其免受侮辱、诽谤等非法评价所带来的精神痛苦。因此，在责任承担方式上主要采用消除影响、恢复名誉、赔礼道歉等方式，并辅之以精神损害赔偿。法人名誉权遭侵害，不会给法人带来精神损害，其后果是直接或间接的财产方面的损失，因此，侵权责任的承担方式主要是赔偿财产损失。非法人组织亦然。

名誉权作为一种具体人格权，任何组织和个人不得侵害。当他人使用侮辱、诽谤等方式贬低他人的人格，造成他人的社会评价降低时，构成对他人名誉权的侵害。侵害名誉权的行为主要包括以下情形：(1) 侮辱行为。侮辱，是指故意通过言语、文字或者行为举止等方式贬低他人的人格、毁损他人名誉的行为，包括暴力侮辱、口头侮辱和书面侮辱。侮辱行为的主观状态是故意，其方式可以是言语、书面文字或者行为举止，也可以是上述几种方式的混合。(2)诽谤行为。诽谤，是指捏造并散布某些虚假的事实或者以他人散播的虚假事实为依据进行不当评论，毁坏他人名誉的行为。诽谤的主观状态可以是故意，也可以是过失，其方式可以是言语、书面文字或者其他任何使虚假事实散布开来的方式。诽谤与侮辱的主要区别在于，前者传播的虚假事实可能会使其他人误信是真实的，从而达到误导他人认识的作用；后者不具备误导他人认识的作用，其他人一般不会相信行为人侮辱的内容是真实的。[①] (3)其他违法行为。譬如拒绝更正、删除已被公开纠正的报道或错误的信用评价，致他人名誉受到损害的行为。微博、博客、微信公众号以及信息网络平台等新媒体，未经同意搜集、编辑、传播他人影响名誉的不客观、不全面、不准确甚至负面的信息用以牟利。拒绝更正、删除侵害他人名誉权的虚假信息，被浏览超过500次的，目前还没有明确的司法解释，我们认为可以类推适用“转发”的司法解释。(4)第三人制造、传播侵害他人名誉权的虚假事实，被转发超过500次的，可依法追究侵权者的刑事责任。

侵害他人名誉权的结果往往表现为导致他人的社会评价降低或有降低的危险，但是我国现行的法律规定及相关的司法解释并未明确社会评价降低的具体标准。在司法实践中，受害人如能证明针对其名誉的侮辱、诽谤性内容已为第三方所普遍知悉，则推定受害人的社会评价因此降低，名誉受到了侵害。此种做法，可资借鉴。

【司法适用】

《民法典》“总则编”第110条规定，自然人、法人、非法人组织享有名誉权。

《妇女权益保障法》第42条规定，妇女的名誉权、荣誉权、隐私权、肖像权受法律保护。禁止用侮辱、诽谤等方式损害妇女的人格尊严。禁止通过大众传播媒介或者其他方式贬低损害妇女人格。该条规定对妇女的名誉权保护进行了特殊规定。

《名誉权解答》第7条规定：“是否构成侵害名誉权的责任，应当根据受害人确有名誉被损害的事实、行为人行为违法、违法行为与损害后果之间有因果关系、行为人主观上有过错来认定。以书面或者口头形式侮辱或者诽谤他人，损害他人名誉的，应认定为侵害他人名誉权。对未经他人同意，擅自公布他人的隐私材料或者以书面、口头形式宣扬他人隐私，致他人名誉受到损害的，按照侵害他人名誉权

---

① 张新宝：《名誉权的法律保护》，中国政法大学出版社1997年版，第118页。

处理。因新闻报道严重失实,致他人名誉受到损害的,应按照侵害他人名誉权处理。”《精神损害赔偿解释》第 1 条规定,自然人因名誉权遭受非法侵害,向人民法院起诉请求赔偿精神损害的,人民法院应当依法予以受理。《信息网络侵权规定》第 11 条规定,网络用户或者网络服务提供者采取诽谤、诋毁等手段,损害公众对经营主体的信赖,降低其产品或者服务的社会评价,经营主体请求网络用户或者网络服务提供者承担侵权责任的,人民法院应依法予以支持。经营主体的名誉权受法律保护,网络用户或网络服务提供者采取诽谤、诋毁等手段,损害公众对经营主体的信赖,降低其产品或服务的社会评价,构成对经营主体名誉权的侵害。第 13 条规定,网络用户或者网络服务提供者,根据国家机关依职权制作的文书和公开实施的职权行为等信息来源所发布的信息,以添加侮辱性内容、诽谤性信息、不当标题或者通过增删信息、调整结构、改变顺序等方式致人误解;前述信息来源已被公开更正,但网络用户拒绝更正或者网络服务提供者不予更正;或者前述信息来源已被公开更正,网络用户或者网络服务提供者仍然发布更正之前的信息,侵害他人名誉权的,应当承担侵权责任。第 15 条规定,雇佣、组织、教唆或者帮助他人发布、转发网络信息侵害他人人身权益,被侵权人请求行为人承担连带责任的,人民法院应予支持。雇佣、组织、教唆或者帮助他人发布、转发网络信息侵害他人名誉权,雇佣、组织、教唆或者帮助者与行为人承担连带责任。第 16 条规定,侵犯他人名誉权,人民法院应判决侵权人承担与侵权的具体方式和所造成的影响范围相当的赔礼道歉、消除影响或者恢复名誉等责任形式;侵权人拒不履行的,人民法院可以采取在网络上发布公告或者公布裁判文书等合理的方式执行,由此产生的费用由侵权人承担。第 17 条规定,网络用户或者网络服务提供者侵害他人人身权益,造成财产损失或者严重精神损害,被侵权人依据《侵权责任法》第 20 条和第 22 条的规定请求其承担赔偿责任。这些司法解释进一步明确了名誉权侵权行为的具体情形,以及侵犯名誉权应承担的法律责任。

死者的名誉利益在司法实践中也可获得法律保护。《精神损害赔偿解释》第 3 条规定,自然人死亡后,他人以侮辱、诽谤、贬损、丑化或者违反社会公共利益、社会公德的其他方式,侵害死者的名誉,其近亲属因该侵权行为遭受精神痛苦,向人民法院起诉请求赔偿精神损害的,人民法院应当依法予以受理。《民事诉讼法解释》第 69 条规定,对侵害死者名誉的行为提起诉讼的,死者的近亲属为当事人。自然人死亡后,其名誉遭侵害的,其近亲属可对侵害死者名誉的行为提起诉讼,近亲属因侵权行为遭受精神痛苦的,还可请求赔偿精神损害。譬如在赵某某诉百度百科侵害其父名誉纠纷案中,赵某某认为百度用户在“百度百科”上对其已故父亲词条的编辑行为侵犯其父名誉,遂将平台方百度公司诉至法院。北京互联网法院认为，在用户创造、编辑词条过程中涉及的知识共享及观点表达，存在引发侵权的风险。作为“百度百科”的管理者，百度公司应当具备预防上述风险发生的意识，并应当根据其能力采取必要、合理的措施加以规制。本案中涉案百度用户对涉案词条进行两次编辑，均未提供任何参考资料，修改原因缺乏客观依据，但均短时间通过。说明百度公司未通过有效措施对人物类词条编辑存在的风险加以预防和控制。网络百科不仅向网络用户提供信息存储空间，基于词条侵权风险以及网络用户信赖，应当对词条内容的真实性、客观性、权威性尽到主动审核义务。因此，百度公司构成对赵某某已故父亲名誉侵权，应向赵某某赔礼道歉、消除影响并赔偿精神损害抚慰金。

英雄烈士的名誉权的司法保护在《民法总则》实施以后，特别是《英雄烈士保护法》实施以后得以强化。《民法典》“总则编”第185条规定：“侵害英雄烈士等的姓名、肖像、名誉、荣誉，损害社会公共利益的，应当承担民事责任。”《英雄烈士保护法》第22条规定：“禁止歪曲、丑化、亵渎、否定英雄烈士事迹和精神。英雄烈士的姓名、肖像、名誉、荣誉受法律保护。任何组织和个人不得在公共场所、互联网或者利用广播电视、电影、出版物等，以侮辱、诽谤或者其他方式侵害英雄烈士的姓名、肖像、名誉、荣誉。任何组织和个人不得将英雄烈士的姓名、肖像用于或者变相用于商标、商业广告，损害英雄烈士的名誉、荣誉。”

【司法案例】

青海某某药用资源科技利用有限公司诉王某等名誉权案①

诉讼结论：王某的言论基本失实，其发表了诽谤、诋毁、贬损的言论，已经超出了法律允许的范围，构成对某某药用公司名誉权的侵害。

基本案情

在本案中，青海某某药用资源科技利用有限公司（以下简称某某药用公司）是极草5X冬虫夏草系列产品的研发生产企业。自2014年10月起，王某通过“新浪博客认证打假第一人王某”“新浪微博认证打假第一人王某”的新浪博客和微博，发表了一系列针对某某药用公司极草产品的言论。王某在转载相关文章时，添加了“极草骗局”后发布。2014年11月7日，测试中心接受北京某某商务顾问有限责任公司（王某系其股东）的委托，出具《检验报告》，检验结果显示：未检出虫草素含量。随后，在王某的微博等网络媒体以及《新京报》《京华时报》《东南早报》《东方早报》《南国早报》《钱江晚报》《城报》等媒体、地方电视台的相关报道中，出

① 青海省高级人民法院（2016）青民终字第153号民事判决书。

现大量“极草产品不含虫草素”“极草虫草素含量为零”的报道。某某药用公司就此向新浪博客、新浪微博网络运营主体微梦网络公司发出通知，要求其采取措施，微梦网络公司接到通知后，仅对新浪博客上的涉案博文进行了处理，但新浪微博上的王某的言论持续刊载，王某继续在新浪博客上发布新的文章。为此，某某药用公司以王某等侵犯其名誉权为由诉至法院。

法院认为，法律保护法人的名誉权，亦保护公民行使舆论监督的权利，在行使舆论监督权时，应以事实为依据并在合法的范围内行使。王某的行为是否侵犯法人名誉权，须从行为是否违法；主观上有无过错；某某药用公司是否确有名誉被损害的事实；侵权行为与损害后果之间是否存在因果关系四个要件进行判断。据已查明的事实，极草产品是在行政机关允许的范围内生产销售，某某药用公司具有相应资质证书，并非无证生产非法销售。王某认为，其对“极草骗局”事实真实性已尽审核义务，但其审核实质即对极草产品身份的调查落实，从其提交的证据无法得出“极草骗局”为事实的结论。从王某博文链接的相关文章看，主要是对冬虫夏草药用功效、研究成果、极草功效、身份、销售商宣传及某某药用公司的发展历程等作出的质疑、探讨和评价，但这些文章本身并未直接使用“极草骗局”之词，亦不能从文章中总结出“极草骗局”的事实。王某在没有任何事实依据的情况下，仅凭有关媒体发表的对冬虫夏草等质疑的文章，就直接将某某药用公司的产品及销售活动定性为“极草骗局”，主观方面有选择、有针对，指向明确，存在过错。王某将“极草骗局”添加为文章标题，且在其博文中出现“欺诈”“忽悠”等用词，其实质与“极草骗局”含义相近，具有明显的诽谤、诋毁之义，超出对产品进行批评、评论的合理范围，其行为违法。王某作为国内“打假”名人，其关于企业、产品所作出的评论、言论，在社会公众中享有较高的关注度，其自2014年10月27日起发表的一系列“极草骗局”言论，导致某某药用公司名誉受到损害，降低了消费者、公众对该公司的社会评价，侵权行为与损害后果之间存在因果关系。王某的行为已构成侵权，依法应承担相应民事责任。

第一千零二十五条　行为人为公共利益实施新闻报道、舆论监督等行为，影响他人名誉的，不承担民事责任，但是有下列情形之一的除外：

（一）捏造、歪曲事实；

（二）对他人提供的严重失实内容未尽到合理核实义务；

（三）使用侮辱性言辞等贬损他人名誉。

【条文主旨】

本条是关于新闻报道、舆论监督等行为侵害名誉权责任的规定。

【条文理解】

本条在划出免责与担责界限的同时,其实也是对名誉权的限制。行为人实施新闻报道、舆论监督等行为体现了出版自由和言论自由。出版自由和言论自由是我国宪法确立的公民的基本自由。虽然出版自由、言论自由的概念缺乏精确的界定,其内涵和外延不如民事权利那样明确,但是它们作为被宪法确认和保护的自由,如合法合理应用,对促进公众社会参与、实现公众知情权、推动社会进步和推进民主法治进程具有重要意义。但是,这种自由不是没有界限的,新闻领域也不应成为法外之地。因此,行为人在行使出版及言论自由,实施新闻报道、舆论监督等行为时,应当把握他人的名誉权、隐私权等民事权利受法律保护的界限,当二者产生冲突时,应当妥当处理二者的关系。

本条所谓"行为人",不仅指从事正式新闻报道、舆论监督的媒体自然人,也包括其所属的机构和组织。鉴于本条规定"影响他人名誉的,不承担民事责任"的假定前提,是从事新闻报道、舆论监督的都是敬业尽职、道德高尚、寻求真相、发现真理以维护社会公共利益推动社会进步的人,因而才有责任豁免特别规则。因此,这里的"行为人",我们认为不应当包括未经审批从事所谓新闻报道的自媒体,这些自媒体涉嫌侵权的,仍然适用一般名誉侵权过错责任规则,适用《名誉权解答》。

新闻舆论介入现实生活,推动社会进步,应予支持。维护国家政治和社会公共生活等公共利益需要充分发挥新闻舆论的作用,故社会对其轻微过失性错误应当给予必要宽容。如果为了避免新闻舆论侵权,一味要求行为人必须在确保欲报道事实完全真实后方可予以报道,则会极大地降低新闻报道、舆论监督等行为的时效性和积极性。因此,公众在享有知情权的同时,亦需容忍合理审查下的瑕疵报道,以维持名誉权保护与新闻报道、言论自由之间的平衡。因此,一般而言,当新闻报道与他人名誉权产生冲突时,正规的新闻媒体尽到合理核实义务并且所报道事实基本客观真实,则可优先获得保护。如果行为人依据客观事实实施新闻报道、舆论监督等行为,所发布之内容既没有夸大或隐瞒事实,更没有虚构、造谣和污蔑,也没有使用侮辱、诽谤性的语言,不存在金钱新闻、关系新闻、人情新闻报道的背景,即便会对他人的名誉产生不利影响,也无须承担民事责任。本条规定确立了新闻报道、舆论监督等行为影响他人名誉时行为人及其所属单位一定范围的免责原则。

媒体实施新闻报道、舆论监督等行为,应当在法律允许的范围内合法理性地进行,要唱响主旋律而不是刻意挖掘公民隐私或者八卦信息,严防失实报道,严格核实杜绝严重失实内容。对公共议题及他人的监督批评应遵循合理且善意的原则，应当对其新闻报道、舆论监督等行为的内容进行合理核实，不能为了迎合低俗的需求博取公众眼球，而捏造、歪曲事实或轻率报道；同时应坚持客观公正原则，实事求是，不使用侮辱性言辞等贬损他人名誉，丑化他人形象。

新闻媒体实施下列行为，导致他人名誉受损的，应承担相应的民事责任。(1)捏造、歪曲事实。捏造事实，是指编造、假造虚假事实。歪曲事实，是指故意曲解事实。若行为人新闻报道、舆论监督等行为所依据的事实是捏造、歪曲的，自不能成为公正报道及正当的舆论监督，可能构成对他人名誉的污蔑，应当承担侵犯他人名誉权的民事责任。(2)对他人提供的严重失实内容未尽到合理核实义务。《名誉权解答》第8条中规定："文章的基本内容失实，使他人名誉受到损害的，应认定为侵害他人名誉权。"《名誉权解释》第9条中规定："新闻单位对生产者、经营者、销售者的产品质量或者服务质量进行批评、评论……主要内容失实，损害其名誉的，应当认定为侵害名誉权。"结合本章第1026条规定，认定行为人是否尽到合理核实义务，可以从实施新闻报道、舆论监督等行为发表的内容失实，影响他人名誉的后果推定，因为其事前对他人提供的或者自己采集的严重失实内容未尽到合理核实义务，主观上存在过错，故应当承担侵害他人名誉权的民事责任。新闻媒体转载、刊登他人发布的新闻报道，也应在转载、刊登前履行合理核实义务。若新闻媒体明知其将转载、刊登的内容存在侵害他人名誉的事实，或者虽不明知，但未尽到合理核实义务，仍继续转载、刊登的，构成对他人名誉权的侵害。(3)使用侮辱性言辞等贬损他人名誉。行为人的报道、监督等行为应坚持适度原则。侮辱性言辞是指那些无事实根据，以贬损他人名誉为目的的情绪化表达。即便行为人传播的内容基本属实，但使用侮辱性等过于激烈、评论标准出乎社会公众的道德准则等言辞贬损他人名誉的，其行为突破了合法范围，不构成公正报道及正当的舆论监督，应承担侵害他人名誉权的民事责任。(4)侵犯他人隐私权。即使没有达到严重失实的程度但侵犯他人隐私权的，也应当依法承担民事责任。

相较于普通公民，对公众人物的新闻报道、舆论监督等，可以考虑给予媒体更多的新闻自由和言论自由。所谓公众人物，是指在社会生活中广为人知的社会成员，如影视明星、商业巨贾、体育明星、网络红人、著名科学家和文化艺术家、著名节目主持人、社会公知、政府重要官员、政府机构新闻发言人等为公众普遍关注、具有较高社会知名度的人员。由于公众人物往往位高权重，或者富甲一方，从其社会知名度中可以得到社会公众的普遍尊重或者获得丰厚的物质回报，且其广为公众关注的现实也降低了其名誉权获得保护的合理期待，因此，适当弱化公众人物的名誉权保护，已成为理论研究的共识。

【司法适用】

《最高人民法院关于刘兰祖诉山西日报社、山西省委支部建设杂志社侵害名誉权一案的复函》指出:“贾卯清和刘兰祖合谋侵吞公款的行为已经有关纪检部门予以认定,并给予贾卯清相应的党纪处分,山西日报社和山西省委支部建设杂志社(以下简称支部建设杂志社)将相关事实通过新闻媒体予以报道,没有违反新闻真实性的基本原则,该报道的内容未有失实之处,属于正常的舆论监督。根据最高人民法院有关司法解释的规定精神和本案的具体情况,山西日报社和支部建设杂志社的行为,不构成对刘兰祖名誉权的侵害。”《名誉权解释》第6条规定:“新闻单位根据国家机关依职权制作的公开的文书和实施的公开的职权行为所作的报道,其报道客观准确的,不应当认定为侵害他人名誉权;其报道失实,或者前述文书和职权行为已公开纠正而拒绝更正报道,致使他人名誉受到损害的,应当认定为侵害他人名誉权。”《信息网络侵权规定》第13条规定:“网络用户或者网络服务提供者,根据国家机关依职权制作的文书和公开实施的职权行为等信息来源所发布的信息,有下列情形之一,侵害他人人身权益,被侵权人请求侵权人承担侵权责任的,人民法院应予支持:(一)网络用户或者网络服务提供者发布的信息与前述信息来源内容不符;(二)网络用户或者网络服务提供者以添加侮辱性内容、诽谤性信息、不当标题或者通过增删信息、调整结构、改变顺序等方式致人误解;(三)前述信息来源已被公开更正,但网络用户拒绝更正或者网络服务提供者不予更正;(四)前述信息来源已被公开更正,网络用户或者网络服务提供者仍然发布更正之前的信息。”一般而言,新闻单位根据来源于权威机构公开的事实进行客观准确的报道,即便影响他人名誉的,也不构成侵犯他人名誉权。但是如果报道失实,或者权威机构公开的事实已被公开更正而拒绝更正或仍报道更正之前的信息,或者以添加侮辱性内容、诽谤性信息、不当标题或者通过增删信息、调整结构、改变顺序等方式致人误解,或者修改观点导致结论有出入,造成他人名誉受损的,构成侵害他人名誉权。

《名誉权解释》第9条规定:“消费者对生产者、经营者、销售者的产品质量或者服务质量进行批评、评论,不应当认定为侵害他人名誉权。但借机诽谤、诋毁,损害其名誉的,应当认定为侵害名誉权。新闻单位对生产者、经营者、销售者的产品质量或者服务质量进行批评、评论,内容基本属实,没有侮辱内容的,不应当认定为侵害其名誉权;主要内容失实,损害其名誉的,应当认定为侵害名誉权。”消费者和新闻单位都可对生产者、经营者、销售者的产品质量或者服务质量进行批评、评论,但认定二者侵害名誉权的构成要件不同。对于消费者而言,只要不借机诽谤、诋毁,损害生产者、经营者、销售者的名誉的,即便批评、评论的内容失实,也不构成侵犯他人名誉权。新闻单位应合理核实发表的批评、评论内容的真实性，不能有侮辱内容；如果主要内容失实，且未尽合理核实义务，侵害他人名誉的，构成侵犯他人名誉权。

《名誉权解答》第8条第1款、第2款规定，因撰写、发表批评文章引起的名誉权纠纷，人民法院应根据不同情况处理：文章反映的问题基本真实，没有侮辱他人人格的内容的，不应认定为侵害他人名誉权。文章反映的问题虽基本属实，但有侮辱他人人格的内容，使他人名誉受到侵害的，应认定为侵害他人名誉权。《最高人民法院关于范应莲诉敬永祥侵害海灯名誉一案如何处理的复函》（〔1992〕民他字第23号）指出："一、敬永祥在《金岛》、《报告文学》上刊登的文章和在四川省民法、经济法学会上的发言基本内容失实，贬低了海灯的人格，已构成对海灯名誉的侵害。二、敬永祥的上述文章和发言对范应莲名誉的侵害较轻，可适当承担民事责任。三、敬永祥写给新华社的信因系刊登于机密刊物《国内动态清样》和秘密刊物《内参选编》，且写信的真正动机难于查明，故写信的行为可不认定为损害海灯、范应莲的名誉。"①记者在新华社《国内动态清样》或《内参选编》发文，因系内部发行，一般不构成侵权，但如果以道听途说、捕风捉影、闭门造车代替实际调查，以关系稿、人情稿、金钱稿代替公共利益，无视事实、捏造事实、歪曲事实影响他人名誉或者造成其他损害后果的，行为人及其所属单位或组织应当依照本条和相关法律规定承担侵权责任。

【司法案例】

案例一

施某某、张某某、桂某某诉徐某某名誉权纠纷案②

诉讼结论：徐某某的网络举报行为未侵犯原告的名誉权。

基本案情

本案中，徐某某分别于2015年4月3日不同时间内，在其新浪微博上两次发表了施某某遭虐待的照片及内容。该微博已由徐某某于2015年5月8日前删除。徐某某在其新浪微博上传的同一组9张照片中有3张反映了人的头和面部，两次上传照片时均对头和面部进行了模糊处理，9张照片已不具有明显的可识别性。此后，该微博在网络上和媒体上被多次报道。

① 【法宝引证码】CLI.3.219968。发布部门：最高人民法院。

② 江苏省南京市江宁区人民法院（2015）江宁少民初字第7号民事判决书；《最高人民法院公报》2016年第4期（总第234期）。

法院认为,徐某某通过网络公开了男童遭受虐待的事实,是一种公开的网络举报行为,不存在主观上的过错。徐某某所发微博的内容既没有夸大或隐瞒事实,更没有虚构、造谣和污蔑,且施某某受到伤害情况客观存在,微博反映的内容与客观事实基本相一致,微博中也没有使用侮辱、诽谤性的语言,客观上不会造成施某某社会声望和评价的降低。徐某某所发微博的内容未涉及张某某、桂某某的任何信息资料,不存在对张某某、桂某某进行侮辱或诽谤。徐某某在原告施某某受伤害后,为保护未成年人利益和揭露可能存在的犯罪行为,依法在其微博中发表未成年人受伤害信息,符合社会公共利益原则和儿童利益最大化原则。徐某某的网络举报行为未侵犯施某某、张某某、桂某某的名誉权。

案例二

李某平诉某艺术学院、江苏某律师事务所名誉权侵权纠纷案①

诉讼结论:律师事务所接受委托人的委托,未进行必要的调查、核实即依据委托人的单方陈述,发布内容失实、有损他人名誉的律师声明,未尽到合理审查义务,构成对他人名誉权的侵犯。

基本案情

2003 年 12 月 1 日,被告某艺术学院下属的产业开发部与原告李某平签订协议,聘用李某平为艺术学院下属培训中心的副主任,主管美术培训。次年 5 月 1 日,双方续签一份协议书,约定继续聘任李某平为该培训中心副主任。2005 年 10 月 28 日,艺术学院单方决定终止与李某平签订的上述协议。此后,李某平仍然在艺术学院培训中心从事美术培训工作。2006 年 7 月 7 日,双方发生矛盾,艺术学院培训中心向李某平发出书面通知,要求李某平办理移交手续。当月 15 日,艺术学院又委托被告江苏某律师事务所发表涉案律师声明。该所律师仅依据艺术学院的单方陈述,未经向原告作必要的了解、核实,即在《扬子晚报》发布了题为"南京艺术学院培训中心授权律师声明"的公开声明:李某平既非艺术学院人员也非南艺培训中心人员,南艺培训中心从未授权李某平个人代表南艺培训中心对外开展活动,对李某平个人以南艺培训中心名义对外开展的任何活动均不予认可。后该声明又被艺术学院培训中心网站转载,截至开庭之日尚未被删除。李某平以艺术学院、某律师事务所侵犯其名誉权为由诉至法院,要求两被告删除声明,刊登赔礼道歉声明,并赔偿精神抚慰金。

---

① 《最高人民法院公报》2008 年第 11 期(总第 145 期)。

法院认为，名誉是指社会对自然人或法人的综合评价。名誉权，是指公民或法人依赖自己的名誉参与社会生活、社会竞争的权利。良好的名誉是公民或法人参与社会生活、社会竞争的重要条件，对名誉的侵犯必然直接妨害、影响公民或法人参与社会竞争的资格，因此，法律保护公民或法人的名誉权不受他人侵犯。艺术学院、某律师事务所共同发表涉案律师声明，该声明内容与事实不符。艺术学院、某律师事务所应当预见自己的行为可能发生损害李某平名誉的后果，但仍在报刊、网站刊载涉案律师声明，致使李某平的社会评价降低，属于捏造事实公然丑化他人人格，损害他人名誉，造成了一定的消极影响，构成对李某平名誉权的侵犯。律师事务所或者律师在接受委托人的委托，对外公开发布律师声明时，对于声明所涉及的事实应当尽到必要的审查义务。律师事务所或者律师未尽必要的审查义务，即按照委托人的要求发布署名律师声明，如果该律师声明违背事实，侵犯他人名誉权，律师事务所或者律师构成共同侵权，应承担连带侵权责任。

第一千零二十六条　认定行为人是否尽到前条第二项规定的合理核实义务，应当考虑下列因素：

（一）内容来源的可信度；

（二）对明显可能引发争议的内容是否进行了必要的调查；

（三）内容的时限性；

（四）内容与公序良俗的关联性；

（五）受害人名誉受贬损的可能性；

（六）核实能力和核实成本。

【条文主旨】

本条是关于新闻报道、舆论监督等行为人履行合理核实义务的认定因素的规定。

【条文理解】

行为人实施新闻报道、舆论监督等行为，如果内容是从他人处获得，考虑内容的真实性以及发表该内容可能给他人造成的不良影响，是行为人不可推卸的社会责任。基于这一社会责任，为了防止行为人滥用舆论监督权，行为人应当对其新闻报道、舆论监督等行为的内容进行合理核实，承担合理核实义务。如果他人提供的内容失实，而行为人又未尽到合理核实义务，影响他人名誉的，应当承担民事责任。

判断行为人核实义务的合理范围应当根据下列因素加以确定：

(1)内容来源的可信度

行为人的核实义务与获取内容的来源渠道有关,内容的来源渠道越可信,判断行为人的核实义务是否合理就越宽松;内容来源的可信度越低,行为人的核实义务就越高。如果内容来源于权威部门的公开文书或职权行为,那么相较于来源于普通网页上的信息,行为人的合理核实义务就较宽松。若行为人自权威部门等可信、可靠的地方获取内容,相信其真实性且据此做出了某种陈述,即使损害了他人的名誉,仍可认为行为人尽到了合理核实的义务。

(2)对明显可能引发争议的内容是否进行了必要的调查

如果行为人将要发布的内容明显可能引发名誉权侵权争议,行为人可以合理预见到自己的行为可能引发的侵权后果,为规避风险,行为人应采取合理行动对该内容进行必要的调查。如果行为人怠于调查,影响他人名誉的,构成侵害名誉权。

(3)内容的时限性

新闻报道、舆论监督等行为越具有时限性,行为人的核实义务就越宽松。如果行为人发布的内容的时限性强,行为人可能没有充足的时间以查证事实,此时若强求其确保内容的真实性后方能发布,很可能会无法保障内容的时限性,因此,对于时限性强的内容,可在合理谨慎的条件下,适当降低行为人的核实义务。若行为人发布的内容时限性不强,事实的真实性会随着时间延长而招致公众的合理怀疑,此时行为人应进行更严格的审查,其承担的核实义务就更严格。

(4)内容与公序良俗的关联性

公序良俗原则是我国民法的基本原则之一,其目的在于维护社会公共利益,实现社会正义。如果行为人传播的内容可能影响公序良俗,则应对行为人课以程度更高的核实义务。如果行为人实施新闻报道、舆论监督等行为的目的是维护公序良俗,涉及的公共利益越高,行为人的审查义务越宽松。

(5)受害人名誉受贬损的可能性

受害人名誉受贬损的可能性越大、造成的侵害后果越严重,行为人承担的核实义务就越严格。若行为人在实施新闻报道、舆论监督等行为时,预见报道的内容很可能会侵害他人名誉的,行为人应当承担更严格的核实义务。这意味着名誉权侵权行为的构成不再局限于"侵害事实发生"这一判断要件,存在可能侵害之严重危险状态即可。采此种观点将更有利于保护民事主体的名誉权,但是处理不当,则可能过度保护名誉权,而损害行为人的言论自由,这就要求人民法院在司法实践中合理裁量,平衡名誉权保护与言论自由的关系。

(6)核实能力和核实成本

行为人合理核实义务的高低应当考虑其核实能力及核实时间、费用等成本。

现实中，行为人并非必然有能力查证全部事实，可根据行为人的审查能力判断其审查义务的履行情况。如果行为人已竭尽所能仍无法查证全部事实的，法律不能强人所难，可以认为行为人履行了合理核实义务。核实能力标准要求人民法院在案件裁判中结合民事主体的特点进行具体分析，并予以不同程度的要求。

法律制度的设计应当实现成本与收益的均衡状态。在判断行为人的合理核实义务时，应当考虑其核实事实的成本。如果行为人核实事实的成本明显过高，超出行为人的承受能力，或超出有关行为应有核实限度的合理成本，此时苛求行为人对此进行核实是不合理的，可适度降低对行为人的审查要求。

【司法适用】

《名誉权解释》第 5 条规定，舆论监督、检举控告等行为，对当事人名誉造成损害的，不视为侵害名誉权。舆论监督、检举控告等行为的目的旨在维护公序良俗，行为人是出于公心，非出于私利，即便言辞稍有过激，亦不构成侵权。第 6 条规定："新闻单位根据国家机关依职权制作的公开的文书和实施的公开的职权行为所作的报道，其报道客观准确的，不应当认定为侵害他人名誉权；其报道失实，或者前述文书和职权行为已公开纠正而拒绝更正报道，致使他人名誉受到损害的，应当认定为侵害他人名誉权。"该条规定反映了，内容来源的可信度、内容的时限性、受害人名誉受贬损的可能性等因素，会影响新闻单位根据国家机关的公开文书和职权行为所作的报道是否构成名誉权侵权的认定。

《最高人民法院关于朱秀琴、朱良发、沈珍珠诉〈青春〉编辑部名誉权纠纷案的函》也指出："1986 年，《青春》杂志社刊登唐敏撰写的侮辱、诽谤死者王练忠及原告的《太姥山妖氛》一文，编辑部未尽到审查、核实之责；同年 6 月，原告及其所在乡、区政府及县委多次向编辑部反映：《太姥山妖氛》系以真实姓名、地点和虚构的事实侮辱、诽谤王练忠及原告，要求其澄清事实、消除影响；1990 年 1 月，作者唐敏为此以诽谤罪被判处有期徒刑后，《青春》编辑部仍不采取措施，为原告消除影响，致使该小说继续流传于社会，扩大了不良影响，侵害了原告的名誉权，故同意你院审判委员会的意见，《青春》编辑部应承担民事责任。"

【司法案例】

焦某正诉某市广播电视局名誉权纠纷案[①]

诉讼结论：某市广播电视局在公安机关撤销了对焦某正涉嫌敲诈勒索案件和某市人民检察院、某市人民法院作出共同刑事赔偿决定书之后，拒绝为焦某正恢复名

---

① 河南省平顶山市中级人民法院(2009)平民终三字第 135 号民事判决书。

誉、公开更正报道的行为，侵犯了焦某正的名誉权，应当承担相应的民事责任。

基本案情

2000年9月1日，焦某正因涉嫌敲诈勒索被某市公安局刑事拘留，同年9月28日被依法逮捕，某市广播电视局得知该信息后即对此事进行了电视新闻报道。2002年8月21日，焦某正被取保后，以某市广播电视局在其关押期间进行报道侵害其名誉权为由提起诉讼，经审理，原审法院驳回了焦某正的诉讼请求。2006年6月28日，某市公安局将该案撤销。2006年7月13日，某市人民检察院、某市人民法院作出共同刑事赔偿决定书，决定赔偿焦某正被错误羁押915天的赔偿金。焦某正遂向某市广播电视局请求恢复名誉，但遭拒绝。后焦某正提起申诉，请求判令某市广播电视局赔偿名誉损失，并赔礼道歉，恢复名誉。

法院认为，根据《名誉权解释》第6条的规定，某市广播电视局在公安机关撤销了对焦某正涉嫌敲诈勒索案件和某市人民检察院、某市人民法院作出共同刑事赔偿决定书之后，拒绝为焦某正恢复名誉、公开更正报道的行为，构成对焦某正名誉权的侵犯。焦某正因某市广播电视局的侵权行为，导致其名誉受到损害，对其生活及从事其他社会、经济、商业活动具有重大不良影响。虽然被申请人早已停止侵权，但损害已实际发生，给焦某正实际造成了精神上的痛苦，破坏其内心的安宁，其社会评价也必然因此而降低。判决某市广播电视局赔偿焦某正因名誉被侵害所遭受的损失及精神损害抚慰金人民币10,000元；在某市电视台为焦某正作出更正报道，恢复名誉，清除影响。

第一千零二十七条　行为人发表的文学、艺术作品以真人真事或者特定人为描述对象，含有侮辱、诽谤内容，侵害他人名誉权的，受害人有权依法请求该行为人承担民事责任。

行为人发表的文学、艺术作品不以特定人为描述对象，仅其中的情节与该特定人的情况相似的，不承担民事责任。

【条文主旨】

本条是关于作品侵害他人名誉权的规定。

【条文理解】

文学、艺术作品依托于现实，但同时具有虚构性，这导致文学、艺术作品可能侵害他人名誉权。处理文学、艺术作品侵犯名誉权问题，需解决名誉权保护与文学艺术创作自由之间的冲突。文学艺术创作自由以不侵害他人合法权益、社会公共利益和国家利益为前提。任何公民在行使文学艺术创作自由及其他自由时,都负有不得超过自由界限的法定义务。此类案件涉及的利益类型复杂,涉及言论自由、学术自由和个人权益的关系,人民法院应在个案中审慎把握,既要保护个人权益,也要防止司法不当干预学术自由、言论自由,要在多个利益之间合理界分。

本条规定主要是裁判规范,其中"受害人有权依法"的表述表明:一是本条可以构成当事人名誉请求权的基础;二是在法律适用方面具有指引作用,即需要参考《著作权法》的规定。

文学、艺术作品是否侵害他人名誉权,关键是要判断该作品所描述的对象是否可以合理地指向现实中的特定人。若作品描述的事件或人物与现实中特定的人或其居住环境、行为事实等信息基本一致,抑或读者能够在阅览作品后毫无悬念地联想到现实中的特定人,即认为作品所描述的对象可以合理指向现实中的特定人。此时,如果作者对作品人物使用了侮辱、诽谤性的语言,使此人社会评价较之前明显降低,则作者构成名誉权侵权。除了"指名道姓"式直接侵害他人名誉权外,此种侵权行为还表现为"含沙射影""指桑骂槐"等侵犯名誉权的形态。如果文学、艺术作品不以特定人为描述对象,不指向现实中的特定人,仅是其中描述的某些情节与现实中的特定人的情况相似的,不构成侵犯该特定人的名誉权,无须承担民事责任。

【司法适用】

《名誉权解答》第9条规定:"撰写、发表文学作品,不是以生活中特定的人为描写对象,仅是作品的情节与生活中某人的情况相似,不应认定为侵害他人名誉权。描写真人真事的文学作品,对特定人进行侮辱、诽谤或者披露隐私损害其名誉的;或者虽未写明真实姓名和住址,但事实是以特定人或者特定人的特定事实为描写对象,文中有侮辱、诽谤或者披露隐私的内容,致其名誉受到损害的,应认定为侵害他人名誉权。编辑出版单位在作品已被认定为侵害他人名誉权或者被告知明显属于侵害他人名誉权后,应刊登声明消除影响或者采取其他补救措施;拒不刊登声明,不采取其他补救措施,或者继续刊登、出版侵权作品的,应认定为侵权。"

《最高人民法院关于胡秋生、娄良英等八人诉彭拜、漓江出版社名誉权纠纷案的复函》指出:"彭拜撰写的小说《斜阳梦》,虽未写明原告的真实姓名和住址,但在人物特征有了明显指向的情况下,侮辱了原告或披露了有损其名誉的家庭隐私。彭拜应当也能够预见《斜阳梦》的发表会给原告的名誉造成损害,却放任了损害后果的发生,主观上有过错。因此,同意你院审判委员会的倾向性意见,彭拜的行为已构成侵害他人名誉权,应承担民事责任。"该复函表明,文学作品的人物特征可以明显指向特定主体，即便没有写明该特定人的真实姓名，使用侮辱、诽谤等言辞损害其名誉的，构成侵犯该特定人的名誉权。《最高人民法院关于胡骥超、周孔昭、石述成诉刘守忠、遵义晚报社侵害名誉权一案的函》指出："本案被告刘守忠因与原告胡骥超、周孔昭、石述成有矛盾，在历史小说创作中故意以影射手法对原告进行丑化和侮辱，使其名誉受到了损害。被告遵义晚报社在已知所发表的历史小说对他人的名誉造成损害的情况下，仍继续连载，放任侵权后果的扩大。依照《民法通则》第101条和第120条的规定，上述二被告的行为已构成侵害原告的名誉权，应承担侵权民事责任。"该复函肯定文学作品以影射手法侵害他人名誉的，作者构成侵害他人名誉权；若出版单位明知文学作品侵害他人名誉权，仍放任侵权后果扩大，继续传播的，也构成侵害他人名誉权。

《最高人民法院函〈关于都兴久、都兴亚诉高其昌、王大学名誉权纠纷一案的请示报告〉》指出："作家高其昌、王大学创作《关东魂》一书的主观动机是弘扬爱国主义精神，在塑造都本德这一反面人物时确有一定的生活素材为依据，作者主观上没有损害都本德名誉的故意，小说中使用都本德真实姓名虽有不妥，但都本德在历史上确实担任伪职，据此情况，以不认定小说《关东魂》损害了都本德的名誉权为宜。"该复函表明，文学作品以真人真事或者特定人为描述对象，不含侮辱、诽谤内容，没有损害他人名誉的故意的，不构成侵犯他人名誉权。《最高人民法院关于邵文卿与黄朝星侵害名誉权案的函》也指出："被告黄朝星撰写的报告文学作品《红杏枝头——瑞昌市人民医院变迁记》中所虚构的"元老"，未指名道姓，不是指特定的人，其特征描写与原告邵文卿并不相符，原告不应对号入座。据此，我们同意你院审委会多数人的意见，即以认定不构成侵害名誉权为宜。以上意见，供参考。"该复函指出，文学作品虚构人物，不指向特定人，描写的人物特征与特定人不相符，或者仅某些情节与特定人的情况相似的，不构成侵犯他人名誉权。

【司法案例】

葛某生诉洪某快名誉权、荣誉权纠纷案①

诉讼结论：洪某快撰写的文章否认"狼牙山五壮士"英勇抗敌的事实和舍生取义的精神，不仅对"狼牙山五壮士"的名誉和荣誉构成侵害，同时构成了对英雄人物的名誉、荣誉所融入的社会公共利益的侵害。

基本案情

2013年9月9日，时任《炎黄春秋》杂志社执行主编的洪某快在财经网发表

① 北京市第二中级人民法院(2016)京02民终6272号民事判决书。

《小学课本〈狼牙山五壮士〉有多处不实》一文。文中写道：据《南方都市报》2013年8月31日的报道，广州越秀警方于8月29日晚间将一位在新浪微博上“污蔑狼牙山五壮士”的网民抓获，以虚构信息、散布谣言为由予以行政拘留7日。所谓“污蔑狼牙山五壮士”的“谣言”原本就有。据媒体报道，该网友实际上是传播了2011年12月14日百度贴吧里一篇名为《狼牙山五壮士真相原来是这样！》的帖子的内容，该帖子说五壮士“5个人中有3个是当场被打死的，后来清理战场把尸体丢下悬崖。另两个当场被活捉，只是后来不知道什么原因又从日本人手上逃了出来”。2013年第11期《炎黄春秋》杂志刊发洪某快撰写的《“狼牙山五壮士”的细节分歧》一文，亦发表于《炎黄春秋》杂志网站。该文分为“在何处跳崖”“跳崖是怎么跳的”“敌我双方战斗伤亡”“‘五壮士’是否拔了群众的萝卜”等部分。文章通过援引不同来源、不同内容、不同时期的报刊资料等，对“狼牙山五壮士”事迹中的细节提出质疑。

法院认为，狼牙山战斗是被大量事实证明的著名战斗。在这场战斗中，“狼牙山五壮士”英勇抗敌的基本事实和舍生取义的伟大精神，赢得了全国人民高度认同和广泛赞扬，是五壮士获得“狼牙山五壮士”崇高名誉和荣誉的基础。“狼牙山五壮士”这一称号在全军、全国人民中已经赢得了普遍的公众认同，既是国家及公众对他们作为中华民族的优秀儿女在反抗侵略、保家卫国中作出巨大牺牲的褒奖，也是他们应当获得的个人名誉和个人荣誉。洪某快发表的两篇案涉文章，对于“狼牙山五壮士”在战斗中所表现出的英勇抗敌的事迹和舍生取义的精神这一基本事实，自始至终未作出正面评价。而是以考证“在何处跳崖”“跳崖是怎么跳的”“敌我双方战斗伤亡”以及“‘五壮士’是否拔了群众的萝卜”等细节为主要线索，通过援引不同时期的材料、相关当事者不同时期的言论，全然不考虑历史的变迁、各个材料所形成的时代背景以及各个材料的语境。在无充分证据的情况下，案涉文章多处作出似是而非的推测、质疑乃至评价。尽管案涉文章无明显侮辱性的语言，但洪某快采取的行为方式却是通过强调与基本事实无关或者关联不大的细节，引导读者对“狼牙山五壮士”这一英雄人物群体英勇抗敌事迹和舍生取义精神产生质疑，从而否定基本事实的真实性，进而降低他们的英勇形象和精神价值。洪某快的行为方式符合以贬损、丑化的方式损害他人名誉和荣誉权益的特征。从损害后果看，案涉文章通过刊物发行和网络传播，客观上已经在社会上产生较大影响，损害了葛某生之父葛某林的名誉及荣誉，同时伤害了葛某生的个人情感。而且洪某快撰写文章确有贬低葛某林的主观目的。洪某快明知其行为会造成他人社会评价降低的后果而仍然为之，其主观过错明显。

我国现行法律保护公民言论的自由和进行科学研究的自由，同样也保护公民的人格尊严不受侵犯,保护公民享有的名誉、荣誉等权益。公民享有法律规定的权利,同时也必须履行法律规定的义务,包括公民在行使自由和权利的时候,不得损害国家的、社会的、集体的利益和其他公民的合法的自由和权利。因此,自由和权利的行使,并非没有边界,这个边界就是法律。洪某快撰写的案涉文章侵害了葛某林的名誉和荣誉,侵害了社会公共利益,违反了法律规定,其行为已经超出了法律允许的范围,不受法律保护。

第一千零二十八条　民事主体有证据证明报刊、网络等媒体报道的内容失实,侵害其名誉权的,有权请求该媒体及时采取更正或者删除等必要措施。

【条文主旨】

本条是关于媒体报道内容失实侵害名誉权的补救的规定。

【条文理解】

为了及时制止因媒体报道的内容失实而侵害他人名誉权的行为,减少对受害人权益的损害,人格权编草案二次审议稿借鉴《出版管理条例》第27条的相关规定,赋予受害人请求媒体及时更正、删除不实报道的权利。人格权编草案三次审议稿进一步扩大了受害人可请求媒体采取的补救措施,更正、删除只是媒体可采取的必要措施之一。本条规定最终将上述内容确定下来。

名誉权的具体内容包括民事主体对名誉的保有和维护,保护名誉不受侵害。民事主体有权采取措施保持自己的名誉不降低,有权制止他人以任何方式对其名誉的侵害。

如果民事主体有证据证明报刊、网络等媒体报道的内容失实,侵害其名誉权时,有权要求该媒体及时采取必要措施,防止损害扩大。若受害人死亡的,其近亲属也可作为权利主体。采取更正、删除等必要措施的义务主体,即为失实报道侵权的报刊、网络等媒体机构或单位。

网络平台极易成为网络用户侵犯他人名誉权的工具。与报刊等传统媒体相比,网络具有即时、便捷、全球化、匿名化等特质,用户通过网络进行舆论监督、新闻报道等行为时,网络平台往往无法对其发表或转载的内容进行及时、有效的事先审查,而且侵害他人名誉权的内容一经传播,其影响范围往往难以控制,对权利人的损害也无法估量。因此,用户通过网络平台发表、转载内容失实的报道,侵害他人名誉权的,受害人须提供证据证明侵权事实的存在,并可通知该平台及时采取更正或者删除等必要措施。该条规定可以和《民法典》"侵权责任编"第1195

条、第 1196 条、第 1197 条的规定衔接，以确定媒体的责任。

【司法适用】

《名誉权解释》第 6 条规定，新闻单位根据国家机关依职权制作的公开的文书和实施的公开的职权行为作出的报道，若该文书和职权行为已公开纠正，新闻单位拒绝更正报道，致使他人名誉受到损害的，应当认定为侵害他人名誉权。新闻单位根据国家机关的公开文书和职权行为作出报道，影响他人名誉的，不承担侵权责任。但是如果据以做出报道的文书和职权行为已公开纠正，相对人要求新闻单位随之做出更正的，新闻单位有更正的义务，若拒绝更正报道，致使他人名誉受损的，新闻单位应当承担侵权责任。《最高人民法院关于广西高院请示黄仕冠、黄德信与广西法制报社、范宝忠名誉侵权一案请示的复函》指出："范宝忠供稿、《广西法制报》发表的《法官黄仕冠、黄德信徇私舞弊被逮捕》一文，内容严重失实，且在人民法院判决黄仕冠、黄德信无罪后，范宝忠、广西法制报社拒绝进行更正报道和后续报道，根据我院《关于审理名誉权案件若干问题的解释》的有关规定，其行为侵害了黄仕冠、黄德信的名誉权，范宝忠、广西法制报社依法应承担相应的民事责任。"

《民法典》"侵权编"第 1195 条规定："网络用户利用网络服务实施侵权行为的，权利人有权通知网络服务提供者采取删除、屏蔽、断开链接等必要措施。通知应当包括构成侵权的初步证据及权利人的真实身份信息。网络服务提供者接到通知后，应当及时将该通知转送相关网络用户，并根据构成侵权的初步证据和服务类型采取必要措施；未及时采取必要措施的，对损害的扩大部分与该网络用户承担连带责任。权利人因错误通知造成网络用户或者网络服务提供者损害的，应当承担侵权责任。法律另有规定的，依照其规定。"第 1196 条规定："网络用户接到转送的通知后，可以向网络服务提供者提交不存在侵权行为的声明。声明应当包括不存在侵权行为的初步证据及网络用户的真实身份信息。网络服务提供者接到声明后，应当将该声明转送发出通知的权利人，并告知其可以向有关部门投诉或者向人民法院提起诉讼。网络服务提供者在转送声明到达权利人后的合理期限内，未收到权利人已经投诉或者提起诉讼通知的，应当及时终止所采取的措施。"第 1197 条规定："网络服务提供者知道或者应当知道网络用户利用其网络服务侵害他人民事权益，未采取必要措施的，与该网络用户承担连带责任。"据此，网络服务提供者接到权利人的通知后，应及时采取必要措施；未及时采取必要措施的，对损害的扩大部分与该网络用户承担连带责任。网络服务提供者知道或者应当知道网络用户利用其网络服务侵害他人名誉权，未采取必要措施的，与该网络用户承担连带责任。《信息网络侵权规定》专门就利用信息网络侵害他人姓名权、名称权、名誉权、荣誉权、肖像权、隐私权等人身权益引起的纠纷案件进行了规定。其中第6～9条对人民法院适用《侵权责任法》第36条的规定进行了解释。

《出版管理条例》第27条规定："出版物的内容不真实或者不公正，致使公民、法人或者其他组织的合法权益受到侵害的，其出版单位应当公开更正，消除影响，并依法承担其他民事责任。报纸、期刊发表的作品内容不真实或者不公正，致使公民、法人或者其他组织的合法权益受到侵害的，当事人有权要求有关出版单位更正或者答辩，有关出版单位应当在其近期出版的报纸、期刊上予以发表；拒绝发表的，当事人可以向人民法院提起诉讼。"该条规定明确了出版单位对其发表的作品内容不真实或不公正的更正或答辩义务。更正，是指出版物的内容或报纸、期刊发表的作品内容不真实或不公正时，受害者要求出版单位在相应出版物、报纸或期刊上撤回或修正其作品内容，以纠正公众的误解。答辩，是指受害者要求出版单位在原作品发表的同一报纸、期刊上以同样的字体及篇幅免费刊登回应文章，以回应作品对他的批评与指责。

【司法案例】

蔡某明诉某公司侵害名誉权纠纷案①

诉讼结论：某公司怠于履行事后管理义务，致使网络用户侵犯蔡某明名誉权的损害后果扩大，应当承担相应的侵权责任。

基本案情

蔡某明作为政协委员公开发表假日改革提案后，引起社会舆论关注。网络用户于百度贴吧中开设的"蔡某明吧"内，发表了具有侮辱、诽谤性质的文字和图片信息，且蔡某明的个人手机号码、家庭电话等个人信息也被公布。某公司在"百度贴吧"首页分别规定了使用"百度贴吧"的基本规则和投诉方式及规则。其中规定，任何用户发现贴吧帖子内容涉嫌侮辱或诽谤他人，侵害他人合法权益的或违反贴吧协议的，有权按贴吧投诉规则进行投诉。蔡某明委托梁某燕以电话方式与某公司就涉案贴吧进行交涉，但某公司未予处理，梁某燕又申请成为"蔡某明贴吧"管理员，未获通过，后梁某燕发信息给贴吧管理组申请删除该贴吧侵权帖子，但该管理组未予答复。2009年10月13日，蔡某明委托律师向某公司发送律师函要求该公司履行法定义务、删除侵权言论并关闭蔡某明吧。某公司在收到该律师函后，删除了"蔡某明吧"中涉嫌侵权的网帖。蔡某明起诉某公司请求删除侵权信息，关闭蔡某明吧，披露发布侵权信息的网络用户的个人信息以及赔偿损失。

---

① 北京市海淀区人民法院(2010)海民初字第01281号民事判决书。

法院认为，某公司在收到梁某燕投诉后未及时采取相应措施，直至蔡某明委托发出正式的律师函，才采取删除信息等措施，在梁某燕投诉后和蔡某明发出正式律师函这一时间段怠于履行事后管理的义务，致使网络用户侵犯蔡某明的损害后果扩大，应当承担相应的侵权责任，某公司赔偿蔡某明精神抚慰金10万元。

第一千零二十九条　民事主体可以依法查询自己的信用评价；发现信用评价不当的，有权提出异议并请求采取更正、删除等必要措施。信用评价人应当及时核查，经核查属实的，应当及时采取必要措施。

【条文主旨】

本条是关于信用评价的规定。

【条文理解】

信用在本质上属于民事主体的名誉的一部分，侵害民事主体的信用，构成对其名誉权的侵害。信用评价是由信用评价人按照一定方法和程序收集、记录民事主体的信用信息，根据这些信息，其他社会主体可形成对民事主体资信状况以及履约意愿等方面的社会评价。在现代社会征信体系背景下，信用评价人所出具的信用报告、信用评分等信用评价，对于民事主体的信用认定往往发挥着决定性作用。可通过信用信息的传输来缓解信息不对称问题，防范信用风险，促进交易安全。信用评价的公信力有赖于信息的客观、真实和全面，信息不当很可能会影响相关各方对其行为的判断和选择。一方面，可能致使信用评价使用者因信息不当作出错误判断，导致丧失交易机会或交易受损；另一方面，信用评价不当会导致信息主体的社会评价降低，从而侵害其名誉权。

信用评价人不仅包括征信服务中心等征信机构，还包括电子商务第三方平台等信用评价组织，如芝麻信用等。

信用评价人在收集、整理、传播民事主体的信用信息时，必须贯彻知情原则、参与原则。民事主体有权查询自己的信用评价，以维护其信用评价的真实性、客观性。在当前的互联网环境下，信用评价人为尽可能提升信用评价的全面性，可能会大范围、多渠道地收集、记录民事主体的信用信息，增加了对民事主体进行信用评价的错误率。信用评价对象及信用信息的广泛性，导致信用评价人无法一一核查信用评价的准确性。民事主体为维护自身合法利益，有动机也有能力发现其信用评价准确与否。为此，信用评价人应当保障民事主体的查询权、异议权，使民事主体有机会纠正其不当的信用评价。

民事主体依法查询其信用评价时,发现信用评价存在不准确、不完整或不及时等不当时,有权向信用评价人提出异议,并请求采取更正、删除等必要措施,防止给其名誉权等合法权益造成不必要的损害。信用评价人收到民事主体的异议后,应当在合理期限内核查异议信息是否属实。经核查属实的,信用评价人应当采取必要措施更正、删除不当的信用评价,防止民事主体的社会评价不当降低。信用评价人未及时或拒绝核查,且异议的信用评价确实不当,致使民事主体的社会评价降低的,构成对民事主体名誉权的侵犯。

【司法适用】

《征信业管理条例》第 17 条规定:"信息主体可以向征信机构查询自身信息。个人信息主体有权每年两次免费获取本人的信用报告。""信息主体"不仅包括个人信息主体,还包括法人、非法人组织信息主体。征信机构有义务每年向个人信息主体免费提供其信用报告两次,拒不提供的,个人信息主体可请求法院责令提供。原则上个人信息主体有偿获取次数不受限。征信机构没有向非个人信息主体免费提供征信报告的义务。

《征信业管理条例》第 23 条规定:"征信机构应当采取合理措施,保障其提供信息的准确性。征信机构提供的信息供信息使用者参考。"征信机构应当尽合理谨慎的查证义务,即应当采取合理措施进行查证,以保证其提供的征信信息的准确性。征信机构提供的信息不具有强制适用性,仅作为信息使用者的参考信息,信息使用者可自行决定是否采用征信机构提供的信息。信息使用者在作出授信决策时,还应综合考虑信息主体的经营状况、资产水平、行业特征等多个因素。中国人民银行制定的《个人信用信息基础数据库管理暂行办法》第 6 条规定:"商业银行应当遵守中国人民银行发布的个人信用数据库标准及其有关要求,准确、完整、及时地向个人信用数据库报送个人信用信息。"第 10 条第 1 款规定:"征信服务中心认为有关商业银行报送的信息可疑时,应当按有关规定的程序及时向该商业银行发出复核通知。"

《征信业管理条例》第 25 条规定:"信息主体认为征信机构采集、保存、提供的信息存在错误、遗漏的,有权向征信机构或者信息提供者提出异议,要求更正。征信机构或者信息提供者收到异议,应当按照国务院征信业监督管理部门的规定对相关信息作出存在异议的标注,自收到异议之日起 20 日内进行核查和处理,并将结果书面答复异议人。经核查,确认相关信息确有错误、遗漏的,信息提供者、征信机构应当予以更正;确认不存在错误、遗漏的,应当取消异议标注;经核查仍不能确认的,对核查情况和异议内容应当予以记载。"《个人信用信息基础数据库管理暂行办法》第 11 条规定:"商业银行发现其所报送的个人信用信息不准确时,应当及时报告征信服务中心,征信服务中心收到纠错报告应当立即进行更正。”第16条规定:“个人认为本人信用报告中的信用信息存在错误(以下简称异议信息)时,可以通过所在地中国人民银行征信管理部门或直接向征信服务中心提出书面异议申请。中国人民银行征信管理部门应当在收到异议申请的2个工作日内将异议申请转交征信服务中心。”第17~24条规定,征信服务中心应当在接到异议申请的2个工作日内进行内部核查;若发现异议信息是由于个人信用数据库信息处理过程造成的,应当立即进行更正,并检查个人信用数据库处理程序和操作规程存在的问题;若内部核查未发现个人信用数据库处理过程存在问题的,应当立即书面通知提供相关信息的商业银行进行核查。商业银行应当在接到核查通知的10个工作日内向征信服务中心作出核查情况的书面答复;异议信息确实有误的,商业银行应当向征信服务中心报送更正信息,检查个人信用信息报送的程序,对后续报送的其他个人信用信息进行检查,发现错误的,应当重新报送。征信服务中心收到商业银行重新报送的更正信息后,应当在2个工作日内对异议信息进行更正;异议信息确实有误,但因技术原因暂时无法更正的,征信服务中心应当对该异议信息作特殊标注,以有别于其他异议信息,征信服务中心应当在书面答复中予以说明,待异议信息更正后,提供更正后的信用报告;征信服务中心应当在接受异议申请后15个工作日内,向异议申请人或转交异议申请的中国人民银行征信管理部门提供书面答复;异议信息得到更正的,征信服务中心同时提供更正后的信用报告。转交异议申请的中国人民银行征信管理部门应当自接到征信服务中心书面答复和更正后的信用报告之日起2个工作日内,向异议申请人转交。经过核查,无法确认异议信息存在错误的,征信服务中心不得按照异议申请人要求更改相关个人信用信息,但应当允许异议申请人对有关异议信息附注100字以内的个人声明。《个人信用信息基础数据库管理暂行办法》详细地规定了个人信用报告中的信用信息存在错误时的异议处理程序。

个人的信用评价信息属于个人的敏感信息,应当适用个人信息保护的相关法律规定。《网络安全法》第43条规定:“个人发现网络运营者违反法律、行政法规的规定或者双方的约定收集、使用其个人信息的,有权要求网络运营者删除其个人信息;发现网络运营者收集、存储的其个人信息有错误的,有权要求网络运营者予以更正。网络运营者应当采取措施予以删除或者更正。”

《征信业管理条例》第26条规定,信息主体认为征信机构或者信息提供者、信息使用者侵害其合法权益的,可以向所在地的国务院征信业监督管理部门派出机构投诉,也可直接向人民法院起诉。第38条规定,征信机构、金融信用信息基础数据库运行机构存在逾期不删除个人不良信息,未按照规定对异议信息进行核查和处理，或拒绝、阻碍国务院征信业监督管理部门或者其派出机构检查、调查或者不如实提供有关文件、资料等违反征信业务规则，侵害信息主体合法权益的行为的，由国务院征信业监督管理部门或者其派出机构责令限期改正，对单位、直接负责的主管人员和其他直接责任人员处以罚款，有违法所得的，没收违法所得，并赔偿信息主体的损失；经营个人征信业务的征信机构有上述行为之一，情节严重或者造成严重后果的，还可被吊销其个人征信业务经营许可证。第40条规定，向金融信用信息基础数据库提供或者查询信息的机构未按照规定处理异议或者对确有错误、遗漏的信息不予更正，或拒绝、阻碍国务院征信业监督管理部门或者其派出机构检查、调查或者不如实提供有关文件、资料的，由国务院征信业监督管理部门或者其派出机构责令限期改正，对单位、直接负责的主管人员和其他直接责任人员处以罚款；有违法所得的，没收违法所得；给信息主体造成损失的，依法承担民事责任；构成犯罪的，依法追究刑事责任。

【司法案例】

覃某豪诉某市郊区农村信用合作社名誉权侵权案①

诉讼结论：某市郊区农村信用合作社（以下简称郊区信用社）构成对覃某豪名誉权的侵害，应当将人行征信中心个人信用数据库中覃某豪的个人信用报告中的错误信息予以删除。

基本案情

1996年8月22日，覃某豪与郊区信用社签订了一份《借款合同》，约定覃某豪向郊区信用社借款及借款期限，覃某豪之妻在借款合同上签名做担保人。2004年5月21日，郊区信用社以覃某豪及其妻为被告起诉至法院，要求二人归还尚欠的借款本息，经法院主持双方调解，达成了调解协议：覃某豪自愿清偿借款10万元给郊区信用社，并在调解协议签订时即时付清。调解书生效后，双方已依据调解书确定的义务各自履行完毕。后来覃某豪查询发现，在中国人民银行征信中心系统中，郊区信用社提供给征信服务中心的个人信用数据库中其个人信用报告第二项"信用交易信息"贷款明细信息栏中，仍存在未归还贷款合同金额25万元等信息。为此，覃某豪要求郊区信用社将上述信息予以删除未果，遂以郊区信用社侵犯其名誉权为由诉至法院，请求郊区信用社停止对其名誉的侵害，并删除其未归还贷款等信息。

法院认为，覃某豪与郊区信用社的债权、债务关系，已经因郊区信用社怠于行

① 广西壮族自治区贵港市中级人民法院（2008）贵民一终字第37号民事判决书。

使诉权，从受法律保护之债变成自然之债，郊区信用社自愿接受覃某豪支付10万元以了结该笔贷款诉讼，在法院的调解书生效后，郊区信用社应在向上报送的数据中准确如实表述，不应再记载覃某豪有应还未还欠款。而中国人民银行征信中心个人信用数据库中对覃某豪的不良记录，使覃某豪的社会评价降低，将影响其未来的发展，一旦覃某豪进行借贷等商业活动或涉及个人信誉的社会活动时，其名誉将遭到损害，影响其以后的经济或社会活动顺利开展。因此，郊区信用社的行为侵害了覃某豪的名誉权。

第一千零三十条　民事主体与征信机构等信用信息处理者之间的关系，适用本编有关个人信息保护的规定和其他法律、行政法规的有关规定。

【条文主旨】

本条是关于处理信用信息应遵循的规则的规定。

【条文理解】

个人的信用信息是以电子或者其他方式记录的自然人的征信信息，属于个人信息的范畴。信用信息处理者，是指收集、储存、使用、传输、提供等处理民事主体信用信息的主体。民事主体与信用信息处理者之间关于信用信息处理的关系可以适用本编有关个人信息保护的规定和其他法律、行政法规的有关规定。

【司法适用】

信用信息处理者处理民事主体的信用信息，应当遵守个人信息保护的相关法律规定。目前，我国尚未制定统一的个人信息保护法，对个人信息保护的规定散见于法律、行政法规、部门规章以及规范性文件之中。本条规定要求，民事主体与信用信息处理者之间的关系，除了适用本编有关个人信息保护的规定外，还可适用其他法律、行政法规的有关规定，排除了部门规章以及规范性文件的相关规定。

其他法律有关个人信息保护的规定。《全国人民代表大会常务委员会关于加强网络信息保护的决定》首次明确规定国家保护能够识别公民个人身份和涉及公民个人隐私的电子信息。任何组织和个人不得窃取或者以其他非法方式获取公民个人电子信息，不得出售或者非法向他人提供公民个人电子信息，同时较详细地规定了网络服务提供者和其他企业事业单位保护个人电子信息的具体规则。《网络安全法》第4章“网络信息安全”较详细地规定了个人信息保护的规则。《消费者权益保护法》第29条、第50条、第56条分别规定了经营者收集、使用消费者个人信息的具体规则，以及侵害消费者个人信息依法得到保护的权利时应承担的民事责任和行政责任。此外,《电子商务法》第 23 条、第 25 条、第 32 条和第 79 条也对个人信息保护进行了规定。

行政法规关于个人信息保护的规定。《征信业管理条例》第 14 条规定:“禁止征信机构采集个人的宗教信仰、基因、指纹、血型、疾病和病史信息以及法律、行政法规规定禁止采集的其他个人信息。征信机构不得采集个人的收入、存款、有价证券、商业保险、不动产的信息和纳税数额信息。但是,征信机构明确告知信息主体提供该信息可能产生的不利后果,并取得其书面同意的除外。”第 15 条规定:“信息提供者向征信机构提供个人不良信息,应当事先告知信息主体本人。但是,依照法律、行政法规规定公开的不良信息除外。”第 16 条规定:“征信机构对个人不良信息的保存期限,自不良行为或者事件终止之日起为 5 年;超过 5 年的,应当予以删除。在不良信息保存期限内,信息主体可以对不良信息作出说明,征信机构应当予以记载。”

司法解释关于个人信息保护的规定。《信息网络侵权规定》第 12 条规定:“网络用户或者网络服务提供者利用网络公开自然人基因信息、病历资料、健康检查资料、犯罪记录、家庭住址、私人活动等个人隐私和其他个人信息,造成他人损害,被侵权人请求其承担侵权责任的,人民法院应予支持。但下列情形除外:(一)经自然人书面同意且在约定范围内公开;(二)为促进社会公共利益且在必要范围内;(三)学校、科研机构等基于公共利益为学术研究或者统计的目的,经自然人书面同意,且公开的方式不足以识别特定自然人;(四)自然人自行在网络上公开的信息或者其他已合法公开的个人信息;(五)以合法渠道获取的个人信息;(六)法律或者行政法规另有规定。网络用户或者网络服务提供者以违反社会公共利益、社会公德的方式公开前款第四项、第五项规定的个人信息,或者公开该信息侵害权利人值得保护的重大利益,权利人请求网络用户或者网络服务提供者承担侵权责任的,人民法院应予支持。国家机关行使职权公开个人信息的,不适用本条规定。”

【司法案例】

肖某诉甲银行股份有限公司安远县支行
名誉权纠纷案①

诉讼结论:未按规定时间、程序将他人的失信信息提供给征信机构,导致他人不良信用记录未能尽早消除,造成损害,属于侵犯名誉权行为。

---

① 江西省赣州市中级人民法院(2016)赣 07 民终 930 号民事判决书。

基本案情

1997 年 9 月 27 日，案外人杜某某在原乙银行安远县支行贷款 2 万元，借款期限为一年，由肖某提供连带保证担保。借款到期后，至今为止，案外人杜某某及肖某均未归还该笔借款本息。1998 年，该笔贷款划归甲银行股份有限公司安远县支行（以下简称安远县支行）管理。2015 年，安远县支行根据中国人民银行的规定将在商业银行有过贷款或担保行为的自然人的信用信息上传至个人信用信息数据库。由于肖某替杜某某担保的贷款至今未还，故肖某查询的个人信用报告显示其存在不良信用记录。

法院认为，公民维护自己的信用信息属于名誉权内容。肖某为案外人杜某某的贷款进行担保，迄今为止该笔贷款本息分文未还的事实是客观存在的，但肖某所担保的上述借款发生在 1997 年 9 月，2015 年安远县支行才将肖某有过担保行为的信用信息上传至个人信用信息数据库，违反了 2005 年中国人民银行制定的《个人信用信息基础数据库管理暂行办法》关于准确、完整、及时地向个人信用数据库报送个人信用信息的规定，且安远县支行在 2015 年向征信机构提供个人不良信息时，未事先告知信息主体本人即肖某，违反了 2013 年已施行的《征信业管理条例》第 15 条、第 16 条有关征信业务规则。肖某虽有过失信行为，但安远县支行未按规定时间、程序提供给征信机构，导致肖某不良信用记录未能尽早消除，造成损害，属于侵犯名誉权行为。

第一千零三十一条　民事主体享有荣誉权。任何组织或者个人不得非法剥夺他人的荣誉称号，不得诋毁、贬损他人的荣誉。

获得的荣誉称号应当记载而没有记载的，民事主体可以请求记载；获得的荣誉称号记载错误的，民事主体可以请求更正。

【条文主旨】

本条是关于民事主体荣誉权的规定。

【条文理解】

荣誉是国家或有关组织依据一定程序对某一特定主体的某一方面活动给予的良好评价，是民事主体在生产劳动和各项工作中成绩卓著所受到的表扬、奖励。荣誉和名誉的共性主要体现在二者皆为外界对民事主体的客观评价。但是在评价的主体、评价的目的上，二者存在较大差异。名誉泛指不特定社会主体对民事主体之评价，客观而不具有特殊的目的性。荣誉则是国家或特定社会组织对特定个体的表彰或褒奖,旨在表彰特定个体作出的突出成就抑或重大的社会贡献。荣誉权,是指民事主体对自己的荣誉享有利益并排除他人非法侵害的权利。荣誉权不是民事主体与生俱来的,而是基于国家或社会组织授予民事主体某种荣誉称号而产生。民事主体的荣誉权受到法律保护,当其荣誉权受到侵害时,有权向人民法院提起诉讼,并请求损害赔偿。

侵害荣誉权的表现形式主要为:(1)非法剥夺他人的荣誉称号。荣誉称号是由特定机关或组织通过特定程序而授予的,只能依据一定的程序或一定的条件才能予以取消。不具备取消条件或未按照一定程序,任何人或机关不得撤销或剥夺他人的荣誉称号,否则构成对他人荣誉权的侵害。非法剥夺他人荣誉称号的行为主要表现为:未经法定程序取消荣誉获得者的荣誉称号;不符合剥夺条件擅自取消荣誉获得者的荣誉称号;使用非法手段获得本应由他人获得的荣誉称号;未经法定程序将荣誉称号错误授予他人;非法利用他人的荣誉称号获取利益等。(2)诋毁、贬损他人的荣誉。荣誉是一种好的名誉,是对一个人的行为、品德、才干等方面的一种肯定评价,诋毁、贬损他人的荣誉,构成对他人荣誉权的侵犯。(3)荣誉称号应当记载而没有记载或者记载错误的。荣誉称号的获得者应当获得尊重并享有相应礼遇。如果荣誉称号应当记载而没有记载或者记载错误的,获得者就可能不能获得应有的尊重及礼遇,不利于维护获得者的荣誉。因此,对于荣誉称号应当记载而没有记载的,民事主体可以请求记载;记载错误的,可以请求更正。有关主体拒绝或不及时记载或更正记载,构成对他人荣誉权的侵害。

【司法适用】

《民法典》“总则编”第 110 条规定,自然人、法人、非法人组织享有荣誉权。《妇女权益保障法》第 42 条规定,妇女的荣誉权受法律保护。禁止用侮辱、诽谤等方式损害妇女的人格尊严。禁止通过大众传播媒介或者其他方式贬低损害妇女人格。《未成年人保护法》第 46 条规定,国家依法保护未成年人的智力成果和荣誉权不受侵犯。

《精神损害赔偿解释》第 1 条规定,自然人因荣誉权遭受非法侵害,向人民法院起诉请求赔偿精神损害的,人民法院应当依法予以受理。虽然荣誉权的主体包括自然人、法人和非法人组织,但只有自然人的荣誉权遭受非法侵害时,方可要求侵权人赔偿精神损害,法人或非法人组织不得主张精神损害赔偿。

《精神损害赔偿解释》第 4 条规定:“具有人格象征意义的特定纪念物品,因侵权行为而永久性灭失或者毁损,物品所有人以侵权为由,向人民法院起诉请求赔偿精神损害的,人民法院应当依法予以受理。”《最高人民法院关于张自修诉横峰县老干部管理局是否侵害荣誉权一案的复函》附件二中,江西省高级人民法院认为，“荣誉侵权只能表现为对当事人享有的荣誉权进行诋毁和非法剥夺，荣誉侵权行为必须是一种故意行为。就本案事实来讲，由于被告保管不当即被告的过失，致使原告的勋章、奖章和证书等物的遗失，丢失的只是具有纪念意义和证明意义的实物，而原告张自修所享有的荣誉并未受到诋毁和剥夺，其荣誉权仍客观存在，并不因为奖章证书的丢失而丧失。因此，我们认为被告的行为并未对原告的荣誉权构成侵害”。最高人民法院经研究认为，“被告横峰县老干部局在收集原告张自修所获得的奖章及证书等纪念物后，因遗失不能归还，起诉到人民法院，不应定为荣誉权纠纷，也构不成对原告荣誉权的侵害，但对原告所遭受的损失应予赔偿。至于赔偿的数额，可结合纪念物的价值（包括收藏价值）、质地及纪念物遗失后对原告精神方面造成的损害等各种因素确定”。可见，勋章、奖章和证书等荣誉物品因行为人过失毁损或灭失，权利人的荣誉并未因此受到诋毁、贬损或剥夺，不构成对权利人荣誉权的侵害。

关于荣誉称号的记载以及荣誉称号获得者应享有的礼遇的相关规定。《国家勋章和国家荣誉称号法》第 10 条规定：“国家设立国家功勋簿，记载国家勋章和国家荣誉称号获得者及其功绩。”第 11 条规定：“国家勋章和国家荣誉称号获得者应当受到国家和社会的尊重，享有受邀参加国家庆典和其他重大活动等崇高礼遇和国家规定的待遇。”《国家功勋荣誉表彰条例》第 36 条规定，设立党、国家、军队功勋簿。“共和国勋章”“七一勋章”“八一勋章”“友谊勋章”和国家荣誉称号获得者，党、国家、军队根据需要设立的其他勋章获得者，党中央、国务院、中央军委单独或者联合授予荣誉称号的个人和集体及其功绩应当记载于功勋簿。第 37 条、第 38 条规定了功勋荣誉表彰奖励获得者应当获得的待遇以及礼遇、救助。

死者的荣誉也应获得法律保护。《精神损害赔偿解释》第 3 条规定，自然人死亡后，他人以侮辱、诽谤、贬损、丑化或者违反社会公共利益、社会公德的其他方式，侵害死者的荣誉，其近亲属因该侵权行为遭受精神痛苦，向人民法院起诉请求赔偿精神损害的，人民法院应当依法予以受理。《民事诉讼法解释》第 69 条规定，对侵害死者荣誉的行为提起诉讼的，死者的近亲属为当事人。《英雄烈士保护法》第 22 条规定：“禁止歪曲、丑化、亵渎、否定英雄烈士事迹和精神。英雄烈士的姓名、肖像、名誉、荣誉受法律保护。任何组织和个人不得在公共场所、互联网或者利用广播电视、电影、出版物等，以侮辱、诽谤或者其他方式侵害英雄烈士的姓名、肖像、名誉、荣誉。任何组织和个人不得将英雄烈士的姓名、肖像用于或者变相用于商标、商业广告，损害英雄烈士的名誉、荣誉。”

【司法案例】

胡某与梓潼县某家庭农场有限公司等人荣誉权纠纷案[①]

诉讼结论：荣誉权侵权应当以民事主体已获荣誉称号为前提。

基本案情

2016年3月8日，梓潼某农场通过微信平台发布了“桃花仙子评选活动”。胡某在知晓该活动后，于2016年3月19日通过微信报名参加了该活动，在设置个人信息时，胡某填写的联系方式为18××××××510。胡某报名后通过了资格审核，获得了参赛资格，并在朋友圈分享拉票。“桃花仙子评选活动”举办期间，梓潼某农场委托梓潼艾某传媒公司担任该活动的组织、策划，要求其通知网上报名的选手：“桃花仙子评选活动”中选手不仅仅要进行网上拉票，还需要到现场参加才艺表演比赛，组委会根据网上拉票排名和现场才艺比赛结果进行综合评比，若不参加现场才艺表演比赛，网上拉票的排名成绩就视为作废。3月20日，梓潼艾某传媒公司电话通知了包括胡某在内的选手，因胡某提供的电话号码有误，胡某没有收到梓潼艾某传媒公司的通知。截至3月25日，胡某网上排名为第6名。3月25日，胡某到达活动现场领取证书和奖品。主持人告知其参加活动还需进行现场才艺表演，胡某听后表示其怀孕不便进行才艺展示，但可以上台进行普法，主持人与主办方汇报后，同意胡某上台进行普法互动。活动最终评选结果在3月25日下午公布，并对获奖人员进行现场颁奖，胡某没有在颁奖名单中。胡某知其没有获奖后，向梓潼某农场工作人员咨询、交涉后，梓潼某农场工作人员向胡某手机发送了一张贴有胡某姓名的“最佳形象奖”证书彩信，并告知其需自己去领取奖品。事后，胡某没有去领取奖品。

一审法院认为，荣誉权既是一种既得权，也是一种期待权。荣誉期待权，即荣誉获得主体在符合法定条件时，因组织没有授予其荣誉而向相关组织主张应获得的荣誉的权利。被告作为桃花仙子评选活动荣誉的授予者，应当授予原告相应的荣誉而没有授予，侵犯了原告的荣誉权，理应赔偿原告精神上的损失。二审法院推翻了一审法院的裁判理由并认为，荣誉是特定民事主体在社会生产、社会活动中有突出表现或突出贡献，政府、单位团体或其他组织所给予的积极的正式评价。荣誉权是民事主体对其获得的荣誉及其利益所享有的保持、支配的一种权利。在本案中，活动主办方未对胡某授予任何荣誉称号，不存在损害胡延荣誉权的事实要件，未侵害胡某的荣誉权。

---

① 四川省绵阳市中级人民法院(2016)川07民终1066号民事判决书。

第六章　隐私权和个人信息保护

在互联网、大数据时代，隐私权受到了极大挑战，个人信息已经成为一项基本的民事权益。从实践来看，非法侵害个人信息的现象十分严重，甚至成为一种社会“公害”。对个人信息的保护，适应了现代社会的发展趋势，体现了法律与时俱进的精神，也充分保障了人民群众的基本权益。本章共8条，主要规定了隐私权不可侵害原则、列举了6项不得实施的行为，规定了自然人的个人信息受法律保护原则、自然人对个人信息的权利，处理个人信息的原则和条件、免责情形、安全保障义务，以及公权力机关及工作人员的保密义务。本章针对隐私权和个人信息保护领域存在的突出问题，进一步强化了对隐私权和个人信息的保护，为将来制定的个人信息保护法留下衔接空间。

第一千零三十二条　自然人享有隐私权。任何组织或者个人不得以刺探、侵扰、泄露、公开等方式侵害他人的隐私权。

隐私是自然人的私人生活安宁和不愿为他人知晓的私密空间、私密活动、私密信息。

【条文主旨】

本条是关于自然人隐私权和隐私含义的规定。

【条文理解】

隐私权是现代社会自然人享有的一项极为重要的具体人格权。长期以来，我国法律上一直未正式承认隐私为一项权利，而是将侵害隐私的行为作为侵犯名誉权来对待，譬如《民通意见》第140条第1款规定了隐私保护问题。直到2005年修改的《妇女权益保障法》才首次在法律中提及隐私权。但《妇女权益保障法》没有界定隐私的内涵，也没有解决隐私权的外延问题。2009年颁布的《侵权责任法》和2017年通过的《民法总则》第110条再次肯定了隐私权作为具体人格权的地位。《民法典各分编(草案)》及《人格权编(草案)》(二审稿)将隐私的概念界定为“具有私密性的私人空间、私人活动和私人信息等”,《人格权编(草案)》(三审稿)修改了隐私的定义,突出隐私“不愿为他人知晓”的特点。本条规定进一步扩大了隐私的内容,将自然人的“私人生活安宁”也新增为隐私的内容。

隐私权,是指自然人享有的私人生活安宁和不愿为他人知晓的私密空间、私密活动、私密信息依法受到保护,不受他人非法刺探、侵扰、泄露和公开的一种人格权。隐私权是一种绝对权,任何组织或个人不得非法侵害他人的隐私权,侵害行为主要表现为非法刺探、侵扰、泄露、公开等方式。隐私权是一种涉及人格尊严等有关人的精神需求的权利,只有自然人才能享有。法律保护死者的隐私,保护的不是死者的隐私权,而主要是死者的近亲属的利益。公众人物的隐私权受到出版自由、言论自由等基本自由的更多限制。隐私权的客体是个人隐私。首先,隐私具有私密性特征,私密性是个人所关注的、带有羞耻心的因素和高度私人化的特质。其次,隐私具有主观性。每个人因生活环境、社会文化背景不同,对隐私的范围及隐私保护程度会有不同的认识,即隐私会因人而异。人民法院审理隐私权纠纷案件,应当根据权利人的主观状态来判断其对侵害隐私权的行为是否具有合理的隐私期待。

隐私主要包括私人生活安宁、私密空间、私密活动和私密信息等。(1)私人生活安宁,是指自然人的私人生活安定与宁静免受他人不当侵扰和妨害的状态,包括物理上不受侵扰及精神上不受侵扰,如日常生活安宁、住宅安宁、通信安宁等。保护自然人的私生活安宁,有利于维护个人尊严和自由,也有利于维护个人的独立人格。(2)私密空间,是自然人所欲保留的空间,或退出社会日常交往而形成的私人空间范围。私人空间包括物理空间和心理距离或空间,包括但不限于个人身体的隐秘部位、个人日记、行李、箱、包、住宅、租赁的房屋、暂时居住的旅馆等。(3)私密活动,是指那些纯属个人的,与他人无关且无涉公益的私人活动和私人事务,如日常生活、社会交往、夫妻的两性生活等。(4)私密信息,即私密的个人信息,指能够单独或者与其他信息结合识别特定自然人且该自然人不愿为他人知晓的各种信息,是隐私与个人信息交叉的部分,与隐私的关联度较高,对其保护更接近于隐私权保护。私密信息强调信息的“私”属性,即具有私人性质及强烈的主观排斥他人知晓的心理。例如,身体缺陷、女性三围、财产状况等信息一般属于私密信息。

隐私权是一种极为重要的人格权。但是,在现实生活中,一方面,隐私权越来越受重视,这也是我国法律明确规定隐私权,而不再通过保护名誉权的方式保护隐私的主要原因;另一方面,随着互联网、大数据、物联网等信息技术的发展,隐私权也越来越易受到侵害，侵权的行为方式更加隐秘，侵权性质更难以确定，侵权后果多样化且程度更严重，侵权行为与损害结果之间的因果关系更松散，为此有人悲观地声称在当代社会隐私"已死"。因此，在民法典中专门规定隐私权及其保护具有极为重要的现实意义。2019 年年底 2020 年年初因新冠肺炎肆虐，武汉人及武汉返乡人员成为重点防疫对象，一些地方、社区、村落详细收集、公开这些人员的姓名、身份证号、家庭住址、返程日期、返程车次、航班等私密信息，如果超出合理限度过度收集、公开他人的私密信息，则构成对他人隐私权的侵害。

【司法适用】

关于自然人隐私权的一般规定。《民法典》"总则编"第 110 条第 1 款规定："自然人享有生命权、身体权、健康权、姓名权、肖像权、名誉权、荣誉权、隐私权、婚姻自主权等权利。"《网络安全法》第 12 条第 2 款规定，任何个人和组织使用网络应当遵守宪法法律，遵守公共秩序，尊重社会公德，不得危害网络安全，不得利用网络从事侵害他人名誉、隐私、知识产权和其他合法权益等活动。第 45 条规定："依法负有网络安全监督管理职责的部门及其工作人员，必须对在履行职责中知悉的个人信息、隐私和商业秘密严格保密，不得泄露、出售或者非法向他人提供。"《信息网络侵权规定》第 12 条规定："网络用户或者网络服务提供者利用网络公开自然人基因信息、病历资料、健康检查资料、犯罪记录、家庭住址、私人活动等个人隐私和其他个人信息，造成他人损害，被侵权人请求其承担侵权责任的，人民法院应予支持。但下列情形除外：(一)经自然人书面同意且在约定范围内公开；(二)为促进社会公共利益且在必要范围内；(三)学校、科研机构等基于公共利益为学术研究或者统计的目的，经自然人书面同意，且公开的方式不足以识别特定自然人；(四)自然人自行在网络上公开的信息或者其他已合法公开的个人信息；(五)以合法渠道获取的个人信息；(六)法律或者行政法规另有规定。网络用户或者网络服务提供者以违反社会公共利益、社会公德的方式公开前款第四项、第五项规定的个人信息，或者公开该信息侵害权利人值得保护的重大利益，权利人请求网络用户或者网络服务提供者承担侵权责任的，人民法院应予支持。国家机关行使职权公开个人信息的，不适用本条规定。"

关于特殊人群隐私权保护的特殊规定。例如，《未成年人保护法》第 39 条规定："任何组织或者个人不得披露未成年人的个人隐私。对未成年人的信件、日记、电子邮件，任何组织或者个人不得隐匿、毁弃；除因追查犯罪的需要，由公安机关或者人民检察院依法进行检查，或者对无行为能力的未成年人的信件、日记、电子邮件由其父母或者其他监护人代为开拆、查阅外，任何组织或者个人不得开拆、查阅。"《妇女权益保障法》第 42 条第 1 款规定："妇女的名誉权、荣誉权、隐私权、肖像权等人格权受法律保护。”

关于特殊领域隐私权保护的专门规定。例如,《公共图书馆法》第 43 条规定:“公共图书馆应当妥善保护读者的个人信息、借阅信息以及其他可能涉及读者隐私的信息,不得出售或者以其他方式非法向他人提供。”《广告法》第 9 条规定,广告不得有危害人身、财产安全,泄露个人隐私的情形。《电子商务法》第 25 条规定:“有关主管部门依照法律、行政法规的规定要求电子商务经营者提供有关电子商务数据信息的,电子商务经营者应当提供。有关主管部门应当采取必要措施保护电子商务经营者提供的数据信息的安全,并对其中的个人信息、隐私和商业秘密严格保密,不得泄露、出售或者非法向他人提供。”《精神卫生法》第 23 条第 4 款规定:“心理咨询人员应当尊重接受咨询人员的隐私,并为其保守秘密。”《律师法》第 38 条第 1 款规定:“律师应当保守在执业活动中知悉的国家秘密、商业秘密,不得泄露当事人的隐私。”《最高人民法院关于人民法院在互联网公布裁判文书的规定》第 10 条规定,人民法院在互联网公布裁判文书时,应当删除自然人的私密信息以及家事、人格权益等纠纷中涉及个人隐私的信息。《最高人民法院关于审理政府信息公开行政案件若干问题的规定》第 1 条、第 5 条、第 6 条、第 8 条、第 11 条等规定了人民法院审理政府信息公开行政案件时保护个人隐私的规则。

对于死者的隐私利益也应获得法律保护。《民法典》“总则编”第 185 条规定,侵害英雄烈士等的姓名、肖像、名誉、荣誉,损害社会公共利益的,应当承担民事责任。《精神损害赔偿解释》第 3 条规定,他人非法披露、利用死者隐私,或者以违反社会公共利益、社会公德的其他方式侵害死者隐私,死者的近亲属因此侵权行为遭受精神痛苦,向人民法院起诉请求赔偿精神损害的,人民法院应当依法予以受理。《民事诉讼法解释》第 69 条规定,对侵害死者隐私的行为提起诉讼的,死者的近亲属为当事人。有些新闻媒体在报道北京首例新冠肺炎死亡病例时,直接引用死者杨某真名,公开杨某的现单位或原单位、职位信息,个别媒体甚至深入挖掘杨某患病、患病致死、子女、子女就读学校以及杨某的肖像等私密信息。对此,有学者认为这些新闻媒体涉嫌侵犯杨某的隐私利益及其家人的隐私权。当个人行为涉及卫生健康等公共事务时,因关涉社会公共利益,新闻报道具有优先报道权,但报道应遵循合理适度原则,应维护当事人的人格尊严,尊重当事人的隐私。

【司法案例】

案例一

李某诉黄某某隐私权侵权纠纷案①

诉讼结论：公民进出住宅的信息，与家庭信息及财产安全、私人生活习惯等高度关联，应视为具有隐私性质的人格权益，受法律保护。

基本案情

李某是广州市天河区×××路×××街25号605房（以下简称605房）的登记产权人，黄某某和案外人谢某芹是广州市天河区×××路×××街25号604房（以下简称604房）的登记共有权人。2014年10月20日至21日期间，黄某某在604房大门的木门上安装了一个猫眼摄像头（以下简称案涉摄像头）。604房大门的木门关闭时，案涉摄像头摄像范围（固定）包括604房和605房的大门外的整个公共走廊。进出605房人员的进出行为能被案涉摄像头拍摄到，605房的室内情况不能被案涉摄像头拍摄到。李某以黄某某在604房大门的木门上安装猫眼摄像头监视公共走廊的行为侵犯其隐私权、肖像权为由提出诉讼。

法院认为，隐私，是指公民不愿为他人知悉或公开的私人信息、活动和习惯等人格利益。公民的私人生活安宁与私人信息秘密依法受到保护，不允许他人非法获悉、收集、利用和侵扰。公民进出住宅的信息，与家庭信息和财产安全、私人生活习惯等高度关联，应视为具有隐私性质的人格权益，受法律保护。本案中，黄某某在住宅门锁被数次毁坏后，采取在内门安装摄像监控装置的方式进行防范，动机在于保证住宅安全，避免自身合法权益遭受不法侵害，具有一定的合理性，但同时也负有不妨害他人合法权益的注意义务。该摄像监控装置具有自动摄录、存储功能，可以完整获悉相邻住户日常进出的全部信息。根据本案查明的事实，李某曾先后多次通过起诉、报警等方式，强调对进出住宅情况处于被摄录状态的极度反感，但黄某某仍反复坚持这一做法，且持续对相邻住户形成侵扰，影响正常生活，超出了合理限度。根据《民法通则》第101条"公民的人格尊严受法律保护"的规定，公民的个人隐私和信息安全不得被侵害。黄某某在自家住宅大门安装的摄像监控装置虽出于自我防护，但该装置可以完整监控相邻住户李某出入住宅全部情况，记录和存储李某不愿为他人知悉的个人信息，对李某的个人居住安宁造成了侵扰后果，应视为民事侵权。根据《民法通则》第5条"公民、法人的合法的民事权益受法律保护，任何组织和个人不得侵犯"的规定，以及《侵权责任法》第6条第

---

① 参见广东省高级人民法院（2016）粤民再464号民事判决书。

1 款“行为人因过错侵害他人民事权益，应当承担侵权责任”的规定，黄某某在采取保护住宅和财产安全措施时，未能善尽注意义务，导致行为超出了合理限度，具有过错，应承担民事侵权责任。

案例二

庞某与北京甲信息技术有限公司等隐私权纠纷案[①]

诉讼结论：庞某的行程安排属于私人活动信息，从而应该属于隐私信息，受到法律保护。当姓名、手机号和庞某的行程信息结合在一起时，结合之后的整体信息也因包含了隐私信息（行程信息）而整体上成为隐私信息，从而可以通过隐私权纠纷而寻求救济。某航和甲公司存在泄露庞某个人隐私信息的高度可能。而且该两家公司并未举证证明其在媒体报道后迅速采取了专门的、有针对性的有效措施，以加强其信息安全保护。而本案泄露事件的发生，正是其疏于防范导致的结果，因而可以认定甲公司和某航具有过错，理应承担侵权责任。

基本案情

2014 年 10 月 11 日，原告委托鲁某通过去哪儿网平台（www. qunar. com）订购了 2014 年 10 月 14 日 MU5492 泸州至北京的某航机票 1 张，所选机票代理商为长沙乙票务代理公司（以下简称乙公司）。去哪儿网订单详情页面显示该订单登记的乘机人信息包括原告姓名及身份证号，联系人信息、报销信息均为鲁某及其尾号 1858 的手机号，并载有如下提示：“为保障资金安全，请务必使用在线支付，切勿通过搜索引擎或拨打来路不明的 400 电话进行银行×××M 机转账。”同日，甲公司发件人为 10×××0762(25)号向鲁某尾号 1850 发送短信：“泸州蓝天机场到北京首都机场 T2 的 MU5492 航班(16:10 起飞/19:10 到达)已出票。……乙航空优选，唯一客服电话：95530。订单查询/退票改签请点击 http://d. qunar. com/klxZha。”甲公司同时向鲁某发送了提醒短信：“尊敬的用户，温馨提醒您：警惕以飞机故障、航班取消为诱饵的诈骗短信，请勿拨打短信中的电话。……”

2014 年 10 月 13 日，原告庞某尾号 9949 手机号收到号码为×××529 的发件人发来短信：“……您预订 2014 年 10 月 14 日 16:10 起飞 19:10 抵达的 MU5492 次航班（泸州—北京首都）由于机械故障已取消，请收到短信后及时联系客服办理改签业务，以免耽误您的行程，服务热线 4008 - 129 - 218（注：改签乘客需要先支付 20 元改签手续费，改签成功后每位乘客额外得到补偿 200 元）……”上述号码来源不明，未向鲁某发送类似短信。鲁某知晓上述短信后拨打某航客服电话 95530

---

① 北京市第一中级人民法院(2017)京 01 民终 509 号民事判决书。

予以核实,客服人员确认该次航班正常,并提示庞某收到的短信应属诈骗短信。关于诈骗短信为何发至庞某本人,客服人员解释称通过该机票信息可查看到开头136、尾号949手机号码及开头189、尾号280手机号码,可能由订票点泄露了庞某手机号码。鲁某在通话中向客服人员确认了尾号9949系庞某本人号码。庭审中,某航称庞某可能为某航常旅客,故某航掌握庞某此前留存的号码。

2014年10月14日,某航客服95530向庞某号码发送通知短信:"……由于飞机故障,您原定10月14日泸州蓝田机场飞往北京首都机场的MU5492,时刻调整至19:50泸州蓝田机场起飞,预计22:30到达北京首都机场。……"鲁某遂拨打95530予以确认,得到答复为该次航班确因故障延误。此后庞某又两次收到95530发来的航班时刻调整短信通知。当日晚19:43,鲁某再次拨打95530确认航班时刻,被告知该航班已取消。鲁某出庭证明了其代庞某购买本案机票并沟通后续事宜,其认可购买本案机票时未留存庞某手机号。甲公司主张涉案机票从乙公司购买,去哪儿网仅为网络交易平台,甲公司在本次机票订单中未接触庞某手机号码,且甲公司已向鲁某发送谨防诈骗短信,尽到了提示义务。

二审法院认为,本案争议的焦点问题有四:一是本案涉及的姓名、电话号码及行程安排是否可以通过隐私权纠纷而寻求救济;二是根据现有证据能否认定涉案隐私信息是由某航和甲公司泄露;三是在某航和甲公司有泄露庞某隐私信息的高度可能之下,其是否应当承担责任;四是丙公司更有可能泄露庞某信息的责任抗辩事由是否有效成立。以下分别进行评析。

一、本案涉及的姓名、电话号码及行程安排等事项是否可以通过隐私权纠纷而寻求救济

某航在本案二审中提出,姓名、电话号码及行程安排等事项是运输合同中的内容,不构成隐私信息,因而其并没有侵犯隐私权的行为。对此,本院认为,姓名、电话号码及行程安排等事项首先属于个人信息。在现代信息社会,个人信息的不当扩散与不当利用已经越来越成为危害公民民事权利的一个社会性问题,因此,对于个人信息的保护已经成为全球共识。我国《全国人民代表大会常务委员会关于加强网络信息保护的决定》也明确提出要对个人信息进行保护。即将于2017年10月1日实施的《民法总则》第111条也明确规定自然人的个人信息受法律保护。但是,在对个人信息进行保护的思路上,各国却有不同看法,从而形成了不同的立法例。有的将个人信息归属于隐私权进行保护(美国),有的则将个人信息归属于一般人格权或直接作为个人信息权进行保护(德国)。与国外的分歧一样,我国法律界对个人信息的保护思路也存在与上述情况相似的争鸣。然而,专业的争鸣本是为了更好地服务于权利保护的实践,如果因为专业争鸣未能达成共识就放

弃对民事权益进行保护,岂非本末倒置?因此,无论对于个人信息的保护思路有如何的分歧,都不应妨碍对个人信息在个案中进行具体的保护。

本案中,庞某被泄露的信息包括姓名、尾号9949手机号、行程安排(包括起落时间、地点、航班信息)等。根据《信息网络侵权规定》第12条的界定,自然人基因信息、病历资料、健康检查资料、犯罪记录、家庭住址、私人活动等是属于隐私信息的。据此,庞某被泄露的上述诸信息中,其行程安排无疑属于私人活动信息,从而应该属于隐私信息,可以通过本案的隐私权纠纷主张救济。

至于庞某的姓名和手机号,在日常民事交往中,发挥着身份识别和信息交流的重要作用。因此,孤立来看,姓名和手机号不但不应保密,反而是需要向他人告示的。然而,在大数据时代,信息的收集和匹配成本越来越低,原来单个的、孤立的、可以公示的个人信息一旦被收集、提取和综合,就完全可以与特定的个人相匹配,从而掌握某一特定个人的详细而准确的整体信息。此时,这些全方位、系统性的整体信息,就不再是单个的可以任意公示的个人信息,这些整体信息一旦被泄露扩散,任何人都将没有自己的私人空间,个人的隐私将遭受巨大威胁,人人将处于惶恐之中。因此,基于合理事由掌握上述整体信息的组织或个人应积极地、谨慎地采取有效措施防止信息泄露。任何他人未经权利人的允许,都不得扩散和不当利用能够指向特定个人的整体信息。本案中,如果诈骗分子仅仅知道庞某的姓名或手机号,则无法发送关于航班取消的诈骗短信;如果诈骗分子仅仅知道庞某的行程信息,则亦无法发送关于航班取消的诈骗短信。而恰恰是诈骗分子掌握了庞某的姓名、手机号和行程信息,从而掌握了一定程度上的整体信息,所以才能够成功发送诈骗短信。因此,本案中,即使单纯的庞某的姓名和手机号不构成隐私信息,但当姓名、手机号和庞某的行程信息(隐私信息)结合在一起时,结合之后的整体信息也因包含了隐私信息(行程信息)而整体上成为隐私信息。另外,隐私权于1890年提出后经过一百多年经济社会的发展,已经不再局限于提出时的内涵。随着对个人信息保护的重视,隐私权中已经被认为可以包括个人信息自主的内容,即个人有权自主决定是否公开及如何公开其整体的个人信息。就姓名而言,自然人本就对其姓名拥有姓名权。但同时,姓名本身也是一种身份识别信息,它和手机号及行程信息结合起来的个人信息也应属于个人信息自主的内容。基于此,将姓名、手机号和行程信息结合起来的信息归入个人隐私进行一体保护,也符合信息时代个人隐私、个人信息电子化的趋势。

综上,本院认为本案涉及的姓名、电话号码及行程安排等事项可以通过隐私权纠纷而寻求救济。

二、根据现有证据能否认定涉案隐私信息是由某航和甲公司泄露

某航和甲公司在本案审理过程中都主张，庞某没有证据证明其个人信息是某航或甲公司泄露，因而某航和甲公司不存在侵犯隐私权的行为。对此，本院认为，基于人类科学技术和认识手段的限制，现实中的客观事实经常不能通过事后的证明被完全还原。因此，诉讼中的证明活动，往往是一种受限制的认识活动，而并非无止境的绝对求真过程。基于这一认识，法律设计了证明标准规则，即对待证事实的证明达到何种程度即可确认该事实存在的规则。根据《民事诉讼法解释》第108条之规定，对负有举证证明责任的当事人提供的证据，人民法院经审查并结合相关事实，确信待证事实的存在具有高度可能性的，应当认定该事实存在。对一方当事人为反驳负有举证证明责任的当事人所主张事实而提供的证据，人民法院经审查并结合相关事实，认为待证事实真伪不明的，应当认定该事实不存在。据此，本案中的关键是看庞某提供的证据能否表明某航和甲公司存在泄露庞某个人隐私信息的高度可能，以及某航和甲公司的反证能否推翻这种高度可能。

（一）庞某提供的证据能否表明某航和甲公司存在泄露庞某个人隐私信息的高度可能

本案中，鲁某通过去哪儿网为庞某和自己向某航订购了机票，并且仅仅给去哪儿网留了自己的手机号，而非庞某的手机号。但是，由于庞某以前曾经通过去哪儿网订过机票，且是某航的常旅客，现有证据显示某航和去哪儿网都留存有庞某的手机号。同时，丙公司作为给某航提供商务数据网络服务的第三方，也掌握着某航的相关数据。因此，从机票销售的整个环节看，庞某自己、鲁某、甲公司、某航、丙公司都是掌握庞某姓名、手机号及涉案行程信息的主体。但从本案现有证据及庞某、鲁某在整个事件及诉讼中的表现看，庞某和鲁某的行为并未违背一名善意旅客所应有的通常的行为方式。在没有相反证据予以证明的情况下，本院确信庞某、鲁某在参加购买机票的民事活动及本案民事诉讼活动时具备诚实、善意的通常状态，不属于自己故意泄露个人信息而进行虚假诉讼。所以，上述主体中，可以排除庞某和鲁某泄露庞某隐私信息的可能。

在排除了庞某和鲁某的泄露可能性之后，甲公司、某航、丙公司都存在泄露信息的可能。而从收集证据的资金、技术等成本上看，作为普通人的庞某根本不具备对某航、甲公司内部数据信息管理是否存在漏洞等情况进行举证证明的能力。因此，客观上，法律不能也不应要求庞某确凿地证明必定是某航或甲公司泄露了其隐私信息。而从庞某已经提交的现有证据看，庞某已经证明自己是通过去哪儿网在某航官网（由丙公司进行系统维护和管理）购买机票，并且某航和去哪儿网都存有庞某的手机号。因此，某航和甲公司以及丙公司都有能力和条件将庞某的姓

名、手机号和行程信息匹配在一起。虽然,从逻辑上讲,任何第三人在已经获知庞某姓名和手机号的情况下,如果又查询到了庞某的行程信息,也可以将这些信息匹配在一起,但这种可能性却非常低。因为根据某航出具的说明,如需查询旅客航班信息,需提供订单号、旅客姓名、身份证号信息后才能逐个查询。而第三人即便已经获知庞某姓名和手机号,也很难将庞某的订单号、身份证号都掌握在手,从而很难查询到庞某的航班信息。而与普通的第三人相比,恰恰是甲公司、某航、丙公司已经把上述信息掌握在手。此外,一个非常重要的背景因素是,在本案所涉事件发生前后的一段时间,某航、甲公司和丙公司被多家媒体质疑存在泄露乘客信息的情况。这一特殊背景因素在很大程度上强化了某航、甲公司和丙公司泄露庞某隐私信息的可能。综上,本院认定某航、甲公司存在泄露庞某隐私信息的高度可能。

(二)某航和甲公司的反证能否推翻上述高度可能

诉讼中某航和甲公司都提供证据表明其采取措施尽到了对客户信息的安全保密职责,因而没有侵犯庞某隐私权。某航在二审中提交的证据,还表明信息泄露也可能是犯罪分子所为。对此,本院认为,某航和甲公司的反证表明其自身采取了一定的安全管理措施,且犯罪分子窃取信息也是可能的泄露原因。但在本院已经确认某航、甲公司存在泄露庞某隐私信息的高度可能的情况下,某航和甲公司并未举证证明本案中庞某的信息泄露的确是归因于他人;也并未举证证明本案中庞某的信息泄露可能是因为难以预料的黑客攻击;同时也未举证证明庞某的信息泄露可能是其自身或鲁某所为。在这种情况下,某航、甲公司存在泄露庞某隐私信息的高度可能很难被推翻。更何况,在本案事件所处时间段内,某航和甲公司都被媒体多次质疑泄露乘客隐私,国家民航局公安局甚至发文要求航空公司将当时的亚安全模式提升为安全模式。这些情况都表明,某航和甲公司的安全管理并非没有漏洞,而是存在提升的空间。因此,本院确认某航和甲公司存在泄露庞某个人隐私信息的高度可能。

需要强调的是,本院认定本案中甲公司和某航存在泄露的高度可能是基于如下因素:一是甲公司和某航都掌握着庞某的姓名、身份证号、手机号、行程信息;二是其他人整体上全部获取庞某的姓名、身份证号、手机号、行程信息的可能性非常低;三是2014年,甲公司和某航都被媒体多次质疑存在泄露乘客隐私的情况。正是在以上3个因素同时具备的情况下,本院才认定某航和甲公司存在泄露庞某个人隐私信息的高度可能。

三、在某航和甲公司有泄露庞某隐私信息的高度可能之下,其是否应当承担责任

本案为一般侵权责任纠纷,归责原则为过错责任。如上所述,某航和甲公司

均有泄露隐私的高度可能性，但其是否应该承担责任归根到底还须审查其是否有过错。

近些年来，对公民个人隐私以及个人信息的保护已成为社会共识。2013 年《消费者权益保护法》第 29 条第 2 款中明确规定，经营者及其工作人员对收集的消费者个人信息必须严格保密，不得泄露、出售或者非法向他人提供。经营者应当采取技术措施和其他必要措施，确保信息安全，防止消费者个人信息泄露、丢失。这是在立法层面上对消费者个人隐私和信息的保护，也是对经营者保护消费者个人信息的强制性规定。经营者违反了该条规定，即视为其存在过错。本案中，某航和甲公司作为各自行业的知名企业，一方面因其经营性质掌握了大量的个人信息，另一方面亦有相应的能力保护好消费者的个人信息免受泄露，这既是其社会责任，也是其应尽的法律义务。诚然，对个人信息的保护是一个逐步的过程，从社会现实来讲不宜苛责过甚。但从本院现有证据来看，某航和甲公司在被媒体多次报道涉嫌泄露乘客隐私后，即应知晓其在信息安全管理方面存在漏洞，但是，该两家公司却并未举证证明其在媒体报道后迅速采取了专门的、有针对性的有效措施，以加强其信息安全保护。而本案泄露事件的发生，正是其疏于防范导致的结果，因而可以认定甲公司和某航具有过错，理应承担侵权责任。

四、某航和甲公司所提出的丙公司更有可能泄露庞某信息的责任抗辩事由是否有效成立

某航和甲公司在诉讼中认为某航所用系统是丙公司开发维护的，并且丙公司也掌握某航的旅客信息，因而更有可能是丙公司泄露庞某隐私信息，所以某航和甲公司应该免责。对此，本院认为，根据上一节的判理，丙公司的确与某航、甲公司一样存在泄露庞某信息的高度可能。但是，本案中，庞某并没有起诉丙公司，而丙公司也并非必须加入本案诉讼。理由如下：

第一，如果本案中某航和丙公司都泄露了庞某的隐私信息，则某航和丙公司基于各自的泄露行为均应向庞某承担侵权责任，此时，某航和丙公司对庞某构成不真正连带责任。而在不真正连带责任中，作为受害人的庞某有权选择起诉侵权人。本案中，庞某起诉了某航和甲公司，而没有起诉丙公司，可以认为系庞某行使了选择权。

第二，如果本案中的确是丙公司泄露了庞某的隐私信息，则从某航和丙公司之间的关系看，丙公司仅仅是对内向某航提供信息网络服务的人，是为了某航更好地开展工作而为其提供服务的。外部的订票者并不在意，也不知道某航的订票系统是由谁来维护和管理的。无论由谁管理和维护，订票的消费者都认为是在向某航订票。因此，在对外关系上，即便是丙公司泄露了庞某的隐私信息，也可以由

某航首先承担责任。某航在承担责任后可以依据其与丙公司之间的服务合同条款,在相关证据具备的情况下,向丙公司主张权利。因此,庞某起诉某航而不起诉丙公司并无不当。所以,某航和甲公司提出的该项抗辩并不能有效成立。

法院认为,某航和甲公司存在泄露庞某隐私信息的高度可能,并且存在过错,应当承担侵犯隐私权的相应侵权责任。庞某请求甲公司和某航向其赔礼道歉,应予支持。对于赔礼道歉的具体形式和范围,由本院根据侵权事实的损害结果及其影响酌情予以确定。此外,庞某请求甲公司和某航赔偿其精神损失,但现有证据无法证明庞某因此次隐私信息被泄露而引发明显的精神痛苦,因此,对于其精神损害赔偿的诉讼请求,不予支持。

第一千零三十三条　除法律另有规定或者权利人明确同意外,任何组织或者个人不得实施下列行为:

(一)以电话、短信、即时通讯工具、电子邮件、传单等方式侵扰他人的私人生活安宁;

(二)进入、拍摄、窥视他人的住宅、宾馆房间等私密空间;

(三)拍摄、窥视、窃听、公开他人的私密活动;

(四)拍摄、窥视他人身体的私密部位;

(五)处理他人的私密信息;

(六)以其他方式侵害他人的隐私权。

【条文主旨】

本条是关于隐私权侵害行为的规定。

【条文理解】

隐私权是一种支配性权利,权利主体对他人在何种程度上可以介入自己的私生活,对自己的隐私是否向他人公开以及公开的范围和程度等具有决定权。行为人根据权利人的明确同意,分享、介入、公开其隐私的行为,不构成侵害隐私权的行为,即权利人明确同意构成隐私权侵权责任的抗辩事由。此外,法律另有规定的,行为人也可以据此免责。

权利人明确同意构成隐私权侵权责任的一般抗辩事由,应当同时具备以下条件:第一,权利人的"同意"必须是"明确同意"。首先,同意必须是权利人自由作出的。"自由"意味着给予权利人真正的选择权,如果权利人没有真正的选择、被迫同意或者不同意将承担不利后果,那么该种同意将无效。其次,同意必须是真实的。凡是因欺诈、胁迫、重大误解或乘人之危等原因作出的同意的意思表示，都是不真实的。最后，同意必须是通过积极、主动的方式作出。对于无民事行为能力或限制行为能力的自然人同意他人分享、介入、公开其隐私的行为，应当获得其监护人的同意或追认，但是依习惯无须其监护人同意或追认的除外。第二，权利人的同意是事先作出的。权利人的同意应当是在隐私权侵权行为发生之前表示出来的意思，而不是事后表示的意思。第三，侵权行为不得超过权利人同意的范围和限度。行为人对权利人实施侵权行为，不得超出权利人明确同意的范围和限度，否则应对超出范围和限度的损害承担法律责任。第四，权利人的同意不得违反法律、行政法规的强制性规定，不得违反公序良俗。

侵害隐私权的典型行为类型：

(1)以电话、短信、即时通讯工具、电子邮件、传单等方式侵扰他人的私人生活安宁

自然人的私人生活安宁受法律保护，任何组织和个人不得以任何方式不法侵扰他人的私人生活，严重影响他人的私人生活安宁。侵扰他人的生活安宁，主要表现为破坏他人原有的生活安稳宁静的状态。侵扰的方式主要表现为利用电话、短信、即时通讯工具、电子邮件、传单等通信方式向他人发送不受欢迎的或者不法的信息骚扰他人。“等”字保持了该条款的开放性，其他会给他人的生活安宁带来侵扰的方式也可纳入本项的范畴。相较于历次草案的规定，本条增加“私人”字眼，强调“私人”生活安宁不受非法侵扰。

(2)进入、拍摄、窥视他人的住宅、宾馆房间等私密空间

《民法典各分编(草案)》及《人格权编(草案)》(二审稿)只具体列举了“他人住宅”这一典型私密空间，也未规定“拍摄”这一侵扰行为方式。针对近年来宾馆房间私装摄像头进行偷拍，侵害公众隐私权造成恶劣社会影响的现实，《人格权编(草案)》(三审稿)作出针对性的回应：新增“拍摄”的侵权方式以及将宾馆房间具体列举为私密空间。同时，删除了“搜查”的行为方式，搜查行为是公务行为，无须获得权利人的同意，有关部门就可以依据法律规定对他人的私密空间进行搜查。

自然人对其私密空间享有控制、排他权利。自然人有权禁止他人非法侵入私密空间，禁止他人非法破坏私密空间之隐秘性。进入、拍摄、窥视的行为方式是侵害自然人私密空间隐私权的主要形式，住宅、宾馆房间等私密空间则是隐私权的客体。

(3)拍摄、窥视、窃听、公开他人的私密活动

私密活动属动态隐私，应获得法律保护。拍摄、窥视、窃听、公开的行为方式是侵害自然人私密活动隐私权的主要形式。但需注意的是，在权利人未明确同意

的情形下，并非所有的拍摄私密活动等的行为皆属于侵害隐私权的行为，需考量拍摄者的行为目的、行为发生的空间以及是否具有过错、行为的后果等要素进行综合判断。[①]

(4)拍摄、窥视他人身体的私密部位

个人身体区分私密部位和非私密部位，只有非法拍摄、窥视他人身体的私密部位，才构成侵害他人隐私权。在权利人未明确同意的情形下，行为人基于偷窥心理或诊治、教学等需要，将他人身体的私密部位拍摄成像，或观摩、见习等窥视他人私密部位的行为，都是侵害他人隐私权的行为。

(5)处理他人的私密信息

根据本条的起草过程，私密信息的侵扰方式经历了从“获取、隐匿、扣留、检查、毁弃、删除、泄露、公开、买卖”到“获取、删除、公开、买卖”到“收集、处理”再到“处理”的变化。参照《民法典》“人格权编”第 1035 条第 2 款的规定，处理包括收集、储存使用、加工、传输、提供、公开等。

自然人的私密信息是与自然人人身安全、人格尊严和人身自由密切相关的信息，没有法律的明确授权或未经权利人的明确同意，或者超出权利人同意的范围，处理他人的私密信息侵害了他人的隐私权。由于私密信息是个人信息的组成部分，处理他人的私密信息侵害他人隐私权的行为，同时也侵害了他人的个人信息，具体应根据本法第 1034 条进行法律适用。

(6)以其他方式侵害他人的隐私权

这是兜底性条款。隐私的内涵会随着科技的进步以及社会的发展不断扩充，同时新的隐私权侵害行为方式和类型也会不断出现，该条款为规范无法周延列举以及未来可能出现的隐私权侵害行为预留适用空间。

【司法适用】

自然人的隐私权应受法律保护。《民法典》“总则编”第 109 条规定：“自然人的人身自由、人格尊严受法律保护。”第 110 条第 1 款规定，自然人享有隐私权。“侵权责任编”第 1226 条规定：“医疗机构及其医务人员应当对患者的隐私和个人信息保密。泄露患者的隐私和个人信息，或者未经患者同意公开其病历资料的，应当承担侵权责任。”

侵害隐私权的行为属于一般侵权行为，适用过错责任原则进行归责。“侵权责任编”第 1165 条第 1 款规定：“行为人因过错侵害他人民事权益造成损害的，应当承担侵权责任。”据此，隐私权侵权责任的构成应具备 4 个要件，即侵权主体主

---

① 山东省济宁市中级人民法院(2018)鲁 08 民终 5559 号民事判决书。

观上有过错,存在侵权行为,造成损害后果以及损害后果与侵权行为之间存在因果关系。第1183条规定:“侵害自然人人身权益造成严重精神损害的,被侵权人有权请求精神损害赔偿。”《精神损害赔偿解释》第1条第2款规定:“违反社会公共利益、社会公德侵害他人隐私或者其他人格利益,受害人以侵权为由向人民法院起诉请求赔偿精神损害的,人民法院应当依法予以受理。”侵害他人隐私权,给他人造成精神损害的,侵权人应当承担精神损害赔偿责任。

【司法案例】

赫某某诉甲酒店隐私权纠纷案[①]

诉讼结论:甲酒店侵犯了赫某某的隐私权。

基本案情

2016年1月11日,甲酒店与乙航空股份有限公司签订《机组住宿服务协议》,约定甲酒店为乙航空公司机组人员入住的定点酒店,为机组人员提供过夜住宿。赫某某系乙航空公司空乘人员。2016年8月12日凌晨,赫某某随乙航空公司的航班机组及空乘人员入住甲酒店,赫某某入住1209房间。2016年8月12日中午,赫某某发现在其房间内空调排气管上有一针孔摄像头,遂告知机长,由机长将摄像头拆下,同时通知了甲酒店。后甲酒店向公安机关报案并将赫某某另行安排在928房间。伊宁市公安局接到报案后立即派人进行了现场勘查并进行了现场拍照,制作了现场勘验检查工作记录,该记录载明:派出所通过勘验检查,发现该摄像头为一个黑色的带有插孔的摄像头。赫某某以甲酒店侵害其隐私权为由诉至法院。

法院认为,人们的私人生活构成了相对独立的、全社会的一个组成部分,每个人都希望在私人生活中内心安宁,不被他人窥视和打扰。同时,这也是人们能够正常生活下去的基本条件。然而,由于最基本的人格尊严和尊重他人自行决定的理念被猎奇的心理与滥用权利的心态所湮没,导致人们日常生活当中,隐私权并没有像人们想象之中那样受到尊重和保护。公民合法的民事权益包括隐私权。权利人对他人在何种程度上可以介入自己的私生活、对自己的隐私是否向他人公开以及公开的人群范围和程度等具有决定权。甲酒店由于对客房管理不善,对客房中存有针孔摄像头有过错,构成了对入住客人赫某某隐私权的侵害。根据《侵权责任法》第2条和第15条的规定,法院判令甲酒店向赫某某公开赔礼道歉,并赔偿赫某某1万元精神抚慰金。

---

① 新疆维吾尔自治区高级人民法院伊犁哈萨克自治州分院(2017)新40民终1360号民事判决书。

第一千零三十四条　自然人的个人信息受法律保护。

个人信息是以电子或者其他方式记录的能够单独或者与其他信息结合识别特定自然人的各种信息，包括自然人的姓名、出生日期、身份证件号码、生物识别信息、住址、电话号码、电子邮箱、健康信息、行踪信息等。

个人信息中的私密信息，适用有关隐私权的规定；没有规定的，适用有关个人信息保护的规定。

【条文主旨】

本条是关于个人信息的规定。

【条文理解】

随着大数据时代的来临，数据分析技术越来越发达，海量的个人信息不断被收集，收集这些个人信息不仅使生活更加便捷，而且带来了巨大的经济价值，但与此同时，也给个人信息保护带来了严峻的挑战。个人信息的非法收集、泄露、利用现象十分严重，甚至造成了严重的人身和财产损失，如徐某玉电信诈骗案和清华教授电信诈骗案。因此，2017 年出台的《民法总则》第 111 条规定："自然人的个人信息受法律保护。任何组织和个人需要获取他人个人信息的，应当依法取得并确保信息安全，不得非法收集、使用、加工、传输他人个人信息，不得非法买卖、提供或者公开他人个人信息"。《民法典》"人格权编"在《民法总则》规定的基础上，系统明确规定个人信息的法律保护，具有非常重要的现实意义。

在《民法典》"人格权编"编纂过程中，立法机关多次就个人信息保护条文进行讨论修改。《民法典各分编（草案）》规定："自然人的个人信息受法律保护。本法所称个人信息是以电子或者其他方式记录的能够单独或者与其他信息结合识别自然人个人身份的各种信息，包括自然人的姓名、出生日期、身份证件号码、个人生物识别信息、住址、电话号码等。"《人格权编（草案）》（二审稿）规定："自然人的个人信息受法律保护。本法所称个人信息是以电子或者其他方式记录的能够单独或者与其他信息结合识别特定自然人的各种信息，包括自然人的姓名、出生日期、身份证件号码、个人生物识别信息、住址、电话号码等。"与《民法典各分编（草案）》相比，《人格权编（草案）》（二审稿）将"识别自然人个人身份"修改为"识别特定自然人"，同时删除了"本法所称"。《人格权编（草案）》（三审稿）规定："自然人的个人信息受法律保护。个人信息是以电子或者其他方式记录的能够单独或者与其他信息结合识别特定自然人的各种信息，包括自然人的姓名、出生日期、身份证件号码、生物识别信息、住址、电话号码、电子邮箱地址、行踪信息等。"

与《人格权编(草案)》(二审稿)相比,《人格权编(草案)》(三审稿)在个人信息范围列举上增加了"电子邮箱地址、行踪信息",更适合互联网时代的需要,也更能适应大数据产业的发展。《民法典(草案)》(2019 年 12 月 16 日稿)在《人格权编(草案)》(三审稿)基础上增加了第 3 款,即"个人信息中的私密信息,同时适用隐私权保护的有关规定"。《民法典(草案)》2020 年 5 月 22 日,将"电子邮箱地址"修改为"电子邮箱",删除了"地址"二字;同时将第 3 款修改为"个人信息中的私密信息,适用有关隐私权的规定;没有规定的,适用有关个人信息保护的规定"。

毋庸置疑,个人信息应作为民法保护的客体,但是《民法典》对自然人个人信息的保护,所保护的是民事权利还是民事权益,自《民法总则》第 111 条开始,在学界就存在争议。关于民事权利说,有学者认为,从法律所保护的客体即个人身份信息的独立性、社会实践保护个人身份信息的必要性,以及从比较法的基础上进行分析,对于个人身份信息的保护,一是不能用法益保护方式,因为其显然不如用权利保护为佳;二是不宜以隐私权保护方式予以保护,因为隐私权保护个人身份信息确有不完全、不完善的问题。要真正实现对个人信息的完善保护,就必须把个人信息保护解读为个人信息权。[①] 关于"个人信息权"的权利边界、权利行使及法律责任,需要在制定民法典分则或者在制定相应的配套立法(如《个人信息保护法》)时,再加以配套和完善。[②] 关于法益说,有学者认为,《民法总则》第 111 条只是规定了个人信息应当受到法律保护,而没有使用个人信息权这一表述,表明《民法总则》并没有将个人信息作为一项具体人格权利,但是《民法总则》为自然人的个人信息保护提供了法律依据,这也为未来个人信息如何在利益上兼顾财产化以及与数据经济的发展的关系配合预留了一定的解释空间。[③] 还有学者认为,总则并没有设定"个人信息权",而是以行为规制的方式,为个人信息提供一定程度的保护。[④] 有学者从体系解释的角度分析认为,由于《民法总则》是紧接在具体人格权的规定(第 110 条)之后,身份权、财产权(第 112 条以下)之前,对个人信息保护作出规定的(第 111 条),故更倾向于将个人信息作为一种需要保护的人格利益。[⑤] 我们认为,立法机关刻意不使用"权"字并非一个不经意之举,"人格权编"以专门一章规定隐私权与个人信息保护,也没有使用"个人信息权"的概念,而是一直谨

---

① 杨立新:《个人信息:法益抑或民事权利——对〈民法总则〉第 111 条规定的"个人信息"之解读》,载《法学论坛》2018 年第 1 期。

② 陈甦主编:《民法总则评注》(下册),法律出版社 2017 年版,第 790 页。

③ 王利明主编:《中华人民共和国民法总则详解》,中国法制出版社 2017 年版,第 465 页。

④ 叶金强:《〈民法总则〉"民事权利章"的得与失》,载《中外法学》2017 年第 3 期。

⑤ 程啸:《民法典编纂视野下的个人信息保护》,载《中国法学》2019 年第 4 期。

慎使用“个人信息”和“个人信息保护”“保护个人信息”等表述。[①]

对个人信息范围的界定，是适用《民法典》“人格权编”保护自然人个人信息权益的前提。本条第 2 款明确了个人信息的概念，突出对个人信息范围的界定。综观世界各国的立法，不乏对个人信息的定义。新加坡 2013 年施行的《个人数据保护法》规定，个人信息，是指无论真实与否，能通过该信息识别或通过该信息与其他企业已经或能够获取的信息结合后识别出个人的信息。英国 2017 年《数据保护法令》规定，个人数据，是指任何与已识别或可识别的在世的人相关的信息。欧盟 2018 年生效实施的《通用数据保护条例》规定，个人数据是指任何与已识别或可识别的自然人(数据主体)相关的信息。2019 年出台的《加州消费者隐私法案》[②]规定，个人信息系指直接或间接地识别、关联、描述、能够合理地与某一特定消费者或家庭相关联或可以合理地与之相关联的信息，包括但不限于以下内容：(A)诸如真实姓名、别名、邮政地址、唯一的个人标识符、在线标识符、互联网协议地址、电子邮件地址、账户名称、社会安全号码、驾驶证号码、护照号码的标识符或其他类似标识符。(B)第 1798.80 节(e)条中描述的任何类别的个人信息。(C)加州或联邦法律下受保护的分类的特征。(D)商业信息，包括购买、获得或考虑过的个人财产，产品或服务的记录，或其他采购或消费的历史或倾向。(E)生物信息。(F)因特网或其他电子网络活动信息，包括但不限于浏览历史、搜索历史和关于消费者与因特网网站、应用程序或广告交互的信息。(G)地理位置数据。(H)音频、电子、视觉、热量、嗅觉或类似信息。(I)专业或就业相关信息。(J)教育信息界定为“家庭教育权利和隐私法案”(20 U. S. C. 1232g，34 C. F. R. 第 99 部分)中所定义的非公开的个人可识别信息。(K)从本条中已识别的任何信息中得出的推论，以创建反映消费者偏好、特征、心理倾向、偏好、倾向、行为、态度、智力、能力和资质的画像。

目前，我国已有上百部法律法规涉及个人信息。工业和信息化部 2013 年发布的《电信和互联网用户个人信息保护规定》第 4 条规定：“本规定所称用户个人信息，是指电信业务经营者和互联网信息服务提供者在提供服务的过程中收集的用户姓名、出生日期、身份证件号码、住址、电话号码、账号和密码等能够单独或者与其他信息结合识别用户的信息以及用户使用服务的时间、地点等信息。”2017 年《网络安全法》第 76 条第 5 项规定：“个人信息，是指以电子或者其他方式记录的

---

① 张新宝：《〈民法总则〉个人信息保护条文研究》，载《中外法学》2019 年第 1 期。

② 吴沈括等：《〈2018 年加州消费者隐私法案〉中的个人信息保护》，载《信息安全与通信保密》2018 年第 12 期。

能够单独或者与其他信息结合识别自然人个人身份的各种信息,包括但不限于自然人的姓名、出生日期、身份证件号码、个人生物识别信息、住址、电话号码等。”2017年《公民个人信息解释》第1条规定,《刑法》第253条之一规定的“公民个人信息”,是指以电子或者其他方式记录的能够单独或者与其他信息结合识别特定自然人身份或者反映特定自然人活动情况的各种信息,包括姓名、身份证件号码、通信通讯联系方式、住址、账号密码、财产状况、行踪轨迹等。可以看出,《民法典》对个人信息的定义延续了之前立法“抽象定义+列举”的方式。

从本条对个人信息的定义可以看出,“可识别性”为个人信息界定的核心要素。但是,由于“可识别性”概念的复杂性,清晰地界定个人信息的范围是一件十分复杂和困难的事情。识别性可分为“直接识别”与“间接识别”。直接识别是根据已知的单个信息能够确定特定的自然人,如身份证号码、指纹、影像视频等,不再需要其他信息的辅助和印证。间接识别是依据单条信息不能直接判断出特定的自然人,需要在这些信息加工整合的基础上进行一定的推理,由此确定特定的自然人,即对已知信息进行拼接组图,拼凑出一幅完整的“人物图像”。另外需要注意的是,个人信息的认定并非像物一样稳定,而是随着拥有数据的主体、使用的场景、数据保存的期限、技术的发展而变化,这就决定了个人信息界定的场景性和动态性。认定个人信息的另外一个要素是“记录”,本条载明个人信息是“以电子或者其他方式记录的”,即明示个人信息必须有载体,是固定化的信息。换言之,没有载体,没有固定的信息不能成为个人信息。如DNA在被记录下来之前,它并不属于本条所说的信息,它只是自然人身体的一部分,当它被记录于某种载体后才成为本条所保护的生物识别信息。

本条列举的个人信息包括:(1)自然人的姓名。《民法典》“人格权编”对姓名权以及个人信息中的自然人的姓名均作出了规定,虽然二者的客体均涉及姓名,但是二者所欲保护的利益内容不同。姓名权和个人信息利益的关键区别在于对识别性保护的角度相反,前者保护识别性与归属性的正确发挥,杜绝姓名与姓名对应关系的错位,后者则通常从根本上防止识别性的发挥,杜绝个人信息与信息主体的对应关系被披露。(2)出生日期。《民法典》“总则编”第15条规定:“自然人的出生时间和死亡时间,以出生证明、死亡证明记载的时间为准;没有出生证明、死亡证明的,以户籍登记或者其他有效身份登记记载的时间为准。有其他证据足以推翻以上记载时间的,以该证据证明的时间为准。”(3)身份证件号码。《居民身份证法》第3条第2款规定:“公民身份号码是每个公民唯一的、终身不变的身份代码,由公安机关按照公民身份号码国家标准编制。”(4)生物识别信息。生物识别信息包括个人基因、指纹、声纹、掌纹、耳郭、虹膜、面部特征等。值得注意的是，相较于指纹、声纹、掌纹、耳郭、虹膜、面部特征等信息，个人基因信息具有隐秘性，前者借助一定的仪器可以轻松识别出来，并加以利用，后者则相对困难。个人基因信息是与公民个人密切相关的基因信息，不包括动植物基因信息，我国首次提出对公民个人基因信息保护的规范性文件是《全国人民代表大会环境与资源保护委员会关于第十二届全国人民代表大会第一次会议主席团交付审议的代表提出的议案审议结果的报告》。[①] 2014 年，最高人民法院出台了《信息网络侵权规定》，第 12 条规定："网络用户或者网络服务提供者利用网络公开自然人基因信息、病历资料、健康检查资料、犯罪记录、家庭住址、私人活动等个人隐私和其他个人信息，造成他人损害，被侵权人请求其承担侵权责任的，人民法院应予支持。"(5)住址。《民法典》"总则编"第 25 条规定："自然人以户籍登记或者其他有效身份登记记载的居所为住所；经常居所与住所不一致的，经常居所视为住所。"(6)电话号码。电话号码包括企业电话号码和个人电话号码，是电话管理部门为电话机设定的号码。此处所称电话号码主要指自然人电话号码，我国现已实行电话号码实名制，可以通过电话号码准确识别出特定自然人。(7)电子邮箱。就像邮寄普通信件时要填写收信人地址一样，电子邮箱则是发送电子邮件时收件人的邮箱地址。虽然互联网中每个人可以有多个不同的电子邮箱及其相应地址，但是每个电子邮箱都具有唯一性，以使邮件收发更加方便、准确。因而通过电子邮箱或与其他信息相结合，便能识别出特定主体。(8)行踪信息。现在大量手机应用软件都有实时定位功能，并在用户下载应用软件时默认用户同意对其定位跟踪，从而获取用户的行踪信息。(9)本条中的"各种信息，包括……"是兜底条款。如今网络科技发展日新月异，获取个人信息的技术和手段多样化，此种概括式定义可以随着实践发展将更多的信息纳入个人信息保护范畴，如网站浏览记录、软件使用记录、工作经历等。

如前所述，第 3 款由"个人信息中的私密信息，同时适用隐私权保护的有关规定"修改为"个人信息中的私密信息，适用有关隐私权的规定；没有规定的，适用有关个人信息保护的规定"，表明了立法者对隐私与个人信息保护法律适用态度的变化。要理解该条款，首先需要厘清隐私与个人信息的关系。对于个人信息与隐私的关系，在规定隐私权的第 1033 条、第 1034 条条文理解中已有涉及。对此，我

---

① 在其附件《全国人民代表大会环境与资源保护委员会关于第十二届全国人民代表大会第一次会议主席团交付审议的代表提出的议案的审议意见》中指出，我委同意上述部门的意见，代表议案附有完整的立法建议，对基因资源的保护、基因技术开发、利用及保护、转基因生物安全及个人基因信息的使用提出了具体翔实的意见，建议国务院在相关条例制定和实施工作中认真考虑代表提出的意见和建议，并积极开展关于基因立法的前期调研和论证工作。

们将在司法适用处再行阐述。

【司法适用】

《民法典》“人格权编”个人信息保护条文以不完全法条占多数，同时相关接口众多，必然会给司法适用造成一些不确定性和困难，期待即将制定的个人信息保护法能够对此加以完善。

对个人信息的保护与救济兼具私法与公法双重保护的性质。在私法上，由于个人信息保护法并未出台，因此，对于个人信息的保护主要依靠《民法典》“人格权编”以及“侵权责任编”予以保护。同时，由于我国现行的法律并没有就侵害个人信息的侵权责任规定为无过错责任，《民法典》第1165条第1款是个人信息遭受侵害的被侵权人的请求权基础，即在归责原则上均为一般过错责任。但是，在一般过错责任原则下，被侵权人承担的举证责任过重。因此，在实践中，法官可以根据具体案件当事人举证的难易程度，合理分配举证责任。

例如，在证明信息处理者实施侵犯自然人个人信息的加害行为时，建议使用高度可能性的判断标准，同时，应综合考虑以下几个因素：(1)被告掌握原告被泄露的个人信息的范围与程度；(2)其他单位或个人掌握被泄露的个人信息的可能性；(3)被告是否曾经存在泄露自然人个人信息的情形；(4)被告已经采取的个人信息的保护机制和具体措施；(5)信息收集者、信息存储者、信息使用者对接入其平台的第三方应用是否建立准入等相应的管理机制和履行管理义务的情形。①

就损害赔偿责任而言，侵害个人信息而给受害人造成的损害多为财产损失，但是在很多情形下，加害人虽然实施了侵害个人信息的行为，受害人却没有财产损失或者难以证明财产损失。《民法典》“侵权责任编”第1182条规定：“侵害他人人身权益造成财产损失的，按照被侵权人因此受到的损失或者侵权人因此获得的利益赔偿；被侵权人因此受到的损失以及侵权人因此获得的利益难以确定，被侵权人和侵权人就赔偿数额协商不一致，向人民法院提起诉讼的，由人民法院根据实际情况确定赔偿数额。”此外，《信息网络侵权规定》第18条第2款规定：“被侵权人因人身权益受侵害造成的财产损失或者侵权人因此获得的利益无法确定的，人民法院可以根据具体案情在50万元以下的范围内确定赔偿数额。”因此，在实践中，法官可以依照上述两个规定在面对难以证明损失的案件中，根据实际情况确认损失金额。

侵害个人信息如果造成了对受害人的隐私权、名誉权甚至生命权等人格权的

---

① 程啸：《论侵害个人信息的民事责任》，载《暨南学报（哲学社会科学版）》2020年第2期。

侵害,常常会产生精神损害赔偿责任的问题。从《民法典》"侵权责任编"第1183条的规定来看,精神损害赔偿责任适用的前提除了要求侵害人身权益之外,还要求造成严重精神损害。《信息网络侵权规定》第17条也规定:"网络用户或者网络服务提供者侵害他人人身权益,造成财产损失或者严重精神损害,被侵权人依据侵权责任法第二十条和第二十二条的规定请求其承担赔偿责任的,人民法院应予支持。"故此,如果在侵害个人信息的案件中,原告无法证明自己遭受了严重的精神损害,则不得请求侵权人承担精神损害赔偿责任。

由于之前我国个人信息保护在立法方面尚不够完善,因此司法实践中对于涉及侵犯个人信息的案件均是通过其他案由获得保护,如姓名权纠纷、名誉权纠纷、隐私权纠纷等具体人格权纠纷以及作为兜底的一般人格权纠纷。在司法实践中,此种做法弥补了我国对于个人信息保护立法滞后的不足之处。但是,在《民法典》颁布实施之后,个人信息权益纠纷应作为一类独立的案由,由法律进行保护。

个人信息权益纠纷与姓名权纠纷的法律适用问题。对比《民法典》"人格权编"第3章所规定的姓名权,其一,姓名权侧重于对姓名的独占性保护,具体包括对姓名的命名及使用两个方面的内容,本条侧重于对姓名所包含的可以识别特定个人的个人信息权益进行保护;其二,姓名权禁止假冒姓名,本条适用则以真姓名为前提。前者如果使用的是自然人虚假的姓名,则构成自然人姓名权纠纷,后者如果泄露的是自然人的虚假姓名,不与特定自然人身份相联系,则不构成侵权行为。

个人信息权益纠纷与名誉权纠纷的法律适用问题。个人信息权益与名誉权具有明显的区别。其一,保护的侧重点不同。名誉权纠纷主要保护的是人的人格尊严,禁止他人用侮辱、诽谤等方式损害他人名誉,而个人信息保护的侧重点着重于信息本身;其二,受影响的范围不同。虽然侵权人利用他人信息对受害人进行侮辱,往往利用的是受害人的真实信息,这与侵犯公民个人信息的"信息"本身具有统一性,但并不能因此就认为两者之间完全重合。

"个人信息中的私密信息,适用有关隐私权的规定;没有规定的,适用有关个人信息保护的规定",表明区分适用隐私权的规定与个人信息保护的规定。司法适用的难题与关键即区分私密信息与其他个人信息。普遍认为,个人隐私与个人信息是交叉关系,即部分个人隐私属于个人信息,而部分个人隐私则不属于个人信息,具体来说,有的个人信息特别是涉及个人私生活的敏感信息属于个人隐私,但也有一些个人信息因高度公开而不属于隐私。

除《民法典》使用"私密信息"一词外,其他法律、法规或者规范性文件并未采用私密信息的表述，而较多出现的是“隐私信息”和“个人敏感信息”。[①] 隐私信息与私密信息在内涵与外延上并无差别。私密信息在《民法典》中属于隐私权的一部分，保护的是私人生活的安宁，未经“明确同意”不得收集、处理。而《个人信息安全规范》中规定的个人敏感信息内容较多，类型广泛，与私密信息所包含的数据种类多有交叉，且较之私密信息而言范围更大。对于泄露、滥用和非法提供自然人个人信息的案件，法官应从涉及的个人信息本身出发，结合案件实际情况，经过整合分析之后输出的结果以及在应用中对个人的影响来看，确定该案所涉个人信息的类型。同时，一种普通的个人信息的类型有可能在不同的应用场景下，会落入到私密信息类型中，如自然人所在的地点、电话号码等。在确定个人信息的类型后，属于一般个人信息或者是非隐私的个人敏感信息的，则适用有关个人信息保护的规定；属于私密信息的，则适用有关隐私权的规定。

【司法案例】

甲公司与朱某隐私权纠纷案[②]

诉讼结论：处理个人信息前要征得个人信息主体的同意，包括默许同意或明示同意，但要区分个人一般信息和个人敏感信息而适用不同的同意规则。收集个人一般信息时，可认为个人信息主体默许同意，如果个人信息主体明确反对，要停止收集或删除个人信息；收集个人敏感信息时，要得到个人信息主体的明示同意。

基本案情

2013 年 5 月 6 日，朱某诉称，被告甲公司利用网络技术，未经朱某的同意和选择，记录和跟踪了朱某所搜索的关键词，将朱某的兴趣爱好、生活学习工作特点等显露在相关网站上，并利用记录的关键词，对朱某浏览的网页进行广告投放，侵害了朱某的隐私权，使朱某感到恐惧，精神高度紧张，影响了正常的工作和生活，故诉至法院。

法院认为，甲公司在提供个性化推荐服务中运用技术收集、利用的是未能与网络用户个人身份对应识别的数据信息，该数据信息的匿名化特征不符合“个人信息的可识别性要求”，网络用户通过使用搜索引擎形成的检索关键词记录，虽然反映了网络用户的网络活动轨迹及上网偏好，具有隐私属性，但这种网络活动轨

---

① 《个人信息安全规范》3.2 注 1：个人敏感信息包括身份证件号码、个人生物识别信息、银行账号、通信记录和内容、财产信息、征信信息、行踪轨迹、住宿信息、健康生理信息、交易信息、14 岁以下（含）儿童的个人信息等。

② 江苏省南京市中级人民法院（2014）宁民终字第 5028 号民事判决书。

迹及上网偏好一旦与网络用户身份相分离，便无法确定具体的信息归属主体，不再属于个人信息范畴。收集的个人信息要区分个人一般信息和个人敏感信息，适用不同的同意规则，一般信息可以默示同意或明示同意，敏感信息必须要明示同意，本案中，甲公司在《使用百度前必读中》已经明确说明cookie技术、使用cookie技术的可能性后果以及通过提供禁用按钮向用户提供选择机制，朱某在甲公司已经明确告知上述事项后，仍然使用百度搜索引擎服务，应当视为对甲公司采用默认“选择同意”方式的认可。综上，甲公司的个性化推荐行为不属于未经同意收集个人信息侵犯朱某隐私权的行为。

第一千零三十五条　处理个人信息的，应当遵循合法、正当、必要原则，不得过度处理，并符合下列条件：

（一）征得该自然人或者其监护人同意，但是法律、行政法规另有规定的除外；

（二）公开处理信息的规则；

（三）明示处理信息的目的、方式和范围；

（四）不违反法律、行政法规的规定和双方的约定。

个人信息的处理包括个人信息的收集、存储、使用、加工、传输、提供、公开等。

【条文主旨】

本条是关于个人信息处理原则和条件的规定。

【条文理解】

该条文在《民法典各分编（草案）》为：“收集、使用自然人个人信息的，应当遵循合法、正当、必要原则，并应当符合以下条件：（一）征得被收集者同意；（二）公开收集、使用信息的规则；（三）明示收集、使用信息的目的、方式和范围；（四）不违反法律、行政法规的规定和当事人之间的约定。”《人格权编（草案）》（二审稿）将《民法典各分编（草案）》中的“被收集者”改为“自然人或者其监护人”。《人格权编（草案）》（三审稿）将《民法典各分编（草案）》、《人格权编（草案）》（二审稿）中的“收集、使用”修改为“收集、处理”。《民法典（草案）》（2019年12月16日）延续了《人格权编（草案）》（三审稿）的表达。《民法典（草案）》（2020年5月22日）将“收集、处理”修改为“处理”，删去了“收集”二字。正式公布的文本将“处理自然人个人信息”修改为“处理个人信息”，删去了“自然人”。将“使用”改为“处理”,明确了个人信息的“使用”只是信息保护中的一个环节,“处理”的外延明显更大。对于个人信息的“处理”,包括个人信息的收集、存储、使用、加工、传输、提供、公开等。显然,此处个人信息的处理涵盖了原本不属于处理项下的内容,收集、使用、传输、提供都非传统意义上的处理。

《民法典》“人格权编”出台之前,对个人信息的处理主要是通过《消费者权益保护法》以及《网络安全法》等加以规制。《消费者权益保护法》第 29 条规定:“经营者收集、使用消费者个人信息,应当遵循合法、正当、必要的原则,明示收集、使用信息的目的、方式和范围,并经消费者同意。经营者收集、使用消费者个人信息,应当公开其收集、使用规则,不得违反法律、法规的规定和双方的约定收集、使用信息。经营者及其工作人员对收集的消费者个人信息必须严格保密,不得泄露、出售或者非法向他人提供。经营者应当采取技术措施和其他必要措施,确保信息安全,防止消费者个人信息泄露、丢失。在发生或者可能发生信息泄露、丢失的情况时,应当立即采取补救措施。经营者未经消费者同意或者请求,或者消费者明确表示拒绝的,不得向其发送商业性信息。”《网络安全法》第 41 条规定:“网络运营者收集、使用个人信息,应当遵循合法、正当、必要的原则,公开收集、使用规则,明示收集、使用信息的目的、方式和范围,并经被收集者同意。网络运营者不得收集与其提供的服务无关的个人信息,不得违反法律、行政法规的规定和双方的约定收集、使用个人信息,并应当依照法律、行政法规的规定和与用户的约定,处理其保存的个人信息。”但这两部法律仅分别适用于“经营者”和“网络运营者”,主要解决的是消费安全与网络安全相关的问题,对个人信息的保护并不全面。

本条第 1 款对信息的处理作出了限制性规定,确定了个人信息处理必须遵循合法、正当、必要的原则,强调了自然人的个人信息自决权。个人信息处理者利用其“垄断地位”或“霸王条款”强制用户同意,任意处理用户个人信息将成为过去式。

所谓合法,是指所有对个人信息的处理活动都要符合我国的法律规范,包括民法和其他部门法,也包括最高人民法院、最高人民检察院的相关司法解释等。所谓正当,是指进行信息处理的目的和手段要合法,更要求手段目的要符合诚实信用的基本原则,并且尽量满足透明性的要求,以便信息主体能够充分了解相关情况,行使相应权利。最后所谓必要,是指处理个人信息应当限于实现正当目的的所必须之部分,与实现所涉目的无关的个人信息不能被处理。其中,最重要的当属对此专门规定了信息处理的“必要性原则”,即个人信息处理者不得处理与其提供的服务无关的个人信息。从大数据运用的角度来看,个人信息处理者总是希望获取尽可能多的用户个人信息,从而可以在多个维度给用户“画像”,使大数据的应用场景更加丰富,从而获取价值的最大化。但个人信息处理的必要性原则,对此提出了规范,要求只能处理与其提供服务有关的个人信息,这对于企业在大数据运用与隐私保护之间的平衡能力以及对于法律的理解提出了较高要求。

对于本条规定的4项具体条件,本书重点阐述前3项。本条第1项“征得该自然人或者其监护人同意,但是法律、行政法规另有规定的除外”规定了同意规则。本条的同意规则建立在自然人的完全民事行为能力、限制民事行为能力、无行为能力区分基础之上,对于完全民事行为能力人,其自愿同意即可;而对于限制民事行为能力人和无民事行为能力人,则需要监护人同意。需要特别指出的是,该规定对无民事能力人和限制民事行为能力人的特殊保护具有重要意义。目前我国青少年网民多达2.89亿人,8岁以前触网的未成年人已超过五成。但是,他们普遍缺乏判断能力,对个人信息的掌控能力较低。此举将有益于未成年人个人信息的保护。有学者认为,对无民事行为能力人或者限制民事行为能力人的个人信息保护,除了适用于未成年人外,还可以适用于一些辨别能力不足的老年人,现实中部分老年人虽然是成年人,但因辨别能力下降而容易受骗,法律对此要求处理其个人信息要征得监护人同意。[①] 在司法实践中,有大量不法分子在取得老年人的个人信息之后,利用老年人对自己子女或者财产的担忧,对其实施精准诈骗的案例时常可见。我国社会正在逐步走向老龄化社会发展,在法律层面,应加强对“空巢”老人、独居老人个人信息的保护。

“同意规则”是个人信息处理的正当性基础。但同意原则也存在例外,对此将在第1036条的条文理解进行详细阐述。同意即权利人向他人对个人信息进行或即将进行的处理活动,作出授权的行为,是权利人个人意志的体现。对于获取用户同意的方式,注意以下几点:首先,个人信息保护中明示同意、默示同意甚至以沉默方式的同意都应遵循相同的规范界定,尤其是沉默仅在法律规定、当事人约定或者符合当事人之间的交易习惯时才可以视为意思表示。“默许同意”的表达,容易混淆默示和沉默的规范差异,应当慎用。其次,如果能够确定意思表示的内容,明示和默示本身地位相同,而明示的方式包括书面和口头形式。对于敏感信息,在明示同意的基础上,提出了更高的规范要求,即采“明确同意”标准。最后,沉默在现行法上本就是意思表示例外的表达方式,因此,个人信息保护中的同意,原则上也不能以沉默的方式作出。尤其是在网络时代,非常有必要明确在网络服务领域沉默(不作为)以及默示勾选的对话框不能构成同意。

---

① 《加强未成年人个人信息保护》,载《人民日报》2019年4月21日,第2版。

值得注意的是,《人格权编(草案)》(二审稿)在《民法典各分编(草案)》的同意规则之基础上增加“但是法律、行政法规另有规定的除外”,即在法律、行政法规另有规定之下,不需要征得自然人或者其监护人的同意。此例外规定具有重要意义。例如,公权力机关出于履行行政职能、维护国家主权和社会稳定,以及保护公共利益的需要,依据法定的规则,按照法定的程序,也可以不经同意直接处理。对此,由法律、行政法规另行规定。当然,公权力机关处理个人信息时,同样应当遵循合法、正当、必要原则,不得过度处理。另外,此例外规定也体现了立法者在个人信息保护上的平衡思想。随着社会信息化进程的推进,信息以前所未有的速度和广度被开发利用,信息成为和物质、能量同样重要的资源,整个社会对于信息的依赖和利用需求增强;个人信息的利用在增进社会福祉的同时,也可能引起信息主体的权益受到威胁和侵害,由此催生了个人信息保护的需要。这样的需要体现着各方主体的利益。面对多元化和冲突化的各种利益,法律是在无限需求和有限资源之间寻求平衡的最佳机制,通过利益衡量实现对不同利益上下位阶的合理安排。[①] 互联网各种场景的个人信息处理,一方面,能够降低社会信用的审核成本,促进交易,推动创新,有利于经济发展;另一方面,一旦信息被滥用,信息系统相互之间的数据被不当拼接,将可能导致自然人的个人信息权益遭受无法挽回的损失。因此,法律对于个人信息的处理提前予以规范、引导,是在公众安全与商业效率之间寻找一个动态平衡。

本条第2项“公开处理信息的规则”重点体现“公开”。在信息处理过程当中,信息处理者应当采取合理的措施告知信息主体:其是否有义务提供个人信息;收集该个人信息的目的;该个人信息可能转移和披露的范围;其查阅、修改个人信息的权利。公开处理个人信息的规则,有利于用户了解产品或服务的个人信息处理行为的实质;更重要的是,对监管机构来说,产品或服务公开处理个人信息的规则,是加强个人信息监管的有力抓手;从社会监督角度来看,公开处理规则是形成公众、舆论监督的基础。在规则上,我们认为应将需要授权的内容以简要明确的方式凸显出来,而非只是在冗长的隐私协议中罗列。同时,应注意到,若消费者不同意对附加功能或服务的授权,不应影响其对核心功能或服务的使用。同时,应将知情同意原则嵌入互联网产品的设计中,让用户逐步知情和逐步同意。监管机关可引入专业技术人员,设立评估机构,根据互联网企业的信息安全保障能力和风险防范能力进行评估,并设立认证机制。让专业的人评估专业风险,告知信息主体结果以供参考。

---

① 张新宝:《从隐私到个人信息:利益再衡量的理论与制度安排》,载《中国法学》2015年第3期。

本条第3项"明示处理信息的目的、方式和范围"重点体现在"明示"。该条立法延续《网络安全法》第41条的规定。同时，根据2019年12月30日工信部等4部门发布的《App违法违规收集使用个人信息行为认定方法》的要求，要逐一列出App(包括委托的第三方或嵌入的第三方代码、插件)收集使用个人信息的目的、方式、范围等。该规定要求处理个人信息目的明确、方式明确、范围明确，不得一言以概之。当处理个人信息的目的、方式、范围发生变化时，要以包括更新隐私政策等处理规则并提醒用户阅读等适当方式通知用户。对于处理用户敏感信息(用户身份证号、银行账号、行踪轨迹等)，要以明确和通俗易懂的方式同步告知用户其目的。对于此处"同步"的规定，尤为值得关注，一般情况下，App的隐私政策一般在用户注册时即已提示用户阅读和确认，但此时可能并未收集用户的敏感信息，只有用户使用App的具体功能的情况下，才会陆续处理用户的敏感信息。因此，即使用户在注册时已经阅读和确认隐私政策，在后续处理用户敏感信息时，仍然需要再次提醒用户其敏感信息将被处理。

就本条第2项"公开处理信息的规则"与第3项"明示处理信息的目的、方式和范围"两项关系如何理解？已有公开处理信息的规则，再提明示处理信息的方式，两者有何区别？此处简要予以阐释。公开一般认为是向不特定的公众公布，因而第2项公开处理信息的规则可理解为信息的处理者应当将其如何处理信息的方式、程序、手段乃至信息安全保障措施、制度，以公众可以便利获取的形式公之于众，以便公众、媒体，甚至监管机构监督、查询。此处之公开，面向之对象应是公众、媒体、监管机构等，而不应当只是信息处理过程中面对的信息主体。明示一般是将事物明确地向对方展示、表示出来，在此处应更倾向于对具体的人明确展示处理信息的目的、方式和范围。这也符合合意的要求。因为当信息主体将与信息处理者达成某项协议时，信息处理者作为相对方不应有所隐瞒，否则将影响信息主体意思表示的真实性。因此，结合本条第2项、第3项两项，可以明确的是，信息处理者不能因其已经公布公开了处理信息的规则，便抗辩已经履行了向信息主体的公示义务。因为公开阶段面向的是不特定人，信息主体尚未进入与信息处理者协商一致达成合意的阶段。

【司法适用】

信息处理者违反本条规定，可能会发生违约之诉与侵权之诉的竞合。将"人格权编"定位为权利法，"侵权责任编"定位为救济法，我们是完全赞同的。因此，在法律适用时，需要结合具体案由分别结合《民法典》"合同编"或"侵权责任编"来判定信息处理者的民事责任。就本条的司法适用而言，还需要根据前述条文理解的内容，在具体案件中判断是否符合了本条规定的个人信息处理的原则及条件。对此,《App 违法违规收集使用个人信息行为认定方法》对法律所禁止的个人信息收集使用方式进行了反向列举式回应,在司法适用时可以予以参考。第一,何种情况属于“未公开收集使用规则”,主要有 3 种情况:(1)未以明显方式提示隐私政策。(2)刻意使用灰色字体、缩小字号、遮挡、置于边缘与背景颜色相近等方式使隐私政策不突出显示。(3)隐私政策通过搜索、咨询客服等方式才能访问到;隐私政策文本列宽设置大于屏幕、无法完整显示。第二,何种情况属于“未明示收集使用个人信息的目的、方式和范围”,主要有 3 种情况:(1)未逐一列出。(2)发生变化后未通过适当方式通知用户。(3)申请收集信息时未同步告知目的,或目的难以理解;内容晦涩烦琐。第三,何种情况属于“未经用户同意收集使用个人信息”,有以下 8 个方面:(1)用户同意前就开始收集;(2)用户不同意后仍然收集,或频繁要求同意;(3)超出用户授权范围收集;(4)以默认等非明示方式征求用户同意;(5)未经用户同意更改其权限设置;(6)定向推送时未提供非定向推送信息选项;(7)欺诈、诱骗用户;(8)未提供撤回同意的途径;违反企业所声明的规则。

【司法案例】

北京甲科技发展有限公司与北京乙创科网络技术有限公司不正当竞争纠纷案[①]

诉讼结论:用户职业信息、教育信息具有较强的用户个人特色,无论对于新浪微博,还是脉脉软件,都不属于为程序运行和实现功能目的的必要信息。二被告在合作期间对涉案新浪微博用户职业信息、教育信息的获取及使用行为,以及在合作结束后对涉案新浪微博用户相关信息的使用行为均缺乏合法性和正当性。

基本案情

乙公司是新浪微博的经营人,二被告(甲公司、丙公司)共同经营脉脉软件及脉脉网站。双方曾签订《开发者协议》,通过微博平台 OpenAPI 进行合作。双方合作期间,二被告抓取了新浪微博用户的教育信息、职业信息,并使用这些信息;双方合作结束后,二被告不仅未及时删除双方合作期间获取的新浪微博用户信息,还非法抓取并使用新浪微博用户的头像、名称、教育信息、职业信息、标签信息等。此外,二被告非法获取并使用脉脉注册用户手机通讯录联系人与新浪微博用户的对应关系。具体而言,用户注册脉脉账号时,会被要求上传手机通讯录,同时,除非用户主动选择公开,新浪微博用户的手机号不公开。二被告采取技术措施在双方合作期间及合作结束后,非法获取脉脉用户手机通讯录联系人与新浪微

① 北京知识产权法院(2016)京 73 民终 588 号民事判决书。

博用户的对应关系,并将该对应关系用于脉脉用户一度人脉中。

法院认为,根据协议约定,二被告在合作期间未根据与乙公司的协议申请职业信息、教育信息 OpenAPI 接口,便从微博开放平台获取新浪微博用户的职业信息、教育信息;在双方合作结束后,二被告未按协议要求及时删除相关用户信息,仍将包括新浪微博用户职业信息、教育信息在内的相关信息用于脉脉软件,该行为不符合《开发者协议》的约定,不具有合法性;《开发者协议》约定了开发者可以为实现应用程序运行及功能实现目的之必要需求而收集相关用户数据。两被告在合作期间非法抓取并在合作结束之后非法使用的相关用户职业信息、教育信息具有较强的用户个人特色,无论对于新浪微博,还是脉脉软件,都不属于为程序运行和实现功能目的的必要信息,而是需要经营者在经营活动中付出努力,挖掘并积累的用户资源中的重要内容。同时,头像、昵称、职业、教育、标签等用户信息的完整使用能刻画出用户个人的生活、学习、工作等基本状态和需求。因此,法院认为,二被告在合作期间对涉案新浪微博用户职业信息、教育信息的获取及使用行为,以及在合作结束后对涉案新浪微博用户相关信息的使用行为均缺乏正当性。

第一千零三十六条　处理个人信息,有下列情形之一的,行为人不承担民事责任:

(一)在该自然人或者其监护人同意的范围内合理实施的行为;

(二)合理处理该自然人自行公开的或者其他已经合法公开的信息,但是该自然人明确拒绝或者处理该信息侵害其重大利益的除外;

(三)为维护公共利益或者该自然人合法权益,合理实施的其他行为。

【条文主旨】

本条是关于信息处理者免责情形的规定。

【条文理解】

在《民法典各分编(草案)》中,该条表述为“实施收集、使用或者公开个人信息等行为,有下列情形之一的,行为人不承担民事责任:(一)在自然人同意的范围内实施的行为;(二)使用自然人自行公开的或者其他已合法公开的信息,但是使用该信息侵害该自然人重大利益或者自然人明确拒绝他人使用的除外;(三)为学术研究、课堂教学或者统计目的在合理范围内实施的行为;(四)为维护公序良俗而实施的必要行为;(五)法律、行政法规规定的其他适当实施情形”。《人格权编(草案)》(二审稿)删除了《民法典各分编(草案)》中列举的部分情形,修改为:

“收集、使用或者公开自然人个人信息,有下列情形之一的,行为人不承担民事责任:(一)在该自然人同意的范围内实施的行为;(二)使用该自然人自行公开的或者其他已合法公开的信息,但是使用该信息侵害该自然人重大利益或者自然人明确拒绝他人使用的除外;(三)为维护公共利益或者该自然人合法权益,合理实施的其他行为。”《人格权编(草案)》(三审稿)将“使用或者公开”修改为“处理”,在“自然人”后增加了“或者其监护人”,同时,修改了第 2 项但书的表述。《民法典(草案)》(2020 年 5 月 22 日)将“收集、处理”修改为“处理”,删去了“收集”二字,并在第 2 项增加“合理”二字。正式公布的文本将“处理自然人个人信息”修改为“处理个人信息”,删去了“自然人”。

在当前纷繁复杂的信息社会中,对个人信息的保护尤为重要。在社会中对个人信息进行合理处理,能够降低社会信用的审核成本,促进市场交易,推动改革创新,有利于经济的发展与社会的进步。《民法典》第 1035 条在个人信息保护方面确立了同意、自主选择、知情、处理限制等原则,也即处理个人信息必须合法、正当、必要。通常而言,处理个人信息一方实施了有悖于个人信息保护相关规定的行为,且给自然人造成损害的,其理应承担相应的民事责任。但是如果其所实施的行为遵循了同意原则,或者其利用的信息来源途径符合合法原则,行为人则不应承担民事责任。同时,个人信息保护不仅涉及自然人的私人利益,亦包括诸多社会公共公益。在信息社会,为保障个人信息能有效发挥其社会效能,对信息收集的同意便不再是信息收集的唯一正当性基础,也还存在着其他合法使用的缘由。故第 1035 条在对个人信息进行保护时,除信息主体同意之外,还引入和落实了合法利益豁免机制。

综上,对处理个人信息的免责事由加以具体规定,这是在处理个人信息时应遵循的原则、规则之外,又为行为人提供了一条规范指引,也为其预留了免于承担责任的合理空间。总之,该规定一方面可以引导行为人合理行为,另一方面也实现了信息主体与行为人之间在利益保护层面的平衡。总的来说,该条规定了行为人不承担责任的 3 种情形:

其一,信息主体同意,即本条第 1 项规定:“在该自然人或者其监护人同意的范围内合理实施的行为。”首先,因为处理自然人的个人信息关系到该自然人的切身利益,理应征得其同意。然而无民事行为能力人和限制民事行为能力人对是否符合其自身利益的行为无法作出判断或者判断不够清晰,而监护人会对上述主体的人身、财产和其他合法利益进行监督、保护,故此时需要征得其监护人的同意。此规定对无民事行为能力人和限制民事行为能力人具有特殊保护的意义,以未成年人为例,未成年人缺乏一定的判断能力,对个人信息掌控的能力较低,此举有益于未成年的个人信息在纷繁复杂的社会中得到保护，对此，我们在第 1035 条的条文理解已经进行了阐述。另外，在司法实践中也存在非法套取阿尔茨海默病患者个人信息的行为，进而实施诈骗等行为，侵害其权益。总之，该规定加强了对上述特殊群体的利益保护。

但是，对于该项中“同意”的理解尚存在争议，即应将其理解为一般意义上的“同意”还是更高标准意义上的“知情同意”。实践中，网络服务商通过采取“使用即同意”的隐私政策或免责声明导致同意原则被实质架空的情况十分普遍。我们认为，个人信息保护首先应体现“合法性”原则，而“合法性”的前提应该是自然人的“知情同意”。“知情同意”与“同意”有所不同，前者是指在符合“完全告知”前提下，信息处理者应当采用能够理解的文字和语言，使自然人在能够充分理解其处理其个人信息的目的、方式和范围的基础上，作出“自主选择”的“同意”。因此，基于对个人信息的充分保护，该条中的“同意”应进一步理解为“知情同意”。

该项与第 1035 条的规范意旨是一致的，即强调信息处理者不能违反其与信息主体之间的约定，其必须在信息主体同意的范围内实施处理等行为，如果超越双方约定的范围进行处理而造成损害的，行为人应当承担民事责任。此项规定虽在内容上呼应了第 1035 条的规定，不过在逻辑上有重复之嫌疑，因为行为人只要获得自然人或者其监护人的同意，并在其同意的范围内合理实施行为，自然属于合法的处理行为，理应不承担责任。

其二，信息来源途径合法，即本条第 2 项规定：“合理处理该自然人自行公开的或者其他已经合法公开的信息，但是该自然人明确拒绝或者处理该信息侵害其重大利益的除外。”处理该自然人自行公开的或者其他已经合法公开的信息，构成了行为人免责的第二种情形，这一规定主要体现了信息来源途径的合法性。该免责事由延续了《信息网络侵权规定》第 12 条第 4 项的规定，即自然人自行在网络上公开的信息或者其他已合法公开的个人信息，行为人公开此类信息造成损害的，不承担侵权责任。

信息处理者所处理的个人信息是该信息主体自行、自愿公开的，或者是通过合法途径获取信息主体已经公开的个人信息，通常认为此类已经合法公开的个人信息进入了公共领域，他人自然可以在合理的范围内进行处理。但是，作为违法阻却事由不仅仅只追求信息的来源途径的合法性，还需要强调信息处理者信息处理目的的合法性。因为即使信息处理者收集信息的来源合法，但若信息处理者以不法目的处理信息，亦会给信息主体甚至是第三人利益造成严重损害。基于此，此处强调“合理”处理方可能免责，是非常值得肯定的。

同时,如果自然人对信息处理者的处理行为表示明确拒绝,也即该自然人不同意其行为,而信息处理者仍实施与该自然人个人信息有关的行为并造成损害的,信息处理者理应承担责任,这亦是对信息主体同意原则的延续。当然,信息处理者处理该自然人的个人信息会侵害其重大利益的,也应当对此承担责任。而该规定中“重大利益”这种表达比较模糊,对信息处理者欠缺约束力。对其如何认定尚需进一步加以具体解释,以便于在具体案件中进行认定,否则“重大利益”这一内涵不清晰的表述将减弱对信息处理者的约束力。总之,该项中的但书是公开使用的例外情况,两项条件分别体现权利行使的比例原则,并肯定了信息主体的信息自决权。

其三,公共利益与自然人合法权益考量,即本条第 3 项:“为维护公共利益或者该自然人合法权益,合理实施的其他行为。”如前所述,《人格权编(草案)》(二审稿)删去了《民法典各分编(草案)》第 3 ~5 项,并重新规定了该条的第 3 项,此项规定即是对合法利益豁免机制引入的直接体现。

在当前的信息社会背景下,个人信息的保护不仅关系到信息主体的私人利益,还涉及国家管理、经济发展等领域的众多社会公共利益,如个人征信体系的建设等。如果过于严格的保护个人信息可能会引发信息交流停滞,不利于社会的整体发展,加之个人信息本就具有公共性属性,因此,公共利益当然应当成为个人信息收集、处理的一项正当性基础。

合法利益豁免机制因无须取得信息主体同意而有可能成为大数据产业处理个人信息的重要合法依据,该机制有利于平衡个人信息保护和信息自由流动。但是,合法利益并不仅仅局限于公共利益,信息主体的私人利益也当然囊括在内。当信息处理者处理信息主体个人信息的目的在于维护该自然人合法权益时,其行为具有合法正当性,自然成为免责事由。

不过必须指出的是,维护公共利益或该自然人合法权益的内容也十分抽象,属于免责事由中的兜底性条款,因此对该项内容的适用必须要有所限制。“公共利益”概念是典型的不确定法律概念,①目前法学界对公共利益形成了 4 点基本判断标准:第一,公共利益应当具有公共性或公益性,它着眼于增进全社会的利益;第二,公共利益具有“个体性”,它源于个人利益,并为个人利益的实现服务;第三,公共利益反对各种形式的特权,不会为个别利益群体的利益而牺牲社会普遍成员的利益。第四,公共利益可以由适格主体通过正当程序加以规定,并且这种论证理由和过程应当公开。根据以上标准可知,现代社会的个人信息保护不仅是个人

---

① 陈新民:《德国公法学基础理论》(上),山东人民出版社 2001 年版,第 182 页。

利益，而远远超出私法领域，体现出一种公共性的需求，从而进入公共利益的范畴。

该规定虽是合法利益豁免理论的体现，但出于公共利益或该自然人合法权益而对个人信息的处理并非无限度，应在合理范围内实施。因此在该项中也规定了处理行为必须“合理实施”，以此规制实践中假借维护公共利益或自然人合法权益之名义，却实施侵害自然人合法权益之行为。此处合理范围的确认应参酌适用合法、正当、合乎比例原则的个人信息使用规范，若信息处理者超出合理范围而实施行为，其应对行为造成的损害承担责任。

值得注意的是，在特殊公共突发事件下，处理个人信息应在该条规定的原则下进一步地细化与限制。对于在此期间的个人信息处理必须要专采专用，也就是说在特殊公共突发事件下，信息处理者必须是具有合法处理资格的主体，处理个人信息的程序与方式必须与当下环境形势相适应，并且此时处理任何个人信息，都只能用于突发公共事件的防控目的，在此之外的目的都不能进行处理，更不能被用于商业目的。同时，突发公共事件结束以后，还应该对个人信息进行销毁，或者匿名化之后仅用于科学研究。

正如新冠疫情，在防疫中需要收集的个人信息，必须严格做到专采专用，并在疫情结束后按规定妥善处置。特别是要防止一些商业机构假借防疫之名随意收集公民信息，要划定红线，禁止其将参与疫情防控获取的数据商业化利用，对于恶意泄露、滥用个人隐私信息的行为，应依法依规严格惩处。

就信息处理者的主体合法性方面，除国务院卫生健康部门依据《网络安全法》《传染病防治法》《突发公共卫生事件应急条例》授权的机构外，其他任何单位和个人不得以疫情防控、疾病防治为由，未经被收集者同意收集使用个人信息。但法律、行政法规另有规定的，按其规定执行。在疫情结束后，应当主动删除疫情期间收集的个人信息，因为防疫任务已经完成，已经没有继续保存和处理这些个人信息的必要。

【司法适用】

在《民法典》“人格权编”出台之前，网络用户或网络服务提供者利用网络公开自然人的个人隐私和其他个人信息，造成他人损害的，侵权人应当承担侵权责任，但是也存在例外情形。2014 年通过的《信息网络侵权规定》第 12 条便对有关免责事由作出了具体规定：“网络用户或者网络服务提供者利用网络公开自然人基因信息、病历资料、健康检查资料、犯罪记录、家庭住址、私人活动等个人隐私和其他个人信息，造成他人损害，被侵权人请求其承担侵权责任的，人民法院应予支持。但下列情形除外：（一）经自然人书面同意且在约定范围内公开；（二）为促进社会公共利益且在必要范围内;(三)学校、科研机构等基于公共利益为学术研究或者统计的目的,经自然人书面同意,且公开的方式不足以识别特定自然人;(四)自然人自行在网络上公开的信息或者其他已合法公开的个人信息;(五)以合法渠道获取的个人信息;(六)法律或者行政法规另有规定。网络用户或者网络服务提供者以违反社会公共利益、社会公德的方式公开前款第四项、第五项规定的个人信息,或者公开该信息侵害权利人值得保护的重大利益,权利人请求网络用户或者网络服务提供者承担侵权责任的,人民法院应予支持。国家机关行使职权公开个人信息的,不适用本条规定。"

此外,《个人信息安全规范》也有免责条款,其中第5.6条对处理个人信息时征得授权同意的例外情形作出了具体明确的规定:以下情形中,个人信息控制者收集、使用个人信息不必征得个人信息主体的授权同意:(1)与个人信息控制者履行法律法规规定的义务相关的;(2)与国家安全、国防安全直接相关的;(3)与公共安全、公共卫生、重大公共利益直接相关的;(4)与刑事侦查、起诉、审判和判决执行等直接相关的;(5)出于维护个人信息主体或其他个人的生命、财产等重大合法权益但又很难得到本人授权同意的;(6)所涉及的个人信息是个人信息主体自行向社会公众公开的;(7)根据个人信息主体要求签订和履行合同所必需的(个人信息保护政策的主要功能为公开个人信息控制者收集、使用个人信息范围和规则,不宜将其视为合同);(8)从合法公开披露的信息中收集个人信息的,如合法的新闻报道、政府信息公开等渠道;(9)维护所提供产品或服务的安全稳定运行所必需的,如发现、处置产品或服务的故障;(10)个人信息控制者为新闻单位,且其开展合法的新闻报道所必需的;(11)个人信息控制者为学术研究机构,出于公共利益开展统计或学术研究所必要,且其对外提供学术研究或描述的结果时,对结果中所包含的个人信息进行去标识化处理的。上述规定,均可以作为本条司法适用的重要参考。

个人信息保护需要平衡多方主体的利益,应贯彻"两头强化,三方平衡"的理念。[①] 因此,法院在处理具体案件适用本条时,除了参考上述规范文件外,还应着力于利益衡量。努力做到"合理保护—合理限制"的二元平衡与"隐私权—知情权"的两极权衡。同时,合理使用比例原则,从具体案件中找到临界线,从而划定出个人信息使用豁免的外在界限。在审理具体案件时,遵循"合目的性""手段适当性""手段必要性""狭义比例原则"4个审查步骤,对所诉案件进行合理性审查。

---

① 张新宝:《从隐私到个人信息:利益再衡量的理论与制度安排》,载《中国法学》2015年第3期。

【司法案例】

安徽甲信息科技有限公司、乙软件有限公司商业贿赂不正当竞争纠纷案①

诉讼结论：乙公司收集、使用网络用户信息及生意参谋产品合法、正当，且数据产品是乙公司在前述原始痕迹数据的基础上，经综合、计算、整理而得到的趋势、占比、排行等分析意见，其对信息的使用结果与原始痕迹信息本身已不具有直接关联，已远远脱出个人信息范畴。

基本案情

乙公司系阿里巴巴卖家端“生意参谋”零售电商数据产品的开发者和运营者，甲公司通过组织、帮助他人利用已订购“生意参谋”数据产品服务的淘宝用户所提供的子账户获取“生意参谋”数据产品中的数据内容，从中牟取商业利益。甲公司认为乙公司与商户签订的协议对于用户数据权利的约定逃避了协议对数据信息及隐私的约束，用户不同意协议就无法使用浏览、搜索、交易等基本服务，实际剥夺了用户的选择权。乙公司认为“生意参谋”原始数据来源于与淘宝平台用户协议约定的收集、使用权利，用户产生的相关痕迹信息及由此推测的用户相关标签信息，不存在识别自然人个人身份的可能性；且乙公司向用户公开收集使用数据的规则，明示收集、使用数据的目的、方式和范围，经淘宝用户明确同意，符合合法、正当、必要原则；相关协议没有免除或限制己方责任或用户责任或排除主要权利的条款，且明确赋予用户选择权，不影响浏览和交易等基本服务。

法院认为，此案并无任何证据证明乙公司取得用户签约认可经由《淘宝平台服务协议》、淘宝网《法律声明及隐私权政策》、天猫网《隐私权政策》等协议的约定而获取涉案信息的行为属非法行为，即应认定乙公司依据约定合法取得数据；关于乙公司收集、使用大数据的基础即原始数据的行为是否违反了法律规定，应当明确，乙公司所获取并使用的是用户进行浏览、搜索、收藏、架构、交易等行为而形成的行为痕迹信息，至于行为人性别、职业、区域及偏好等信息不论是否可从行为痕迹信息中推导得出，亦均属于无法单独或通过与其他信息相结合而识别自然人个人身份的脱敏信息，与销售记录属于同一性质。乙公司未收集与其提供的服务无关的个人信息，其收集的原始数据系依约履行告知义务后所保留的痕迹信息，故未违反《网络安全法》《全国人民代表大会常务委员会关于加强网络信息保护的决定》等法律法规关于个人信息保护的规定。乙公司收集、使用网络用户信

① 浙江省杭州市中级人民法院(2018)浙01民终7312号民事判决书。

息及生意参谋产品合法、正当，且数据产品是乙公司在前述原始痕迹数据的基础上，经综合、计算、整理而得到的趋势、占比、排行等分析意见，其对信息的使用结果与原始痕迹信息本身已不具有直接关联，已远远脱出个人信息范畴，不属于对用户信息的公开使用。

第一千零三十七条　自然人可以依法向信息处理者查阅或者复制其个人信息；发现信息有错误的，有权提出异议并请求及时采取更正等必要措施。

自然人发现信息处理者违反法律、行政法规的规定或者双方的约定处理其个人信息的，有权请求信息处理者及时删除。

【条文主旨】

本条是关于自然人个人信息权益的规定。

【条文理解】

本条在立法过程中文字多次修改完善。《民法典各分编（草案）》对此条文的规定是“自然人可以向信息持有人依法查阅、抄录或者复制其个人信息；发现信息有错误的，有权提出异议并要求及时采取更正等必要措施。有下列情形之一的，自然人可以请求信息持有人及时删除其个人信息：（一）存在非法收集、使用信息的行为；（二）持有侵害自然人合法权益的信息；（三）持有的信息储存期限依法已经届满；（四）根据收集或者使用的特定目的，信息持有人持有信息已经没有必要；（五）其他没有正当理由继续持有信息的情形”。此稿用不完全列举的方式将自然人能够请求信息持有人及时删除个人信息的情形进行了列举。之后《人格权编（草案）》（二审稿）修改为“自然人可以向信息持有者依法查阅、抄录或者复制其个人信息；发现信息有错误的，有权提出异议并要求及时采取更正等必要措施。自然人发现信息持有者违反法律、行政法规的规定或者双方的约定收集、使用其个人信息的，有权要求信息持有者及时删除其个人信息”。《人格权编（草案）》（二审稿）将自然人可请求信息持有者删除其个人信息的情形修改为笼统规定，删除列举式规定，同时，将“持有人”改为“持有者”。《人格权编（草案）》（三审稿）在《人格权编（草案）》（二审稿）的基础上对条文的表述进行了文字性的修饰，将“持有者”改为“控制者”。《民法典》“人格权编”正式文本，则将“控制者”修改为“处理者”，并删除第 2 款对个人信息“收集”的方式，仅保留“处理”，原因在于第 1035 条第 2 款已经对个人信息的处理进行定义，“处理”便包括了“个人信息的收集、存储、使用、加工、传输、提供、公开等”方式，保持了本编个人信息保护条文表达的统一性与体系化。

本条主要规定了自然人对其个人信息的“查阅、抄录和复制权”、“更正权”以及“删除权”。具体来说,第1款“自然人可以依法向信息处理者查阅或者复制其个人信息;发现信息有错误的,有权提出异议并请求及时采取更正等必要措施”,对权益行使的主体、指向的对象,以及具体权益内容作出了详细规定。关于本条所指向的权利行使的主体,限定在自然人范畴,而法人、非法人组织则不享有这样的权利。此处着重对信息处理者和权益内容进行说明。

本条将自然人行使权益的对象指向了“信息处理者”,表明信息处理者是个人信息处理关系中的一方重要主体。明确其在个人信息处理关系中的法律主体地位,是防范个人信息风险和保护自然人合法权益的重要环节。基于学界对“信息处理者”的研究,出现了不同的表述与概念表达。此前,“数据控制者”是较为常见的用语,是指合法获取并实际控制数据,能够确定数据处理的目的、条件和手段,依照法律或者合同约定对数据享有完整或部分财产权利,并承担相应义务的组织和个人。[①] 也有学者将其称为“信息处理主体”,并将其分为国家机关与非国家机关,“信息处理主体”,是指信息主体以外的对个人信息进行处理的自然人、法人以及其他组织。[②] 上述信息控制者、数据控制者、信息处理者都有着共同特点,即对达到一定规模的数据以占有、管理或对其使用具有较大影响的方式实现了控制。

我国2017年施行的《网络安全法》中所指的“网络运营者”,其范围仅限于网络业务与服务的提供者,而信息控制者的内涵却更加广泛。在全国信息安全标准化技术委员会于2019年发布的《信息安全技术个人信息安全规范》中,第3.4条将个人信息控制者定义为“有权决定个人信息处理目的、方式等的组织或个人”。关于“信息处理者”内涵的理解,还应注意以下几点:第一,由于当今社会科学技术及网络的快速发展,个人具备了成为信息控制者的条件。虽然自然人在收集、处理个人信息的范围上受到各种因素的限制,但这并不影响其成为个人信息处理者。当自然人拥有处理个人信息的能力,并对信息加以合法合理的处理,便已经达到了信息处理者的要求,因此,个人属于信息处理者。第二,组织作为极具普遍性的信息处理者,其形态更加多样化,法人组织、非法人组织等便是最为普遍的个人信息处理者。组织拥有先进的技术与强大的能力去处理个人信息,其基于职责

---

① 王玉林:《信息服务风险规避视角下的大数据控制人财产权利与限制研究》,载《图书情报知识》2016年第5期。

② 齐爱民:《中华人民共和国个人信息保护法学者建议稿》,载《河北法学》2019年第1期。

要求或在提供服务的过程中自然而然地处理海量的个人信息,包括自然人的原始信息以及在处理信息后所产生的新信息。例如,华为、苹果、通讯、百度等公司提供技术或服务因处理大量信息而成为信息处理者;学校、医院等组织在履行其自身社会责任过程中,因收集到学生、患者等信息主体的个人信息而成为信息处理者;行政机关在履行其职责的过程中因收集公民个人信息而成为信息处理者,等等。自然人为接受有关组织的服务,会适当地向其公开个人有关信息,而行政机关所收集的个人信息极为全面,且收集时无须征得对方的同意。当组织收集到信息主体的个人信息后,其依据自身职责或与信息主体达成的协议,对信息进行处理,亦有权决定个人信息的处理目的与方式。总之,上述分析表明了组织是信息处理者中极具普遍性和重要性的组成部分。

自然人对其个人信息进行查阅的权益在个人信息保护权利体系中具有重要地位,不仅因为它是公开透明原则的要求,更因为只有当事人在广泛掌握这些信息的前提下,才可以知晓具体的个人信息收集和使用的状况,才能够判断信息处理活动是否符合本人的意愿以及后续的处理活动是否仍然符合本人的预期,当事人也才可以判断是否有必要对相关信息进行抄录、复制以及是否有必要进行更正、删除。自然人更正权行使的条件是"信息错误",即当事人在发现自己的个人信息,即前述所指的自然人的姓名、出生日期、身份证件号码、生物识别信息、住址、电话号码、电子邮箱、健康信息、行踪信息等存在错误,则可以向处理其信息的信息处理者提出异议并要求其更正。当然,若信息处理者认为其异议不合理,仍然可以明确予以拒绝。

相对于"删除权"而言,更被人所熟知的是"被遗忘权"。"被遗忘权"是由欧洲法院判例最早确定的。1998 年,西班牙《先锋报》刊登了西班牙人冈萨雷斯因无力偿还债务而遭拍卖物业的公告。2010 年,冈萨雷斯发现,在谷歌搜索引擎输入他的名字,仍会出现指向该公告的网页链接。他认为这些信息已经过去多年,希望谷歌能够删除该链接。该案一直打到欧洲法院,欧洲法院随后作出了轰动世界的"被遗忘权"判决:谷歌作为搜索引擎服务商,应被视为 1995 年《数据保护指令》界定的数据控制者,对其处理的第三方发布的带有个人数据的网页信息负有责任,在特定情形下,有义务协助数据主体将其消除。依据该判例,欧洲居民可以向搜索引擎申请在搜索结果中删除有关个人的"不恰当的、不相关的、过时多余"的网页链接。而后,欧盟 GDPR 第 17 条正式确立了"被遗忘权"。但需要明确的是,国外的"被遗忘权"与此处的"删除权"并不是相同的概念。此处的"删除权"是建立在违法或违约的前提之上,而欧盟的"被遗忘权"规则并不以违法或违约行为作为必要条件,这是其与欧盟"被遗忘权"最大的不同之处。

自然人删除权的行使是以查阅、抄录和复制权为基础的权利，只有自然人了解信息收集和使用的基本状况之后，才能够就当前信息的存在状态是否有误或者符合约定进行一个合理的判断，才会延伸出更正权和删除权。“删除”一词在辞海中指的是“去掉、去除”的意思。在工业信息化部于2013年实施的《信息安全技术公共及商用服务信息系统个人信息保护指南》中，在第5.1部分的概述中将信息系统中个人信息的处理过程分为收集、加工、转移、删除4个主要环节，并进一步对个人信息的“删除”进行了明确定义——“使个人信息在信息系统中不再可用”。[①] 同时，在《信息安全个人信息安全规范》中，对于规范术语含义的部分，将“删除”界定为“在实现日常业务功能所涉及的系统中去除个人信息的行为，使其保持不可被检索、访问的状态”。因此，“删除”最起码是达到自然人的个人信息在信息系统中，不仅不可用，而且还不能够被检索和访问。但需注意的是，此处仅要求信息系统中的个人信息不可用、不可检索和访问，并不意味着个人信息在信息系统中已经不存在。在信息处理者违法违规或违反约定处理信息之后，即存在于信息处理者控制之下，难保不被利用。因此，其本是违法违规处理，将此种个人信息销毁以使其不在信息系统中存在，也是合理要求。

另外，该条第2款规定了自然人行使删除权的两种情况：(1)自然人发现信息处理者违反法律、行政法规的规定；(2)自然人发现信息处理者违反双方的约定。在这两种情况下，自然人都有权要求信息处理者及时删除其个人信息。该条将自然人删除权的适用条件限制在了“违法或者违约”的情形，在此可以参考《信息安全个人信息安全规范》对删除权的规定：第一，超出个人信息保存期限后，应对个人信息进行删除或匿名化处理；第二，当个人信息控制者停止运营其产品或服务时，应“对其所持有的个人信息进行删除或匿名化处理”。即个人信息控制者停止运营时，不仅需要停止继续收集个人信息的活动，还应将此前获取的个人信息删除或匿名化。第三，个人信息控制者在违法或违约，且信息主体要求删除时，应当对相关个人信息予以删除。第四，个人信息主体注销账户后，应删除其个人信息或做匿名化处理，即账户在注销后，个人信息应被删除或匿名化处理。此四种情况，此处只规定了第三种。

---

① 《信息安全技术公共及商用服务信息系统个人信息保护指南》第5.1部分概述：信息系统中个人信息的处理过程可分为收集、加工、转移、删除4个主要环节。对个人信息的保护贯穿于4个环节中：a)收集指对个人信息进行获取并记录。b)加工指对个人信息进行的操作，如录入、存储、修改、标注、比对、挖掘、屏蔽等。c)转移指将个人信息提供给个人信息获得者的行为，如向公众公开、向特定群体披露、由于委托他人加工而将个人信息复制到其他信息系统等。d)删除指使个人信息在信息系统中不再可用。

【司法适用】

在对本条进行适用时，应处理好与《网络安全法》第43条的关系。该条规定与《网络安全法》第43条的规定一致。本条规定的自然人的“删除权”和“更正权”基本上采用了《侵权责任法》所确立的“避风港”规则，即在信息处理者被通知前提下的“删除”或“更正”，这是《民法典》对信息处理者的一种宽容性规定。《网络安全法》第43条规定，“个人发现网络运营者违反法律、行政法规的规定或者双方的约定收集、使用其个人信息的，有权要求网络运营者删除其个人信息；发现网络运营者收集、存储的其个人信息有错误的，有权要求网络运营者予以更正。网络运营者应当采取措施予以删除或者更正”，本条在《网络安全法》第43条规定的权益内容基础上进行了扩充。因此，在涉及个人信息权益内容判断时，应优先适用《民法典》“人格权编”，以此为依据进行判断。

同时应注意到，若信息处理者的行为构成网络侵权行为，则根据《民法典》“侵权责任编”第1195条第1款规定“网络用户利用网络服务实施侵权行为的，权利人有权通知网络服务提供者采取删除、屏蔽、断开链接等必要措施。通知应当包括构成侵权的初步证据及权利人的真实身份信息”，自然人可以直接行使其侵权请求权寻求救济，要求信息处理者采取删除、屏蔽、断开链接等必要措施。若是信息处理者因为上述原因致使自然人受到相关的损害或者因为信息处理者未及时采取必要措施造成自然人损害扩大，则应当根据信息处理者的具体行为，直接适用或者参照适用《民法典》第1194条的规定“网络用户、网络服务提供者利用网络侵害他人民事权益的，应当承担侵权责任”和第1195条第2款的规定“网络服务提供者接到通知后，应当及时将该通知转送相关网络用户，并根据构成侵权的初步证据和服务类型采取必要措施；未及时采取必要措施的，对损害的扩大部分与该网络用户承担连带责任”来认定信息处理者承担相应的责任。若是由于自然人滥用上述权利，造成信息处理者损害的，则应适用《民法典》“侵权责任编”第1195条第3款的规定“因错误通知造成网络用户或者网络服务提供者损害的，应当承担侵权责任”，由自然人承担相应的责任。此外，第1036条列举了免责事由，赋予了信息处理者在收集、处理自然人个人信息时的豁免权。也就是说，如果信息处理者没有本条规定的行为、侵权行为或者是其行为属于第1036条规定的免责情形，则自然人无法行使其删除、更正请求权。

《App违法违规收集使用个人信息行为认定方法》，对“何种情况属于‘未按法律规定提供删除或更正个人信息功能’或‘未公布投诉、举报方式等信息’”进行了细化，主要从3个方面来认定：未提供更正、删除、注销功能；为更正、删除、注销功能设置不合理条件；虽提供了功能但未及时响应，需人工处理的，未在承诺时限内完成（承诺时限不得超过 15 个工作日，无承诺时限的以 15 个工作日为限）。上述认定方法在本条司法适用时可以予以参考。

需要特别说明的是，对于儿童的个人信息而言，2019 年，国家互联网信息办公室发布了《儿童个人信息网络保护规定》，对儿童个人信息的网络保护进行了详细的规定。虽然在规范效力上，该规定仅是部门规章，但是在处理儿童个人信息保护的问题上，该规定具有参考作用。其具体表现在：第一，其第 19 条规定："儿童或者其监护人发现网络运营者收集、存储、使用、披露的儿童个人信息有错误的，有权要求网络运营者予以更正。网络运营者应当及时采取措施予以更正。"因此，在更正权和删除权的行使主体上，监护人可以成为权利的行使主体。第二，其第 20 条规定："儿童或者其监护人要求网络运营者删除其收集、存储、使用、披露的儿童个人信息的，网络运营者应当及时采取措施予以删除，包括但不限于以下情形：（一）网络运营者违反法律、行政法规的规定或者双方的约定收集、存储、使用、转移、披露儿童个人信息的；（二）超出目的范围或者必要期限收集、存储、使用、转移、披露儿童个人信息的；（三）儿童监护人撤回同意的；（四）儿童或者其监护人通过注销等方式终止使用产品或者服务的。"从条文表述中可以看出，删除权的行使条件并不仅限于本条所述之条件，还增加了"超出目的范围或者必要期限""监护人撤回同意""注销等方式终止使用产品或者服务"这 3 种情形。同时，其第 23 条还规定："网络运营者停止运营产品或者服务的，应当立即停止收集儿童个人信息的活动，删除其持有的儿童个人信息，并将停止运营的通知及时告知儿童监护人。"因此，对于网络运营者而言，在其停止运营产品和服务后，还有删除相关儿童个人信息的义务。

同时，该条已经将义务主体范围从"网络服务运营者"扩大到"信息处理者"，法院应根据具体案件情况合理地认定。此外，对于信息的删除，可根据案件的具体情况进行扩大解释，可删除者不仅包括"实施侵权行为的信息""违法或违约收集、使用的信息""违反双方约定的信息"，还应包括对于原初目的而言已不必要的信息、撤回同意或原来法定依据现已丧失的信息。在权利行使效果上，自然人通过撤回同意而行使删除权时，信息处理者应从服务器上删除包括原始数据在内的一切个人数据。但在有偿许可他人收集信息场合下，删除权人应对相关损失承担赔偿责任。

【司法案例】

谷歌诉法国数据保护监管机构“法国国家信息与自由委员会 CNIL”“被遗忘权”纠纷案[①]

诉讼结论：搜索引擎应当删除其欧盟版本网站的搜索结果，谷歌不必在除欧洲外的全球范围内执行“被遗忘权”。

基本案情

欧盟谷歌（Google LLC）诉法国数据保护监管机构“法国国家信息与自由委员会 CNIL”（Commission nationale de l’ informatiqueet des）的“被遗忘权”（right to be forgotten）案，是一个关于隐私和言论自由之间的界限该如何厘清的里程碑式案件，在 2019 年 9 月 24 日欧盟最高法院（the EU Court of Justice）的最新裁决中表示，欧洲的“被遗忘权”只能在欧盟而不是全球范围内适用，这意味着，当欧盟法院裁定内容无关紧要或令人尴尬时，谷歌只能从欧洲的索引中，而不是从谷歌的全球搜索索引中清除搜索结果。

谷歌的搜索引擎细分为不同的名称，具体是通过地理域扩展名来实现，目的是使显示的结果适合谷歌在不同的各个国家和地区开展业务。2015 年，CNIL 要求谷歌在全球范围内删除应该被删除的链接，但谷歌公司拒绝对其全球所有搜索引擎的域名扩展应用执行撤销链接的请求，而是仅从根据与欧盟成员国中其搜索引擎版本相对应的域名进行的搜索中显示的结果中删除了相关链接。因此，2016 年 CNIL 以没有遵守法律规定为由，对 Google 处以 10 万欧元的罚款。随后，Google 就该罚款提起诉讼。

在这个案件中，将《数据保护指令》（*Data Protection Directive*）解释为：要求搜索引擎运营商执行撤销链接的申请（de－referencing）：（1）在全球所有版本的搜索引擎上；（2）仅在与所有欧盟成员国相对应的搜索引擎版本上；（3）仅在与从撤销链接申请中受益人的欧盟成员国居住国相对应的搜索引擎上。同时，在权利适用的时候，法院还需要考虑的是，当用户是位于欧盟成员国境内的，搜索引擎是否必须使用地理封锁来阻止该用户访问搜索结果（即使该用户曾试图使用非欧盟国家/地区的域名进行登录）。

2018 年 5 月 25 日，欧洲联盟《通用数据保护条例》出台，取代了欧盟 1995 年《数据保护指令》。在 GDPR 的背景下，具体由第 17 条“删除权”规定了关于撤销

---

① 王捷：《“被遗忘权”最新案例，这次 Google 赢了》，载微信公众号“网络法实务圈”，2019 年 9 月 29 日。

链接的数据权利。谷歌的具体做法是,互联网用户输入的域名不再决定该用户访问的搜索引擎的国家版本。也就是说,现在的用户会被自动指向到谷歌搜索引擎的全国版本,该版本对应于假定用户从何处(基于IP地址)执行搜索的位置。谷歌表示,他们一直努力实现欧洲的被遗忘权,并尝试在用户获取信息的权利和隐私之间达到合理的平衡。

法院认为,对于不希望执行被遗忘权隐私法的国家,欧盟不应该把这些权利强行适用到其他国家身上。谷歌不必在除欧洲外的全球范围内执行"被遗权"。这意味着,根据欧盟法律,搜索服务没有义务在全球范围内执行欧洲的撤销链接申请。

从本案的裁定可以看出,欧盟法院其实是给"被遗忘权"设定了一个地域范围限制。也就是说,在欧盟成员国的公民,如果发现了互联网上有他认为"令人尴尬""错误的、过时的""无关或无须继续关注的"内容时,可以要求搜索引擎运营商删除该内容的网络连接。但该欧盟成员国的公民的请求删除的内容只限于在欧盟区内无法看到,在欧盟以外的地区,例如,北美、中东、亚洲等地区的用户可能仍然会看到,因为谷歌没有义务在欧盟外的全球范围内执行"被遗忘权"。

第一千零三十八条　信息处理者不得泄露或者篡改其收集、存储的个人信息;未经自然人同意,不得向他人非法提供其个人信息,但是经过加工无法识别特定个人且不能复原的除外。

信息处理者应当采取技术措施和其他必要措施,确保其收集、存储的个人信息安全,防止信息泄露、篡改、丢失;发生或者可能发生个人信息泄露、篡改、丢失的,应当及时采取补救措施,按照规定告知自然人并向有关主管部门报告。

【条文主旨】

本条是关于信息处理者信息安全保障义务的规定。

【条文理解】

《民法典各分编(草案)》规定:"信息收集人、持有人不得泄露、篡改、毁损其收集、存储的个人信息;未经被收集者同意,不得向他人提供个人信息。但是经过处理无法识别特定个人且不能复原的除外。信息收集人、持有人应当采取技术措施和其他必要措施,确保其收集、存储的个人信息安全,防止信息泄露、毁损、丢失。在发生或者可能发生个人信息泄露、毁损、丢失的情况时,应当及时采取补救措施并告知被收集者。"《人格权编(草案)》(二审稿)与《民法典各分编(草案)》相比,将"信息收集人、持有人"改为"信息收集者、持有者","不得向他人提供个人信息"修改为"不得向他人非法提供个人信息"。《人格权编(草案)》(三审稿)、《民法典(草案)》(2019 年 12 月 16 日)与《人格权编(草案)》(二审稿)相比,"不得泄露、篡改、毁损"修改为"不得泄露、篡改","经过处理"修改为"经过加工"。在正式公布的文本中,进一步将"信息收集者、控制者"修改为"信息处理者","被收集者"修改为"自然人","泄露、丢失"修改为"泄露、篡改、丢失"。

"未经自然人同意,不得向他人非法提供其个人信息",是同意规则的集中体现。如前所述,知情是同意的内在规范要求。同意的前提是信息处理者的充分告知,只有充分了解同意所针对的内容,权利人才能作出有效的同意。在《App 违法违规收集使用个人信息行为认定方法》中,对"何种情况属于'未经同意向他人提供个人信息'"规定了以下三类:(1)未经同意,也未做匿名化处理,直接向第三方提供;(2)未经同意,也未做匿名化处理,将自身服务器数据向第三方提供;(3)接入第三方应用,未经用户同意向第三方提供。

"但是经过加工无法识别特定个人且不能复原的除外"体现了大数据处理的"匿名化"规则。在个人信息保护问题上,如何处理与数据利用的关系是一个关键问题,此处的规定体现了立法者的平衡理念。此规定意味着经信息处理者完全匿名"脱敏"后的数据,无须再次取得用户授权即可由处理者使用。正因如此,有判决承认了信息处理者对"脱敏"后的数据拥有财产权益。此处的"无法识别"应该包含"直接识别"和"间接识别"。"直接识别",是指直接凭借数据本身就能够指向特定个人,如个人姓名、身份证号码等;"间接识别",是指需要将数据结合其他数据后才能指向特定的个人。例如,有关个人的地理位置信息,可结合其他数据识别特定个人。

"信息处理者应当采取技术措施和其他必要措施,确保其收集、存储的个人信息安全,防止信息泄露、篡改、丢失"集中体现了信息处理者的信息安全保障义务。信息安全保障义务由来已久。2012 年《关于加强网络信息保护的决定》第 4 条规定,网络服务提供者和其他企业事业单位应当采取技术措施和其他必要措施,确保信息安全。《网络安全法》第 42 条规定,网络运营者应当采取技术措施和其他必要措施,确保其收集的个人信息安全,防止信息泄露、毁损、丢失。2017 年《民法总则》第 111 条规定"任何组织和个人需要获取他人个人信息的,应当依法取得并确保信息安全"。2018 年《电子商务法》第 30 条也载明了电子商务平台经营者应当采取技术措施和其他必要措施保证其网络安全、稳定运行,防范网络违法犯罪活动,有效应对网络安全事件,保障电子商务交易安全。

但是此处的义务在性质上属于手段义务还是结果义务并不是很明确。[①] 手段义务，是指义务人并无义务实现某种特定而精确的结果，而仅仅负有采取适当手段的勤勉义务。就个人信息安全保障义务而言，如其性质上属于手段义务，信息处理者只要采取了技术措施和其他必要措施，就尽到了安全保障义务，不再因发生的信息安全事件对权利人造成损失承担责任。结果义务，是指义务人负有某种实现确定结果的义务。就个人信息安全保障义务而言，如其性质上属于结果义务，只要发生了危害个人信息安全的事件，造成权利人损害信息处理者就需要承担责任。我们认为，从充分保护自然人个人信息权益的角度来说，本条所规定的既是手段义务，也是结果义务。

"发生或者可能发生个人信息泄露、篡改、丢失的，应当及时采取补救措施，按照规定告知自然人并向有关主管部门报告"，明确规定了信息处理者在发生个人信息安全事件时，应当履行及时补救义务和"双报告"义务。具体来说，其一，个人信息泄露、篡改、丢失不管是实际的已经发生还是可能发生，都会使信息处理者负担此义务。其二，当发生个人信息安全事件时，首要义务是立即采取补救措施进行有效处置，以防止安全事件发生和损害扩大化。这里的补救措施包括物理的、技术的以及管理的措施。其三，在立即采取补救措施的同时，信息处理者应当按照规定履行报告义务，报告对象包括自然人和有关主管部门。其四，应当就信息泄露、篡改、丢失的基本情况，可能造成的后果，采取的及时补救措施，联络方式等内容进行报告。其五，此处有关主管部门具体指哪些部门并未明确，根据《网络安全法》第 8 条规定，国家网信部门负责统筹协调网络安全工作和相关监督管理工作。国务院电信主管部门、公安部门和其他有关机关依照本法和有关法律、行政法规的规定，在各自职责范围内负责网络安全保护和监督管理工作。

【司法适用】

自然人在个人信息被不当泄露、篡改、丢失时，运用本条追究个人信息处理者的民事责任困难较大，司法适用面临的困难的也将较多。

其一，难以确定被告。信息社会以网络为连接，在社会、生产、生活全领域均有个人信息的处理场景，导致在事实上个人信息权益的支配性与排他性相较其他绝对权、对世权被弱化，自然人的姓名等一般信息与行踪轨迹等敏感信息为不同信息控制者所控制尤为常见。以个人信息泄露为例，自然人虽然明知自己信息被泄露，但是其常常无法轻易确定何主体为何目的于何时以何手段将其信息泄露。

---

① 高争志：《侵权责任视角下的个人信息安全保障义务探究》，载《重庆邮电大学学报（社会科学版）》2020 年第 1 期。

其二,举证困难。以诉求信息处理者承担损害赔偿责任为目的,自然人"行为意义上的举证责任"的核心是证明存在信息侵害行为、损害、损害与信息侵害行为之间的因果关系。以个人信息泄露为例,被告可以轻易将信息来源多元作为抗辩事由。在"王某诉汉庭公司信息泄露"案[①]中,汉庭酒店提出"即使是酒店住宿信息,掌握该信息的主体除汉庭酒店之外,还包括原告本人及公安机关等,因此在无证据证明该信息泄露主体系汉庭酒店时,不能推定系汉庭酒店泄露",由于个人信息极易流动的特性,信息由多个主体控制司空见惯,此抗辩是通常的诉讼策略。此案法院也依此认定"虽然两者所显示的原告姓名、性别、身份证号、生日的信息内容一致,但上述信息作为原告的基本信息,其使用频率和范围较广,并不为被告所单独掌握,其扩散渠道也并不具有单一性和唯一性",纯粹从程序正义层面而论,法院的此结论建立在对当事人提交证据合法性、真实性、关联性判定基础之上,符合经验法则、逻辑法则的法官自由心证。但是我们认为,由于自然人与信息处理者在事实上地位、能力不平等,因此采取"高度可能性标准"以弥补自然人个体举证能力的不足,值得赞同。[②]

其三,损害难以认定。损害也称损害后果,是指受害人一方因他人的侵害行为或者准侵害行为而遭受的人身、精神或财产方面的不利后果,即财产的减少、利益的丧失以及精神痛苦、生命丧失(死亡)、身体损害(如残疾)、健康损害、自由受限、知识产权等的权利损害等。个人信息被泄露等使自然人对个人信息的自主决定权、控制权受到侵害,同时还可能导致财产利益的受损,但是,民法上对损害的经典界定在此呈现出非典型性。在个人信息被泄露等之后的"不利后果"能否被充分证明并纳入侵权责任法损害概念的评价范畴,只能有赖于"损害"概念的立法或解释扩张。例如,将信息侵害可能导致的"歧视、身份窃用或诈骗、金融损失、信誉受损、数据泄密、擅自实施的去匿名化以及显著的经济或社会不利后果"[③]等视为损害,而不再强调"存在实际经济损失"或"存在严重精神损害"。但是,困难正在于此。侵权责任法,其以平衡行为人行为自由与他人权利为目标,基于其保护型(事后救济型)法律的定位,建立责任型规范模式的作用机制,主要实现的是其填补受害人损害的功能。如何通过扩大"损害"概念来适用本条保护自然人的个

---

① 上海市浦东新区人民法院(2014)浦民一(民)初字第501号民事判决书。

② 例如,在"庞某诉趣拿公司信息泄露案"中,法院判决里指出"从收集证据的资金、技术等成本上看,作为普通人的庞某根本不具备对东航、趣拿公司内部数据信息管理是否存在漏洞等情况进行举证证明的能力。因此,客观上,法律不能也不应要求庞某确凿地证明必定是东航或趣拿公司泄露了其隐私信息"。北京市海淀区人民法院(2017)京01民终509号民事判决书。

③ 叶名怡:《个人信息的侵权法保护》,载《法学研究》2018年第4期。

人信息权益还有赖司法实践的进一步探索。

【司法案例】

案例一

丁某文与中国电信股份有限公司南京分公司电信服务合同纠纷上诉案[①]

诉讼结论：电信服务提供者应当采取技术措施和其他必要措施，确保信息安全，防止在业务活动中收集的公民个人电子信息泄露、毁损、丢失。

基本案情

2017年4月30日，丁某文在电信南京分公司的营业厅办入网了移动号卡业务，并已经在被告营业厅履行了实名制登记且设置了服务密码。但是自原告入网以来，每次在被告的网上营业厅和掌上营业厅渠道以服务密码登录自己的账户查询费用和话费清单时，均需使用短信业务的方式接收验证才能查询费用和话费清单。丁某文认为，该行为侵犯了自己在网上营业厅和掌上营业厅的查询权益，请求取消二次验证行为，以使自己凭密码登录网掌短信营业厅即可方便进行账单查询等服务。被告电信南京分公司辩称，被告对客户查询费用清单进行短信二次身份验证，符合国家法律法规规定；被告对客户查询费用清单进行短信二次身份验证，符合被告内控制度规范的要求。

法院认为，当事人应当遵循诚实信用原则，根据合同性质、目的和交易习惯履行通知、协助、保密等义务。电信服务提供者应当采取技术措施和其他必要措施，确保信息安全，防止在业务活动中收集的公民个人电子信息泄露、毁损、丢失。本案中，丁某文与电信南京分公司之间系电信服务合同关系，电信南京分公司作为电信服务提供者有法定义务保障电信用户的个人信息安全，丁某文在查询话费清单时，电信南京分公司要求丁某文提供短信数码进行二次验证，目的是保证丁某文个人信息安全，该行为仅需要丁某文花费微量时间即可操作完成，丁某文对此应有协助容忍义务，二次验证行为使丁某文查询资费的权利和享有的信息安全权利同时得到兼顾，符合法律规定。丁某文主张电信南京分公司应对其取消二次验证，缺乏事实及法律依据，本院不予支持。

---

① 江苏省南京市中级人民法院（2017）苏01民终10531号民事判决书。

案例二

周某婵、广东甲电子商务有限公司网络侵权责任纠纷案①

诉讼结论:甲公司作为网络运营者未能履行保护用户信息的义务,对于因此给周某婵造成的损失负有一定的过错责任。

基本案情

2017年11月24日,周某婵在"KK馆"App上购买了迪奥女士Q版香水四件套商品一份。同年11月29日,周某收到上述商品后怀疑是假货而在"KK馆"App上向在线客服申请退货。在线客服答复周某婵称保税直邮商品暂不提供无理由退换货服务。同年11月30日,周某婵接到自称为"KK馆""售后楚楚"的客服人员的电话,该名人员提出与周某婵互加微信沟通退货事宜。周某婵在微信中添加了"售后楚楚","售后楚楚"将周某婵在"KK馆"App上的购物详情(包括快递单号、收货人手机、收货地址、订单创建时间、订单付款时间、订单发货时间、订单完成时间、订单支付方式、订单支付号、用户账号、商品名称、金额)截图发送给周某婵,并发送了退款链接给周某婵。周某婵点击该链接后将姓名、卡号、动态密码发送给了"售后楚楚"。随即,周某婵的银行账户被转走49,990.96元。周某婵意识到被骗,于是马上报警。

"KK馆"是由甲公司委托乙公司开发,并由甲公司经营的一款购物App。每次登入"KK馆"App,都会弹出如下温馨提示:如有电信诈骗不法分子以"物流丢件或商品问题向顾客退款索要银行账户等信息"请不要随意相信以免上当受骗。请您把电话拉黑,若有任何问题请联系"KK馆"在线客服或致电×××××。周某婵提起诉讼诉请甲公司、乙公司赔偿其人民币49,990.96元损失及利息。

法院认为,根据《网络安全法》第40条规定,网络运营者应当对其收集的用户信息严格保密,并建立健全用户信息保护制度。甲公司作为网络运营者未能履行保护用户信息的义务,对于因此给周某婵造成的损失负有一定的过错。另外,作为具有完全民事行为能力的成年人,周某婵在进行网络购物时,应当具备适当的安全防范意识。而本案中,周某婵在"KK馆"App的在线客服已经答复不提供无理由退换货服务的情况下,轻信陌生人通过电话和微信给出的信息真实性,将户名、银行账号甚至手机动态密码发送给"售后楚楚",显然具有疏忽大意的过失,对于因此导致的自身财产损失,应当自行承担一定的后果。

---

① 广东省深圳市中级人民法院(2019)粤03民终3954号民事判决书。

案例三

申某与支付宝(中国)网络技术有限公司等侵权责任纠纷案①

诉讼结论:甲公司违反了网络运营主体的安全保障义务,存在个人信息保护上的安全维护漏洞,导致申某遭遇诈骗形成财产损失。甲公司在5万元赔偿数额的范围内对申某承担补充责任。

基本案情

申某在北京某某有限公司从事行政工作,2017年8月9日申某通过甲手机App平台为同事孙某某订购了8月10日早10:50起飞,乙航空股份有限公司(以下简称乙航空公司)航班号为MU2154的北京至嘉峪关经西安转机的联程机票,由申某个人在携程App上绑定的工商银行信用卡支付,所留为申某个人手机号。第二天,申某收到有关其订购航班调整信息,短信显示第二段航班因故障取消,短信内容与申某为同事订票的内容完全一致,包括姓名、航班号、第二段行程的地名、日期以及航空公司。申某用办公座机电话拨打了短信上的客服电话,客服核实了申某的姓名和电话,准确地说出了孙某某的姓名、身份证号、航班起飞时间、航班号并说航班取消需要退机票款数额,要求申某提供支付宝或微信的账户,申某提供了支付宝账户后,对方说操作多次都没有成功,故提出通过支付宝亲密付的方式支付,之后申某收到4条短信通知其银行卡4次扣款总金额为19,008.99元。客服的电话回拨回来,表示让申某不要挂断电话,挂断电话会影响其后台操作,并表示因为申某挂断电话影响了后台操作,钱被转走,现需把钱转回来,因为亲密付有限额,需要用申某的网银转账,对方让申某去开通手机银行,申某到单位楼下的工商银行柜台开通了工商银行手机银行、网上银行。事发时上午11时44分,申某两次收到招行银行客服95555给申某发的入账短信,但申某一直没有收到退款,这时候申某才反应过来被骗了,整个过程持续了近两个小时。

法院认为,根据《侵权责任法》第37条的规定,宾馆、商场、银行、车站、娱乐场所等公共场所的管理人或者群众性活动的组织者,未尽到安全保障义务,造成他人损害的,应当承担侵权责任。因第三人的行为造成他人损害的,由第三人承担侵权责任;管理人或者组织者未尽到安全保障义务的,承担相应的补充责任。根据《民法总则》第111条,《网络安全法》第40~43条、第74条的规定,自然人的个人信息受法律保护。任何组织和个人需要获取他人个人信息的,应当依法取得并确保信息安全,不得非法收集、使用、加工、传输他人个人信息,不得非法买卖、提

① 北京市朝阳区人民法院(2018)京0105民初36658号民事判决书。

供或者公开他人个人信息。网络运营者对网络用户的个人信息负有安全保障的法定义务,具体包括:严格保密信息并健全用户信息保护制度;合规收集和使用信息;采取必要技术等相关措施,确保收集的个人信息安全;管理机构和人员须尽职管理的保障义务等用户信息安全保障义务。法院认定申某在甲公司订购机票过程中产生的信息属于民法所保护的申某的个人信息,申某的手机号和机票行程信息可以与信息主体申某个人进行匹配与识别,符合个人信息识别能度的根本特征,据此,申某被泄露的上述诸信息为民法所保护的个人信息。

第一千零三十九条　国家机关、承担行政职能的法定机构及其工作人员对于履行职责过程中知悉的自然人的隐私和个人信息,应当予以保密,不得泄露或者向他人非法提供。

【条文主旨】

本条是关于国家机关、承担行政职能的法定机构及其工作人员的保密义务的规定。

【条文理解】

该条首次出现于《人格权编(草案)》(二审稿),规定:"国家机关及其工作人员对于履行职责过程中知悉的自然人隐私、个人信息,应当予以保密,不得泄露或者非法向他人提供。"《人格权编(草案)》(三审稿)、《民法典(草案)》(2019 年 12 月 16 日)及《民法典(草案)》(2020 年 5 月 22 日)对此规定都没有大的变化。在正式公布的民法典文本中,"国家机关及其工作人员"修改为"国家机关、承担行政职能的法定机构及其工作人员"。

这一修改值得肯定,根据我国已有法律、行政法规的规定,国家机关及其承担行政职能的法定机构负有个人信息保护义务。例如,《网络安全法》第 73 条规定,网信部门和有关部门违法将在履行网络安全保护职责中获取的信息用于其他用途的,对直接负责的主管人员和其他直接责任人员依法给予处分;《社会保险法》第 92 条规定,社会保险行政部门和其他有关行政部门、社会保险经办机构、社会保险费征收机构及其工作人员泄露用人单位和个人信息的,对直接负责的主管人员和其他直接责任人员依法给予处分;《电子商务法》第 87 条规定,负有电子商务监督管理职责的部门的工作人员,玩忽职守、滥用职权、徇私舞弊,或者泄露、出售或者非法向他人提供在履行职责中所知悉的个人信息、隐私和商业秘密的,依法追究法律责任。类似的条款还存在于《国家情报法》《核安全法》《出境入境管理法》《身份证法》《统计法》《社会救助暂行办法》《缺陷汽车产品召回管理条例》《戒毒条例》《人力资源市场暂行条例》《残疾人教育条例》《征信业管理条例》《彩票管理条例》等法律、行政法规之中。另外，修改之后的主体表达与《民法典》“总则编”第97条的规定，即“有独立经费的机关和承担行政职能的法定机构从成立之日起，具有机关法人资格，可以从事为履行职能所需要的民事活动”保持一致。

本条对国家机关、承担行政职能的法定机构及其工作人员的保密义务进行规定的时代背景在于，在互联网大数据、电子商务和社会信用建设等涉及个人信息保护的领域，我国选择了政府与市场协同发展的模式，政府作为产业政策和国家标准的制定者积极介入其中，而且目前政府也是最大的个人信息数据收集和管理者，中国人民银行、发改委、工商管理部门、税务管理部门、社会保险管理部门、邮政部门、统计部门、网信办均依职权掌握海量的个人信息，特别是个人敏感信息。因此公权力机关当然负有保护个人信息安全的义务。

理解该条文，首先须把握“国家机关、承担行政职能的法定机构”和“国家机关、承担行政职能的法定机构的工作人员”的主体范围，对此《民法典》“总则编”第97条的条文理解已有阐述，此处不予赘述。“履行职责过程”即国家工作人员履行公务的过程，其一应符合合法原则，即履行公务应该依据法律、行政法规、规章制度的规定，不得违反也不得超出职权范围而为；其二应符合限制原则，即履行公务应该是在相应的工作时间段内，在非工作时间段所为的行为，不应当认定为履行公务，而是属于公民的个人行为。“应当予以保密”和“不得泄露或者向他人非法提供”分别从正反两个方面规定了保密义务的履行方式，这就要求国家机关、承担行政职能的法定机构及其工作人员，在因为履行职责获取了自然人的隐私和个人信息之后，应当采取必要的保护措施，防止所获取的隐私和个人信息发生泄露，并禁止向他人提供。对个人信息和隐私的保密规定，我国法律、行政法规法早已有之。例如，《监察法》第18条规定，监察机关及其工作人员对监督、调查过程中知悉的国家秘密、商业秘密、个人隐私，应当保密；《反恐怖主义法》第48条规定，反恐怖主义工作领导机构、有关部门和单位、个人应当对履行反恐怖主义工作职责、义务过程中知悉的国家秘密、商业秘密和个人隐私予以保密；《电子商务法》第25条规定，有关主管部门应当采取必要措施保护电子商务经营者提供的数据信息的安全，并对其中的个人信息、隐私和商业秘密严格保密，不得泄露、出售或者非法向他人提供。

【司法适用】

该条是禁止性规范，明确规定国家机关、承担行政职能的法定机构及其工作人员对于履行职责过程中知悉的自然人的隐私和个人信息，应当予以保密，不得泄露或者向他人非法提供。在《民法典》颁布之前有法律规定，行政机关违反个人信息保护义务，泄露个人信息给单位或个人造成损失，应当承担赔偿责任。① 但是该条仅规定了国家机关、承担行政职能的法定机构及其工作人员个人信息的保密义务，并未规定违反保密义务的责任问题。从司法适用的角度来说，违反该条规定的义务，侵害自然人的个人信息权益，应当根据《民法典》“侵权责任编”的相关规定来确定是否要承担侵权责任及侵权责任的形式。在符合侵权责任构成要件的前提下，国家机关和承担行政职能的法定机构承担的是自己责任还是替代责任，则有赖于司法解释的进一步明确。

另外还需注意，国家机关、承担行政职能的法定机构及其工作人员根据该条规定承担民事责任，并不影响相应的行政责任与刑事责任的承担。就刑事责任而言，《刑法》第253条之一的侵犯公民个人信息罪规定，违反国家有关规定，向他人出售或者提供公民个人信息，情节严重的，处3年以下有期徒刑或者拘役，并处或者单处罚金；情节特别严重的，处3年以上7年以下有期徒刑，并处罚金。违反国家有关规定，将在履行职责或者提供服务过程中获得的公民个人信息，出售或者提供给他人的，依照前款的规定从重处罚。窃取或者以其他方法非法获取公民个人信息的，依照第1款的规定处罚。单位犯前3款罪的，对单位判处罚金，并对其直接负责的主管人员和其他直接责任人员，依照各该款的规定处罚。就行政责任而言，诸多法律、行政法规规定对直接负责的主管人员和其他直接责任人员依法给予处分，此处不予赘述。

【司法案例】

邓某诉宁波市某区市场监督管理局行政纠纷案②

诉讼结论：确认被告宁波市某区市场监督管理局向宁波甲百货有限公司提供原告有关投诉举报信息的行为违法。

基本案情

2014年5月29日，原告邓某以甲公司为被告提起民事诉讼。甲公司为证明其诉讼主张，于同年8月5日向被告某市场监管局提出调查申请，申请含有“请贵单位协助调查本单位关于职业打假人邓某相关我公司及其他超市的打假索赔案

---

① 《社会保险法》第92条规定：社会保险行政部门和其他有关行政部门、社会保险经办机构、社会保险费征收机构及其工作人员泄露用人单位和个人信息的，对直接负责的主管人员和其他直接责任人员依法给予处分；给用人单位或者个人造成损失的，应当承担赔偿责任。

② 浙江省宁波市海曙区人民法院(2015)甬海行初字第14号行政判决书。

件”的内容。被告根据调查申请向甲公司提供了有关原告在被告处进行消费投诉的相关记录共19份，包含10份12315消费者申诉转办单、6份消费者投诉登记表、1份举报登记表和2份终止调解通知书。原告对被告提供消费投诉记录材料的行为不服，向宁波市市场监督管理局提起行政复议。2015年3月30日，复议机关作出维持决定。原告遂向人民法院提起诉讼。

法院认为，消费者有权检举、控告侵害消费者权益的行为。因此原告邓某在购买、使用商品过程中，对因消费者权益产生的争议可以依法向有关行政部门投诉。依照《消费者权益保护法》第32条和《工商行政管理部门处理消费者投诉办法》第2条、第3条的规定，被告负有依法接受和公正处理消费者投诉、举报工作的职权。消费者对经营者违法行为的投诉、举报是消费者行使监督权的重要途径，工商行政管理部门对其投诉、举报应根据事实，依照法律、法规和规章，公正合理地处理。对投诉、举报事项、受理情况以及与举报人、投诉人相关的信息应予以保密，不得随意泄露、转交他人。因此，对举报投诉材料进行妥善保管，避免因泄露而影响消费者行使监督权，是被告在履行工商管理职权中应负的法律义务。在本案中，原告与甲之间存在举报人与被举报人的关系，而被告仅依甲公司的申请，将原告投诉举报信息转交甲公司的行政行为，违反了《消费者权益保护法》第32条有关被告负有保护消费者合法权益的职权要求，是不当行使行政管理职权的表现。

附录一

《民法总则》等相关法律与《民法典》“人格权编”对照表*

《民法总则》等相关法律	《民法典》“人格权编”
	第一章　一般规定
	第九百八十九条　本编调整因人格权的享有和保护产生的民事关系。
《民法总则》第一百零九条　自然人的人身自由、人格尊严受法律保护。 第一百一十条　自然人享有生命权、身体权、健康权、姓名权、肖像权、名誉权、荣誉权、隐私权、婚姻自主权等权利。 法人、非法人组织享有名称权、名誉权、荣誉权等权利。	第九百九十条　人格权是民事主体享有的生命权、身体权、健康权、姓名权、名称权、肖像权、名誉权、荣誉权、隐私权等权利。 除前款规定的人格权外，自然人享有基于人身自由、人格尊严产生的其他人格权益。
	第九百九十一条　民事主体的人格权受法律保护，任何组织或者个人不得侵害。
	第九百九十二条　人格权不得放弃、转让或者继承。
	第九百九十三条　民事主体可以将自己的姓名、名称、肖像等许可他人使用，但是依照法律规定或者根据其性质不得许可的除外。
	第九百九十四条　死者的姓名、肖像、名誉、荣誉、隐私、遗体等受到侵害的，其配偶、子女、父母有权依法请求行为人承担民事责任；死者没有配偶、子女且父母已经死亡的，其他近亲属有权依法请求行为人承担民事责任。

* 本表参考杜月秋、孙政编：《民法典条文对照与重点解读》，法律出版社2020年版。本表中，对《民法典》新增的主要内容，用“**黑体**”格式体现；对变动的主要内容，用“*斜体*”格式体现；对删除的主要内容，用“~~删除线~~”表示。——编者注

续表

《民法总则》等相关法律	《民法典》“人格权编”
《民法总则》第一百九十六条　下列请求权不适用诉讼时效的规定： （一）请求停止侵害、排除妨碍、消除危险； （二）不动产物权和登记的动产物权的权利人请求返还财产； （三）请求支付抚养费、赡养费或者扶养费； （四）依法不适用诉讼时效的其他请求权。	第九百九十五条　人格权受到侵害的，受害人有权依照本法和其他法律的规定请求行为人承担民事责任。受害人的停止侵害、排除妨碍、消除危险、消除影响、恢复名誉、赔礼道歉请求权，不适用诉讼时效的规定。
	第九百九十六条　因当事人一方的违约行为，损害对方人格权并造成严重精神损害，受损害方选择请求其承担违约责任的，不影响受损害方请求精神损害赔偿。
	第九百九十七条　民事主体有证据证明行为人正在实施或者即将实施侵害其人格权的违法行为，不及时制止将使其合法权益受到难以弥补的损害的，有权依法向人民法院申请采取责令行为人停止有关行为的措施。
	第九百九十八条　认定行为人承担侵害除生命权、身体权和健康权外的人格权的民事责任，应当考虑行为人和受害人的职业、影响范围、过错程度，以及行为的目的、方式、后果等因素。
	第九百九十九条　为公共利益实施新闻报道、舆论监督等行为的，可以合理使用民事主体的姓名、名称、肖像、个人信息等；使用不合理侵害民事主体人格权的，应当依法承担民事责任。
	第一千条　行为人因侵害人格权承担消除影响、恢复名誉、赔礼道歉等民事责任的，应当与行为的具体方式和造成的影响范围相当。 行为人拒不承担前款规定的民事责任的，人民法院可以采取在报刊、网络等媒体上

续表

《民法总则》等相关法律	《民法典》“人格权编”
	发布公告或者公布生效裁判文书等方式执行，产生的费用由行为人负担。
	第一千零一条　对自然人因婚姻家庭关系等产生的身份权利的保护，适用本法第一编、第五编和其他法律的相关规定；没有规定的，可以根据其性质参照适用本编人格权保护的有关规定。
	第二章　生命权、身体权和健康权
《民法通则》第九十八条　公民享有生命健康权。	第一千零二条　自然人享有生命权。自然人的生命安全和生命尊严受法律保护。任何组织或者个人不得侵害他人的生命权。
《民法总则》第一百一十条第一款　自然人享有生命权、身体权、健康权、姓名权、肖像权、名誉权、荣誉权、隐私权、婚姻自主权等权利。	第一千零三条　自然人享有身体权。自然人的身体完整和行动自由受法律保护。任何组织或者个人不得侵害他人的身体权。
《民法通则》第九十八条　公民享有生命健康权。 《民法总则》第一百一十条第一款　自然人享有生命权、身体权、健康权、姓名权、肖像权、名誉权、荣誉权、隐私权、婚姻自主权等权利。	第一千零四条　自然人享有健康权。自然人的身心健康受法律保护。任何组织或者个人不得侵害他人的健康权。
	第一千零五条　自然人的生命权、身体权、健康权受到侵害或者处于其他危难情形的，负有法定救助义务的组织或者个人应当及时施救。
	第一千零六条　完全民事行为能力人有权依法自主决定无偿捐献其人体细胞、人体组织、人体器官、遗体。任何组织或者个人不得强迫、欺骗、利诱其捐献。 完全民事行为能力人依据前款规定同意捐献的，应当采用书面形式，也可以订立遗嘱。 自然人生前未表示不同意捐献的，该自然人死亡后，其配偶、成年子女、父母可以共同决定捐献，决定捐献应当采用书面形式。

续表

《民法总则》等相关法律	《民法典》"人格权编"
	第一千零七条　禁止以任何形式买卖人体细胞、人体组织、人体器官、遗体。 违反前款规定的买卖行为无效。
	第一千零八条　为研制新药、医疗器械或者发展新的预防和治疗方法，需要进行临床试验的，应当依法经相关主管部门批准并经伦理委员会审查同意，向受试者或者受试者的监护人告知试验目的、用途和可能产生的风险等详细情况，并经其书面同意。 进行临床试验的，不得向受试者收取试验费用。
	第一千零九条　从事与人体基因、人体胚胎等有关的医学和科研活动，应当遵守法律、行政法规和国家有关规定，不得危害人体健康，不得违背伦理道德，不得损害公共利益。
	第一千零一十条　违背他人意愿，以言语、文字、图像、肢体行为等方式对他人实施性骚扰的，受害人有权依法请求行为人承担民事责任。 机关、企业、学校等单位应当采取合理的预防、受理投诉、调查处置等措施，防止和制止利用职权、从属关系等实施性骚扰。
	第一千零一十一条　以非法拘禁等方式剥夺、限制他人的行动自由，或者非法搜查他人身体的，受害人有权依法请求行为人承担民事责任。
	第三章　姓名权和名称权
《民法通则》第九十九条第一款　公民享有姓名权，有权决定、使用和*依照规定改*变自己的姓名，禁止他人干涉、盗用、假冒。	**第一千零一十二条**　*自然人*享有姓名权，有权依法决定、使用、变更或者**许可他人使用**自己的姓名，**但是不得违背公序良俗**。
《民法通则》第九十九条第二款　法人、*个体工商户、个人合伙*享有名称权。~~企业法人、个体工商户、个人合伙~~有权使用、依法转让自己的名称。	**第一千零一十三条**　法人、*非法人组织*享有名称权，有权依法**决定**、使用、**变更**、转让或者**许可他人使用**自己的名称。

续表

《民法总则》等相关法律	《民法典》“人格权编”
	第一千零一十四条　任何组织或者个人不得以干涉、盗用、假冒等方式侵害他人的姓名权或者名称权。
	第一千零一十五条　自然人应当随父姓或者母姓，但是有下列情形之一的，可以在父姓和母姓之外选取姓氏： （一）选取其他直系长辈血亲的姓氏； （二）因由法定扶养人以外的人扶养而选取扶养人姓氏； （三）有不违背公序良俗的其他正当理由。 少数民族自然人的姓氏可以遵从本民族的文化传统和风俗习惯。
	第一千零一十六条　自然人决定、变更姓名，或者法人、非法人组织决定、变更、转让名称的，应当依法向有关机关办理登记手续，但是法律另有规定的除外。 民事主体变更姓名、名称的，变更前实施的民事法律行为对其具有法律约束力。
	第一千零一十七条　具有一定社会知名度，被他人使用足以造成公众混淆的笔名、艺名、网名、译名、字号、姓名和名称的简称等，参照适用姓名权和名称权保护的有关规定。
	第四章　肖　像　权
《民法通则》第一百条　公民享有肖像权，未经本人同意，不得以营利为目的使用公民的肖像。	第一千零一十八条　*自然人*享有肖像权，有权依法制作、使用、公开或者许可他人使用自己的肖像。 肖像是通过影像、雕塑、绘画等方式在一定载体上所反映的特定自然人可以被识别的外部形象。
	第一千零一十九条　任何组织或者个人不得以丑化、污损，或者利用信息技术手段伪造等方式侵害他人的肖像权。未经肖像权人同意，不得制作、使用、公开肖像权人的肖像，

续表

《民法总则》等相关法律	《民法典》"人格权编"
	但是法律另有规定的除外。 未经肖像权人同意,肖像作品权利人不得以发表、复制、发行、出租、展览等方式使用或者公开肖像权人的肖像。
	第一千零二十条　合理实施下列行为的,可以不经肖像权人同意: (一)为个人学习、艺术欣赏、课堂教学或者科学研究,在必要范围内使用肖像权人已经公开的肖像; (二)为实施新闻报道,不可避免地制作、使用、公开肖像权人的肖像; (三)为依法履行职责,国家机关在必要范围内制作、使用、公开肖像权人的肖像; (四)为展示特定公共环境,不可避免地制作、使用、公开肖像权人的肖像; (五)为维护公共利益或者肖像权人合法权益,制作、使用、公开肖像权人的肖像的其他行为。
	第一千零二十一条　当事人对肖像许可使用合同中关于肖像使用条款的理解有争议的,应当作出有利于肖像权人的解释。
	第一千零二十二条　当事人对肖像许可使用期限没有约定或者约定不明确的,任何一方当事人可以随时解除肖像许可使用合同,但是应当在合理期限之前通知对方。 当事人对肖像许可使用期限有明确约定,肖像权人有正当理由的,可以解除肖像许可使用合同,但是应当在合理期限之前通知对方。因解除合同造成对方损失的,除不可归责于肖像权人的事由外,应当赔偿损失。
	第一千零二十三条　对姓名等的许可使用,参照适用肖像许可使用的有关规定。 对自然人声音的保护,参照适用肖像权保护的有关规定。

续表

《民法总则》等相关法律	《民法典》“人格权编”
	第五章　名誉权和荣誉权
《民法通则》第一百零一条　公民、法人享有名誉权，~~公民的人格尊严受法律保护，~~禁止用侮辱、诽谤等方式损害公民、法人的名誉。	第一千零二十四条　民事主体享有名誉权。任何组织或者个人不得以侮辱、诽谤等方式侵害他人的名誉权。 名誉是对民事主体的品德、声望、才能、信用等的社会评价。
	第一千零二十五条　行为人为公共利益实施新闻报道、舆论监督等行为，影响他人名誉的，不承担民事责任，但是有下列情形之一的除外： （一）捏造、歪曲事实； （二）对他人提供的严重失实内容未尽到合理核实义务； （三）使用侮辱性言辞等贬损他人名誉。
	第一千零二十六条　认定行为人是否尽到前条第二项规定的合理核实义务，应当考虑下列因素： （一）内容来源的可信度； （二）对明显可能引发争议的内容是否进行了必要的调查； （三）内容的时限性； （四）内容与公序良俗的关联性； （五）受害人名誉受贬损的可能性； （六）核实能力和核实成本。
	第一千零二十七条　行为人发表的文学、艺术作品以真人真事或者特定人为描述对象，含有侮辱、诽谤内容，侵害他人名誉权的，受害人有权依法请求该行为人承担民事责任。 行为人发表的文学、艺术作品不以特定人为描述对象，仅其中的情节与该特定人的情况相似的，不承担民事责任。
	第一千零二十八条　民事主体有证据证明报刊、网络等媒体报道的内容失实，侵害其名誉权的，有权请求该媒体及时采取更正或者删除等必要措施。

续表

《民法总则》等相关法律	《民法典》“人格权编”
	第一千零二十九条　民事主体可以依法查询自己的信用评价;发现信用评价不当的,有权提出异议并请求采取更正、删除等必要措施。信用评价人应当及时核查,经核查属实的,应当及时采取必要措施。
	第一千零三十条　民事主体与征信机构等信用信息处理者之间的关系,适用本编有关个人信息保护的规定和其他法律、行政法规的有关规定。
《民法通则》第一百零二条　公民、法人享有荣誉权,禁止非法剥夺公民、法人的荣誉称号。	第一千零三十一条　民事主体享有荣誉权。任何组织或者个人不得非法剥夺他人的荣誉称号,不得诋毁、贬损他人的荣誉。 获得的荣誉称号应当记载而没有记载的,民事主体可以请求记载;获得的荣誉称号记载错误的,民事主体可以请求更正。
	第六章　隐私权和个人信息保护
《民法总则》第一百一十条第一款　自然人享有生命权、身体权、健康权、姓名权、肖像权、名誉权、荣誉权、隐私权、婚姻自主权等权利。	第一千零三十二条　自然人享有隐私权。任何组织或者个人不得以刺探、侵扰、泄露、公开等方式侵害他人的隐私权。 隐私是自然人的私人生活安宁和不愿为他人知晓的私密空间、私密活动、私密信息。
	第一千零三十三条　除法律另有规定或者权利人明确同意外,任何组织或者个人不得实施下列行为: (一)以电话、短信、即时通讯工具、电子邮件、传单等方式侵扰他人的私人生活安宁; (二)进入、拍摄、窥视他人的住宅、宾馆房间等私密空间; (三)拍摄、窥视、窃听、公开他人的私密活动; (四)拍摄、窥视他人身体的私密部位; (五)处理他人的私密信息; (六)以其他方式侵害他人的隐私权。

续表

《民法总则》等相关法律	《民法典》“人格权编”
《民法总则》第一百一十一条　自然人的个人信息受法律保护。……	第一千零三十四条　自然人的个人信息受法律保护。 个人信息是以电子或者其他方式记录的能够单独或者与其他信息结合识别特定自然人的各种信息，包括自然人的姓名、出生日期、身份证件号码、生物识别信息、住址、电话号码、电子邮箱、健康信息、行踪信息等。 个人信息中的私密信息，适用有关隐私权的规定；没有规定的，适用有关个人信息保护的规定。
《民法总则》第一百一十一条　自然人的个人信息受法律保护。任何组织和个人需要获取他人个人信息的，应当依法取得并确保信息安全，不得非法收集、使用、加工、传输他人个人信息，不得非法买卖、提供或者公开他人个人信息。	第一千零三十五条　处理个人信息的，应当遵循合法、正当、必要原则，不得过度处理，并符合下列条件： （一）征得该自然人或者其监护人同意，但是法律、行政法规另有规定的除外； （二）公开处理信息的规则； （三）明示处理信息的目的、方式和范围； （四）不违反法律、行政法规的规定和双方的约定。 个人信息的处理包括个人信息的收集、存储、使用、加工、传输、提供、公开等。
	第一千零三十六条　处理个人信息，有下列情形之一的，行为人不承担民事责任： （一）在该自然人或者其监护人同意的范围内合理实施的行为； （二）合理处理该自然人自行公开的或者其他已经合法公开的信息，但是该自然人明确拒绝或者处理该信息侵害其重大利益的除外； （三）为维护公共利益或者该自然人合法权益，合理实施的其他行为。

续表

《民法总则》等相关法律	《民法典》“人格权编”
	第一千零三十七条 自然人可以依法向信息处理者查阅或者复制其个人信息；发现信息有错误的，有权提出异议并请求及时采取更正等必要措施。 自然人发现信息处理者违反法律、行政法规的规定或者双方的约定处理其个人信息的，有权请求信息处理者及时删除。
《民法总则》第一百一十一条 自然人的个人信息受法律保护。任何组织和个人需要获取他人个人信息的，应当依法取得并确保信息安全，不得非法收集、使用、加工、传输他人个人信息，不得非法买卖、提供或者公开他人个人信息。	第一千零三十八条 信息处理者不得泄露或者篡改其收集、存储的个人信息；未经自然人同意，不得向他人非法提供其个人信息，但是经过加工无法识别特定个人且不能复原的除外。 信息处理者应当采取技术措施和其他必要措施，确保其收集、存储的个人信息安全，防止信息泄露、篡改、丢失；发生或者可能发生个人信息泄露、篡改、丢失的，应当及时采取补救措施，按照规定告知自然人并向有关主管部门报告。
	第一千零三十九条 国家机关、承担行政职能的法定机构及其工作人员对于履行职责过程中知悉的自然人的隐私和个人信息，应当予以保密，不得泄露或者向他人非法提供。

附录二

人格权纠纷大数据报告[①]

第一章 大数据报告数据来源

时间:2020 年 1 月 1 日之前

案例来源:Alpha 案例库

案由:人格权纠纷

案件数量:1, 177, 721 件

数据采集时间:2020 年 2 月 14 日

报告依据:本报告依据检索出来的 1, 177, 721 篇裁判文书加以分析

报告特点:图文结合,高频法条提取,方便适用

最高人民法院指导案例(涉及人格权的):

24 号、29 号、89 号、98 号、99 号、113 号

第二章 检索结果可视化

本次检索获取了 2020 年 1 月 1 日前人格权纠纷案件共 1, 177, 721 篇裁判文书。

① 报告人:曹守晔、杨俊芳。

第一节　整体情况分析

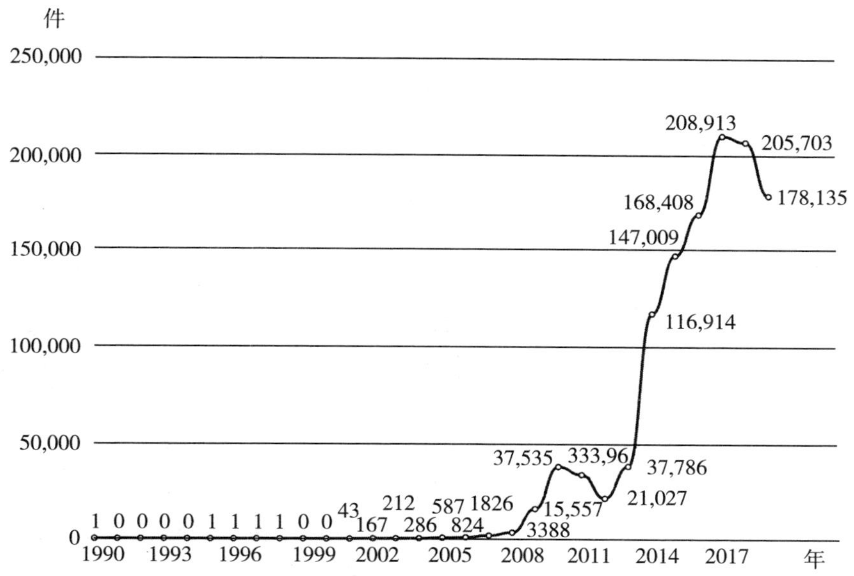

图 1　人格权纠纷案件数量

从图 1 可以看到当前条件下人格权纠纷案例数量的变化趋势。2007 年以前没有人格权纠纷独立有名案由，自 2007 年最高人民法院发布《民事案件案由规定》之后人格权纠纷才正式列入典型案由类型，因此图 1 自 2008 年以后的图示变化趋势才有分析参考价值。

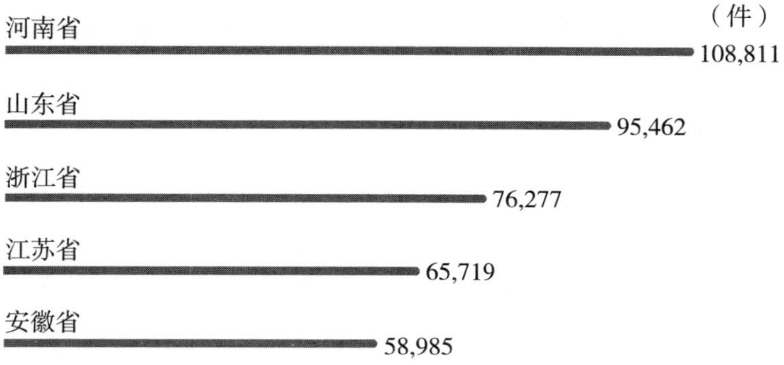

图 2　人格权纠纷案件地域

从图 2 的地域分布来看，当前人格权纠纷案例主要集中在河南省、山东省、浙江省，分别占比 9.24%、8.11%、6.48%。其中全国人口数量全国排名第一的河南省的案件量最多，达到 108,811 件；全国人口数量全国排名第二的山东省的案件量排名第二。（此处显示该条件下案例数量全国排名前五的省份）

第二节　案由分布

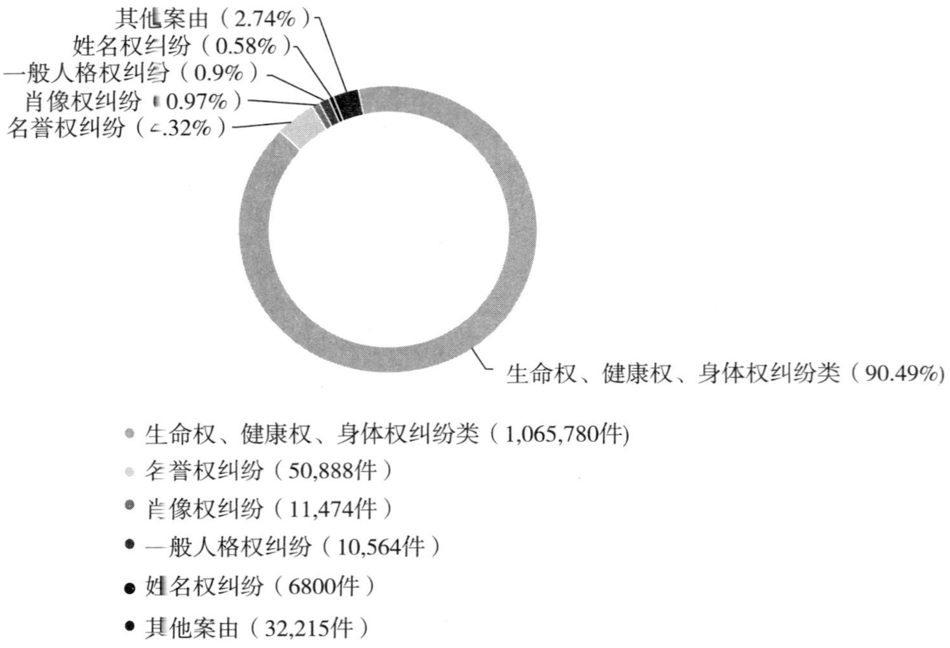

图 3　人格权纠纷案件案由

从图 3 可以看到，人格权纠纷当前最主要的案由是生命权、健康权、身体权纠纷类，有 1,065,780 件，占一半以上；其次是名誉权纠纷、其他案由、肖像权纠纷、一般人格权纠纷、姓名权纠纷。

第三节　行 业 分 布

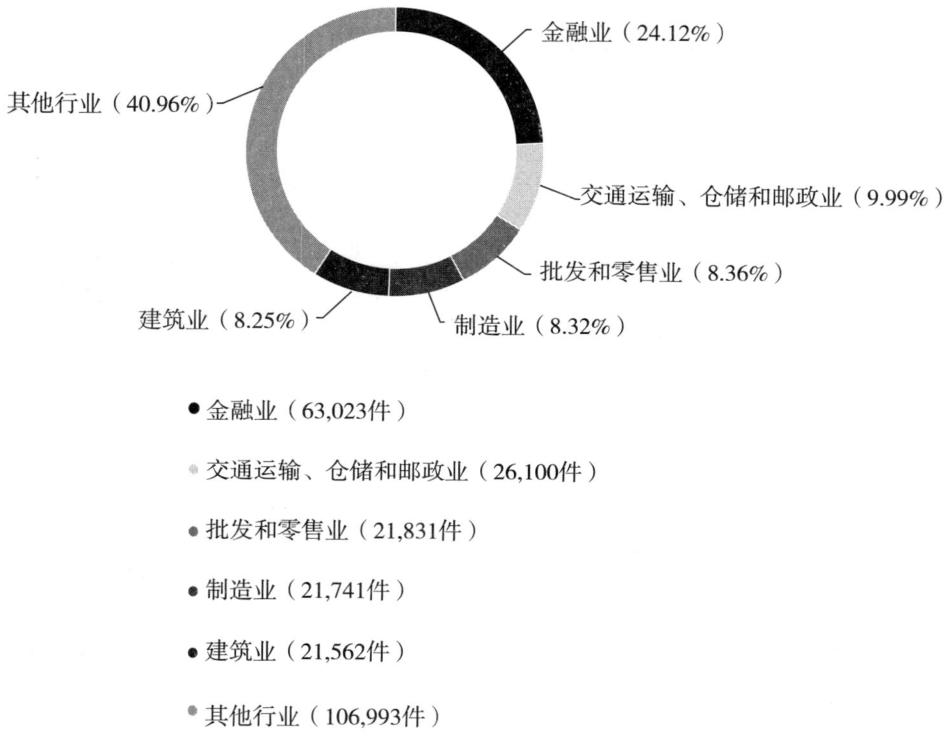

图4　人格权纠纷案件行业分布

从图4可以看到，人格权纠纷当前的行业分布主要集中在其他行业，金融业，交通运输、仓储和邮政业，批发和零售业，制造业，建筑业。

第四节 程序分类

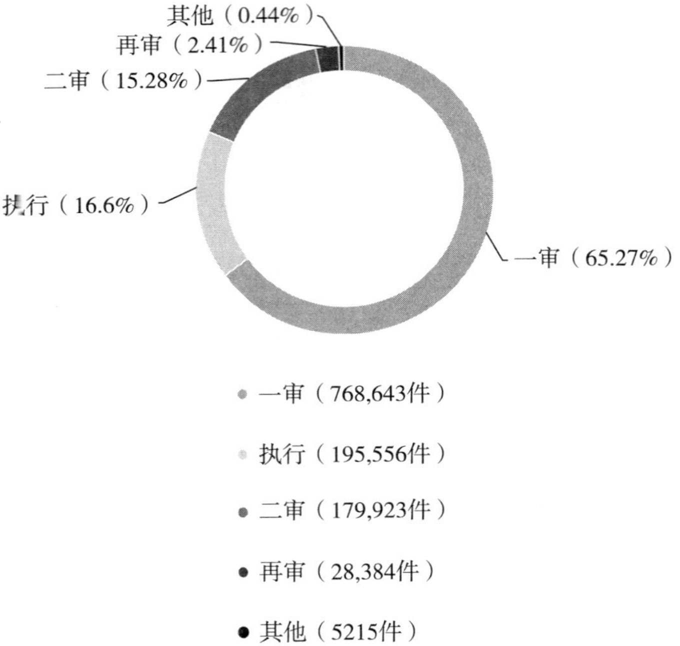

图5 人格权纠纷案件审理程序

从图5可以得出人格权纠纷下当前的审理程序分布状况，其中，一审案件有768,643件，二审案件有179,923件，再审案件有28,384件，执行案件有195,556件。并能够推算出一审上诉率约为23.41%。

第五节 裁判结果

(1)一审裁判结果

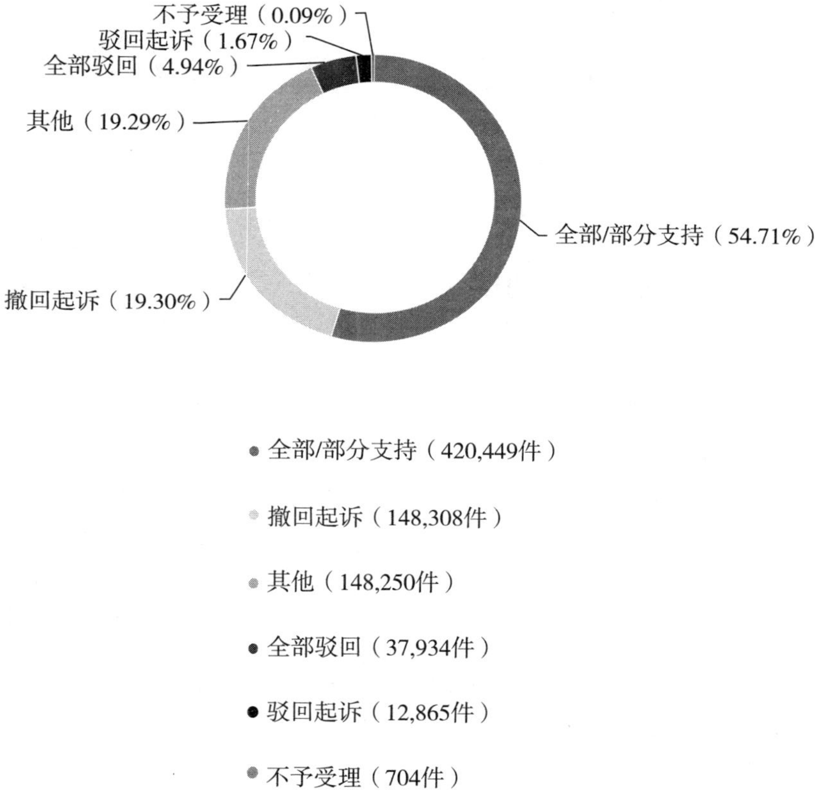

图 6 人格权纠纷案件一审裁判

通过图 6 可以看到,全部/部分支持的案件有 420, 449 件,占比为 54. 71%;撤回起诉的案件有 148, 308 件,占比为 19. 30%;其他的案件有 148, 250 件,占比为 19. 29%。

（2）二审裁判结果

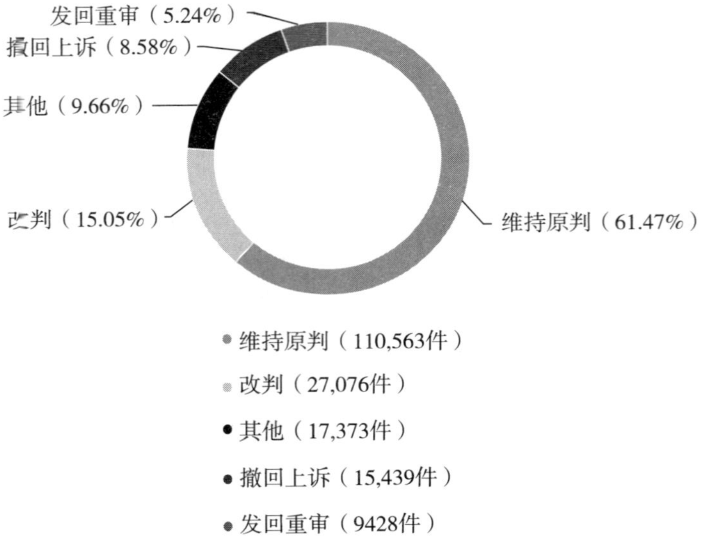

图7　人格权纠纷案件二审裁判结果

通过图7可以看到，维持原判的案件有110,563件，占比为61.47%；改判的案件有27,076件，占比为15.05%；其他的案件有17,373件，占比为9.66%。

（3）再审裁判结果

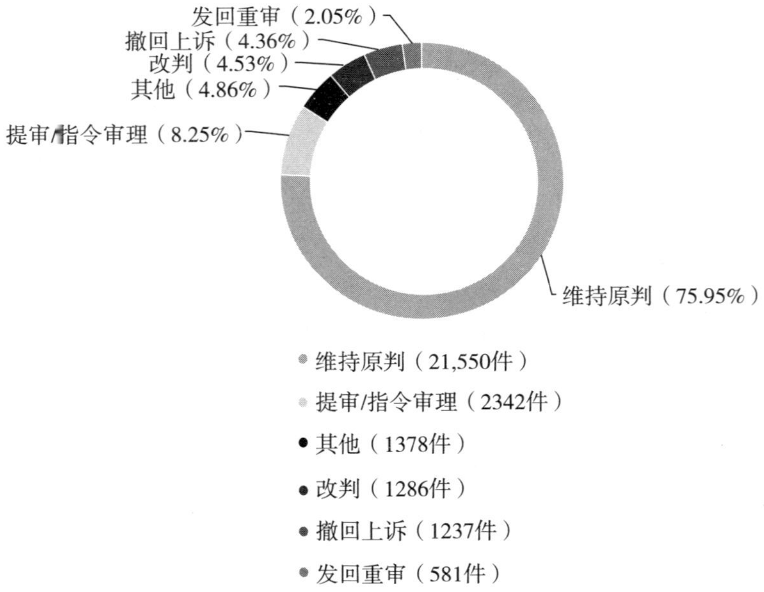

图8　人格权纠纷案件再审裁判结果

通过图 8 可以看到,维持原判的案件有 21,550 件,占比为 75.95%;提审/指令审理的案件有 2342 件,占比为 8.25%;其他的案件有 1378 件,占比为 4.86%。

(4)执行裁判结果

图 9　人格权纠纷案件执行裁判结果

通过图 9 可以看到,终结本次执行程序的案件有 64,802 件,占比为 33.15%;其他的案件有 41,969 件,占比为 21.47%;终结执行的案件有 41,829 件,占比为 21.40%。

第六节 审理期限可视化

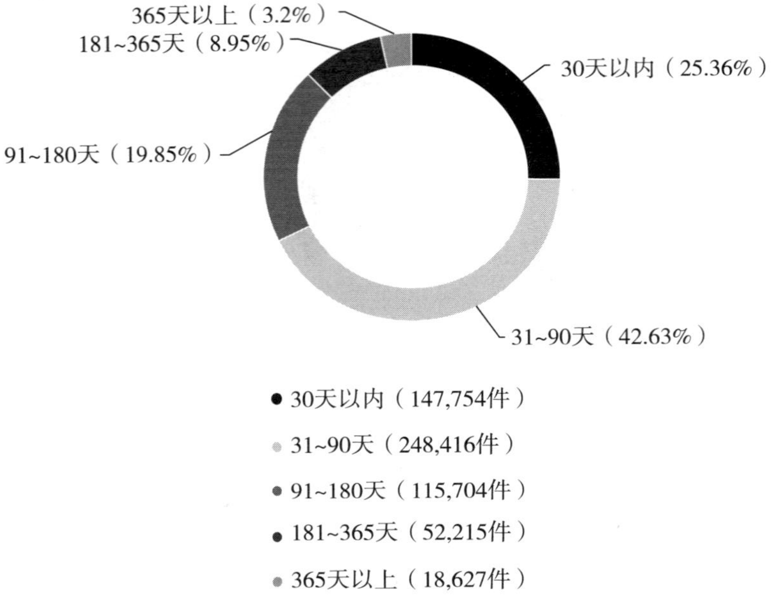

图10 人格权纠纷案件审理期限

通过图10可以看到，审理时间更多处在31～90天的区间内，平均时间为101天。

第七节 法 院

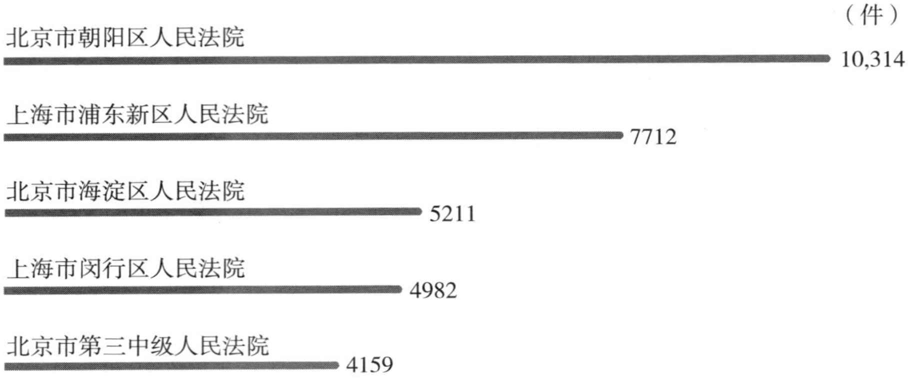

图11 审理人格权纠纷案件法院

通过图 11 可以看到，审理人格权纠纷案件由多至少的法院分别为北京市朝阳区人民法院、上海市浦东新区人民法院、北京市海淀区人民法院、上海市闵行区人民法院、北京市第三中级人民法院。

第八节　法　　官

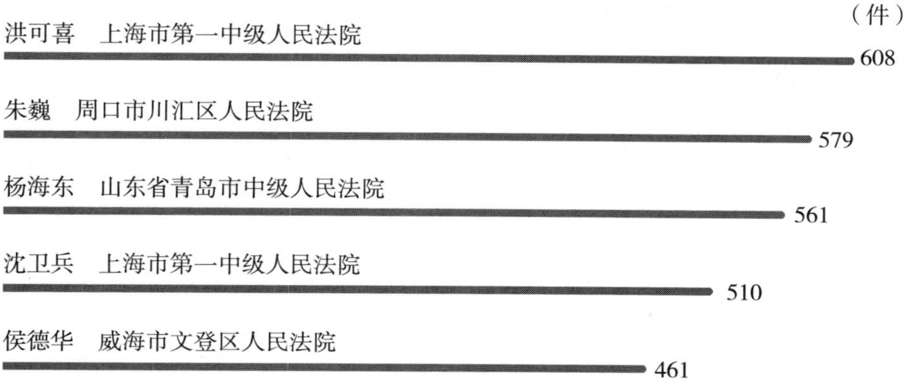

图 12　审理人格权纠纷案件法官

通过图 12 可以看到，审理人格权纠纷案件排在前五位的法官分别为洪可喜（上海市第一中级人民法院）、朱巍（周口市川汇区人民法院）、杨海东（山东省青岛市中级人民法院）、沈卫兵（上海市第一中级人民法院）、侯德华（威海市文登区人民法院）。

第九节　律 师 律 所

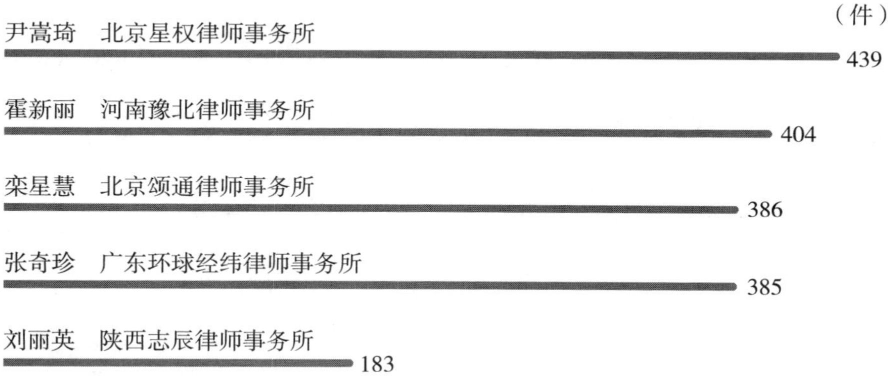

图 13　代理人格权纠纷案件律师

通过图13可以看到，人格权纠纷案件中代理次数排在前五位的律师分别是尹嵩琦（北京星权律师事务所）、霍新丽（河南豫北律师事务所）、栾星慧（北京颂通律师事务所）、张奇珍（广东环球经纬律师事务所）、刘丽英（陕西志辰律师事务所）。

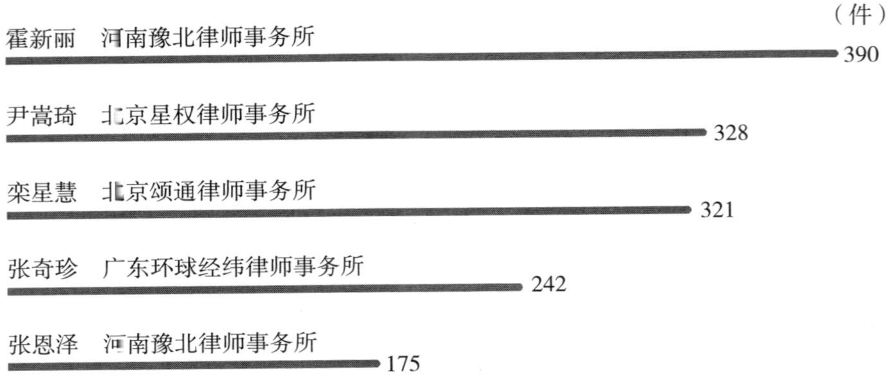

图14　代理人格权纠纷案件攻方律师

通过图14可以看到，人格权纠纷案件中为原告、上诉人等进攻方当事人提供代理次数排在前五位的律师分别是霍新丽（河南豫北律师事务所）、尹嵩琦（北京星权律师事务所）、栾星慧（北京颂通律师事务所）、张奇珍（广东环球经纬律师事务所）、张恩泽（河南豫北律师事务所）。

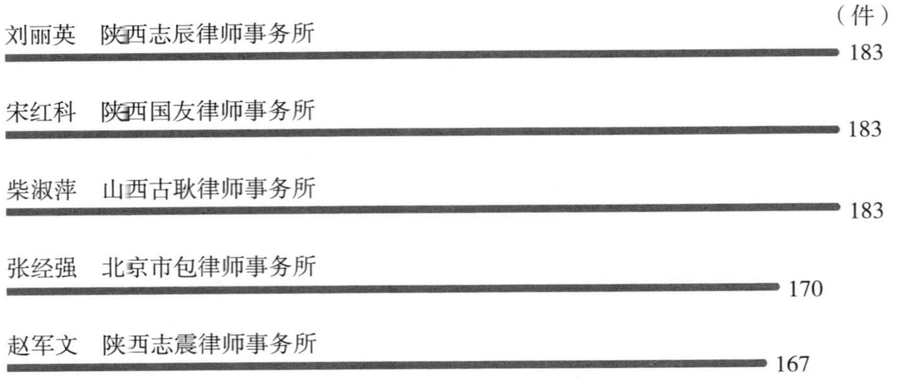

图15　代理人格权纠纷案件守方律师

通过图15可以看到，人格权纠纷案件中为被告、被上诉人等防守方当事人提供代理次数排在前五位的律师分别是刘丽英（陕西志辰律师事务所）、宋红科（陕西国友律师事务所)、柴淑萍(山西古耿律师事务所)、张经强(北京市包律师事务所)、赵军文(陕西志震律师事务所)。

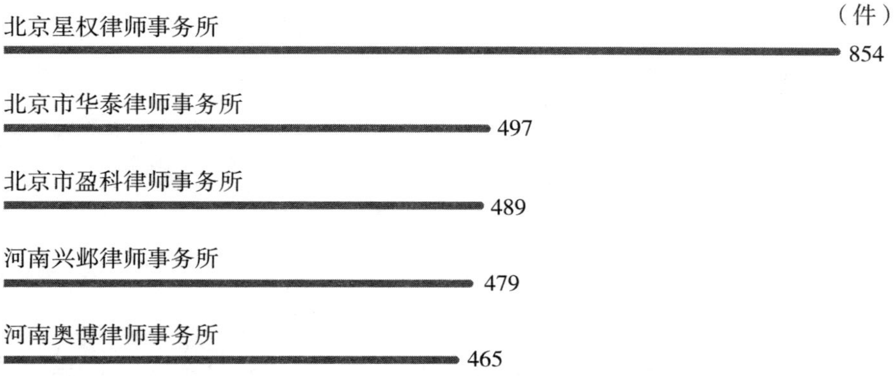

图 16 代理人格权纠纷案件律所

通过图 16 可以看到,人格权纠纷案件中代理次数排在前五位的律所分别是北京星权律师事务所、北京市华泰律师事务所、北京市盈科律师事务所、河南兴邺律师事务所、河南奥博律师事务所。

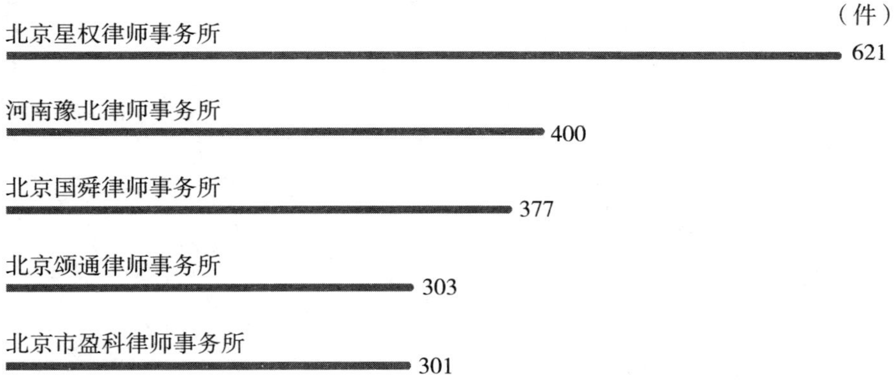

图 17 代理人格权纠纷案件攻方律所

通过图 17 可以看到,人格权纠纷案件中为原告、上诉人等进攻方当事人提供代理次数排在前五位的律所分别是北京星权律师事务所、河南豫北律师事务所、北京国舜律师事务所、北京颂通律师事务所、北京市盈科律师事务所。

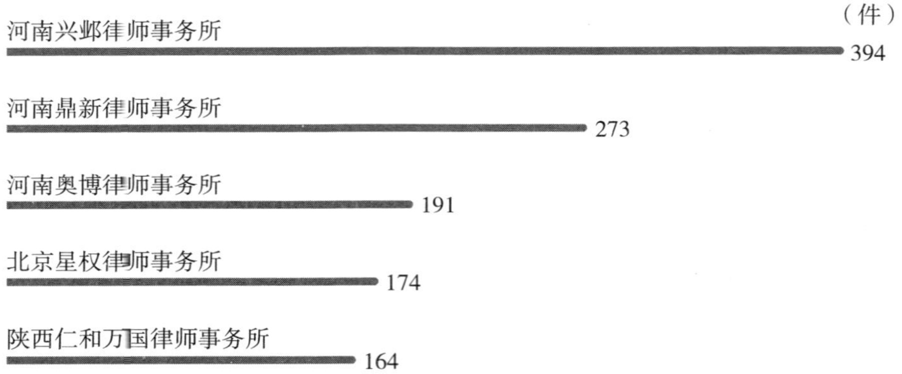

图 18　代理人格权纠纷案件守方律所

通过图 18 可以看到，人格权纠纷案件中为被告、被上诉人等防守方当事人提供代理次数排在前五位的律所分别是河南兴邺律师事务所、河南鼎新律师事务所、河南奥博律师事务所、北京星权律师事务所、陕西仁和万国律师事务所。

第十节　高频法条

此处统计了人格权纠纷案件中所有被援引的高频法条，其中，高频实体法条见表 1：

表 1　人格权纠纷案件援引高频实体法条

序号	法规名称	条目数	引用频次
1	中华人民共和国侵权责任法	第十六条	336,710
2	最高人民法院关于审理人身损害赔偿案件适用法律若干问题的解释	第十九条	214,713
3	最高人民法院关于审理人身损害赔偿案件适用法律若干问题的解释	第二十一条	181,321
4	最高人民法院关于审理人身损害赔偿案件适用法律若干问题的解释	第二十条	179,971
5	中华人民共和国侵权责任法	第六条	178,427
6	中华人民共和国侵权责任法	第二十六条	174,636
7	最高人民法院关于审理人身损害赔偿案件适用法律若干问题的解释	第二十二条	172,153

续表

序号	法规名称	条目数	引用频次
8	最高人民法院关于审理人身损害赔偿案件适用法律若干问题的解释	第二十三条	169,712
9	最高人民法院关于审理人身损害赔偿案件适用法律若干问题的解释	第十七条	152,961
10	最高人民法院关于审理人身损害赔偿案件适用法律若干问题的解释	第二十四条	125,109
11	中华人民共和国民法通则(2009 年修正)	第一百一十九条	100,519
12	中华人民共和国侵权责任法	第六条第一款	90,403
13	最高人民法院关于审理人身损害赔偿案件适用法律若干问题的解释	第十七条第一款	81,874
14	最高人民法院关于审理人身损害赔偿案件适用法律若干问题的解释	第十八条	66,060
15	最高人民法院关于审理人身损害赔偿案件适用法律若干问题的解释	第二十五条	65,051
16	中华人民共和国侵权责任法	第二十二条	59,353
17	中华人民共和国侵权责任法	第二条	50,345
18	中华人民共和国侵权责任法	第三条	42,753
19	中华人民共和国侵权责任法	第十五条第一款第六项	37,297
20	中华人民共和国侵权责任法	第十五条	35,183

表 2 人格权纠纷案件援引高频程序法条

序号	法规名称	条目数	引用频次
1	中华人民共和国民事诉讼法(2012 年修正)	第二百五十三条	221,111
2	中华人民共和国民事诉讼法(2017 年修正)	第二百五十三条	160,557
3	中华人民共和国民事诉讼法(2007 年修正)	第二百二十九条	62,968
4	最高人民法院关于民事诉讼证据的若干规定(2008 年整理版)	第二条	60,061
5	中华人民共和国民事诉讼法(2012 年修正)	第一百七十条第一款第一项	58,014
6	中华人民共和国民事诉讼法(2012 年修正)	第一百四十五条第一款	47,646

续表

序号	法规名称	条目数	引用频次
7	中华人民共和国民事诉讼法(2017年修正)	第一百七十条第一款第一项	44,886
8	中华人民共和国民事诉讼法(2017年修正)	第一百四十五条第一款	44,316
9	中华人民共和国民事诉讼法(2012年修正)	第六十四条	43,021
10	中华人民共和国民事诉讼法(2017年修正)	第六十四条	40,824
11	中华人民共和国民事诉讼法(2012年修正)	第一百四十四条	39,970
12	最高人民法院关于适用《中华人民共和国民事诉讼法》的解释	第九十条	37,558
13	中华人民共和国民事诉讼法(2012年修正)	第六十四条第一款	36,099
14	最高人民法院关于适用《中华人民共和国民事诉讼法》的解释	第五百一十九条	36,055
15	中华人民共和国民事诉讼法(2017年修正)	第六十四条第一款	30,635
16	中华人民共和国民事诉讼法(2017年修正)	第一百四十四条	29,896
17	中华人民共和国民事诉讼法(2012年修正)	第二百五十七条第六项	29,286
18	中华人民共和国民事诉讼法(2012年修正)	第一百四十五条	19,993
19	中华人民共和国民事诉讼法(2007年修正)	第一百三十条	19,661
20	中华人民共和国民事诉讼法(2012年修正)	第一百四十二条	17,226

第三章　大数据高频法条附录

第一节　《中华人民共和国侵权责任法》

第二条　侵害民事权益,应当依照本法承担侵权责任。

本法所称民事权益,包括生命权、健康权、姓名权、名誉权、荣誉权、肖像权、隐私权、婚姻自主权、监护权、所有权、用益物权、担保物权、著作权、专利权、商标专用权、发现权、股权、继承权等人身、财产权益。

第三条　被侵权人有权请求侵权人承担侵权责任。

第六条　行为人因过错侵害他人民事权益,应当承担侵权责任。

根据法律规定推定行为人有过错,行为人不能证明自己没有过错的,应当承担侵权责任。

第十五条 承担侵权责任的方式主要有:

(一)停止侵害;

(二)排除妨碍;

(三)消除危险;

(四)返还财产;

(五)恢复原状;

(六)赔偿损失;

(七)赔礼道歉;

(八)消除影响、恢复名誉。

以上承担侵权责任的方式,可以单独适用,也可以合并适用。

第十六条 侵害他人造成人身损害的,应当赔偿医疗费、护理费、交通费等为治疗和康复支出的合理费用,以及因误工减少的收入。造成残疾的,还应当赔偿残疾生活辅助具费和残疾赔偿金。造成死亡的,还应当赔偿丧葬费和死亡赔偿金。

第二十二条 侵害他人人身权益,造成他人严重精神损害的,被侵权人可以请求精神损害赔偿。

第二十六条 被侵权人对损害的发生也有过错的,可以减轻侵权人的责任。

第二节 《中华人民共和国民事诉讼法》(2012 年修正)

第六十四条 当事人对自己提出的主张,有责任提供证据。

当事人及其诉讼代理人因客观原因不能自行收集的证据,或者人民法院认为审理案件需要的证据,人民法院应当调查收集。

人民法院应当按照法定程序,全面地、客观地审查核实证据。

第一百四十二条 法庭辩论终结,应当依法作出判决。判决前能够调解的,还可以进行调解,调解不成的,应当及时判决。

第一百四十四条 被告经传票传唤,无正当理由拒不到庭的,或者未经法庭许可中途退庭的,可以缺席判决。

第一百四十五条 宣判前,原告申请撤诉的,是否准许,由人民法院裁定。

人民法院裁定不准许撤诉的,原告经传票传唤,无正当理由拒不到庭的,可以缺席判决。

第一百七十条 第二审人民法院对上诉案件,经过审理,按照下列情形,分别处理:

(一)原判决、裁定认定事实清楚,适用法律正确的,以判决、裁定方式驳回上

诉,维持原判决、裁定;

(二)原判决、裁定认定事实错误或者适用法律错误的,以判决、裁定方式依法改判、撤销或者变更;

(三)原判决认定基本事实不清的,裁定撤销原判决,发回原审人民法院重审,或者查清事实后改判;

(四)原判决遗漏当事人或者违法缺席判决等严重违反法定程序的,裁定撤销原判决,发回原审人民法院重审。

原审人民法院对发回重审的案件作出判决后,当事人提起上诉的,第二审人民法院不得再次发回重审。

第二百五十三条 被执行人未按判决、裁定和其他法律文书指定的期间履行给付金钱义务的,应当加倍支付迟延履行期间的债务利息。被执行人未按判决、裁定和其他法律文书指定的期间履行其他义务的,应当支付迟延履行金。

第二百五十七条 有下列情形之一的,人民法院裁定终结执行:

(一)申请人撤销申请的;

(二)据以执行的法律文书被撤销的;

(三)作为被执行人的公民死亡,无遗产可供执行,又无义务承担人的;

(四)追索赡养费、扶养费、抚育费案件的权利人死亡的;

(五)作为被执行人的公民因生活困难无力偿还借款,无收入来源,又丧失劳动能力的;

(六)人民法院认为应当终结执行的其他情形。

第三节 《中华人民共和国民事诉讼法》(2017 年修正)

第六十四条 当事人对自己提出的主张,有责任提供证据。

当事人及其诉讼代理人因客观原因不能自行收集的证据,或者人民法院认为审理案件需要的证据,人民法院应当调查收集。

人民法院应当按照法定程序,全面地、客观地审查核实证据。

第一百四十四条 被告经传票传唤,无正当理由拒不到庭的,或者未经法庭许可中途退庭的,可以缺席判决。

第一百四十五条 宣判前,原告申请撤诉的,是否准许,由人民法院裁定。

人民法院裁定不准许撤诉的,原告经传票传唤,无正当理由拒不到庭的,可以缺席判决。

第一百七十条 第二审人民法院对上诉案件,经过审理,按照下列情形,分别处理：

（一）原判决、裁定认定事实清楚，适用法律正确的，以判决、裁定方式驳回上诉，维持原判决、裁定；

（二）原判决、裁定认定事实错误或者适用法律错误的，以判决、裁定方式依法改判、撤销或者变更；

（三）原判决认定基本事实不清的，裁定撤销原判决，发回原审人民法院重审，或者查清事实后改判；

（四）原判决遗漏当事人或者违法缺席判决等严重违反法定程序的，裁定撤销原判决，发回原审人民法院重审。

原审人民法院对发回重审的案件作出判决后，当事人提起上诉的，第二审人民法院不得再次发回重审。

第二百五十三条　被执行人未按判决、裁定和其他法律文书指定的期间履行给付金钱义务的，应当加倍支付迟延履行期间的债务利息。被执行人未按判决、裁定和其他法律文书指定的期间履行其他义务的，应当支付迟延履行金。

第四节　《中华人民共和国民法通则》(2009 年修正)

第一百一十九条　侵害公民身体造成伤害的，应当赔偿医疗费、因误工减少的收入、残废者生活补助费等费用；造成死亡的，并应当支付丧葬费、死者生前扶养的人必要的生活费等费用。

第五节　《中华人民共和国民事诉讼法》(2007 年修正)

第一百三十条　被告经传票传唤，无正当理由拒不到庭的，或者未经法庭许可中途退庭的，可以缺席判决。

第二百二十九条　被执行人未按判决、裁定和其他法律文书指定的期间履行给付金钱义务的，应当加倍支付迟延履行期间的债务利息。被执行人未按判决、裁定和其他法律文书指定的期间履行其他义务的，应当支付迟延履行金。

第六节　《最高人民法院关于审理人身损害赔偿案件适用法律若干问题的解释》

第十七条　受害人遭受人身损害，因就医治疗支出的各项费用以及因误工减少的收入，包括医疗费、误工费、护理费、交通费、住宿费、住院伙食补助费、必要的营养费，赔偿义务人应当予以赔偿。

受害人因伤致残的，其因增加生活上需要所支出的必要费用以及因丧失劳动能力导致的收入损失，包括残疾赔偿金、残疾辅助器具费、被扶养人生活费，以及因康复护理、继续治疗实际发生的必要的康复费、护理费、后续治疗费，赔偿义务人也应当予以赔偿。

受害人死亡的，赔偿义务人除应当根据抢救治疗情况赔偿本条第一款规定的相关费用外，还应当赔偿丧葬费、被扶养人生活费、死亡补偿费以及受害人亲属办理丧葬事宜支出的交通费、住宿费和误工损失等其他合理费用。

第十八条 受害人或者死者近亲属遭受精神损害，赔偿权利人向人民法院请求赔偿精神损害抚慰金的，适用《最高人民法院关于确定民事侵权精神损害赔偿责任若干问题的解释》予以确定。

精神损害抚慰金的请求权，不得让与或者继承。但赔偿义务人已经以书面方式承诺给予金钱赔偿，或者赔偿权利人已经向人民法院起诉的除外。

第十九条 医疗费根据医疗机构出具的医药费、住院费等收款凭证，结合病历和诊断证明等相关证据确定。赔偿义务人对治疗的必要性和合理性有异议的，应当承担相应的举证责任。

医疗费的赔偿数额，按照一审法庭辩论终结前实际发生的数额确定。器官功能恢复训练所必要的康复费、适当的整容费以及其他后续治疗费，赔偿权利人可以待实际发生后另行起诉。但根据医疗证明或者鉴定结论确定必然发生的费用，可以与已经发生的医疗费一并予以赔偿。

第二十条 误工费根据受害人的误工时间和收入状况确定。

误工时间根据受害人接受治疗的医疗机构出具的证明确定。受害人因伤致残持续误工的，误工时间可以计算至定残日前一天。

受害人有固定收入的，误工费按照实际减少的收入计算。受害人无固定收入的，按照其最近三年的平均收入计算；受害人不能举证证明其最近三年的平均收入状况的，可以参照受诉法院所在地相同或者相近行业上一年度职工的平均工资计算。

第二十一条 护理费根据护理人员的收入状况和护理人数、护理期限确定。

护理人员有收入的，参照误工费的规定计算；护理人员没有收入或者雇佣护工的，参照当地护工从事同等级别护理的劳务报酬标准计算。护理人员原则上为一人，但医疗机构或者鉴定机构有明确意见的，可以参照确定护理人员人数。

护理期限应计算至受害人恢复生活自理能力时止。受害人因残疾不能恢复生活自理能力的，可以根据其年龄、健康状况等因素确定合理的护理期限，但最长不超过二十年。

受害人定残后的护理，应当根据其护理依赖程度并结合配制残疾辅助器具的情况确定护理级别。

第二十二条　交通费根据受害人及其必要的陪护人员因就医或者转院治疗实际发生的费用计算。交通费应当以正式票据为凭；有关凭据应当与就医地点、时间、人数、次数相符合。

第二十三条　住院伙食补助费可以参照当地国家机关一般工作人员的出差伙食补助标准予以确定。

受害人确有必要到外地治疗，因客观原因不能住院，受害人本人及其陪护人员实际发生的住宿费和伙食费，其合理部分应予赔偿。

第二十四条　营养费根据受害人伤残情况参照医疗机构的意见确定。

第二十五条　残疾赔偿金根据受害人丧失劳动能力程度或者伤残等级，按照受诉法院所在地上一年度城镇居民人均可支配收入或者农村居民人均纯收入标准，自定残之日起按二十年计算。但六十周岁以上的，年龄每增加一岁减少一年；七十五周岁以上的，按五年计算。

受害人因伤致残但实际收入没有减少，或者伤残等级较轻但造成职业妨害严重影响其劳动就业的，可以对残疾赔偿金作相应调整。

第七节　《最高人民法院关于适用〈中华人民共和国民事诉讼法〉的解释》

第九十条　当事人对自己提出的诉讼请求所依据的事实或者反驳对方诉讼请求所依据的事实，应当提供证据加以证明，但法律另有规定的除外。

在作出判决前，当事人未能提供证据或者证据不足以证明其事实主张的，由负有举证证明责任的当事人承担不利的后果。

第五百一十九条　经过财产调查未发现可供执行的财产，在申请执行人签字确认或者执行法院组成合议庭审查核实并经院长批准后，可以裁定终结本次执行程序。

依照前款规定终结执行后，申请执行人发现被执行人有可供执行财产的，可以再次申请执行。再次申请不受申请执行时效期间的限制。

第八节 《最高人民法院关于民事诉讼证据的若干规定》（2008 年整理版）

第二条 当事人对自己提出的诉讼请求所依据的事实或者反驳对方诉讼请求所依据的事实有责任提供证据加以证明。

没有证据或者证据不足以证明当事人的事实主张的，由负有举证责任的当事人承担不利后果。

附录三

“人格权编”立法论证报告

全国人大常委会法工委：

根据民法典编纂工作安排，最高人民法院民法典编纂工作研究小组建议人格权独立成编。为此，组织力量起草了《关于在民法典中设立“人格权编”的论证报告》及《民法典·人格权编(分七章83条，条文初稿)》，并进行了多方论证，现报送贵委，请审示。

最高人民法院民法典编纂工作研究小组

二〇一七年十二月十五日

关于在民法典中设立独立的“人格权编”的论证报告

曹守晔　韩建英　任容庆　廖宇羿　潘　静　陈　敏　周　杲

目　次

(四)司法实践为设定人格权规范提供了有力的实证经验支持

(五)民法学术界提供了充分的学理论证

【内容提要】中国民法典编纂中,制定独立成编的人格权法是民法典时代精神的体现,具有重大意义。人格权独立成编有利于弘扬社会主义核心价值观,有利于确立裁判规范和行为规范,有利于划定具体人格权益的边界,有利于明确人格权保护的请求权基础,有利于实现对人格权益的类型化保护,有利于处理人格权与财产权的关系。同时,党的十九大报告关于保护人格权的要求和《民法总则》对人格权的原则规定,为人格权独立成编分别奠定了坚实的政治基础和法律体系基础,《侵权责任法》则提供了互补的规范环境,大量的司法解释为人格权独立成编提供了丰富的内容支撑,司法审判实践则提供了有力的实证支持,再辅以学界充分的学理论证,使民法分则中人格权独立成编具备了现实可行性。

编纂民法典是党的十八届四中全会明确提出的一项重大立法任务。《民法总则》的颁布为民法典编纂迈出了坚实的一步,同时开启了民法典分则编纂的篇章。人格权能否独立成编,关系到党的十九大报告保护人格权精神的落实,关系到民法典体系的完整,亦关系到人民群众民事权益的保障,关系到人民群众生活幸福的程度。为此,最高人民法院组织专门力量进行调研,就人格权独立成编的必要性、可行性进行了论证,并提出民法典独立设置人格权编的初步构想。

一、人格权独立成编的必要性

综观世界各国人格权保护的立法例,大致有三种模式:一是在分则债法编的侵权行为之债中予以保护,如《德国民法典》;二是在“人法”编的“自然人”章中予以保护,如《瑞士民法典》《意大利民法典》《魁北克民法典》;三是在民法典中设独立编予以保护,如《乌克兰民法典》。采用人格权独立成编的保护模式是符合我国国情的,符合司法实践的,可以展现中国特色《民法典》的智慧决择。

(一)人格权独立成编有利于弘扬社会主义核心价值观

新中国成立以来,党和国家高度重视个人的政治权利和财产权利,人民当家做主,实行国家所有和集体所有的社会主义公有制经济,但对公民个人的人格权和人格尊严的尊重和保护一度重视不够,以至于在特殊历史时期出现了严重侵犯人格权益、践踏人格尊严的现象。改革开放后,随着社会主义市场经济的发展,民事权利领域建立了以财产权为核心的保护体系,对民事主体人身权益的重视和保护则有所欠缺,致使侵犯公民和市场主体人格权的现象泛滥。近年来,“狼牙山五壮士”案、“邱少云”案等典型案例反映出,杜撰者通过对英烈人格权益的侵犯,企图实现对中华民族英雄史的解构，进而瓦解民族精神，甚至损害国家利益。因此，有必要通过加强人格权立法，来体现对个体权益的保护，对社会主义核心价值的维护和对民族精神的维系。

《民法总则》第1条将弘扬社会主义核心价值观作为立法目的。核心价值观中的自由、平等是人格权所蕴含的核心价值，维护人格尊严则是国家、社会与公民的最大价值共识。人格权独立成编有利于强化对人格尊严的保护，有利于更好地弘扬社会主义核心价值观，有利于实现人与人之间的自由平等、相互尊重，有利于守护传承彰显民族精神，更有利于用法律向社会传导正确的价值取向，真正把社会主义核心价值观融入法治建设之中。

(二)人格权独立成编有利于确立裁判规范和行为规范

自《民法通则》颁布以来，人格权纠纷的案件数量逐年攀升，特别是近十年来，更呈迅猛增长之势。据统计，全国法院受理的人身权纠纷案件，由2007年的50多万件增至2016年的115万件，十年间的增长率达130%。以人身自由权、名誉权、名称权、姓名权、荣誉权、肖像权、其他人身权为案由的案件，从2007年的8875件，增至2016年的39,274件，十年间的增长率高达342%。其中，以名誉权纠纷案件为最。逐年递增的人格权纠纷案件，增加了法官司法审判中的困惑和压力。

人格权独立成编，一方面，能为法官处理人格权纠纷案件提供更为明确和可靠的裁判依据，有助于法官在当事人之间分配相关的论证责任，从而避免因缺乏相对明确具体的规则，法官运用自由裁量权对人格性质的法益提供司法保护时所产生的“保护不力”或“保护过当”的极端。另一方面，人格权独立成编有利于发挥法律的行为规范作用。事先确定的相对明确和具体的关于人格权的类型和规则，即围绕不同的人格利益形态建构出一个典型的权利类型，并尽可能把其内涵和外延以及受到的限制界定下来，有助于行为人相对准确地预测自己的行为的法律意义及其法律价值，进而发挥法律规范的引导功能，有助于减少可能发生与人格权益相关的社会纠纷。

(三)人格权独立成编有利于划定具体人格权益的边界

法律在设立权利保障个人利益的同时也限制了他人的自由空间。为确保法律的确定性及可预测性，任何行为或利益的边界都必须是确定和可预测的，以保证个人利益与他人自由之间清晰的界分，同时产生一种具有可预测性的社会秩序。

人格利益要获得有效的保护，必须穿上民法制度上“权利”的外衣，这就需要设立各种类型人格权益的内涵和外延，同时也是确定该权利所保护的利益的边界。通过建构一系列以特定的人格利益为保护对象的人格权，以法律规范条文的形式反映各类人格利益之间的划界结果，使其具有规范层面上的依据，有利于适用法律的同时提高法律的稳定性。这样的思路也反映了传统的立法和司法职能分离的法治原则。因为立法上内涵不明确的权利类型，势必要求在司法过程中由法官进行具体的判断，这是不符合传统的立法和司法分离原则要求的。

（四）人格权独立成编有利于明确人格权保护的请求权基础

尽管《侵权责任法》中规定了人格权的保护内容，但因《侵权责任法》系救济法，本身不应当具有权利设定和权利界定的功能。因此，将人格权权利类型及设定从《侵权责任法》移出，分类设定章节，人格权独立成编可以请求权为基础来安排人格权的具体权能、利用与行使规则、冲突解决规则等内容，同时也有利于统一协调人格权编与侵权责任编之间、精神损害赔偿与违约责任之间的关系。

人格权编与侵权责任编的区分规则为：宣示人格权的内容和类型，与人格权利设定相关的确权条款，及构成人格权侵权认定的条款由人格权编予以规定；而人格权利遭受侵犯后的救济条款，即侵权责任如何承担则由侵权责任编予以规定。因此，权利法与救济法这一区分的实现必须以明确人格权保护的请求权基础为前提。依照请求权关系的基本模式“谁得向谁，依据何种法律规范，有所主张”，需要明确规定支持一方当事人向他方当事人有所主张的法律规范，即通过赋权性的法律规范确定权利的客体，规定典型的、具体的应受法律保护的人格权益类型，使其具备法律上的可主张性，以便于法律的施行。

（五）人格权独立成编有利于处理人格权与财产权的关系

21 世纪的中国民法典应以更加开阔的思路来界定“人”的内涵：人既是一个物质性的存在，也是一个精神性的存在；人既有物质性的需求，也有精神性的需求。民法典不能仅限于“物质”层面，对于人的内涵中的精神性的方面，也应予以认可，并通过一系列的制度进行保护。

民法典编纂应超越传统民法典单一的对财产利益的关注与保护，而应考虑需要保护的人的利益属性的多样化，将人格尊严、人身自由、人的平等、人的发展和人的保护作为民法典编纂的价值基础，扬弃传统民法上重物轻人的财产中心主义，由物权走向人权，走向一个更高层次的，统一的“人的保护”的概念，故而需要重塑民法中“人”与“物”的关系，即保护财产权必须受到“人的保护”这一前提的制约。具体而言，如果保障某种财产权对于“人的保护”具有根本意义，出于“人的保护”需要，就必须对该财产权予以特别保护；反之，如果过于绝对地保障某种财产权，造成与“人的保护”之间的冲突，则必须以后者作为最高的价值判断准则，减少对该财产权的保护力度或者对其予以限制。

（六）人格权独立成编有利于实现对人格权益的类型化保护

尽管人格权与自然人密切相关，具有强烈的人身属性，与主体不可分割，但人格权的权利主体与权利客体不相重合。人格权的权利主体是法律上的抽象的人；其客体针对的则是一个具体的人的内在于自身的利益。因此，人格权针对的并非一个人的身体，而是针对一系列的典型的、个别性的、具体的人格利益，正因如此，《民法总则》“自然人”章中未规定人格权的具体权益内容，只能通过人格权编来凸显其不同于其他民事权利的本质属性，实现与其他民事权利的同等保护。此外，人格权自身具有的如下特性，决定了必须对其予以类型化保护，这亦只能通过独立成编的形式来实现。

第一，从人格权益的保护协调看，因不同的人格利益的性质和边界存在很大的差别，如涉及名誉和隐私问题上需要认真考虑其与出版自由和公众知情权的协调，故需法律上更为精细的调整，又如如何在司法实践中准确区分隐私权与个人信息这两项权益，首先需要以立法形式明确各自的权益外延；第二，从人格利益观念的变化看，传统观念将人格权益视为消极的不被他人侵犯的利益，社会的发展使如姓名权、肖像权等人格权包含了积极的方面，即许可利用其获取经济利益，此时，法律不仅要保护人格权不受侵犯，还要承认、调整和保护这一合理的商业利用；第三，从人格权益的保护方法看，只有对救济所针对的人格利益的性质和特征有一个明确的界定，才能避免救济方法的随意和不可预测，特别是涉及损害赔偿时，要针对具体人格利益的特征和相应的损害形态来确定赔偿方法。

二、人格权独立成编的可行性

（一）《民法总则》奠定了坚实的立法基础

继《民法通则》明确区分财产权与人身权之后，《民法总则》的颁布为分则各编的体系协调提供了立法思路，也为人格权独立成编奠定了立法基础。首先，人格权独立成编符合《民法总则》有关民法调整对象的规定。《民法总则》第 2 条明确了民法的调整对象是人身关系和财产关系，不但突出了对人身关系的高度重视，同时也为人格关系在分则中的体现提供了立法依据。因人身关系包括人格关系和身份关系，涉及身份关系的保护将会在民法分则的婚姻家庭编和继承编中有所体现，将调整人格关系的法律规范予以同等的、独立的安排，与《民法总则》第 2 条的立法精神相契合。其次，人格权独立成编符合《民法总则》对民事权利的分类标准。《民法总则》第 5 章“民事权利”列举了人格权、身份权、物权、债权、知识产权、继承权、股权以及其他投资性权利。可见，《民法总则》将人格权视为与物权、债权、知识产权等并列的独立民事权利类型，民法分则的编纂应沿袭《民法总则》权利分类的立法体例，将人格权作为独立一编与物权、债权、婚姻、继承相并列，以保证民法典体系的完整性。最后,《民法总则》的立法思路为人格权独立成编预留了空间。《民法总则》仅用三个条文规定与人格权相关的内容,远远不能适应社会发展的需求。《民法总则》的这一立法现实为民法分则中以人格权独立成编的立法形式来全面、完整地保护人格权预留了空间。

（二）《侵权责任法》提供了互补的规范环境

《侵权责任法》规定了对人格权的遭受侵害的事后保护与救济,人格权立法则是对权利事前正面的宣示与规范。《侵权责任法》作为救济法,形成了对权利法的互补,充实了人格权独立成编的法律规范环境,但《侵权责任法》不能完全替代人格权立法,理由如下:一是从权利的类型来看,《侵权责任法》无法确认人格权的种类及每一种权利项下的具体类型;二是从权能的角度来看,《侵权责任法》无法确认每一种人格权的具体作用,即《侵权责任法》无法规定人格权的利用、行使等规则;三是从权利的冲突及其解决来看,《侵权责任法》无法替代人格权法的功能来规定权利的冲突及其解决规则;四是从权利的行使所涉及的范围来看,人格权在行使过程中通常会涉及多种法律规定;五是侵权责任作为传统的侵权之债,不便规定犹如物权请求权一样的人格权请求权。因此,对于人格权的保护,救济法之外有必要另行规定权利法,通过赋权性的法律规范明确每一个民事主体究竟享有哪些人格权,具体人格权都有哪些内容,应当保护哪些方面的权益。正如物权、知识产权,以及其他类型的绝对权,在《侵权责任法》之外都有更为详尽的法律规则对其具体内容作出规定。这一逻辑同样适用于人格权。

（三）最高人民法院司法解释提供了内容丰富的实践支撑

最高人民法院为应对审判实践中出现的具体问题,颁布了一系列有针对性的司法解释,尽管在体系上存在一定不足,但却为人格权的法律保护创设了具体的规则,完善了我国人格权法的内容,并为人格权独立成编提供了丰富的内容支撑,除了最高人民法院《关于贯彻执行〈中华人民共和国民法通则〉若干问题的意见（试行）》中相关内容以外,主要包括:第一,《最高人民法院关于确定民事侵权精神损害赔偿责任若干问题的解释》,明确了对于人格尊严、人身自由的保护,确立了对于一般人格权的保护;确立了隐私权的保护规则;确立了自然人精神损害赔偿数额的认定标准;明确了死者人格利益的保护范围;规定了具有人格象征意义的特定物品的保护等。第二,《最高人民法院关于审理名誉权案件若干问题的解答》和《最高人民法院关于审理名誉权案件若干问题的解释》规定了法院如何审查名誉权纠纷的起诉,如何确定名誉权案件的管辖,如何认定侵害名誉权的责任及责任承担形式等。第三,《最高人民法院关于审理利用信息网络侵害人身权益民事纠纷案件适用法律若干问题的规定》对于利用信息网络侵害人格权和其他人身权益民事纠纷案件的具体规则作出了规定，特别规定了对信用权与个人信息权的保护。第四，最高人民法院关于人身损害赔偿、电力损害赔偿、铁路损害赔偿、环境损害赔偿等司法解释，以及针对具体个案对下级法院做出的涉及人格权的批复、复函、通知中，主要对肖像权与名誉权等予以特别规范。第五，最高人民法院关于民事案由的规定中，人格权纠纷就是独立的一级案由，早已为人格权独立成编提供了现成的接口。

（四）司法实践为设定人格权规范提供了有力的实证经验支持

目前，“中国裁判文书网”上公布的人格权纠纷的裁判文书约有 33 万份，法院在司法实践中不断积累的审判经验，为人格权独立成编提供了大量的实例支持。《民法通则》及其贯彻意见实施以来，相继出现了大批人格侵权案件，譬如起诉媒体报道或作家文学作品侵害人格权的案件，形成了全国范围内的“告记者热”“告作家热”。其中，最负盛名的“荷花女”案和“鲁迅肖像权”案确立了对死者名誉和肖像的保护。20 世纪 90 年代初最高人民法院即出台了《关于审理名誉权案件若干问题的解释》。此后，人格权案件中请求精神损害赔偿的逐渐增多，最终促成了最高人民法院《关于确定民事侵权精神损害赔偿责任若干问题的解释》的出台，基本上形成了自然人人格权的权利体系，明确了自然人人格权的一般条款，规定了人格尊严权和人身自由权，成为继《民法通则》后的“中国人格权司法保护的第二个里程碑”。《民法总则》的颁布开启了中国人格权司法保护的第三个里程碑，并通过人格权独立成编的形式来进一步发挥里程碑的重大意义。当前，司法实践中涌现出很多人格权的新类型案件，例如，“胚胎案”“性别歧视案”“代孕纠纷”“集团人格权纠纷”“祭奠权纠纷”“等案件，虽然均可归入现有的民事案由之中，但难以从法律规范中寻求实体裁判依据，法官依据个案行使自由裁量权的释法行为，为各类新型人格权益的保护提供了司法探索，也为人格权独立成编提供了丰富的实证支持。

（五）民法学术界提供了充分的学理论证

在我国《婚姻法》《继承法》《民法通则》《合同法》《物权法》《侵权法》等法律分期分批颁布之后，20 世纪 90 年代，在人文主义与物文主义的论战中，江平教授为人格权摇旗呐喊，徐国栋教授绿色民法典崇尚“人前物后”。特别是进入 21 世纪以来，民法学术界法律界致力于对人格权问题的集中攻关研究。譬如中国人民大学民商事法律科学研究中心就起草完成了《人格权法》专家建议稿，并报送全国人大常委会法工委民法室。2002 年，在全国人大常委会审议的《民法典（草案）》中，人格权赫然在案独立一编。近年来，随着民法典编纂的进行，王利明、张新宝、杨立新、刘凯湘、刘士国、于海涌等教授分别组织起草了民法典“人格权编”立法建议稿,学界丰硕的研究成果为人格权独立成编提供了充分的学理论证。毋庸置疑,反对人格权独立成编的梁慧星、孙宪忠、邹海林提出了民法典体系化立法的思路,对人格权独立与否作出了深刻精细的分析和利弊权衡的独到见解,这些思路和见解同样是《民法典》编纂民主化、科学化所不可缺少的家国情怀和学术智慧。党的十八届四中全会之后,中国法学会《民法典》编纂工作研究小组(张鸣起副会长任组长,主要由民法研究会实施)继续高举人格权独立成编大旗,与社科院《民法典》编纂工作研究小组对垒,最高人民法院、最高人民检察院、国务院法制办的《民法典》编纂工作研究小组也高度重视认真研究,分头为如期制定出有用管用好用、适合国情高品质的《民法典》贡献智慧和力量。

附:分编条款设计

根据我国现行法律规范的体系和学术研究成果,拟将人格权编分为以下七章83条:

民法典·人格权编[①]

(条文初稿)

第一章　一般规定
第二章　生命权、健康权、身体权
第三章　姓名权、名称权、肖像权
第四章　名誉权、荣誉权、信用权
第五章　隐私权、个人信息权
第六章　人格权益的许可使用、限制
第七章　人格权益的保护
附则　人格权法的施行

第一章　一般规定

第一条　本编所称人格权,是指民事主体依法对其特定人格利益享有并排除他人干涉的权利。

① 执笔人:最高人民法院资深高级法官、中国应用法学研究所常务副所长,最高人民法院民法典编纂工作研究小组人格权编负责人曹守晔,中国应用法学研究所博士后任容庆、廖宇羿。

自然人享有生命权、身体权、健康权、姓名权、肖像权、名誉权、荣誉权、信用权、隐私权、个人信息权等权利。

法人和非法人组织享有名称权、名誉权、信用权、荣誉权等权利。

第二条 人格权受法律保护。非依法律规定和法定程序，人格权不受限制。

人格权的行使不得违反法律，不得违背公序良俗。

第三条 法律对未成年人、老年人、妇女、身体或者精神障碍者等民事主体人格权益有特别保护的，依照其规定。

第四条 自然人死亡后，其人格利益受法律保护。

第二章 生命权、健康权、身体权

第五条 自然人享有生命权，有权维护其安全和尊严。

第六条 自然人享有健康权，有权维护其生理和心理健康的权利。

第七条 自然人享有身体权，有权维护其身体组织完整并依法支配其组织、器官权利。

除法律另有规定外，不得破坏自然人身体的完整性或以任何方式侵害自然人身体。

第八条 具有完全民事行为能力的自然人有权自主决定捐献其组织、血液、器官或者遗体。

前款捐献行为不得危及该自然人的生命或者严重损害其健康。

第九条 对遗体的处置和安葬，应当尊重自然人生前意愿，不得违反法律和风俗习惯。

自然人生前未作明确表示的，配偶、成年子女、父母有权处置自然人的遗体；没有前述人员的，由其他近亲属处置；没有近亲属的，由民政部门依法处置。

第十条 自然人生前对捐献其人体组织、器官或者遗体有明确意思表示的，应尊重其意愿。

第十一条 不得以任何方式买卖人体组织、器官或者遗体。

第十二条 经自然人生前同意，可以解剖其遗体。

自然人生前未拒绝解剖的，该自然人死亡后，其配偶、成年子女、父母可以以书面形式共同决定解剖该自然人的遗体。

为了国家安全、社会公共利益的需要，有关国家机关有权依照法律规定解剖自然人的遗体。

第三章　姓名权、名称权、肖像权

第一节　姓　名　权

第十三条　自然人享有姓名权。

姓名是自然人的称谓,由姓氏和名组成。

具有一定的社会知名度、为相关公众所知悉的自然人的笔名、艺名、网名、微名等,受法律保护。

第十四条　自然人的姓氏原则上应当随父姓或者母姓,遵从本民族的文化传统和善良风俗习惯,法律另有规定的除外。

自然人的姓名应使用规范的民族文字,不得违背公序良俗,不得违反法律规定。

第十五条　自然人成年后,有更改姓名的权利,但不得违反法律规定和公序良俗。

第十六条　未满八周岁的未成年人的姓名由其监护人决定。

监护人变更八周岁以上未成年人姓名的,依据婚姻家庭编的相关规定。

第二节　名　称　权

第十七条　法人、非法人组织享有名称权。

法人、非法人组织有权决定、使用和依照法律规定变更自己的名称,有权禁止他人盗用或者假冒自己的名称。

第十八条　法人、非法人组织为相关公众所知悉、具有一定的社会知名度的简称,受法律保护。

第十九条　法人、非法人组织的名称应依法向登记机关登记,登记完成时即取得名称权。

第二十条　法人、非法人组织的名称可以依法转让,但依其性质不得转让或者法律另有规定的除外。

法人、非法人组织的名称权原则上应当与其营业一并转让,法律另有规定的除外。

第二十一条　转让法人、非法人组织的名称,让与人和受让人应当签订书面合同,并向登记机关申请登记。法律规定需要办理批准手续的,依照其规定。

转让登记完成之时,名称权转移。

第三节 肖 像 权

第二十二条 自然人享有肖像权。

肖像是指通过绘画、摄影、雕塑、录像、电影等方式所反映的自然人的面部形象。

自然人对自己的肖像享有再现、使用、许可他人使用以及防止他人侵害的权利。

第二十三条 制作他人的肖像,应当征得本人同意,未征得本人同意,本人可以请求停止侵害,但公益性拍摄等合理使用除外。

第二十四条 对合照的使用,应当尊重合照人的肖像权,但合照人的形象难以识别的除外。

第二十五条 对肖像的合理使用,应当考虑肖像权人的身份、肖像权人活动内容、肖像再现的场所、使用肖像目的和社会容忍限度等因素。

第二十六条 使用死者的肖像需依照法律规定,不得违背公序良俗。自然人死亡后超过十年的,死者肖像作品的作者可以基于公益目的,对该肖像进行使用。

第二十七条 肖像作品的知识产权人行使其权利时,应尊重他人的肖像权。

第二十八条 自然人对其声音享有权利。未经本人同意,他人不得使用、复制、传播其声音,法律另有规定的除外。

第四章 名誉权、荣誉权、信用权

第一节 名 誉 权

第二十九条 自然人、法人、非法人组织享有名誉权。任何人不得以侮辱、诽谤等方式加以侵害。

第三十条 行使言论与表达自由与他人名誉权发生冲突时,应当根据以下因素确定是否侵害名誉权:

(一)言论的目的、类型、内容;

(二)受害人是否具有法律规定的特殊身份;

(三)事实陈述是否真实,陈述人是否具有恶意、是否尽到合理审查义务;

(四)言论是否包含侮辱性内容;

(五)事实陈述或者意见表达与公共利益的关联性。

第三十一条 陈述人对事实陈述是否尽到合理审查义务,应根据以下因素确定:

（一）所陈述事实来源的可信性；

（二）对于显然可能引发争议的内容，陈述人是否进行了必要的调查；

（三）所陈述事实的时效性和与公共利益的关联性；

（四）受害人名誉贬损的程度；

（五）审查的成本。

是否尽到合理审查义务，由作出事实陈述者承担举证责任，法律另有规定的除外。

第三十二条 对国家机关的监督、批评，不构成名誉权侵害。

对国家工作人员行使职权的正常监督、客观批评，不构成名誉权侵害。

但谩骂、侮辱、诽谤，或者意见表达仅以损害他人名誉为目的且显著降低其社会评价的除外。

第三十三条 消费者对生产者、销售者、经营者的产品质量或者服务质量进行监督、批评，不构成名誉权侵害。但构成诽谤或者意见表达仅以损害他人名誉为目的且显著降低其社会评价的除外。

第三十四条 新闻单位对生产者、销售者、经营者的产品质量或者服务质量进行监督、批评，内容基本属实，没有侮辱内容的，不构成名誉权侵害；主要内容失实，包含侮辱内容的，构成名誉权侵害。

第二节 荣 誉 权

第三十五条 自然人、法人和非法人组织依法享有荣誉权。

荣誉是指自然人、法人、非法人组织依照法律、章程等获得的荣誉称号。

第三十六条 对自然人、法人和非法人组织获得的荣誉称号应当记载而没有记载或者记载错误的，有权要求予以更正。

第三十七条 自然人、法人、非法人组织可以依法维护其所获得的荣誉称号，禁止他人基于缺乏事实根据的理由诋毁、贬损其荣誉。

第三节 信 用 权

第三十八条 自然人、法人和非法人组织依法享有信用权。

信用包括自然人、法人和非法人组织的消费信用或者商业信用等。

第三十九条 自然人、法人和非法人组织有权查阅、抄录或者复制涉及自身的信用资料，有权要求修改与事实不符的信用资料，有权对不良信用信息作出说明，并要求予以记载。

第四十条 信用信息记载错误的，权利人有权请求更正。信息记录者应当予以及时答复，信息记录者无正当理由拒绝更正的，权利人有权要求其承担侵权责任。

第四十一条 信用评价机构因过错对他人信用评价不当，造成损害的，依法应当承担责任。

征信机构对个人负面信息的保存期限，自负面行为或者事件终止之日起为5年，超过5年的，权利人有权要求征信机构予以删除，法律、行政法规另有规定的除外。

第五章 隐私权、个人信息权

第一节 隐 私 权

第四十二条 自然人享有隐私权。

本编所称隐私包括自然人的私人信息秘密、活动秘密、空间秘密和私生活安宁。

第四十三条 权利人可以将私人信息向特定人披露，并准许特定人利用或者向社会公众公开。

非经法律授权和依据法定程序，任何人不得非法窥视、窃听、刺探、窃取、偷录、偷拍、公开他人的私人信息。

任何人不得违反法律规定，通过网络技术方式搜索、公开、传播、销售自然人的隐私。

第四十四条 自然人的私人活动不受他人非法干涉。任何人不得非法跟踪、刺探、录制、披露他人的私人活动。

未经本人许可，不得非法录制或者对外公布私人谈话。

第四十五条 自然人的私人空间受法律保护。任何人不得非法窥视、骚扰、侵入、搜查他人住宅等私人空间。

非依法律授权和法定程序，不得侵犯自然人住宅。

第四十六条 任何人不得以群发电子邮件、垃圾短信、垃圾电话或其他信息技术等方式，干扰他人私生活安宁。发送人应当为被发送人提供选择接受信息与否的机会，被发送人有权要求把自己的名字从群发名单中删除，经拒绝后继续发送的，发送人应当承担法律责任。

第四十七条 非经法律授权和依据法定程序，任何人不得查询他人的银行账户、不动产权属状况等财产信息。

第四十八条 自然人就其私人生活方式和生活事务享有自己决定的权利。

第四十九条 自然人的通讯自由和通讯秘密受法律保护。

任何人不得隐匿、扣留、检查、毁弃或开拆他人的信件。

非经法律授权和依据法定程序，不得非法截获、窃取、检查他人的电子邮件等通讯信息。不得非法窃听他人的电话，或者其它阻止、妨碍他人正常通讯的行为。不得非法公开他人的私人信函、邮件。

第五十条 自然人的身体隐私受法律保护。任何人不得非法偷窥、偷拍、偷录、搜查他人身体，以及传播、公开、销售他人身体隐私的信息。

医院、体检中心等医疗保健机构对自然人的身体及健康资料负有妥善保管义务。

第五十一条 基于合法目的，用人单位可以在工作范围内采取必要的拍摄、录音、监控、检验等措施。用人单位采取前述限制措施前负有告知义务且应当以必要为限。

用人单位不得滥用依前款措施所取得的信息。

第五十二条 任何个人和组织基于合法目的，依据法律规定的程序，可在公共场所安装监控装置，但应标明必要的警示措施，且不得滥用通过监控装置所取得的信息。

第五十三条 自然人的病历、健康检查资料等属于个人隐私，任何人不得非法公开或者向他人移转。

第二节 个人信息权

第五十四条 自然人享有个人信息权。

本法所称个人信息包括自然人的姓名、民族、出生日期、身份证件号码、宗教信仰、国籍、户籍、住址、职业、个人生物识别信息、婚姻家庭信息、财务情况等能够直接或者与其他信息结合后可间接识别自然人主体身份的信息。

第五十五条 禁止任何人非法收集、存储、处理或公开自然人的种族、宗教信仰、性取向、健康、基因图谱等敏感信息。

第五十六条 任何组织和个人需要获取他人重要的个人信息，应当依法取得。

对自然人的信息进行收集并且使用的，应当遵循合法、正当、必要、相关的原则，明示收集、使用信息的目的、方式和范围，并经被收集者同意。

任何组织和个人不得违反法律、法规的规定和双方的约定收集并且使用信息。

收集并且使用自然人个人信息，应当公开其收集、使用规则。

第五十七条 收集并且使用无民事行为能力人或者限制民事行为能力人个人信息的，应当获得其监护人的书面同意。

第五十八条 任何组织和个人应当确保其收集的信息安全，采取必要的措施防止信息泄露。

信息持有者应当采取合理措施，防止其控制的个人信息丢失、毁损、泄露，或被用于未经本人同意的其他用途。若已经或可能发生上述情况，信息持有者应当立即通知相关的信息主体，并采取有效的补救措施；造成损害的应依法承担赔偿责任。

第五十九条 信息持有者向第三人移转或授权第三人使用其控制的个人信息的，应当获得本人的明示同意。

第六十条 信息持有者应公开其有效的联系方式。自然人有权向信息持有者发出通知，要求查询、修改、隔离或删除其个人信息，信息持有者接到通知后应当及时采取相应措施。

第六十一条 信息持有者公开的个人信息不真实、不完整，自然人有权要求采取更正、补充、断开链接等必要的救济措施。

第六十二条 国家机关依法行使职权的，可以在合理范围内对自然人的个人信息进行收集、使用和移转。

国家机关依职权向社会公开的信息中包含自然人个人信息的，除根据法律法规规定应当公开的以外，应对个人信息进行匿名化处理。

第六十三条 有下列情形之一的，可以不经自然人同意，在合理范围内对其个人信息进行收集、使用、移转，但应当明确告知并保障其对个人信息进行查询、更正和删除的权利：

（一）权利人自行公开个人信息的；

（二）基于学术研究或者教学需要，但应对信息进行匿名化处理；

（三）基于公共利益的需要；

（四）法律规定的其他情形。

第六十四条 信息持有者对其收集、使用和移转个人信息的合法性、正当性、必要性承担举证责任。

第六十五条 网络服务提供者不得发布明显损害自然人人格尊严的信息。对所发布的此类信息，自然人有权要求网络服务提供者予以删除；网络服务提供者在收到权利人的请求之后，应当采取屏蔽、删除或断开链接等必要的技术措施。

第六十六条 包含有自然人实名的犯罪、负债信息和交通违规、违纪通报等负面信息，分别自首次在网络发布之日起十年、五年后，该自然人有权要求网络服务提供者删除相关信息;但该信息涉及公共利益或法律另有规定的除外。

第六章　人格权益的许可使用、限制

第一节　人格权益的许可使用

第六十七条　自然人、法人、非法人组织可以许可他人使用其人格权益,但依照其性质不得许可他人使用的或者法律另有规定的除外。

第六十八条　当事人就许可使用的权益范围、使用方式等约定不明确的,应当作出有利于人格权益人一方的解释。

受许可的一方非经权益人同意,不得再次许可给他人使用。

第六十九条　对人格权益的许可使用没有约定使用期限的,当事人可以随时解除许可使用,但应当在合理期限内提前通知。

自然人有权基于正当理由解除人格权益的许可使用协议,因此造成对方损失的,应当赔偿损失。

第二节　人格权益的限制

第七十条　为了公共利益的需要,国家机关依照法律规定,可以对人格权益予以限制。

因新闻报道、舆论监督等正当需要,可以合理使用自然人的姓名、肖像或者法人的名称等。新闻报道失实的,不属于合理使用。使用不合理的,应当依法承担民事责任。

权利人对前两款规定的限制或者合理使用,负有容忍义务。

第七十一条　公众人物的人格权益在其所参与社会活动范围内依法受到限制。

出于新闻报道、舆论监督等需要,所发布的信息事实客观正确,行为人无侵害公众人物的故意,不构成对其名誉权的侵害。

第七十二条　判断某一自然人是否为公众人物,应考虑如下因素:

(一)社会知名度;

(二)在某一领域的影响力;

(三)所担任公共职务的重要性;

(四)受公众的关注程度。

第七章　人格权益的保护

第七十三条　因过错侵害他人人格权益或者有侵害人格权益危险的,受害人有权请求停止侵害、排除妨碍、消除危险、消除影响、恢复名誉、赔礼道歉、赔偿损失。

以上方式可以单独适用,也可以合并适用。

为避免损害的发生或者防止损害扩大,受害人有权向人民法院申请临时保护禁令。因不当申请临时保护禁令给他人造成损害的,受害人有权请求申请人承担相应的责任。

第七十四条 对于利用网络侵害他人人格权的行为,受害人有权请求网络服务提供者采取删除、屏蔽、断开链接等措施。

第七十五条 侵害他人名誉权、隐私权等人格权益造成他人精神痛苦的,受害人有权请求行为人赔礼道歉。

人民法院判决侵权人承担赔礼道歉、消除影响或者恢复名誉等责任的,应当与侵权的具体方式和所造成的影响范围相当。侵权人拒不履行的,人民法院可以采取在网络上发布公告或者公布裁判文书等合理的方式执行,由此产生的费用由侵权人承担。

第七十六条 行为人未经许可利用他人人格权益的,受害人可以请求行为人按照其实际损失确定赔偿数额。被侵权人的损失难以确定的,有权请求人民法院根据行为人的获利情况、主观过错、精神损害赔偿数额等因素确定赔偿数额。

确定赔偿数额时,可以参照受害人许可他人使用的费用。

第七十七条 自然人因人格权益遭受非法侵害,造成严重精神损害的,可以请求精神损害赔偿。

人格权益遭受侵害导致精神损害,但未造成严重后果的,受害人可以请求停止侵害、恢复名誉、消除影响、赔礼道歉。

第七十八条 自然人死亡后,其近亲属因下列侵权行为遭受精神痛苦,可以请求精神损害赔偿:

(一)以侮辱、诽谤、贬损、丑化或者损害公共利益、违反公序良俗的其他方式,侵害死者姓名、肖像、名誉;

(二)非法披露、利用死者隐私及个人信息,或者以损害公共利益、违反公序良俗的其他方式侵害死者隐私及个人信息;

(三)非法利用、损害遗体、遗骨,或者以损害公共利益、违反公序良俗的其他方式侵害遗体、遗骨。

第七十九条 遗体、遗骨等具有人格象征意义的特定纪念物品因侵权行为而永久性灭失或者毁损,造成物品所有人严重精神损害的,该所有人可以请求精神损害赔偿。

第八十条 法人或者非法人组织人格权益遭受侵害时,受害人不得请求精神损害赔偿。

第八十一条 行为人故意侵害他人人格权益,造成严重后果的,被侵权人有权请求相应的惩罚性赔偿。

附则 人格权法的施行

第八十二条 本编自 2020 年 10 月 1 日起施行。

除第七章以外,本编不具有溯及既往的效力。

第八十三条 民法通则等法律的相关规定与本编规定不一致的,以本编为准;本编没有规定的,适用侵权责任编、总则编的规定。

2020 年 10 月 1 日以后颁布的《个人信息保护法》等有关人格权的法律与本编不一致的,优先适用新法律的特别规定。

出版后记

如果说法律是时代精神的体现，那么民法的发达就是社会文明的标志。民法的发达既体现在民事法律规范体系化、法典化，更体现在民法规范所浸润的核心价值和人文精神，体现在民法规范对人格尊严的保护和对人身自由的保障。人格权是民事主体对其特定的人格利益享有的权利，关系到每个人的人格尊严，是民事主体最基本、最重要的权利。

《民法典》“人格权编”在现行有关法律法规和司法解释基础上，对各种具体人格权作了较为详细的规定，为人格权保护奠定了坚实的民事请求权法律基础。该编主要是从民事法律规范的角度规定自然人、法人和非法人组织等民事主体人格权的内容、边界和保护方式，不涉及公民政治、社会等方面的权利，与宪法、行政法等法律部门各守畛域。

随着我国社会主要矛盾的变化，近年来加强人格权法律保护的呼声日高、期待不断增长。为了贯彻党的十九大和十九届二中全会关于“保护人民人身权、财产权、人格权”的精神，落实宪法关于“公民的人格尊严不受侵犯”的要求，国家立法机关坚持以人民为中心，顺应人民群众对人格权保护的迫切需求，综合考虑各方面意见，总结我国现有人格权法律规范的实践经验，认为在《民法典》中增加“人格权编”是较为妥当、可取的。

《民法典》既是社会生活的百科全书，也是民族精神的立法表达。编纂《民法典》，必须回应当今人类面临的共同问题，比如协调经济发展与生态文明的关系，解决互联网、大数据和人工智能发展给个人隐私带来的冲击，应对政治、经济、军事、自然灾害、生物等高风险社会给人类带来的生存威胁等。从节约资源、保护生态环境，到对生命权、身体权、健康权、隐私权和个人信息保护的人格权独立成编，《民法典》在努力回应时代需要、倡导社会文明，为人的全面发展提供中国民法智慧、中国人格权方案。

国有国格，人有人格。让人有人格，让人格权法走向生活，走向司法，而不仅仅是印在纸上、挂在墙上、刻在碑上、铸在鼎上。这是本书的初衷，也是立法的目的。如何通过梳理立法争点以便于准确把握立法意图，通过分析概括以便于科学解读立法条文，通过释疑解惑以便于把握司法适用的难点重点，通过案例分析抽丝剥茧以便于定分止争，具有至关重要的意义。为此，我们约请最高人民法院民法典编纂研究中心负责人，中国审判理论研究会常务理事、民事审判专业委员会副主任，武汉大学特聘教授曹守晔担任主编，6 位理论功底扎实、实践经验丰富的博士后、博士、高级法官参编，精心部署，科学谋划，逐条释义，紧扣司法适用，精选司法案例，为《民法典》施行贡献力量，为良法善治贡献智慧。

本书各章的编写分工如下：

绪　论　曹守晔（最高人民法院前资深高级法官，中国应用法学研究所前副所长，博士生、博士后导师）

第一章　曹守晔（中国应用法学研究所前副所长）（第 989 ~990 条）

刘史丹（广东省高级人民法院四级高级法官，法学博士）（第 991 ~993 条）

何　建（上海市第一中级人民法院四级高级法官，中国应用法学研究所博士后）（第 994 ~996 条）

梁静姮（澳门大学法学院高级导师，法学博士）（第 997 ~1001 条）

第二章　宋建宝（中国应用法学研究所互联网司法研究中心主任，法学博士后）（第 1002 ~1011 条）

第三章　邓建中（南昌大学法学院副院长、副教授，法学博士后）（第 1012 ~1017 条）

第四章　廖　钰（北京市海淀区人民法院法官审研办副主任，法学博士后）（第 1018 ~1023 条）

第五章　吴晓倩（甘肃政法大学讲师，西南政法大学法学博士）（第 1024 ~1031 条）

第六章　吴晓倩（甘肃政法大学讲师）（第 1032 ~1033 条）

孙　莹（中国法学会民法学研究会理事，西南政法大学副教授，法学博士）（第 1034 ~1039 条）

曹守晔教授负责全书统稿审定，孙莹副教授担任执行主编。杨俊芳法官提供人格权纠纷案件大数据报告。

法律出版社

2020 年 6 月

图书在版编目(CIP)数据

民法典人格权编条文理解与司法适用 / 中国审判理论研究会民事审判理论专业委员会编著. -- 北京 : 法律出版社, 2020(2021.1 重印)
ISBN 978 - 7 - 5197 - 4498 - 4

Ⅰ. ①民… Ⅱ. ①中… Ⅲ. ①人格 - 权利 - 法律解释 - 中国②人格 - 权利 - 法律适用 - 中国 Ⅳ. ①D920.5

中国版本图书馆 CIP 数据核字(2020)第 076417 号

民法典人格权编条文理解与司法适用
MINFADIAN RENGEQUANBIAN TIAOWEN LIJIE YU SIFA SHIYONG

中国审判理论研究会民事审判理论专业委员会 编著

责任编辑 李 群 翁潇潇
装帧设计 李 瞻

编辑统筹 法规出版分社
出版 法律出版社
开本 710 毫米 × 1000 毫米 1/16
总发行 中国法律图书有限公司
印张 23.25
经销 新华书店
字数 415 千
印刷 天津嘉恒印务有限公司
版本 2020 年 7 月第 1 版
责任印制 张建伟
印次 2021 年 1 月第 4 次印刷

法律出版社/北京市丰台区莲花池西里 7 号(100073)
网址/www. lawpress. com. cn
投稿邮箱/info@ lawpress. com. cn
举报维权邮箱/jbwq@ lawpress. com. cn
销售热线/400 - 660 - 8393
咨询电话/010 - 63939796

中国法律图书有限公司/北京市丰台区莲花池西里 7 号(100073)
全国各地中法图分、子公司销售电话:
统一销售客服/400 - 660 - 8393/6393
第一法律书店/010 - 83938432/8433 西安分公司/029 - 85330678 重庆分公司/023 - 67453036
上海分公司/021 - 62071639/1636 深圳分公司/0755 - 83072995

书号:ISBN 978 - 7 - 5197 - 4498 - 4
定价:68.00 元